高等学校教材

供基础、临床、预防、健康服务与管理等医学类专业用

全科医学

主　编　方力争

副主编　朱文华　陈丽英　戴红蕾

编　者（以姓氏笔画为序）

马程乘　杭州市凯旋街道社区卫生服务中心

方力争　浙江大学医学院附属邵逸夫医院

朱文华　浙江大学医学院附属邵逸夫医院

乔巧华　浙江大学医学院附属邵逸夫医院

苏　琳　浙江大学医学院附属邵逸夫医院

李建华　浙江大学医学院附属邵逸夫医院

杨旭辉　杭州市疾病预防控制中心

吴丽红　浙江大学医学院附属邵逸夫医院

沈悦娣　杭州师范大学临床医学院

张　佳　浙江大学医学院附属邵逸夫医院

张　静　宁波市明楼街道社区卫生服务中心

陈丽英　浙江大学医学院附属邵逸夫医院

金永堂　浙江大学公共卫生学院

胡　芳　杭州市四季青街道社区卫生服务中心

洪玉才　浙江大学医学院附属邵逸夫医院

晁冠群　浙江大学医学院附属邵逸夫医院

黄　鬲　浙江大学医学院附属邵逸夫医院

黄丽娟　浙江大学医学院附属邵逸夫医院

童钰铃　浙江大学医学院附属第二医院

裴力锋　浙江大学医学院附属邵逸夫医院

戴红蕾　浙江大学医学院附属邵逸夫医院

人民卫生出版社

·北京·

图书在版编目（CIP）数据

全科医学 / 方力争主编 . —北京：人民卫生出版社，2022.3

ISBN 978-7-117-32786-2

I.①全… Ⅱ.①方… Ⅲ.①全科医学 Ⅳ.①R4

中国版本图书馆 CIP 数据核字（2022）第 002266 号

人卫智网	www.ipmph.com	医学教育、学术、考试、健康，购书智慧智能综合服务平台
人卫官网	www.pmph.com	人卫官方资讯发布平台

全 科 医 学
Quanke Yixue

主　　编：方力争

出版发行：人民卫生出版社（中继线 010-59780011）

地　　址：北京市朝阳区潘家园南里 19 号

邮　　编：100021

E - mail: pmph @ pmph.com

购书热线：010-59787592　010-59787584　010-65264830

印　　刷：北京铭成印刷有限公司

经　　销：新华书店

开　　本：787×1092　1/16　印张：23

字　　数：531 千字

版　　次：2022 年 3 月第 1 版

印　　次：2022 年 4 月第 1 次印刷

标准书号：ISBN 978-7-117-32786-2

定　　价：69.00 元

打击盗版举报电话：**010-59787491**　**E-mail：WQ @ pmph.com**

质量问题联系电话：**010-59787234**　**E-mail：zhiliang @ pmph.com**

前　言

　　人民的健康是民族昌盛和国家富强的重要标志,完善国民健康政策,为人民群众提供全方位、全周期的健康服务,大力发展全科医学,已成为我们国家的重要战略决策。

　　国务院关于建立《全科医生制度的指导意见》(国发〔2011〕23号)已定位全科医生是综合程度较高的医学人才,主要在基层承担预防保健,常见病、多发病诊疗和转诊,病人康复和慢性病管理,健康管理等一体化服务,这提示了国家层面对全科医学的高度重视,彰显了国家层面对全科医生综合服务能力的高度肯定并寄予厚望。2018年国务院办公厅印发《关于改革完善全科医生培养与使用激励机制的意见》、国家卫生健康委员会印发《关于印发住院医生规范化培训基地(综合医院)全科医学科设置指导标准(试行)的通知》及2020年中央全面深化改革委员会第十二次代表大会中再次提出,要加强全科医生培养,推进分级诊疗制度等。因此加强全科医学教育,发挥全科医生作为健康守门人及慢性病主力军的作用,已成为全科医学发展的重中之重。

　　为实现国家层面的目标与战略,实现健康中国梦,适应新时期的目标和要求,积极探索全科医学人才培养的新途径、新模式,临床本科生阶段的全科医学概论相关教材也将进一步创新,以更好地培养具备全科医学理念、全科临床能力与职业素养的高层次人才,为实现健康中国的战略目标提供重要基础,因此我们在国内全科医学发展和实践的基础上,汇集了21位国内权威的全科医学专家、学者的教学和医疗实践经验,编写了这本教材。本教材通过创新教材内容、深度融合理论临床、融入信息化教材模块等教材建设,注重全科医学基础延伸现代全科医学、全科临床与全科人文融贯渗透,全科理念与综合能力有机结合,信息化模块融入各章节,整合全科知识提升及能力培养同步提升的信息化资源,有极好的运用价值。

　　本教材主要特色:①教材内容创新:围绕临床医学本科人才培养目标,结合新的历史时期疾病谱的改变,创新现代全科医学、全科综合技能、全科临床能力、全科常见症状诊断思路与行为医学等内容,增加急救、安宁疗护、康复技术的操作要点,妇幼保健和老年、青少年的诊疗技术,健康管理技术及传染病防控等章节。②理论临床融合:将理论与临床深度融合,全科知识与实践有机结合,进行实例分析,引入知识点,融入拓展能力提升纲要,并增加信息化实践环节内容,以更好地有效掌握全科医学知识。③数字化内容丰富:本书图文并茂,教材编写中加入生动的图片、表格、视频、音频及部分微课等数字化模块,其可操作性和实用性强,以便进一步理解教材内涵、及时掌握知识点。

本教材适用于临床本科生阶段、全科住院医师及全科研究生规培阶段、全科继续教育阶段等使用,覆盖面大、使用范围广,是临床本科阶段医学生、全科医生的工具书。

健康中国梦的实现,需要全科医学有更快的发展,让我们共同努力,为普及全科医学的教育,提升全科医生的能力多作贡献,为实施《"健康中国 2030"规划纲要》,维护民众的健康提供坚实的保障。

在编写过程中,国家卫生健康委员会领导给予大力支持和关注,对此我们表示衷心的感谢。在此,还须向所有参加辛勤劳动的各位编者同仁表示真挚的谢意!

方力争

2021 年 9 月

目　录

第一章

全科医学概述

　　全科医学（general practice，GP）又称家庭医学（family medicine），是综合性的临床医学二级学科。全科医生要承担多种社会角色，不仅是医生、患者和家庭的健康监护人、咨询者、教育者，还是卫生服务协调者、医疗守门人和团队管理与教育者。全科医学符合时代发展的需要，能够有效地应对慢性病管理、社会老龄化、医学模式转变带来的重大挑战，满足社区居民卫生服务需求，提高医疗服务的水平和质量，有利于合理利用卫生资源，降低医疗费用，有利于实现全民健康的战略目标。因此全科医学受到各国政府的高度重视并不断发展。在我国，为建立和完善分级诊疗模式，真正落实医疗改革，提高居民期望寿命，实现健康中国战略目标，更需要推动全科医学的大力发展及高质量全科人才队伍建设。

01章

第一节　全科医学的概念

1. 全科医学、全科医疗和全科医生的基本定义。
2. 全科医疗服务的基本特征与专科医疗的区别和联系。
3. 全科医生的角色和应具备的能力。

······ **重要知识点** ···

1. 全科医学是一门综合性的临床医学学科,以人为中心,以家庭为单位,将个体与群体健康照顾融为一体。

2. 全科医疗强调人性化、持续性、综合性、协调性和可及性服务,是以门诊为主的基层医疗保健("一化四性"的服务)。

3. 全科医生要承担多种社会角色,不仅是医生、患者和家庭的健康监护人、咨询者、教育者,还是卫生服务协调者、医疗守门人和团队管理与教育者。

4. 全科医生应具备多种能力,如处理疾病、患者心理和家庭问题的能力,社区工作能力,领导管理能力,健康教育能力,自我发展和继续医学教育能力。

···

全科医学又称家庭医学,诞生于 20 世纪 60 年代。它是在西方国家通科医生长期实践经验的基础上,综合了现代生物医学、行为科学和社会科学的最新研究成果,用以指导全科医生第一线服务的知识技能体系。1968 年,美国家庭医疗董事会(America Board of Family Practice,ABFP)成立,并于 1969 年成为美国第二十个医学专科董事会(考试委员会),标志着家庭医疗专业学科的诞生,这是本学科建立的一个里程碑。这一新型学科于 20 世纪 80 年代后期传入中国,1993 年 11 月中华医学会全科医学分会成立,标志着我国全科医学学科的诞生。1995 年,中国正式成为世界全科医生组织会员。

20 世纪 50 年代以来,慢性非传染性疾病已成为全球危害国民健康的最主要问题,加之各国受到社会老龄化、卫生费用过快增长、医学模式转变和卫生改革的重大挑战,暴露出专科服务模式的短板。全科医学符合时代发展的需要,能够有效地应对上述挑战,满足社区居民卫生服务需求,有利于提高基层医务人员的基本素质,提高医疗服务的水平和质量,有利于合理利用卫生资源,降低医疗费用,有利于实现全民健康的战略目标。2010 年,国家发展和改革委员会等十部门发布《以全科医生为重点的基层医疗卫生队伍建设规划》,随后一系列法律法规的颁布与实施,全面推进了中国全科医学的发展。时至今日,国家十余个部门已相继下发了一系列相应的重要文件,制定了多个政策,有力推动了我国全科医学的发展和全科医生队伍的建设。

一、全科医学

（一）全科医学的定义

全科医学是一门以人为中心、以家庭为单位、以整体健康的维护和促进为方向，为个人、家庭与社区提供连续性、综合性、长期负责式照护，整合临床医学、预防医学、康复医学以及人文社会学科等相关内容于一体的临床二级学科。其范围涵盖了各个年龄段、性别、各个器官系统以及各类疾病，将个体与群体健康照顾融为一体。它是一门综合性的临床医学学科。

在不同国家或地区，因为社会、历史、政治、经济、文化、卫生保健体系，以及思维与表达习惯的差异，全科医学的定义有一定差异。2005年，美国全科医生学会（American Academy of Family Physicians，AAFP）对家庭医学的定义是"将生物学、临床医学和行为科学的知识与技能整合为一体的，为患者及家庭提供连续性、综合性健康照顾的临床医学专科"。欧洲区世界家庭医生组织（World Organization of National Colleges and Academies of General Practitioners/Family Physicians，WONCA）给全科/家庭医学的定义是"全科/家庭医学是基层医疗中一门有着自己独特教育内容、研究和循证基础以及临床活动的学术性临床专业学科"。

（二）全科医学的研究对象

1. 面向社区各类居民　社区中健康人群、高危人群和患病人群，都是全科医学的服务对象，为其提供适宜的卫生服务。侧重点在于社区常见健康问题的诊疗、管理、康复和预防。

2. 完整的人及其健康问题　以人为本，以健康为中心，从生物、心理、社会等多层面全面了解患者作为一个完整的个体的特征和需求。

3. 家庭的健康问题　以家庭为单位，了解家庭与个人之间的关系和家庭对健康的影响，沿着家庭周期各个阶段有针对性地为家庭成员提供相应服务。

（三）全科医学的主要特征

1. 整体医学观　用系统论和整体论的方法来处理个人与人群的健康问题，把医学看成一个整体，为患者、家庭和社区提供协调性整体性服务。

2. 生物-心理-社会医学模式　基于患者的需求，采取以人为本，以健康为中心，以家庭为单位，以社区为基础，以预防为导向的生物-心理-社会医学模式。

3. 以问题为导向　以患者主诉和健康问题为导向，以门诊为主体，强调团队合作和人际关系等方面。

4. 连续综合性服务　主动提供连续性、综合性、个体化的医疗卫生服务，以整体健康的维护和促进为方向。

5. 以人为中心　以人为中心而非疾病，注重伦理胜于病理，注重以患者需求为目的胜过疾病诊疗。

（四）全科医学与相关领域或学科的关系

1. 全科医学与社区卫生服务　作为基层医疗保健体系培养全科医生的临床医学学科，全科医学在重塑医生形象、发展照顾医学、承担个体和群体三级预防、推进医疗卫生改革等方面发挥着重要作用，是社区卫生服务的最佳服务模式。

2. 全科医学与社区医学 社区医学是以人群为对象,运用流行病学、卫生统计学、公共卫生学和预防医学的理论和方法,以公共卫生人员为核心,以预防为主,以维护和促进人群健康为目的的医学学科。

全科医学是面向社区与家庭,以整体健康的维护和促进为方向的长期负责式照顾,将个体与群体健康照顾融为一体。因此,全科医学和社区医学都立足于社区,在群体服务的目标上是一致的,全科医生可以成为执行社区医学任务的"带头人"。

3. 全科医学与区域卫生规划 区域卫生规划是在一定的区域范围内,根据经济发展、人口结构、地理环境、居民主要卫生问题和不同的卫生服务需求等因素来统筹规划,来确定区域内卫生发展方向、发展模式与发展目标,动员并合理配置该区域内全科卫生资源的管理模式。区域卫生规划要求做到"小病在社区,大病进医院",使 80% 以上的疾病首先在社区得到处理,必须转诊的患者才转诊到上级医院。因此发展全科医学教育、培养全科医生是实现区域卫生规划的基础。

4. 全科医学与初级卫生保健 初级卫生保健是个人、家庭、群众与国家保健系统接触的第一环,即第一接触,它能使卫生保健尽可能地接近于民众居住和工作的场所。全科医生、药剂师、急诊科医师,流动医疗服务、护理照护服务、民营服务组织等人员都可能为第一接触者。在这其中,全科医学是初级卫生保健的主要提供者之一,全科医学服务是初级卫生保健的基础。

5. 全科医学与公共卫生 公共卫生是通过评价、政策发展和保障措施来预防疾病、延长寿命和促进身心健康的一门科学和艺术。基本公共卫生服务多由疾病预防控制机构、城市社区卫生服务中心、乡镇卫生院等城乡基本医疗卫生机构所提供。全科医学为居民提供慢性病管理、健康促进、疾病预防、社区康复等服务,其出发点和落脚点与公共卫生是一致的。

6. 全科医学与整合医学 全科医学和整合医学都有整体观理念。但整合医学是一个体系,是一定程度的纵向整合,以治疗为目的,强调综合治疗。而全科医学是临床学科,一定程度的横向整合,包括疾病、社会、心理等方面。全科医学是整合医学的枢纽。

二、全科医疗

(一) 全科医疗的定义

全科医疗是将全科医学理论应用于患者、家庭和社区照顾的一种基层医疗专业服务,强调综合多学科领域,如生物医学、临床医学、行为科学、家庭动力学、人际关系、咨询和心理治疗等方面的知识内容提供一体化的服务,其范围涵盖了所有年龄、性别、器官系统以及各类疾病实体。

(二) 全科医疗的基本特征

1. 基层医疗保健 全科医疗服务是以门诊为主体的医疗照顾,属于基层医疗保健,除了为基层社区提供优质的诊疗服务,还通过家访和社区调查,对健康人群、高危人群和未就医人群的需求提供服务。全科医疗结构在设置的过程中,应充分考虑服务地点、服务内容、服务时间、服务质量、人员结构素质、服务价格与收费方式等多个方面,体现出地理上的就近、使用上的便捷、关系上的亲切、结果上的有效以及价格上的合理等一系列特点。

2. 人性化照顾 全科医疗是以人为中心而非疾病,其照顾目标是维护服务对象的整体健康。在全科医疗服务中,全科医生需要视服务对象为重要合作伙伴,正确处理治疗疾病与管理患者之间的关系,除了医疗工作,还要同时了解其生活、工作、家庭、社会背景和个性特征,从生理、心理和家庭社会"三维"角度做出整体评价和干预计划,同时邀请服务对象积极参与整体健康维护和疾病诊治。

3. 综合性照顾 这一特征是全科医学"全方位"的体现,即:就服务对象而言,包括所有年龄、性别和疾病类型;就服务领域和内容而言,不仅是医疗,还包括预防、康复和健康促进;就服务层面而言,涉及生理、心理、家庭、社会、文化各个方面;就服务范围而言,涵盖个人、家庭与社区;就服务手段而言,全科医疗利用一切对服务对象有利的方式与工具,包括现代医学与传统医学。

4. 持续性照顾 全科医疗对全生命周期提供全过程服务。其持续性主要表现在以下几个方面:就服务周期而言,包含人生的各个阶段,从婚育咨询、孕期、产期、新生儿期、婴幼儿期、少儿期、青春期、中年期、老年期到濒死期,及患者去世之后其家属居丧期的保健,同时对遗传危险因素和疾病开展持续性随访监测;就服务过程而言,包含疾病发生发展的整个过程,即从健康到疾病到康复的各个阶段,涵盖一、二、三级预防,从健康促进、危险因素的筛查和监控,到疾病的早、中、晚时期的管理;就服务范围而言,为任何时间地点,服务对象居家、外出、住院或会诊期间,均对其开展持续性照护。

持续性服务是全科医疗区别于专科医疗的一个十分重要的特征。建立长期稳定的医患关系是开展持续性服务的前提条件,也是全科医疗服务的核心问题,一般通过以下措施来实现:建立全科医生签约服务;开展预约就诊;开设急诊或24h电话值班;建立完整的健康档案等。

5. 协调性照顾 全科医疗面向个人、家庭和社区,在服务过程中,不仅需要熟悉患者和家庭,调动家庭资源支持,还需要了解社区资源,如各类托幼托老机构、志愿者队伍、健康促进协会、营养餐厅、护工队伍等,有效利用社区支持,同时还需要掌握专科医疗信息和熟悉专科医生能力,以便开展"无缝式"的转会诊等。全科医生要充分协调和利用各级各类健康资源,来胜任"健康代理人"的角色。

6. 以预防为导向的照顾 全科医疗要落实"预防为主",注重并实施"生命周期保健",对危险因素和健康问题提供一、二、三级预防,对患者和家庭提供个体化预防照顾,根据需要和可能,协助团队成员提供某些公共卫生服务。

（三）全科医疗在卫生服务系统中的作用

全科医疗是基层/社区卫生服务中的主要医疗形式,通过合理使用卫生资源、有效节约卫生经费,成为整个卫生保健系统的坚实基础。发展全科医疗服务,有助于实现我国"人人享有卫生保健"的目标;形成合理的分级诊疗体系,降低过度医疗,有助于医疗卫生资源的高效利用;注重疾病预防,提高卫生费用的有效支出;提供连续性、主动性、综合性照护,有助于应对慢性病的挑战;提高医患关系的和谐度。发展全科医疗是我国卫生事业改革与发展的关键,也是提高我国广大基层群众初级卫生保健质量的有效方法。

（四）全科医疗与专科医疗的区别

1. 服务宗旨的区别 全科医疗和专科医疗负责健康与疾病发展的不同阶段。全科医疗的服务对象包含健康人群、高危人群和患病人群，服务周期为全生命周期，服务过程包含疾病发生发展的自然过程，即健康 - 疾病 - 康复的各个阶段，以人为核心而非疾病，从健康促进、危险因素的筛查和监控，到疾病的早、中、晚时期的连续性照顾。全科医生类似于"医学服务者"与"管理者"，其工作遵循"照顾"的模式，其最高价值是科学性和服务对象的满意度，其责任涉及医学科学和与医学服务相关的各个专业领域（包括医学以外的行为科学、社会学、人类学、伦理学、文学、艺术学、经济学等）。由于这种医疗服务对照顾的注重，可称为照顾医学。

专科医疗负责疾病的诊治，其宗旨是根据科学对人体生命与疾病本质的深入研究来认识与对抗疾病，并因此而承担深入研究病因、病理等微观机制的责任。专科医生类似于"医学科学家"，其工作遵循"科学"的模式，其最高价值是科学性，其责任局限于医学科学认识与实践的范围。由于专科医疗强调根除或治愈疾病，可将其称为治愈医学。

2. 服务内容的区别 全科医疗处于卫生服务的金字塔底层，较大程度地利用社区和家庭的卫生资料，解决常见的健康问题，以低廉的成本维护大多数民众的健康，并对无法被专科治愈的慢性病及其导致的功能性问题提供长期照顾。由于这些问题往往涉及服务对象的生活方式、社会角色和健康信念，全科医生的服务方式是通过团队合作进行"一体化"的全方位管理。在全科医疗服务团队中，患者（个体或群体）是医护人员的合作伙伴，是社区或家庭健康管理目标制订与实施的积极主体之一。专科医疗处于卫生服务的"金字塔"上部，其所处理的多为生物医学上的疾病，往往需要动用较多的医疗资源以解决少数人的疑难问题。专科医生的服务方式为各专科的高新技术。

3. 服务模式的区别 全科医疗强调以人为中心、以健康为中心的服务模式，处理的多为常见健康问题，以及专科医疗无法治愈的慢性病及其导致的功能性问题。不仅针对服务对象的疾病，还对其生活方式、社会角色、家庭支持与健康理念等进行评估，采取生物 - 社会 - 心理的现代服务模式。专科医疗则以疾病为中心，根据医学对人体生命与疾病本质的研究成果来认识与对抗疾病，研究疾病病因、病理等微观机制，以及诊断方法、药物、手术等治疗技术，强调根除或治愈疾病，其对患者的管理责任仅限于在医院或诊室中，一旦患者出院或就诊结束，这种管理责任即终止。全科医疗与专科医疗的区别见表 1-1。

表 1-1 全科医疗与专科医疗的区别

项目	全科医疗	专科医疗
服务人口	较少而稳定[1：（1 000~2 500）]	大而流动性强[1：（5 万 ~50 万）]
服务宗旨和责任	对患者健康全面负责，全面管理，服务责任连续，可及性好	对患者疾病负责；间断性服务
照顾范围	宽（生物 - 心理 - 社会）	窄（某系统 / 器官 / 细胞）
疾病类型	常见问题	疑难急重问题
服务内容	防治结合的一体化服务	医疗为主

续表

项目	全科医疗	专科医疗
方法	综合服务	分科服务
技术与手段	适宜的诊疗技术,不昂贵	高新技术和复杂仪器设备,昂贵
临床治疗目标	服务优质、安全、有效、经济;将患者的近期、中期与远期健康目标结合起来进行考虑	针对现实疾病问题,以近期目标和过程目标为主
诊断思维	系统性思维;以问题为导向的诊疗思维,多从患者主诉症状、问题入手诊断疾病	还原性思维;以疾病为导向的诊疗思维,多从疾病受累器官、系统入手诊断疾病
服务模式	以人为中心,以健康为中心的服务模式	以疾病为中心的服务模式
医患关系	医患关系密切,长期连续,熟悉患者背景与患者及其家庭结成合作伙伴式平等关系患者主动参与	关系不连续,患者背景多不熟悉多呈不平等的垄断式医患关系以医生为中心,患者多被动服从

（五）全科医疗与专科医疗的联系

在"金字塔"型卫生服务网络结构中,全科医疗与专科医疗之间呈现互补互助的关系,表现为以下几方面。

1. **各司其职**　大医院集中于疑难急危重问题的诊治和高科技技术研究;基层机构则全力投入社区人群的基本医疗保健服务之中。

2. **互补互利**　全科医疗和专科医疗分工明确,在患者照顾及医学发展中各自发挥所长。全科医生以经济、有效的方式处理大多数患者的常见健康问题,并筛选出少数疑难危重病例,及时转诊、会诊,向专科医生提供患者的早期信息,专科医生处理患者复杂的专科问题后转回给全科医生,进行康复、随访等连续性医疗。

3. **"接力棒"式服务**　根据病患需要,组建家庭、社区和医院之间的"一条龙"服务系统,提供"无缝式"快捷的医疗照顾。建立良好的双向转诊和信息共享网络,以保证服务对象获得最有效、方便、及时与适当的服务。

三、全科医生

（一）全科医生的定义

全科医生又称家庭医生,是全科医疗服务的提供者。全科医生是对个人、家庭和社区提供优质、方便、经济有效的、一体化的基本医疗保健服务,进行生命、健康与疾病的全过程、全方位负责式管理的医生,是执行全科医疗的卫生服务提供者。全科医生的服务涵盖不同性别、年龄的对象及其所涉及的生理、心理、社会各层面的健康问题,其应能在所有与健康相关的事务上为服务对象当好健康代理人。

（二）全科医生的角色

依据世界家庭医生组织（WONCA）于 1981 年提出基层健康照护的定义,在这当中提出全科医生应扮演四个角色:处理患者当下的健康问题;促使患者养成正确的求医行为;注意并处理慢性或稳定期的健康问题;推动促进健康的预防保健措施。针对不同的服务对象,全科医生有多重角色。

1. 就个人或家庭而言 全科医生不仅提供疾病的诊治服务,还要以全人的角度去理解患者的健康需求,是维护社区民众健康的第一线守护者,其所承担的角色有以下几种。

(1) 医生:诊治社区常见健康问题,开展全方位、全过程的管理,包括疾病的早期发现、干预、诊治、康复与终末期照顾。

(2) 健康管理者:负责健康的全面维护,促进养成健康的生活方式;定期开展健康检查,发现健康危险因素并开展干预。

(3) 咨询者:提供健康与疾病的咨询服务,和患者建立医患信任关系,开展有效沟通,解释健康问题,提供健康资料,指导服务对象开展有效自我保健。

(4) 教育者:采取各种形式开展健康教育,根据不同服务对象(包括健康人、高危人群和患者)开展全面性、科学性和针对性的健康教育,并对教育效果开展评估。

(5) 卫生服务协调者:根据患者实际需要,充分并有效的利用家庭、社区、社会资源和各级各类医疗卫生资源提供协调性服务,与专科医生形成有效的双向转诊关系和信息共享网络。

2. 就医疗保健与保险体系而言 全科医生是医疗保健体系的"门户",为患者提供基本医疗保健,根据需要开展有效会诊和转诊,是居民的"健康守门人",通过向保险系统登记注册,依据相关规章制度、公正原则和成本/效益原则从事医疗服务,与保险系统共同办好基本医疗保险;同时全科医生还是社区卫生团队的核心人物,是团队的管理者和教育者,在日常工作中要管理人、财、物,建立良好的医患、医护、医际关系以及与社区、社会各方面的关系,组织成员开展业务、审计、和继续教育活动。

3. 就社区和社会而言 全科医生是社区和家庭中的重要一员,推动健康的社区环境与家庭环境的建立和维护;是社区健康的组织者和监测者,动员组织社区各方面资源,协助建立与管理社区健康网络,利用各种机会和形式开展健康促进、疾病预防和健康管理工作,运用各种形式的健康档案资料做好疾病监测和统计工作。

(三) 全科医生的工作任务

1. 80%~90% 社区常见病、多发病的诊疗及适宜的会诊、转诊服务。

2. 社区慢性病患者的系统管理。

3. 及时有效地识别与评价急、危、重症患者,并开展相应的院前急救与转诊。

4. 健康人群与高危人群的健康管理,包括疾病预防、筛查,干预与健康咨询。

5. 根据需要提供家庭出诊、家庭病床及其他家庭保健服务。

6. 社区重点人群保健,包括老人、妇女、儿童、残疾人、特定职业人群等。

7. 个人与人群健康教育。

8. 基本的精神卫生服务,包括初步的心理咨询与治疗、社区精神病患者管理等。

9. 医疗与伤残的社区康复。

10. 计划生育技术指导。

11. 通过团队合作执行家庭护理、社区公共卫生任务等。

（四）全科医生的素质

1. 强烈的人文情感　全科医生必须热爱生活、关爱患者,对服务社区人群有持久的兴趣,有与人交流和相互理解的强烈愿望和自身需求,对患者有高度的同情心和责任感。

2. 扎实的业务技能　全科医生应具有将服务对象作为一个整体人,对慢性病患者、高危人群和健康人群开展持续性照护的服务技能,因此其应具备全科/家庭医学、社区常见疾病的各临床学科、中医学、心理学、流行病学、行为科学、统计学、预防医学、社会学、经济学等相关学科的基本知识技能。

3. 出色的管理能力　全科医生工作涉及患者、家庭与社区的照护,以及社区卫生服务团队管理等,因此全科医生应具有合作精神、协调能力、管理能力和足够的灵活性、包容性,成为服务团队的核心,与医际、医护、医患、社区和各类各级医疗资源方面保持良好的人际关系,同时还需平衡好个人工作和生活关系,保障自己的身心健康与服务质量。

4. 执着的科学态度　科学态度和学习能力是全科医生的关键素质之一。对待工作应认真、严谨,运用循证医学方法,批判性地评价新知识和新信息,并将其用于医疗服务实践中;有良好的学习能力,抓紧任何继续医学教育的机会,善于自学和反思,获得自我发展。

具备了上述基本素质才能成为真正的全科医生,才能成为人人享有卫生保健任务的主要承担者。

（五）全科医生的患者管理

全科医生管理患者的原则有以下几项。

1. 充分解释,适当引导　所有的医疗活动,应向患者充分说明病情、诊治过程的内涵及预期后果,并取得患方同意;在过程中必须考虑患者和家庭健康信念(价值观),并给予适当的引导。

2. 鼓励患者承担健康责任　通过有针对性的健康教育提高患者和家庭的健康意识和自我保健能力,使其承担自己的健康责任。

3. 评价疗效、不良反应与费用　诊疗过程要充分考虑治疗的不良反应和患者的经济条件,选择最有效、副作用最小且较经济的药物,并定期评价药物治疗效果和相关伦理学问题。

4. 有效使用非药物疗法　积极宣教和鼓励开展非药物治疗方法,如生活方式改善(行为疗法)、康复疗法、营养方法以及群体治疗等。

5. 充分利用各类资源　熟悉和利用家庭和社区资源对患者开展服务。

6. 分析疾病对家庭的影响　在诊疗过程中,需注意患者的健康问题可能对患者本人及其家庭所带来的影响。

全科医生管理患者的基本内容有以下几项。

1. 安慰或解释　站在患者的立场,换位思考,充分理解患者的处境、心情,从医学、心理学、伦理学、行为医学等多个角度对患者提供支持,解除患者的病痛,缓解患者焦虑情绪。同时,应充分考虑患者受教育的程度、医疗经验、种族背景、社会阶层和心理承受能力等,以患者能听懂的方式解释问题,要有充分的交流和信任,建立密切的医患信任的关系有助于获得患者的支持。

2. 告诫或建议　向患者和家庭提供生活方式改变、药物治疗、心理疏导等相关医嘱,以及疾病和治疗相关的注意事项,清晰明确地告知患者什么能做、什么不能做、什么必须做。

3. 开处方　以当代药物和疾病的系统知识和理论为基础,开具安全、有效、经济、适当、合理的药物处方。全科医生开处方前,需要明确下述问题:开具处方的临床目的,是有效的治疗手段,还是一种安慰或者试验治疗策略;开具的药物处方如何明确疗效;药物的副作用、费用、过敏反应、药物相互作用、药代动力学、患者的依从性和如何避免重复处方。

4. 转诊　全科医生有关转诊或会诊的责任包括以下几项。

(1) 熟悉各级各类专家信息,包括专业、技术、合作程度等,根据患者的实际情况选择转诊医生,同时还需考虑时间和交通的可行性。

(2) 整理患者的详细资料,通过各种渠道提供给转诊医生,在转诊之前送达。

(3) 明确告知患者转诊的目的、方向和科室,以及转诊的时限是即刻、尽快还是常规转诊,转诊前需做哪些处理或准备。

(4) 做好患者的"参谋"和协调者,继续保持与患者及专科医生之间的联系,提供整体性照顾。

5. 实验室检查和其他辅助检查　检查的目的包括筛检疾病、验证临床假设、确认或排除疾病、评价临床疗效、临床准备或其他临床目的、科学研究等。

全科医生遵循成本效益原则,选用经济有效的检查方法,避免过度检查,充分考虑检查手段对患者的损伤并加以防范,同时应能够判读并解释基本的检查结果。

6. 随访　随访是由医生计划并预约、患者认可的持续性观察,随访是全科医生工作中非常重要的部分。可在诊室或在家中进行,根据必要性确定随访频次。随访的目的包括:通过时间观察以明确诊断,评价治疗效果,检查患者依从性,评价患者的生理、心理、社会功能状况并给予支持,慢性病患者并发症的早期识别,根据传染病防控、重点人群保健规范管理实施开展相关随访,患者个性化随访,职业兴趣或研究需要等。

7. 预防　全科医生在临床实践中承担一、二、三级预防服务,有效改善人群健康,减少发病率、早死率和残疾率。

(六) 全科医生应具备的能力

1. 疾病的诊治能力

(1) 社区各种急危重症的及时处理。

(2) 社区常见病、多发病的诊断和治疗,慢性病的管理。

(3) 掌握临床常规辅助诊断方法,如血常规、尿常规、粪便常规、肝肾功能、X线检查、心电图等。

(4) 掌握临床常用诊疗操作技术,如洗胃、胸穿、腹穿等。

(5) 正确把握会诊、转诊时机:疑难急危重患者进行初步处理后,根据病情开展适宜的转诊和会诊;对慢性病开展双向转诊。

2. 处理心理和行为问题的能力　了解从儿童到老年时期各阶段的心理特点,正确评价和处理常见心理和行为问题,帮助服务对象保持健康的心理状态,养成良好的行为习惯,摒弃不健康的行为,如吸烟、酗酒、药物成瘾等。

3. 处理家庭问题的能力　熟练评价家庭的结构、功能、生活周期和家庭资源状况,善于处理家庭生活周期各阶段常见心理、社会和生活问题;充分利用家庭内、外资源;对临终患者家庭给予医疗、情感、家庭生活等方面的关心和照顾;帮助处理夫妻关系、子女教育和老人赡养问题;帮助家庭处理不可预见的突发事件和家庭成员意外死亡、离婚、失业、患严重疾病等。

4. 社区工作能力　全面评价社区卫生状况,制订和实施社区卫生规划;有效监测和控制流行病、传染病、地方病和慢性病;组织和实施初级卫生保健工作,如营养与安全饮用水、计划生育、预防接种、环境卫生等。

5. 合作精神和领导管理能力　与社区其他卫生和政府部门保持良好的合作关系,并充分利用相关资源开展医疗服务;具有很好的合作精神;了解本地区卫生资源状况并参与管理工作;组织和开展社区调查,协调政府部门落实各项卫生改革措施;清晰全面地做好病历记录,有效地使用和管理健康档案。

6. 社区健康教育能力　充分利用其工作在社区、贴近社区居民的优势,开展个人、家庭和社区人群三个层面上的健康教育工作,将良好的健康观念结合在具体医疗实践中,加强民众健康意识,逐渐建立良好的生活方式和行为习惯。

7. 自我发展和继续医学教育能力　要有现代意识和观念,了解卫生经济学、市场经济学的有关知识,熟悉政府有关卫生的法律、法规;具有较强的自学能力,学习新知识和诊疗手段,并用于日常医疗服务中,获得自我发展;至少要精通一门外语,能熟练地查阅文献资料,开展相关的科研工作,特别是利用流行病学方法开展社区相关问题的科研工作;有能力开展教学工作;热爱自己所从事的事业,并保持持久的兴趣和热情,不断完善自己的人格,增强迎接各种挑战和战胜各种困难的能力。

(童钰铃)

第二节　全科医学的历史

主要内容

1. 全科医学的发展简史。
2. 全科医学产生的基础。

┈┈┈ **重要知识点** ┈┈┈

1. 全科医学发展的简史　全科医学思想起源期、通科医疗兴盛期、专科医学崛起期、全科医学发展期。

2. 全科医学产生的基础　疾病谱与死因谱的变化、人口老龄化、医学模式的转变、医学的高度专科化与公众需求矛盾日益尖锐、现代家庭结构与功能的变化、卫生经济方面的压力。

一、全科医学的发展简史

医学从诞生开始便一直处于不断的变革之中,经历了从综合到分化,再从新的水平上由分化到综合的过程,全科医学的产生与发展也经历了综合到分化及再综合的漫长过程。

(一) 全科医学思想起源

全科医学的思想源于古代医学质朴的思想体系和作业方式,又融入了现代科学的理论与技术,即由古代的"郎中""治疗者"的整体思想起源,再从西方的通科医疗开始,到专科医学的崛起,直至全科医学的诞生,推动了全科医学领域的发展。

(二) 通科医疗兴盛期(18 世纪—19 世纪末)

全科医疗是在通科医疗的基础上发展起来的。19 世纪前,欧洲的医学还十分落后,诊疗手段有限。在此时期,欧洲向北美大陆的"移民"中,部分医生迁移到美洲,仅少数是经过正规训练的医生,为少数"贵族"和富人服务,为数甚少的医生因无法满足医疗的需要,因此只能打破原有的行业,由从事内科、外科的医师、药剂师等以多种方式综合服务于患者,由此通科型的医生在美洲诞生。

19 世纪初,英国《柳叶刀》(*The Lancet*)杂志首次把这类具有多面手的医生命名为通科医生。医学生毕业后通过内科、外科及相关技术的考试,可获得通科医生的开业资格;因此通科医生诞生于 18 世纪的美洲,而命名于 19 世纪的英国。

从 18 世纪中叶至 19 世纪末,通科医生占据了西方医学的主导地位,80% 的医生都是通科医生,他们在社区开业,既从事内科的诊治疾病,又进行外科手术治疗,还承担产妇接生工作,为居民及家庭提供周到细致的医疗照顾,并照料全家成员,成为社区民众的亲密朋友、照顾者和咨询者,且在社会上备受尊敬,形成了亲密无间的医患关系。

(三) 专科医学崛起期(19 世纪末—20 世纪 60 年代末)

19 世纪基础医学大发展奠定了现代医学的科学基础,医学学科及其他学科的迅速发展伴随新技术的使用导致了临床医疗实践的分化与专门化。

1. 专科化发展的酝酿阶段 19 世纪中叶 Johns Hopkins 医学院对医学教育进行了改革,实施正规的集理论教学、研究与临床实践为一体的 4 年制医学教育,使医学院校在培养多面手医生方面不再尽力。美国教育家 Abraham Flexner 发表了医学历史上著名的 Flexner 报告,赞扬了 Johns Hopkins 医学院的成功经验,极力主张生物医学的研究与教学相结合,提倡把研究、病房教学和会诊制度作为医学教育的基本保证,从而为培养专科化合格医生奠定基础。

2. 第一次专科化发展高潮 1910—1940 年是医学专科化发展的鼎盛期,1917 年美国医学会首先成立第一个专科学会,此后各专科医学会成立及开展相应的住院医生训练项目,并迅速遍布各大城市,由此综合医院内提供相应的专科化服务成为热点。专科化的结果是以患者为整体照顾为目标的通科医生逐渐萎缩,人数锐减。

3. 第二次专科化发展高潮 20 世纪 40 年代末—60 年代末,大专科、亚专科的分化及亚专科学会的成立,专科医疗占主导地位,通科医生面临衰亡危机。专科化进程,推动了临床医学和基础科学的结合和先进技术的应用,促进医学院校的课程进一步细分,医学知识得到进一步高度发展,促进三级医疗服务的发展,极大提高了专科医疗技术的水平,推动医学和基础科学的结合,医学研究和实验技术的结合。由于医学更多强调科学的基础、实验的依据及科学的临床思维,从整体上完成了由经验医学向科学医学(现代医学)的过渡。

(四)全科医学发展期

医学的科学化冲击了医学的人性化,医疗的可及性、连续性和综合性及人性化受到极大挑战,人们呼吁患者的整体利益、心理情绪、人格尊严应得到关注和尊重,公众对综合性医疗的需求应得到满足。

1. 全科医学发展的酝酿阶段 20世纪50年代后期,随着社会经济飞速发展,公共卫生条件改善,促进了人类寿命的延长,社会人口老龄化进程加快,慢性病成为主要健康问题,呼唤通科医生的回归。1966年 Millis 和 William 的报告强调了全科医生的必要性,认为全科医生利用的知识体系及其功能完全不同于其他专科医生,报告同时界定了其服务的主要内容及培养全科医生的特征,建议建立一个新的专科即家庭医学(family medicine)。

2. 全科医学发展的成长阶段 1969年2月,家庭医疗作为医学专科的建议得到美国政府的批准,由此美国家庭医疗专业委员会成立,成为家庭医学发展的重要里程碑。同时,正式成立了美国家庭医疗专科委员会(American Board of Family Practice,ABFP),负责家庭医疗专科证书的考核和颁发。

从70年代早期开始,家庭医疗已成为解决医疗保健分裂、医疗资源分布不均和医疗费用上涨等问题的有效途径,因而得到政府和医学界的广泛支持,家庭医疗也从而得以迅速发展。1972年,美国的通科医生学会更名为美国全科医生学会。世界全科/家庭医学国际学术组织正式命名于1972年在澳大利亚墨尔本市举办的第五届世界全科医学大会上,它是非官方的、国际性的全科医学学术团体,是世界卫生组织(World Health Organization,WHO)的学术咨询组织,主要活动是主办全科医学的国际会议,每3年1次,并负责出版国际性的杂志与刊物。WONCA的成立,以出色的活动促进了全科医学在世界范围的发展。

3. 全科医学发展的成熟阶段 20世纪的全科医学作为一门新兴的学科,不断发展,并明确未来的医疗服务应逐步转向以全科家庭医疗为主,各国应大力培养全科医生,并倡议到21世纪,各国全科医生应占医生总数的1/2或更多;在医学院校建立家庭医学系,并开展毕业后家庭医学住院医生培训项目。用现代医学的最新成果解释患者局部与全身的变化,从生物-心理-社会因素之间的关系来了解疾病的发生与发展和转归。

在美国全科医生学会成立后,将通科医生更名为全科医生(family physicians),提供的服务称为家庭医疗(family practice),将其知识体系称为家庭医学(family medicine)。在英国也建立全科医学新型学科及培训制度,但未改变通科医生(general practitioners,GP)的称谓。

中国香港地区建立了全科医学专业学科,将"general"从"通"改为"全",以示全方位、全过程的特点。从此全科医疗作为一个保健体系和专科医疗并存,与专科医生取长补短,协调合作,共同为患者提供一流的服务。

二、全科医学产生的基础

(一)疾病谱与死因谱的变化

20世纪中叶以前,影响人类健康的主要疾病是各种传染病和营养不良,但随着社会经济状况的好转,以及抗生素与疫苗的成功运用,各种传染病和营养不良得到了有效的控制,取而代之的是慢性病及意外伤害等问题。各种慢性病如心脑血管病、恶性肿瘤、糖尿病已占据疾病谱和死因谱的主流地位。从病因学、病理过程、服务要求等方面需要全科医学的渗入。

病因学:慢性病的病因和发病机制十分复杂,可分为生活方式与行为、环境因素、人类生物学因素、卫生保健制度等,其中生活方式是主要的原因,包括吸烟、酗酒、营养失调,紧张的行为方式等。

病理过程:慢性病有明显不同于急性传染病的特征,急性传染病患者一般或在短期内死亡,或完全康复,而慢性病却往往是终身性的,没有特异性的根治方法,一般需要经历长期的演变过程。慢性病一般出现多系统损害的并发症,需要进行长期的连续性医疗保健服务。

服务要求:慢性病的服务时间要求长期性和连续性,服务地点要求以家庭和社区为主,服务内容要求体现在生物心理、社会环境等方面的全人、全程的服务,服务类型要求综合照顾,包括医疗、预防、康复、保健、养生、教育、咨询等。服务方式上,要求医患共同参与,强调患者主动与自觉参与,实施医患共同决策。

(二) 人口老龄化

老龄化构成了卫生服务需求和医疗费用的迅速增长,人口老龄化已成为当今人类面临的重大社会问题,我国人口老龄化进程加快,老年化比率上升迅猛,每年以 3.2% 的速度增长;我国已进入老龄化社会,65 岁以上人口到 2030 年达 3.68 亿,占总人口比例25%(图 1-1);在一些大城市,老龄化趋势更加明显,迫切需要改变服务模式。

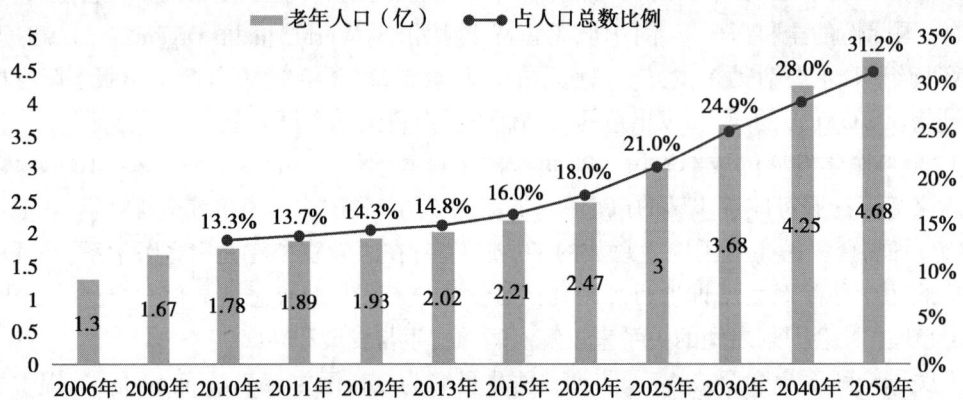

图 1-1　2006—2050 年老年人口占人口总数比例预测

老年人有特殊的自身需要问题,如老年人保健、营养、医疗、赡养、社会服务及社会福利保障。人口老龄化和社会发展导致劳动年龄人口比例下降,社会与家庭的经济压力增加等状况带来了社会、经济问题。主要表现为:①老年人赡养系数明显增大;②老年人特殊需要又要求全社会给予特别的关注;③老年人就诊率、住院率高,住院时间长、费用大;④老年人是慢性患者的主要受害者,占疾病谱和死亡谱前列的疾病均好发于老年人。

因此,老年人这一特殊的重点人群增长导致对卫生服务特殊需求的增长,是全科医学产生与发展的重要因素之一。

（三）医学模式的转变

医学模式是指医学整体上的思维方式与方法，是对人类健康与疾病总体的特点和本质的概括，历史上有许多医学模式，由神灵主义模式→自然哲学模式→机械论医学模式→生物医学模式，直至生物 - 心理 - 社会医学模式。其中从生物医学模式即单因单果直线式思维转向生物 - 心理 - 社会医学模式即多因多果、立体网络式的系统论思维方式，是现代医学模式的最重要的变革。

生物 - 心理 - 社会医学模式由美国医生 G.L.Engel 于 20 世纪 70 年代提出，其认为人的生命是一个开放系统，通过与周围环境的相互作用，以及系统内部的调控能力决定健康状况。医学模式的转变，促使人们的健康观念发生变化，健康需要不断提高，追求一种保健、康复、精神愉快、健康长寿的综合性健康服务，从而促进全科医学的应运而生。

（四）医学的高度专科化与公众需求矛盾日益尖锐

医学高度专科化的结果导致：①医疗范围的限制，医院仅能使所在地区的 15% 人口受益，另外 85% 人口无法及时得到适当的医疗保健服务。②专科化服务以治疗疾病为主，忽视了预防、保健和康复，只关心躯体疾病、生物学病因，忽视了心理或行为、社会因素的作用。③专科化服务只为患病的个人提供片段的医疗服务。④医院大多数接受那些需要高技术的专科化患者，降低了医疗服务的可及性。随着公众健康需求的不断增加，人们渴望建立全科医疗的正三角的模式，以解决 80%~90% 的健康问题，并成为世界公认的理想的保健体系（图 1-2）。

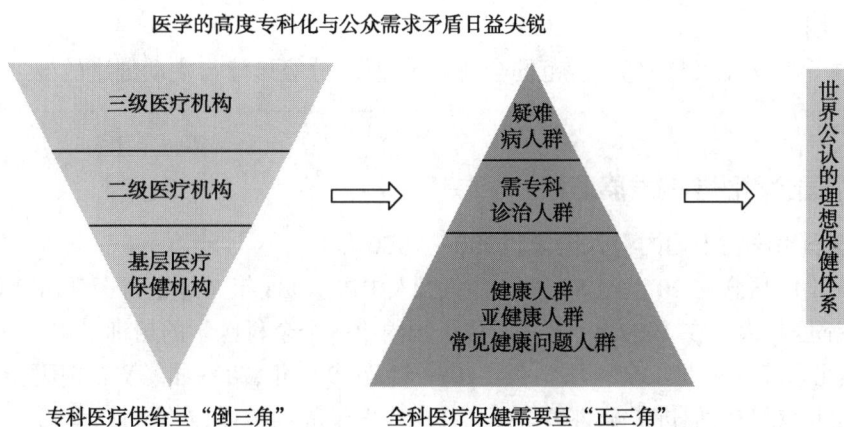

图 1-2 全科医疗与专科医疗的视角

（五）现代家庭结构与功能的变化

全科医学产生的基础与家庭有关的健康问题增多密切相关。因现代家庭中核心家庭明显增多，并常常丧失传统家庭所具有的某些重要功能，使家庭冲突、离婚事件、严重疾病及伤残、丧失亲人等情况明显增多。

由于家庭有关的健康问题增多如抑郁、心身疾病、药物依赖、酗酒、家庭暴力等，因此家庭成员对医护人员的依赖性也明显增加。家庭与健康、疾病的关系已引起医学界的高度重视,家庭及其成员越来越需要初级保健医生的指导和帮助;医生走进家庭、家庭拥有自己的医生已成必然趋势。

（六）卫生经济方面的压力

据 WHO 统计,全球 85% 的卫生经费应用在不到 10% 的重症患者身上,仅剩下 15% 的资源用于大多数人的初级保健服务,造成"看不上病""看不起病",卫生资源分配极不合理,使得医学目的的公平性遇到巨大挑战,由此卫生经济方面的压力进一步推进便捷、综合的全科医学诞生。

（朱文华）

第三节　中国全科医学及发展前景

主要内容
1. 中国全科医学的发展历程。
2. 现代全科医学与发展前景。

········ **重要知识点** ········

1. 全科医学发展的历程:全科医学在中国的引入阶段、全科医学发展的初期、全科医学发展的新时期。

2. 中国全科医学发展趋势:规范的全科学科建设、分级诊疗与主动健康的推进。

········

一、中国全科医学的发展历程

（一）全科医学在中国的引入阶段（1988—1996 年）

全科医学的概念在 20 世纪 80 年代后期引入中国,1988 年 9 月全科医学由 WONCA 引入中国,首都医科大学在 1989 年 11 月成立了国内第一个全科医学的培训机构,即全科医生培训中心,北京成立了北京全科医学会。1989 年及 1993 年,第一届、第二届国际全科医学学术会议在北京召开,促进了全科医学概念在国内医学界的传播,对全科医学的引入起到了推进作用。1993 年 11 月,中华医学会全科医学分会成立——标志着全科医学的学科诞生。原卫生部部长陈敏章在大会上的发言中提到:"在中国推行全科医学可望将中国现存的以医院为基础的浪费的卫生服务系统转变为一种讲究成本 - 效益和更有效率的系统……通过推广全科医学和建立高水平的全科医学服务可以改善我国人民的健康水平。"1995 年 8 月中华医学会全科医学分会正式成为世界全科医生组织成员,有力推动我国全科医学事业的发展,由此从 90 年代全国开始推行全科医疗的试点工作和研究工作。

（二）全科医学发展的初期（1997—2008 年）

1. 发展全科医学的初期政策环境　1997 年 1 月《中共中央、国务院关于卫生改革与发展的决定》中做出了"加快发展全科医学,培养全科医生"的重要决策。社区卫生服务的各种配套与保障政策也相继出台。1997年12月卫生部召开了"全国全科医学教育工作会议",标志着全科医学教育工作正式启动,开始进入规范化发展阶段。1998年6月我国取得"2003年WONCA亚太地区的举办权",促进全科医学在中国的初期发展。1999年7月,国务院十部委联合颁布《关于发展城市社区卫生服务的若干意见》指出发展社区卫生服务具有十分重要的意义,提出以基层卫生机构为主体,全科医生为骨干,合理使用社区资源和适宜技术,融预防、医疗、保健、康复、健康教育、计划生育技术服务等为一体的有效、经济、方便、综合、连续的基层卫生服务。

20世纪90年代首都医科大学成立全科医学教研室、浙江医科大学成立全科医学培训中心,开始培养全科医生,复旦大学附属中山医院、浙江大学附属邵逸夫医院相继成立全科医学科。

2002年8月,十一部委发布《关于加快发展城市社区卫生服务的意见》中指出加强社区卫生服务队伍建设,把队伍建设作为发展社区卫生服务的基础工作抓紧抓好。加强社区医生、护士的转岗培训,引导社区医生通过培训与考核转为全科医生;建立和完善社区卫生技术人员任职资格制度,提高社区卫生服务人员的待遇,改善从业条件,鼓励医学院校毕业生和医护人员到社区服务,不断提高社区卫生服务人员的业务技术和服务水平。

2. 全科医学教育工作全面启动展开 1999年卫生部召开了首届全国全科医学教育工作会,并发布《全科医生岗位培训大纲》和《全科医师规范化培训试行办法》等一系列文件,标志着全科医学教育工作全面启动和展开。2000年卫生部颁发《关于发展全科医学教育的意见》文件,提出了我国全科医学教育的发展目标:建立起具有中国特色的、适应卫生事业改革与发展需要的全科医学教育体系,培养一大批能满足人民群众基本卫生保健需求的全科医学人才。由此开始,北京、浙江、上海等地开始尝试开展四年制的毕业后全科医生规范化培训项目,构建全科医学教育体系基本框架。

2005年我国已尝试完成全科医学专科医生的培养方案,确定了国家层面全科医生的培养目标、培养方式及培养模块,标志着全科医生培养进入正常轨道。2006年2月国务院召开全国城市社区卫生工作会议,出台《国务院关于发展城市社区卫生服务的指导意见》,提出全科医疗服务及人才培养的新任务,要求教育部负责全科医学和社区护理学科教育,并将社区卫生服务技能作为医学教育的重要内容。2006年6月,人事部、卫生部、教育部、财政部、国家中医药管理局联合颁发了《关于加强城市社区卫生人才队伍建设的指导意见》,要求加强全科医学、社区护理学教育和学科建设。政府颁布的这一系列配套文件,极大地改善了全科医学发展的政策环境,至此全科医学发展的政策环境已经初步形成。

(三)全科医学发展的新时期(2009年至今)

1. 新医改的举措促进全科医学发展 从2009年新医改开始,我国全科医学的发展进入一个新时期。2009年3月《中共中央 国务院关于深化医药卫生体制改革的意见》中提出,要通过发展全科医学解决老龄化社会带来严峻的老年人口保健医护照顾问题。

2010 年 3 月国家六部委印发的《以全科医生为重点的基层医疗卫生队伍建设规划》中提出,到 2020 年,通过多种途径培养全科医生,逐步形成一支数量适宜、质量较高、结构合理、适应基本医疗卫生制度需要的基层医疗卫生队伍,基本满足"小病在基层"的人力支撑要求,为全科医生的培养提供了基本国策。

2. 全科医生制度的建立推进全科医学教育进程 2011 年 7 月国务院发布《国务院关于建立全科医生制度的指导意见》明确提出:"经过几年的努力,形成统一规范的全科医生培养"5+3"模式。""基本实现城乡每万名居民有 2~3 名合格的全科医生。"

2014 年教育部、国家卫生和计划生育委员会等六部门联合印发《关于医教协同深化临床医学人才培养改革的意见》,确立了以"5+3"(5 年临床医学本科教育 +3 年全科住院医生规范化培训)为主体、以"3+2"(3 年临床医学专科教育 +2 年助理全科医生培训)为补充的全科医生培养模式。

3. 全科医生培养与使用激励机制进一步推进全科医学的发展 2018 年 1 月国务院办公厅发布《关于改革完善全科医生培养与使用激励机制的意见》,指出各地各部门要将改革完善全科医生培养与使用激励机制作为深化医改、建设健康中国的关键环节和重大任务,制定实施方案,强化部门协同,明确任务分工,加大经费保障,狠抓贯彻落实。

2018 年 9 月国家卫生健康委员会办公厅发布《住院医师规范化培训基地(综合医院)全科医学科设置指导标准》(试行),明确提出承担全科医生规范化培训任务的医院必须设置全科医学科,以服务卫生与健康事业发展需求为导向,以培养合格全科医生为目的,为建立分级诊疗制度、深化医改、建设健康中国提供可靠的全科人才支撑。

以上一系列相配套的指导性文件的出台,标志着我国的全科医学、全科医疗、全科医生制度的建设将步入制度化轨道,并对建设社区卫生服务中心、推进医疗改革、解决看病难问题起到关键性作用,推进我国全科医学的发展迈向了更高的阶段。

二、现代全科医学与发展前景

我国全科医学已经经历 20 余年的探索与发展,已经初步形成全科医学人才培养体系,形成全科医疗服务模式。

(一) 规范的全科医学学科建设进一步推进我国全科医学的发展进程

2018 年国家卫生健康委员会关于印发《住院医师规范化培训基地(综合医院)全科医学科设置指导标准(试行)》的通知明确,全科医学科属一级临床科室,应当满足独立科室建制的必备条件,符合全科医疗、教学、分级诊疗、双向转诊等功能定位,具有承担全科医疗、教学、科研的相应能力,适应全科医生培训需求。

全科医学科主要包括医疗、教学、科研、预防等四大职能。全科医学科的诊疗范围,包括以症状学为表现的常见健康问题、常见多发疾病、多系统慢性病、复杂疑难病例转诊等;全科医学科的教学基本职能是为基层培养合格的全科人才,以及对基层实践基地建设和师资能力培养和帮助;开展全科医学临床与教学相关的科学研究,并带动基层社区开展相关研究,推广适宜诊疗技术;全科医学科应加强有关健康管理与健康促进,指导患者进行自我健康管理,以预防为导向提供健康咨询。

(二)加强全科医学教育进一步推进我国全科医学高质量人才队伍建设

我国的全科医学作为一门临床二级学科尚处于新生阶段,尤其是全科医学学科建设尚处于起步阶段,社区的全科医疗服务水平与综合性医院全科医疗及专科医疗尚不能协调服务及同质化服务。面临的主要问题有:①全科医学学科发展滞后,全科医学学科建设体系有待构建。②全科执业医生数量不足,远低于国际平均水平。③高质量的全科医学的师资匮乏,很难起到教学示范作用。④基层医疗卫生队伍不稳定,全科医生培训机制及模式尚不完善。

因此加强全科医学教育,大力培养高素质师资队伍及全科医学人才迫在眉睫。国家高度重视医教协同,深化院校全科医学教育改革,并要求在院校建立全科医学学系。制定全科医学师资队伍建设规划,在人员配备、职称评聘、工作量考核等方面给予支持。建立健全毕业后全科医学教育制度。巩固完善全科医学继续教育,制定全科医学继续教育指南,加快网络数字化课程、课件、教材开发,普及全科适宜技术,积极开展基层全科医生进修培训和学历提升教育。

(三)全科医生在慢性病管理工作中的作用将推进我国分级诊疗建设

由于慢性病是一类发病率、死亡率、致残率极高的疾病,病程长、病因复杂、健康损害和社会危害严重,同时也是一类消耗巨大医疗费用和社会资源的疾病,在社区全人群中做好预防和控制慢性病的工作是长期而艰巨的任务。慢性病虽然难以治愈,但根据慢性病管理模式的特点,由全科医生为患者提供连续性、综合性、协调性的全科医疗服务,在一定程度上可以控制慢性病的恶化。通过多手段推进分级诊疗制度,制定分级诊疗办法,综合运用医疗、医保、价格等手段引导患者在基层就医,推动形成基层首诊、双向转诊、急慢分治、上下联动的分级诊疗格局,实现基层医院与综合性医院的有序诊疗。

(四)全科医生在主动健康中发挥作用将推进我国健康中国的建设

世界卫生组织在《21世纪的挑战》报告中强调,21世纪的医学,不应该继续以疾病为主要领域,应当以人的健康作为医学的主要发展方向。2016年中共中央国务院印发《"健康中国2030"规划纲要》指出推进健康中国建设,采取预防为主,关口前移,防治结合,实现全方位全生命周期的卫生与健康服务,是全面建成小康社会、基本实现社会主义现代化的重要基础,是全面提升中华民族健康素质、实现人民健康与经济社会协调发展的国家战略。全科医生作为健康守门人,以人民健康为中心,开展全人全程的健康管理,并进行医学研究,提高临床能力,关注生命全周期、健康全过程;并以控制慢性病危险因素、以健康促进和健康管理为手段,提升全民健康素质,降低高危人群发病风险,提高患者生存质量,减少可预防的慢性病发病、死亡和残疾,实现由以治病为中心向以健康为中心的转变,促进全生命周期健康,提高居民健康期望寿命,为推进健康中国建设奠定坚实基础。

(朱文华)

第四节　全人、家庭、社区与健康

1. 家庭与健康及照顾的概念、影响因素及家庭评估方式。
2. 社区与健康及照顾的概念、影响因素及社区诊断的基本内容与方法。
3. 以患者为中心的健康照顾。

······ **重要知识点** ···

1. 家庭是重要的压力来源,也是重要的资源。家庭是疾病预防的重要资源,也是实施预防措施的良好场所。

2. 全科医生必须了解家庭,剖析家庭的文化、功能和它内在的机制,引导"家庭健康",提供周全的家庭照顾。

3. 全科医生在关注患者个体健康的同时,也需要着眼于全社区居民的健康问题,这是临床医疗和公共卫生工作的结合,即以社区为范围的健康照顾。

4. 社区诊断是当需要明确社区主要健康问题时,通过一系列社区诊断方法和步骤,发现存在的主要健康问题,确定需要优先解决的社区主要卫生问题的过程。因此,社区诊断是以减少疾病,为临床服务,并不等同于纯粹的流行病学调查,其目的虽同,但目标各异。

5. 全科医生在诊疗过程中要做到以患者为中心,必须考虑以下两方面:一是理解疾病、预防疾病、治疗疾病;二是在了解其就医的完整背景的基础上,理解患者、服务患者、满足患者的需要。

···

一、家庭与健康及照顾

【案例 1-1】

男,59 岁,机关干部。有高血压病史 2 年,经药物控制血压一直在正常范围,近一段时间血压难以控制。体检和实验室项目检查后,除患者显得疲惫外,无其他阳性结果发现。在开放式的问题引导下,患者述说在单位"与世无争",近期准备退休。长期温顺的妻子近期变得脾气暴躁,食欲大增却没有力气。睡眠时打呼噜其妻则无法入睡,因而使其也不能安心入睡,致使白天工作无精打采,经常头昏,几次检查发现血压未达标。

案例提示:通过家庭对健康和疾病的影响,家庭中疾病的传播,分析谁是案例 1-1 中真正的患者?

（一）家庭与健康及照顾的概念

家庭是人在社会中生存而产生的普遍而特殊的社会团体,它经历了人类历史各时代浪潮的洗礼并发生变化,但人类总是以家庭的形式生存。因此,我们对家庭这一名词并不陌生,但要为家庭下一个确切的定义却并不容易。

1. 家庭的定义

定义1:家庭是指由血缘、婚姻和供养关系联系在一起的共同生活的两个或更多的人的集体(传统意义上)。——强调家庭的结构,如常规婚姻家庭等。

定义2:家庭指能提供社会支持,其成员在出现身体或情感危机时,能向其寻求帮助的一些亲密者所组成的团体(非传统意义上)。——强调家庭的功能,如同性恋家庭等。

定义3:是通过生物学关系、情感关系或法律关系连接在一起的一个群体。如离婚夫妻等。

家庭作为人和社会的主要连接点,同时与两个方面发生联系,具有满足家庭成员个人和社会最基本需要的功能,无论社会文化如何发展变化,最基本的家庭功能始终存在,包括生理、心理及社会各个层次的最基本的需要,如感情需求、性和生殖的需求、抚养和赡养、社会化功能、经济功能以及赋予成员地位。

2. 家庭与健康照顾　家庭是与健康促进和疾病预防有关的最基本的社会单元。以家庭为单位的健康照顾是全科医学的原则之一,也是全科医疗服务的专业特征。家庭照顾与健康的研究表明:家庭对于健康行为有重要的影响,以家庭为基础的照顾是最有效和最高效的疾病预防和健康促进的途径。健康生活方式的发展、维持或改变顺畅是和家庭有关的。

家庭医生对患者提供的照顾应考虑到患者的社会、家庭背景,考虑到家庭对患者的疾病和治疗的作用,即给予家庭照顾。对家庭的照顾,始终贯穿三级预防。在家庭的参与下实施有利于家庭访视、家庭治疗、临终关怀等顺利开展(表1-2)。

表1-2　家庭三级预防的实施

预防等级	内容
第一级预防	生活方式相关问题指导
	健康维护
	家庭生活教育
第二级预防	医患共同监测健康,心理咨询
	鼓励及时就医,早发现、早治疗
	监督遵医性,治疗及管理
第三级预防	对慢性病成员,持续性管理,督促遵医性,指导适当活动的能力
	对慢性病患者带给家庭的变化,指导全体成员参与并做出相应调整
	对重病或临终家庭,提供团队合作家庭照顾和临终关怀

（二）家庭对健康和疾病的影响

家庭是个人健康和疾病发生发展的重要背景,家庭可以通过遗传、环境、感情、支持、社会化等途径来影响个人的健康,个人的疾病也可以影响家庭的各个功能。全科医生日常所照顾的有各种生理、心理问题的患者,并不是孤立存在,而是生活在一个与之息息相关的家庭背景中。家庭对个人健康和疾病的发生、发展则有着重要的作用。

健康和疾病与个人特征、生活关系、生活环境、人际关系等密切相关。家庭的生活遗传方面的特性、家庭结构的特点、家庭居住的物理环境、家庭功能的好坏、家庭的生活习惯、家庭的经济水平等很多方面都会对家庭成员的健康发生影响;而家庭成员的健康、疾病状态以及成员关系又会对家庭功能本身产生作用(表1-3)。人的一生有一半以上的时间在家里,家庭是社会的细胞,我们应关注家庭对个体健康的影响及个体健康对家庭的冲击。

表1-3　家庭对健康和疾病影响

项目	内容	影响
家庭与健康	家庭饮食、生活、行为习惯与健康	如高盐饮食、好重口味、饮水少、运动少等
	家庭关系不良与健康	父母长期处于高压状态对子女智力和行为都有影响
	家庭与成长	如儿童尿床与低社会阶层、父母照顾不良有关
	家庭对儿童社会化影响	如父母照顾的长期缺席与自杀、抑郁和社会病态人格相关
	家庭经济与健康	如经济条件尚可,饮食不节制容易导致儿童肥胖症、儿童糖尿病等
家庭与疾病	婚姻与健康	如离婚男性更易自杀、患病等
	家庭与遗传病	遗传病的获得不仅仅是生物遗传,还有心理、精神的遗传
	家庭与疾病预防	家庭功能以及相互作用模式,对心理疾病可有效预防
	家庭与慢性病	慢性病的病情控制和患者生活质量的提高,与家庭照顾极为相关
	家庭与感染	传染性疾病及呼吸道疾病在家庭中更易传播
	家庭与疾病康复	家庭支持对各种疾病的康复和治疗有很大影响

(三)家庭生活周期以及常见健康问题

家庭生活周期是指家庭经历从结婚、生产、养育儿女到老年的各个阶段连续的过程。杜瓦尔(Duwall)认为家庭生活周期可分为8个阶段,即新婚期、生产期、学龄前、学龄期、青少年、年轻人、中年期、老年期,而且有不同阶段对应不同常见的健康问题,有各个阶段的界定以及常见健康问题(表1-4)。在实际生活中,并非每一个家庭都会经历上述8个不同的阶段,家庭可以在任何一个阶段起始或结束,这个划分仅仅是人为的行为,以便于日常工作的开展。在提供社区服务时,社区医生以及护士应针对家庭所处生活周期的特点,满足其具体需求。

表1-4　家庭生活周期的不同阶段、任务以及常见健康问题

阶段	定义	主要任务	常见健康问题
新婚期	从结婚到第一个孩子出生前	双方相互沟通、适应,协调性生活及计划生育	如遗传问题
生产期	第一个孩子介于0~30个月	调整进入父母角色,应对经济和照顾孩子的压力	如母亲的产后康复问题

续表

阶段	定义	主要任务	常见健康问题
学龄前	第一个孩子介于 30 个月 ~6 岁	抚育孩子	如儿童的身心发展问题
学龄期	第一个孩子介于 6~13 岁	教育孩子	如性教育问题
青少年	第一个孩子介于 13~20 岁	增进对孩子的了解、沟通	如与异性的交往及恋爱问题
年轻人	第一个孩子离家至最小孩子离家之间	为孩子提供支持,调整自己以适应环境的改变	如亲子分离问题
中年期	所有孩子离家至退休	巩固婚姻关系,计划退休生活	如老化带来的问题
老年期	退休至死亡	应对疾病的来临及配偶、朋友的丧失	如各种老年健康问题

(四)以家庭为单位照顾的方式

全科医生应利用家庭资源,以人中心,以家庭为单位,提供全方位的健康与疾病的照顾与管理。由于全科医生业务水平、时间、兴趣以及患者期望的不同等,全科医生与家庭联系的程度以及提供的服务水平也不同。根据在服务中家庭因素和对家庭干预的水平,以家庭为单位照顾分为 5 个层级(表 1-5)。

表 1-5 家庭照顾的服务等级

水平等级	内容
第 1 个层级	全科医生在为个人提供医疗保健服务时,给予家庭最基本的关心
第 2 个层级	诊治中考虑到了家庭因素,能简单地识别家庭功能紊乱并转诊
第 3 个层级	与家庭一起讨论所面临的紧张时间和家庭成员对疾病的情感反应
第 4 个层级	评估家庭功能和干预家庭危机,以便帮助他们更有效地适应压力和疾病等
第 5 个层级	定期进行家庭治疗,改变家庭内与身心疾病有关的不良相互作用模式

大部分全科医生能够提供第 3~4 个层级水平的家庭医疗保健,而要提供第 5 个层级的全科医生必须接受专门的训练。在全科医学的专业训练项目中一般把第 3 个、第 4 个层级的服务技能纳入全科医生的训练范围。

(五)全科医生与以家庭为单位的照顾

1. 全科医疗在家庭照顾中的优势 全科医疗是将全科医学和 / 或家庭医学理论应用于患者、家庭和社区照顾的基层医疗模式。它集内科、外科、妇科、儿科以及预防和康复等学科于一体,强调系统论、家庭理论、人际关系以及心理治疗等方面的知识,以此才能提供集医疗、预防、保健、康复、教育及计划生育的"六位一体化"高水平的初级医疗卫生保健服务。

全科医生是全科医疗的执行者,全科医生是以人为本,以家庭为单位,提供不分性别、年龄,持续性、全面性、协调性和预防性的照顾。全科医生服务的主旨即确保不论在任何医疗环境或医疗体系下,全科医生均需提供以家庭为中心的持续性、周全性高品质的医疗保健服务。

2. 全科医生在家庭照顾中的技巧要点　对全科医生而言,他必须做到了解患者、家庭、社区;有足够的能力分析、界定和处理常见的健康问题,有能力做好疾病预防、健康教育和康复的工作;承担起全科医生的责任,协调其他健康照顾者来帮助解决患者的问题,适当地利用社区资源。

在临床工作中全科医生还必须具备下列的能力及技巧:沟通能力、诊断处理能力、管理患者能力,包括解释病情、劝告患者、咨询、开处方、进行医疗团队合作、预防治疗、解决患者问题、建立维系良好的医患关系等。

3. 全科医疗是家庭照顾的最佳选择　家庭医疗的基础就是与家庭成员一起工作,全科医生是提供连续性照顾和家庭照顾的最佳人选,全科医疗也是最适合开展家庭治疗活动的选择。

以家庭为单位为患者提供持续性照顾,可以最大可能地避免医生提供太多指令性服务,也可以提高对家庭成员的预先性指导能力,帮助其面对家庭成长过程中的正常变化以及疾病带来的影响。全科医生作为全科医疗的执行者,将医疗保健引入家庭,为家庭提供一个完整的照顾,以家庭理念为指导,以家庭为单位开展健康照顾,这是全科医疗的特征,全科医疗始终贯彻三级预防和浓厚的人文精神。

【案例 1-1 分析与家庭照顾】

1. 结合案例 1-1　男,59 岁,即将面临退休的机关干部,有高血压病史,既往药物控制可,近期有睡眠障碍,故血压控制欠佳。相应辅助检查无特殊;单位人际关系和谐;近期家中妻子身体以及情绪状态异常,家庭关系紧张。

2. 运用以家庭为单位照顾的方式　解释引起血压波动的相关因素,尤其是情绪、睡眠的影响;充分沟通患者妻子近期行为秉性改变的潜在原因,排除家庭内部矛盾等因素,获取临床疾病的依据;评估目前家庭功能,予以干预家庭危机,同时建议妻子进一步行临床检验,如甲状腺功能检查等,寻找出真正的患者。

3. 家庭照顾案例

(1) 医患双方参与

医生:您目前血压控制不稳定,已经经过了系统的检查,目前并没有发现明确的引起血压增高的器质性原因。您自己有没有考虑引起血压增高的其他原因呢?

患者:好的,医生,我也一直在苦恼,但一直没想出来。

(2) 生活方式相关问题的指导

医生:血压的升高与生活方式、遗传、年龄、体重、运动状况以及高盐饮食、工作压力大、生活不规律等因素都有密切的关系,结合您近期睡眠情况,还是需要考虑与这个有关。我们需要针对睡眠情况做些调整。

患者:好的,医生,可是我不知道如何调整睡眠啊。

(3) 医患共同监测健康,心理咨询

医生:嗯,这个问题我会全程协助您的;还有近期与家人关系如何,是否有啥不开心的事情发生,或者有没解决的矛盾困扰你们家庭呢? 我们要知道家庭可以通过环境、感情等途径来影响个人的健康,所以我们也需要好好重视家庭因素呢。

患者:好的,医生,我们没啥不开心的事情啊,就我爱人最近老是无缘无故地发脾气,感觉跟变了一个人似的,搞得我睡觉也不安生。

(4) 指导全体成员参与

医生:您看结合您的情况以及我们聊到的内容,我们是否可以让您爱人一起参与我们的沟通,也有利于更有效地解决我们碰到的问题。

患者:好的,医生,我问问我爱人的意见,其实在这之前她还是一个脾气性格很温柔的人。

慢性病的防治结合是降低慢性病相关并发症的发生、减少患者的痛苦、改善疾病的预后、提高患者生活质量的有效办法,应注重慢性病防治关口前移,同时做好高危人群的管理,其中患者自我管理的家庭支持是有效开展慢性病管理的前提。

二、社区与健康及照顾

【案例 1-2】

某城市的社区人口 93 608 人,男性占 51.8%、女性占 48.2%。

慢性病顺位:高血压、糖尿病、冠心病、慢性阻塞性肺疾病、骨关节病。

高血压:患病率为 17.4%、知晓率为 48.6%、治疗率为 56.9%、控制率为 18.2%。

糖尿病:患病率为 14.1%、知晓率为 41.8%、治疗率为 54.6%、控制率为 21.5%。

案例提示:结合案例 1-2 数据,通过以社区为导向的基础医疗进行分析,该社区存在什么问题?

(一) 社区与健康及照顾的概念

随着人口结构、生活方式和疾病谱的变化,传统的以专科医疗和三级医疗为核心的医疗卫生服务体系已不能适应新的健康危害和挑战,目前已逐渐转变为以全方位维护和保障社区居民全生命周期的健康为核心。

1. 社区的定义 社区的定义有许多种,从不同专业和角度对应的社区概念有一定差异。广义的社区在某种程度上等同于社会,狭义的社区主要是指在一定地域内、由一定数量的居民、具有人口的同质性特征和特殊的制度结构的社会生活共同体,包括城市社区和农村社区,他们均具备社区的四大基本要素:①地域空间;②人口构成;③社会互动;④人口同质。

2. 社区医学与健康及照顾 伴随着社区的形成而产生了社区医学,这是一门确认和解决有关社区群众健康照顾问题的科学,其特点是把人群中个体普遍健康问题,归纳到群体的机制,并同他们的家庭、社区以及社会联系一起后去认识、分析和处理健康问题。

3. 以社区为导向的基础医疗 以社区为导向的基础医疗(community oriented primary care,COPC)是全科医生提供社区照顾的一种重要方式,是社区医学和家庭医学在社区实践中的优化组合。

COPC 的基本特征:①将流行病学与临床技术相结合;②为社区全体居民健康负责;③

确定社区健康问题的主要特征；④设计可行的解决方案；⑤保证医疗保健的可及性和连续性；⑥同时关心就医者和未就医者。

COPC 的意义：①把握社区居民健康问题及背景：全科医生的服务对象相对固定。②将个体与群体健康照顾融为一体。③合理充分地利用社区资源：以社区为范围的服务能更合理、充分地利用医疗资源，更好地对社区居民开展疾病的预防与治理，从而保证提供综合性、连续性、协调性照顾。

实施 COPC 的基本步骤：①确定社区人群范围；②确定负责的基层医疗单位；③用流行病学方法评价社区人群健康状态，确定主要健康问题；④确定优先解决的问题并制订方案；⑤执行并评价该方案，并及时追踪实施情况，评价成本与效益，以便改进方案。

社区全科医疗处于门诊和医院体系之外，医疗人员比较少，但多数医疗人员具备多方面的医疗知识素养，他们不仅仅可以做好社区服务中心的日常防治工作，还可以成为社区全科医疗的管理者。

（二）社区健康影响因素

一切生物总是通过调节自身，以适应不断变化的环境，同时也不断改变着周围环境的状态，这是一种生态平衡。人类作为高级生物，其不仅能够认识自然，并且能主动地改造自然，因而使社区环境有所改变。因此，现代医学认为，我们必须重新认识健康，认识社区生态环境的隐患以及影响健康的因素，进而有利于慢性病的预防（表1-6）。

表1-6　社区健康影响因素

社区健康影响因素	内容
环境因素对健康的影响	自然环境对健康的影响
	人为环境对健康的影响
	社会环境对健康的影响
生活方式及行为对健康的影响	吸烟、酗酒、不良饮食习惯、长时间静坐少动的生活方式、药物滥用、不良性行为
生物因素对健康的影响	传染性疾病对健康的影响
	慢性病对健康的影响
	遗传性疾病对健康的影响
健康照顾系统对健康的影响	社区有无高水平的全科医生及医疗可及性

（三）社区诊断

社区诊断作为社区卫生服务工作的重要内容之一，是社区卫生服务工作者必须掌握的技能之一，也是实施卫生服务的先决条件，是评价社区卫生服务质量优劣的关键。

社区诊断是对社区（个人、家庭、社会）的卫生问题，在社会 - 心理 - 生物现代医学模式下进行调查、分析和总结，并在总结的基础上制定社区卫生服务规划，实施社区卫生服务计划，评价社区卫生服务效果、效益和效用的过程。社区诊断不同于临床诊断，其是围绕社区疾病和疾病隐患而服务于临床（表1-7），基本目标与传统的公共卫生相似，即集预防、控制和消除疾病于一体，具体可见社区诊断基本内容（表1-8）以及社区诊断步骤（图1-3）。

表1-7　社区诊断与临床诊断比较

内容	社区诊断	临床诊断
对象	群体	个体
症状	患病率、死亡率、十大死因、环境污染	头痛、发热、腹泻等
检查	社区资料、社区调查	病史、查体、实验室检查
诊断	以健康问题制订出社区卫生计划	病名
治疗	计划干预、评估效果	治疗计划

表1-8　社区诊断的基本内容

社区诊断	基本内容	举例
社会学诊断	社区特点	社区类型 地形、地貌、地理位置 自然资源 风俗习惯 宗教状况及其影响程度
	社区自然环境状况	如自来水普及率、居住条件等
	社区人文社会环境状态	如教育水平、家庭结构分布等
	社会经济状况	人均收入和消费支出构成 医疗费用支付方式和比例 社区的社会、经济发展状况等
	可利用社区资源	如公共设施、医疗机构等
	卫生服务需求与群众满意度	如门诊与住院的需求及利用等
流行病学诊断	社区人口学特征	如人口数量、性别比等
	传染病、慢性非传染性疾病等发病率、死亡率	
	居民疾病现患情况	如不同性别、年龄的住院率和平均住院时间
行为诊断	社区居民关于慢性病的认知	
	社区居民的健康影响因素	如不良生活行为等

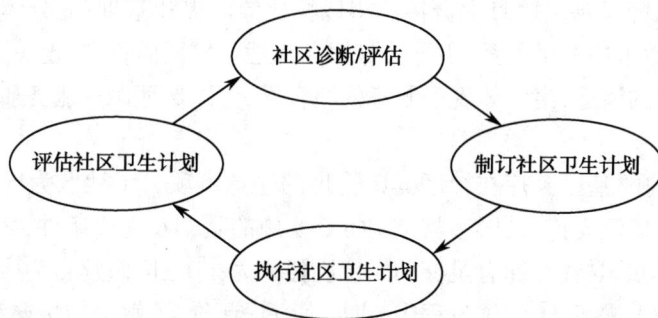

图1-3　社区诊断步骤

通过"5W"确定社区人群健康状况及其健康问题,即什么疾病威胁生命和健康(what)、受累的人群(who)、哪些地方危险性特别高(where)、在时间分布上有何特点(when)、什么原因(why)。因此,社区诊断是从生物、心理、社会环境的角度,审视并治理群体的健康问题。

(四)社区诊断的常用方法

1. 定性研究 其特点是研究结果不能用数据表示,主观性强,不能推论一般信息,但能获得深入的信息,对所研究问题具有探索性意义。一般采用以下几种方法:①观察法:参与观察、行为观察;②个人深入访谈;③专题小组讨论;④选题小组讨论。

2. 定量研究 常以问卷形式作为收集资料的工具,向调查对象收集有关疾病、健康、医疗服务等信息。其结果可用数据表示,较为客观,说服力强,能够推论一般信息,但不能得出深入的信息资料。一般采用以下几种方法:①结构式访谈;②自填问卷法:现场自填问卷法、信访法。其中设计调查问卷需要遵循以下原则:①目的原则;②题量适度原则(20~30min);③不列入原则(敏感性问题);④易回答原则;⑤中性原则(避免诱导性问卷);⑥一事一问原则;⑦具体化原则;⑧迂回原则(不得不问的敏感性问题)。

通过以上常用方法确定社区的主要公共卫生问题,寻找造成这些公共卫生问题的可能原因和影响因素,确定本社区综合防治的健康优先问题与干预重点人群及因素,为社区综合防治效果的评价提供基线数据。

3. 社区诊断的实施方法 社区诊断工作是需要团队化合作完成,社区诊断是对社区健康状况的一种判断,一个整体认识,以及一次基本研究分析。其主要的实施方法如下:成立社区诊断工作小组,确定社区诊断所需的信息,收集社区资料,对收集到的社区资料进行整理、分析,做出社区诊断,完成工作报告,根据社区诊断结果制订工作(干预)计划,其中需要对计划的实施予以监督与评价。

(五)全科医生与以社区为范围的照顾

1. 全科医疗在以社区为导向的基层医疗中的优势 社区是宏观社会的缩影,可大可小,有着共同的利益,需要相互支援;有着共同的服务,如交通、学校、市场等;面临着共同的问题,如卫生、教育、环境等;有着共同的需要,如生活、心理和社会等。以人为单位、治疗为目的的临床医疗与以社区为单位、重视预防的社区医疗(公共卫生)的有机结合,形成了以社区为导向的基层医疗(COPC),是全科医学不同于其他专科的独特理念。

全科医疗是将全科医学和/或家庭医学理论应用于患者、家庭和社区照顾的基层医疗模式。社区全科医疗是基层医疗保健体系得以构建的前提和基础;充分体现出人格化的照顾理念,这对于有效解决医患关系,引导医疗服务人性化发展而言,是至关重要的;全科医学在社区医疗服务中的渗透,集中体现了服务的综合性,可以保证医疗服务质量得到进一步的提升。

2. 社区为导向的基层医疗在社区健康管理的注意事项 ①社区为导向的基层医疗必须得到社会组织的广泛支持,社区参与是 COPC 实施的基础及先决条件;②同时要求全科医生具备全科医学的知识技能,拥有足够的岗位胜任能力;③社区医疗行为应该在了解社区居民健康状况的基础上进行;④实施过程中,应加强过程评价,了解进展情况和效果,进行信息反馈,调整计划,达到预期的目的。

3. 全科医疗是社区照顾的主要形式　从社会医学的角度出发,在个人医疗工作的基础上,结合相应社区居民健康信息管理,确定本社区主要健康问题,有的放矢着眼于社区整体进行预防工作。在社区服务中心贯彻执行全科医疗,是社区照顾的主要形式,这对于保持协调性照顾而言,是个良好的契机。相信随着社区全科医疗政策的不断推动,全科医生理念不断被人们所认可,社区服务中心将会在协调性照顾上有着质的飞跃。

因此,在贯彻全科医学理念、倡导全科医疗的背景下,以社区为导向的基层协调照顾体系的构建,全科医生作为全科医疗的执行者,有责任及义务确保实际的全科医疗服务机制能够切实地发挥其效能。在全科医疗实践中,全科医生遵循以社区为导向的基层医疗,有利于消除健康隐患,营造良好的社区环境;有利于充分利用社区资源,为社区居民提供综合性服务;有利于提高基本医疗的针对性和全科医疗的整体水平。

【案例 1-2 分析与社区照顾】

1. 结合案例 1-2　某城市的社区人口 93 608 人,男性占 51.8%、女性占 48.2%。慢性病顺位为高血压、糖尿病、冠心病、慢性阻塞性肺疾病、骨关节病。其中高血压的患病率为 17.4%、知晓率为 48.6%、治疗率为 56.9%、控制率为 18.2%;糖尿病的患病率为 14.1%、知晓率为 41.8%、治疗率为 54.6%、控制率为 21.5%。男女比例基本无差别,社区慢性病以心血管疾病以及内分泌疾病为主。

2. 运用 COPC 的方式　①确定社区人群范围;②确定负责的基层医疗单位;③用流行病学方法评价社区人群健康状态,确定主要健康问题;④确定优先解决的问题并制订方案;⑤执行并评价该方案,并及时追踪实施情况,评价成本与效益,以便改进方案。综合分析社区数据,可获知该社区的高血压和糖尿病的知晓率低、控制率低、管理率低,社区服务中心需要制订质量提升的方案,以促进以上两种疾病的管控有效率。

3. 社区诊断案例

(1) 社区背景:某城市社区有人口 10 万,其中 60 岁以上老年人占总人口的 15%。辖区内医疗资源较丰富,有两家三级医院,现有的一所社区卫生服务中心,有病床 30 张。社区卫生服务中心负责人为了提高经济效益,对中心内病房进行改造,建立了老年人康复特色专科,并聘请了三甲医院的退休康复科教授,但病床使用率长期不足 40%,中心各项工作处于全区倒数第一。

(2) 社区诊断

人群特征:老龄化社区。

经济特征:在本市属中低等收入人群。

人群健康及疾病状况:主要疾病患病率为高血压 25%、糖尿病 18%,脑卒中 15%、冠心病 10%,肥胖及超重者明显高于其他社区。

(3) 具体措施:将中心现有预防保健人员化整为零,与医护人员组成团队进行入户调查,为辖区内老年人建立健康档案,并对有需求的老年慢性病患者实行人对人式的健康管理;定期开展大型健康教育讲座和形式多样的健康促进活动;加强对员工服务理念的教育与社区卫生服务技能培训。

（4）整改结果：通过社区诊断，找到该社区存在的主要卫生问题，确定社区的需要和需求，重新制订卫生服务计划并加以实施，收到良好效果。

社区诊断是做好社区卫生服务、社区重点人群健康管理的基础，也是制订社区疾病防治和健康促进策略及措施的依据。社区中心可依据所掌握的现有资料，对所属社区进行初步社区健康诊断，有助于发现并确定社区部分重点人群的主要健康问题和危险因素，同时可以提出制订最优解决问题方案，促进社区健康计划以及三级预防。

三、以人为中心的健康照顾

【案例 1-3】

男，78 岁。糖尿病史 15 年，高血压史 20 余年，口服药物控制血糖和血压。偶尔测血糖空腹在 10mmol/L 左右，血压在 155/95mmHg 左右。近两个月因口干、体重下降来就诊。测空腹血糖 18.8mmol/L。

案例提示：结合案例 1-3，这位患者来就医，全科医生在接诊中应该为他做些什么事呢？

（一）人与健康及照顾的概念

世界卫生组织关于健康的定义是："健康是一种在身体上、精神上的完满状态，以及良好的适应力，而不仅仅是没有疾病和衰弱的状态。"所以一个人的健康包含躯体健康、心理健康、社会适应良好和道德健康四方面。如何看待健康和疾病，如何认识疾病的严重程度以及易感性，又如何认识采取预防措施后的效果及采取措施所遇到的障碍，对此，不同的人有不同的认知，因而其对健康的关注度亦不同，这就涉及人们的健康信念模式问题。

健康信念模式（health belief model）是 20 世纪 50 年代提出的，此模式是一种运用社会心理学的方法解释健康相关行为的理论模式。该模型提出了影响患者采取相应预防保健措施的因素：①对该疾病严重程度的认识；②针对上述疾病采取相应预防措施的利弊得失，采取行动所存在的障碍；③患者采取行动的可能性；④将思想转化为实际行动的触发因素。从患者角度更加简单地说就是：①我会得这个病吗？②这个病会严重到何种程度？③采取预防措施是否很容易或很难？采取行动我将付出什么代价？④我的行动能否使我的健康有所改变吗？⑤那好吧，现在我开始采取行动了！

全科医生需要回答以下问题，才能将健康信念模式运用于以人为中心的健康照顾：①是否知道自己有患某病的风险？或人们是否对该疾病的严重性缺乏认识？②人们是否感到采取某一健康保健行动有困难，或者要付出的代价太大了？③人们是否缺乏兴趣？或者人们认为即便采取行动也不会有什么改变。④是否缺乏触发因素促使人们采取行动？

因此，全科医生在以人为中心的健康照顾中，需要了解患者的健康信念，依据患者具体情况，理解其客观需要和主观愿望，通过医患沟通制订双方都能接受的健康目标，并帮助、鼓励、引导患者采取最有利于他们健康的行动，以达到真正的、全面的健康照顾。

（二）健康影响因素

影响健康的因素是多方面的,主要有环境因素、遗传和生物学因素、生活方式因素和卫生服务因素,对人类健康影响所占比见图1-4。

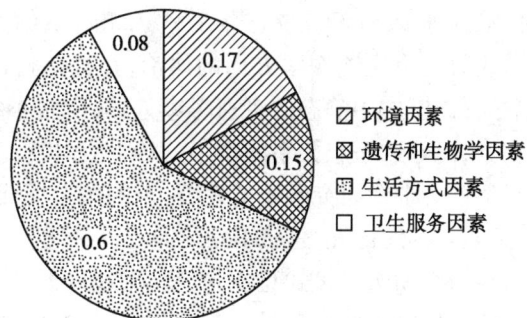

图 1-4 影响人类健康所占比

图中：0.08、0.17、0.15、0.6；图例：环境因素、遗传和生物学因素、生活方式因素、卫生服务因素

1. **环境因素** 环境对人类健康影响极大,无论是自然环境还是社会环境,我们人类一方面要享受它的成果,另一方面要接受它带来的危害。研究证明,人类目前所有的健康问题都与生存环境相关。自然界养育了人类,同时也产生、存在和传播着危害人类健康的各种有害物质。气候、气流、气压的突然变化,不仅会影响人类健康,甚至还会给人类带来灾害。而涉及政治制度、经济水平、文化教育、人口状况等诸多社会环境因素,同样威胁着人类的身体健康。不良的风俗习惯以及有害的意识形态,也有碍人类的健康。因此,良好的社会环境是人类健康的根本保证。

2. **遗传和生物学因素** 在生物学因素中,影响人类健康最重要的是遗传因素和心理因素。现代医学发现,遗传病不仅有二三千种之多,而且发病率高达20%。因此,重视遗传对健康的影响具有特殊意义。心理因素对疾病的产生、防治有密切关系,消极负面的心理因素能引起许多疾病,积极的心理状态是保持和促进健康的必要条件。医学临床实践和科学研究证明,拥有消极负面情绪的人更容易出现焦虑、怨恨、悲伤等情况,可以导致失眠、心动过速、血压升高、月经失调等疾病。拥有积极乐观情绪的人更容易拥有坚韧、不屈不挠的精神。因此,心理状态是社会环境与生活环境的反映,是影响健康的重要因素。

3. **生活方式因素** 生活方式是指人们长期受一定文化、民族、经济、社会、风俗、家庭影响而形成的一系列生活习惯、生活制度以及生活意识。不良的生活习惯会造成不良的疾病行为,如吸烟、酗酒不利于肺部以及肝脏的健康,高脂高糖饮食与糖尿病、高血压相关等。个人的生活习惯问题直接作用于自身健康,因此,养成良好的生活习惯对于健康十分重要

4. **卫生服务因素** 决定健康的因素十分复杂,卫生服务是极为重要的因素。世界卫生组织把卫生服务分为初级、二级和三级,实现初级卫生保健是当代世界各国的共同目标。其基本内容是:①健康教育;②供给符合营养要求的食品;③供给安全用水和基本环境卫生设施;④妇幼保健和计划生育;⑤开展预防接种;⑥采取适用的治疗方法;⑦提供基本药物。这些无疑给人类健康提供了根本性的保障。

（三）以人为中心的健康照顾

1. **生物-心理-社会医学模式** 在关于健康与疾病的认识,人们认为健康是宿主(人体)、环境与病因三者之间动态平衡,这种平衡被破坏便发生疾病。这种以维持动态平衡的医学观所形成的医学模式,即生物医学模式(biomedical model)。不可否认,生物医学模式在医学史上发挥了巨大作用,为人类的健康事业作出了伟大贡献,但是随着社会的发展,科学

技术的进步,逐渐发现它存在一定的缺陷,给人们的思维活动也带来了一些消极影响。如该模式只注重生物医学方面的诊治,在其结构内没有给心理、社会、行为方面留下诊治、思维空间;该模式用静态的观点考察人体,常常不符合人体实际,但已形成的思维定式又难以改变,从而导致医患关系的紧张。19世纪以来,随着预防医学、流行病学、心理学、医学哲学和医学社会学等研究领域的发展,新的医学模式应运而生,即生物-心理-社会医学模式(bio-psycho-social-medical model)。

与生物医学模式相比,生物-心理-社会医学模式具有以下几大优势:①是生物医学模式的延伸以及补充和发展;②强调了健康与疾病同时共存于人体;③促使人们对健康的理解不仅仅局限于躯体上,强调从生物、心理和社会三方面对健康进行评估,给予综合措施维护健康。因此,医学和作为医学研究者、实施者的医生自然而然应为患者提供以人为中心的健康照顾。疾病是患者的一部分而非全部,患者的需求和期望是与生理疾病同等重要的,全科医生在向患者提供以人为中心的健康照顾时,需要进入患者的世界中去,了解患者的宏观世界和微观世界,同时了解患者的个性(图1-5)。

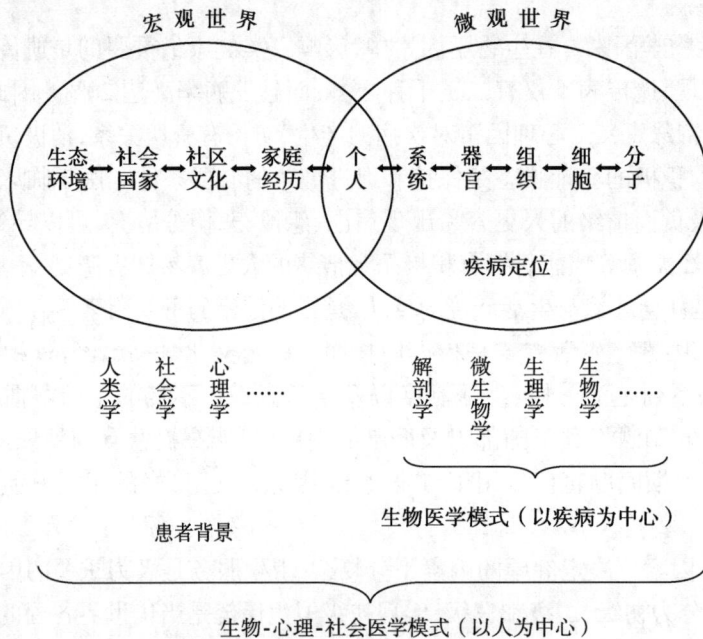

图1-5 患者的宏观世界和微观世界

以人为中心的社会医学模式中,全科医生需要承担更多的责任和面临诸多挑战,必须做到以下几点:①全科医生不仅是对病种或知识技术负责,更必须对人负责;②全科医生必须与服务对象建立起互动式的医患关系,提供人格化的服务或人格化的照顾;③全科医生必须熟悉服务人群的生活习惯,环境因素和人文地理等,这样有助于全科医生有的放矢地工作;④全科医生必须有群体观念,其实践应着眼于人群,而不仅仅是患者个体;⑤全科医生必须具有预防观念和卫生经济学观念,通过预防疾病和杜绝浪费,使有限的卫生资源得到合理的使用。针对慢性病的三级预防战略主要承担者是立足于社区的全科医生(表 1-9)。

表 1-9　慢性病的三级预防

预防等级	目的	临床分期
一级预防	无病预防	易感受期
二级预防	有病早查早治	综合征前期 + 临床早期
三级预防	既病防治	临床中后期 + 濒死期

2. 以人为中心的健康照顾　个人为中心的服务模式,是在生物 - 心理 - 社会医学模式指导下产生的一种以人为中心、以治疗和照顾为主要内容、体现人文关怀的新型医疗服务模式。以人为中心的健康照顾,既要关注疾病也要关注患者,需要在医疗实践中,重视向患者提供人文关怀;需要理解患者的角色和行为,予以适时的指导和帮助;需要向患者提供个性化服务,以便更能契合患者的需求;必须尊重患者的权利,这也是全科医生应尽的责任和义务;同时需要与患者做好良好的医患沟通,注重患者的需求,以此为导向,以便进行共同的医患决策,才能构建和发展稳定的患者参与式医患关系。

全科医生在处理现患问题时,从患者和疾病这两方面入手,才会真正高质量地解决患者的疾病,体现出全科医疗以人为中心的鲜明特色。

(四) 全科医生与以人为中心的照顾

1. 全科医疗在以人为中心的基层医疗中的优势　以个人为中心的服务模式,是在生物 - 心理 - 社会医学模式指导下产生的一种以人为中心、以治疗和照顾为主要内容、体现人文关怀的新型医疗服务模式。全科医疗是将全科医学和 / 或家庭医学理论应用于患者、家庭和社区照顾的基层医疗模式。全科医生是面对家庭的持续、全面的照顾,非常清楚家庭在每一个生活阶段所面临的任务、问题及对个人健康产生的影响都不一样,掌握每一位家庭成员的生命周期特征,并将家庭与个人的健康问题、社区问题联系起来考虑,能够更好地提供各种医疗保健服务。

全科医学是有温度的学科,着重强调的是人文关怀。全科医生在提供集社区预防、保健、医疗、康复、健康教育及计划生育技术指导"六位一体"的人性化、连续性、综合性、协调性和可及性的服务过程中,应以人为中心、以全面健康管理为目标,为居民提供优质、方便、经济、有效、一体化的基本公共卫生和基本医疗卫生服务,真正担负起"医疗、预防、保健、康复"的责任。

2. 以人为中心的基层医疗的实践特征　①无论从医学目的,还是全科医生的职责而言,以人为中心、以人文关怀为特征的健康照顾应是全科医生在基本诊疗服务和公共卫生服务中体现人文关怀的一个重要特征和人文关怀实践的服务核心;②作为全科医生,在服务中应充分认识和理解服务对象的本质特征和自己的工作属性,关注精神、心理需求,提供身心保健服务;③通过人文关怀理念的建立和形成并在实践中体会,全科医生应学会了解服务对象的需求,主动提供服务,运用人文关怀理念,践行医学人文关怀。

3. "以人为中心"的健康照顾是全科医疗的精髓 全科医疗是以促进人的健康为目的，诊治更多一些早期的、以症状学为主的疾病；更多心理的、社会层面问题的疾病；以及康复期甚至需要终身照顾的疾病。因此，全科医疗应该重视人胜于重视疾病，重视伦理胜于重视病理。以人为中心的健康照顾要求全科医生必须遵循生物 - 心理 - 社会医学模式，使生物医学技术能够在临床实践的人文框架内传递给患者，将患者视为一个整体人，并充分考虑其价值观、爱好、目标、愿望、担心、希望、文化背景等，以及在共同决策的临床关系中，除了患者的躯体之外，还要考虑其心理、情感、精神和社会需求。

不同于专科医生的服务对象，全科医生的服务对象主要是固定辖区内的居民，包括患者、亚健康人群和健康人群。全科医生接诊的大多数是常见病、多发病和慢性病患者，如高血压、糖尿病与生活行为方式、精神和心理情绪等有着密切关联的疾病。对于这些慢性非传染性疾病患者而言，他们不仅承受身体上的病痛，还承受着心理和精神方面的压力和负担。这就要求全科医生更应该具备体恤服务对象的内在心理需求以及全面了解患者的社会生活环境、精神状况的能力，从而能够有的放矢地服务于群众。

【案例 1-3 分析与以人为中心的照顾】

1. 结合案例 1-3 男，78岁，既往糖尿病史15年，高血压史20余年，口服药物控制血糖和血压。偶尔测血糖空腹在10mmol/L左右，血压在155/95mmHg左右。近两个月因口干、体重下降来就诊。测空腹血糖18.8mmol/L。

2. 运用 LEARN 模式接诊 ①listen：倾听患者对自身健康的认知或理解；②explain：通过生物 - 心理 - 社会医学问诊模式方法详细收集所有可供患者疾病诊治的资料后（患者及其家属提供了家庭背景较贫困，子女矛盾较多，老人本身性格较急躁等信息），全科医生向患者及其家属解释目前血糖控制不稳的可能原因；③acknowledge：在说明病情后，容许患者参与讨论，沟通彼此对病情的看法，尽可能达成一致的医患共同决策；④recommend：全科医生依照所达成的共识向患者提出最合适的健康教育、检查以及治疗建议；⑤negotiate：最后确定医患双方皆认可接受的方案。

3. 以患者为中心照顾案例

(1) 背景：了解患者的心理和社会因素。

患者：医生，我最近的血压控制不是很好啊！

医生：结合您提供的以前看病资料，您既有高血压和高血脂，血糖也偏高，也已经在用药了，我看之前血压控制的数值也还好啊，近期有发生啥事吗？

患者：还好吧，没发生啥事吧！也就是我爱人几个月前下岗了，现在有时会帮邻居看看店。

医生：您有孩子吗？多大了？

患者：我有一个儿子，22岁，还在读大学。

(2) 移情：对患者倾诉表示理解，从而使患者感受到医生对他的支持。

医生：那还不错哦！

患者：嗯，儿子还算争气，读书成绩不错，就是学费贵了点，每年学费需要2万，前段时间还跟我提起学校有意让他去国外学习,但得另交费 3 万。

医生:那您是不容易的,您工作应该不错吧!现在培养一个大学生的确不容易哦!

(3) 情感:了解患者的情绪状态。

患者:嗯,原来还行,近几年效益有转差些,听说最近单位可能会有人事变动。

医生:您觉得这会对您有影响吗?

患者:是的,我们几个老员工有可能会被安排到二线吧,把一线留给年轻人。

医生:工资待遇会有影响吗?

患者:那当然是有影响的,工作忙碌程度空下来了,钱就少了呢!

医生:你是不是很担心这个问题?

患者:的确有的,目前家里主要的收入还是靠我的,我也还想我儿子能够出国留学拿个硕士文凭,回到国内相对更容易找工作。

(4) 再次移情:对患者倾诉表示理解,从而使患者感受到医生对他的支持。

(5) 烦恼:了解问题对患者的影响程度。

医生:那是,您还有其他担心的事情吗?

患者:我是担心我这个血压起起伏伏的,不要脑卒中哦,如果我倒下了,那这个家就毁了啊。一想到工作啊、血压啊,我晚上睡觉都不踏实了。

医生:是的,有些事情赶在一块儿的确让人心烦。那您最担心的事情是什么呢?

患者:还是我身体的问题,工么也就那样了,但我的身体如果真出大问题那就是全毁了。

(6) 处理:了解患者的自我管理能力。

医生:那您有啥打算吗?

患者:我也对自己说,放轻松,不会有事的,包括我爱人和儿子也跟我讲,什么事情都没身体好来得重要。

医生:我觉得你很幸福的,有家人的支持,虽然近期发生的一些事情的确让人心烦,但是一个充满爱意的家庭,却是别人都羡慕不来的呢!

当然,您担心血压的问题也是对的,不过仅仅担心没用,我们需要采取些积极的措施,让我们的身体可以变得更好。

患者:采取什么措施啊,该吃的药我都在吃了啊!

医生:您戒烟戒酒了吗? 还有您的饮食是否吃得清淡呢? 平时有没有定时的锻炼啊?

患者:哎呀,这些其实我也知道,烟酒很早就想戒了,就是周边朋友一起哄,我也不好推辞是吧。就是没什么时间锻炼呢,有时候想起来会跟我爱人出去走走的。

医生:戒烟酒包括饮食等生活习惯的改变,主要还是要靠自己的毅力,根据您的基础疾病,这些不良的生活习惯是必须要更改的,您看,我们立一个小目标,先开始减少烟酒的摄入量,同时跟您爱人,每周饭后快走 3 次,坚持 2 周后再来我这里复诊如何?

患者:好的,医生,这次我会按照您的建议去做的。

　　以患者为中心的医疗服务,就是尊重每个患者的需求、诉求、价值观,并保证我们的临床决策是以患者为中心,合理范围内满足患者的期待。在这种模式下,医生在做决策时,依靠临床经验的同时还需要循证医学的证据,而且更多要考虑患者本身的想法和倾向。

(方力争　黄丽娟)

第二章

全科医疗基本技能

　　"工欲善其事,必先利其器",作为一名合格的全科医生,首先需要熟练掌握全科医疗的基本技能,方能为个人及其家庭提供连续性、综合性和整体性的医疗服务。全科医疗因其不同于其他临床专科的独特思维模式、技能与理念,更强调以人为中心、以问题为导向的诊疗模式,并通过独特的医患沟通模式与患者建立积极而持久的医患关系。全科医疗的一大特色在于强调"长期负责式照顾",即对服务对象的长期健康负有管理责任,特别是对于老年或行动不便的患者,需要进行家庭访视及居家照顾,同时对服务对象建立全面完整的健康档案也显得尤为重要。通过对本章的学习,能够熟练掌握全科医疗中必不可少的基本技能,为日后的诊疗工作夯实基础。

第一节　全科医学临床思维方法

主要内容

1. 以人为中心的全科医生接诊任务。
2. 以人为中心的接诊原则。
3. 以人为中心的接诊过程。
4. 常用的逻辑推理方法。
5. Murtagh 安全诊断策略。

...... 重要知识点 ....

1. 以患者为中心是一种发散思维,相当于用望远镜去观察物体,更注重的是背景和关系。

2. 全科医生接诊的四大任务　正确处理现有的问题;管理慢性病;提供预防性照顾;改善患者的就医环境。

3. 临床思维的性质　不确定性,概然性,个体性,动态性。

4. 诊断思维三阶段模型　第一阶段是建立初步诊断;第二阶段是验证诊断假设和修正诊断假设;第三阶段是确认最终诊断。

5. Murtagh 安全诊断策略是一种被普遍采用的,运用方便,适合全科医生使用的安全诊断策略,其目的主要在于预防临床诊断错误,其主要内容包括 5 个自问自答的问题。

....

【案例 2-1】

女,65 岁。"反复腹部隐痛半年"。患者半年前无明显诱因下出现腹部疼痛,隐痛为主,疼痛位置不固定,多位于下腹部,疼痛持续时间不定,休息好时发作减少,且腹痛与进食、体位无相关性,无发热,无腹泻,无恶心、呕吐,无尿频、尿急等。患者至当地医院就诊,查腹部 CT 以及胃肠镜均未发现异常。

查体:体温 36.3℃,脉搏 70 次 /min,血压 130/75mmHg,呼吸 17 次 /min。神志清,精神可,心律齐,各心瓣膜区未及病理性杂音,两肺呼吸音清,未及明显干湿啰音。腹软,无明显压痛,无反跳痛,肝脾肋下未及。四肢肌力 V 级,病理征未引出。

既往史:高血压 5 年。

家族史:奶奶高血压。

个人史:否认吸烟。

案例提示:通过学习以人为中心的医学模式,结合案例 2-1,在全科门诊中,应如何进步补充病史,追踪疾病的根源?

一、以人为中心的医学模式

(一) 概述

以人为中心是一种发散思维,相当于用望远镜去观察物体,注重的是背景和关系;而以疾病为中心是一种集中思维,相当于用显微镜去观察物体,注重的是实质。生物 - 心理 - 社会医学模式整合了生物医学、行为科学和社会科学等方面的研究成果,用多维的思维方式来解决人类的健康问题,全科医生在服务患者过程中也正是运用了这一新型的医疗模式(图 2-1)。

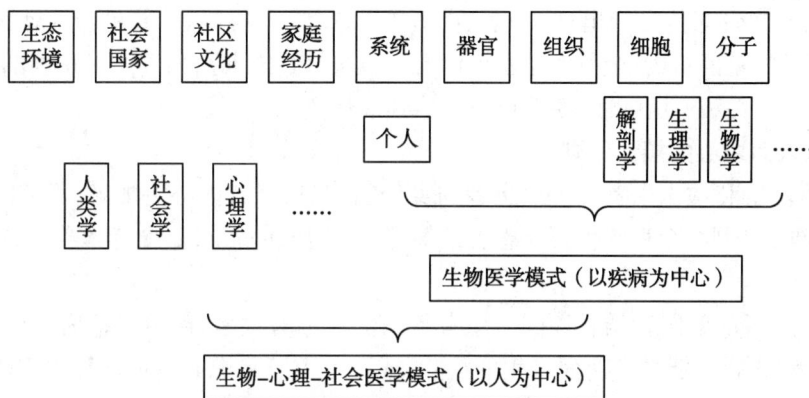

图 2-1　以人为中心的医学模式概念

(二) 以人为中心的全科医生接诊任务

全科医生接诊可以归纳为四大任务:正确处理现有的问题;管理慢性病及连续性服务;提供预防性照顾;改善患者的就医行为。

1. 正确处理现有的问题　对于全科医生而言,正确诊断并且处理患者的健康问题是接诊的主要任务。在与患者讨论疾病的具体情况,必须对患者保持一定的敏感性,进行全面的评估,做出正确的回应,并与患者达成共识,鼓励患者参与决策,制订方案,而并不是单一的一张药方,还应该包括饮食和运动指导、家庭关系的协调等,这才真正体现了全科医生处理问题时以人为中心的特色(图 2-2)。

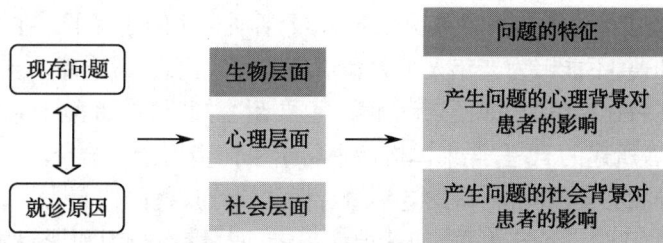

图 2-2　以人为中心确认患者现存问题

2. 管理慢性病及连续性服务　慢性病全称是慢性非传染性疾病,是指不构成传染、具有长期积累形成疾病形态损害的疾病的总称。在慢性病诊治过程中,除了对症下药,还需要给予患者相关的健康知识的教育,指导如何早期防治,提高患者自我管理的能力,增强自我保健的意识。

3. 提供预防性照顾　全科医生的职责在于疾病的预防、保健、诊断、治疗,其中疾病的预防尤为重要。在接诊过程中,无论患者以任何原因就诊,全科医生通过与患者建立的良好的医患关系及较高的信任度,了解患者的信息,包括目前的健康状况、家庭关系、婚姻状况等,根据不同时机给患者提供预防保健服务。

4. 改善患者的就医行为　患者的就医原因概括起来包括以下几个方面:①躯体的痛苦;②心理的情绪;③信号的出现;④生活、工作需求;⑤自我保健;⑥机会性就医;⑦随访。通过了解患者的就医目的,全科医生就可以有的放矢,因势利导,培养患者正确的就医行为,提高患者的合作性和遵医嘱性,使医疗服务达到最佳效果。

（三）以人为中心的接诊原则

1. 全面理解和认识患者　当以患者的身份出现时,患者内心更加脆弱,期盼得到他人的关注和尊重。因此,全科医生要对患者倍加关心,多给予尊重,让患者体会到被重视,而不是被冷落。

2. 了解患者的就医背景和原因　患者就医的原因有很多,简单概括为三个方面:第一是器质性疾病或者功能性疾病而产生的症状,或者是由于焦虑或者抑郁等心理障碍产生的症状;第二是个人的需求;第三是患者患有影响社会的疾病,如传染病、精神病等。通过对患者就医背景和就医原因的详细了解,可以更好地体现以人为中心的特色,提供更为优质的服务。

3. 了解患者的角色、心理需求和对疾病的反应　当患者患有某些疾病或者残疾时,可能会面临各类问题,如躯体发生改变、肢体活动障碍、活动范围受限、受到社会歧视等,由此会产生各种反应,如抑郁而致拒绝交流,脾气暴躁,甚至发生伤人事件等。

（四）以人为中心的接诊技巧

1. 普通患者的接诊　一般情况下,对于普通患者的就医,医生需要采用开放式的提问,如:①询问患者疾病的开始:疾病发生的整个过程是怎么样的? 或者你觉得哪里问题影响了你? ②询问疾病的诱因:你觉得哪些因素会影响到你的疾病、导致症状出现? ③询问患者对疾病的认识程度:您觉得您的问题严重吗? ④询问患者的希望和需求:您希望得到什么样的帮助或者解决哪些困扰?

2. 老年患者的接诊　老年人各种功能下降,生活质量也随之降低。在接诊老年患者时,必须要做到态度和蔼,不能因为老年人听力和语言的问题出现厌烦情绪,交流和沟通方法必须得当。当他们在叙述病情时,即便杂乱无章,也要耐心倾听,不随意打断,适当的时候进行引导,并且总结患者所述的问题,详细体格检查后给予初步诊断。给予治疗方案时同时应当给予生活上的指导和心理的支持,帮助老年患者树立治疗疾病的信心。

3. 特殊人群的接诊　特殊人群,如精神病患者往往存在行为和情感异常,因此在接诊时不能采用常规的接诊模式,应当对他们的行为举止有正确的理解,尽可能减少对患者刺激,体格检查时要获得患者和家属的配合,保持融洽的气氛;聋哑患者由于存在沟通障碍,使得交流困难而导致误诊或者漏诊,甚至影响疾病的预后;儿童患者往往存在表达能力不足,容易哭闹,更需要特殊的接诊方式。在接诊时更需要密切关注患者的表情和肢体语言,从中了解患者的疾病情况,妥善处理患者病情。

4. 慢性病患者的接诊 慢性病病程长,需要长期随访治疗。患者对疾病的认识、治疗疾病的信心、遵医行为都非常重要。在患者每次就诊时,医生应当明确地表示对患者的欢迎,以朋友的身份表达对患者的尊重和关心,交流时要注意认真倾听,并时刻关注患者的情绪,定时补充疾病的特点,适当给予总结,让患者共同参与治疗方案的制订。

(五) 以人为中心的接诊模式

1983 年 Berlin 和 Fowkes 共同提出了以患者为中心的接诊五步骤(即 LEARN 模式)。目的在于避免因不同文化背景及社会地位、医生与患者对于疾病及其症状的解释存在差异而无法建立良好的医患沟通,进而影响疾病的诊断、治疗效果及依从性,或者引发医疗纠纷。所谓 LEARN 模式,整个接诊过程需经过 5 个步骤(表 2-1)。

表 2-1 以患者为中心的接诊步骤(LEARN 模式)

英文	中文	定义和内容
listen(L)	倾听	医生要以同理心,收集患者的健康问题及患者对其的认知或解释
explain(E)	解释	详细收集可供疾病诊治的资料后,医生需要仔细向患者和家属解释诊断或建议
acknowledge(A)	容许	要允许患者与医生共同讨论,进行共同决策,最终使医生和患者的意见趋于一致
recommend(R)	建议	医生需要依照共同决策给予患者最为适宜的诊治方案,并让患者共同参与
negotiate(N)	协商	对于医生提出的方案,患者并非完全接受,此时需要与患者再次进行协商,最终制订一个可以接受的方案

【案例 2-1 分析】

根据患者的病史特点:老年女性,慢性病程;反复腹部隐痛半年;腹痛时间不固定,位置不固定,与饮食和活动无明显相关性;腹部 CT 和胃肠镜未见明显异常(排除了器质性,包括血管问题引起的腹痛)。结合患者的体格检查,初步诊断考虑:功能性腹痛。

但是,什么原因引起腹痛仍然不清楚。因此,根据以人为中心的原则,我们需要更详细地了解病史,了解患者的背景。通过追问病史,了解到半年前该患者丈夫脑血管意外突然病逝,患者由此处于抑郁状态,以至于出现慢性腹痛。

以患者为中心是一种发散思维,当面对一个患者时,全科医生应当先了解患者本身,主要包括以下几个方面。第一,只有与患者建立密切的关系,得到信任,才有可能对患者进行深入的了解,因此,全科医生应当树立与患者建立朋友关系的观念,通过多次交谈和接触,建立信任,并且保持密切的医患关系,从而深入了解患者。第二,细心观察、耐心倾听是全科医生了解患者最基本的方式。细致观察患者的形体、行为、语气、表情和动作,也不能忽视陪同者,通过敏锐的交谈深入了解患者。第三,用年龄来预判患者可能遇到的问题。每个人在不同时期可能遇到不同的问题,而部分问题相对固定或者雷同,通过了解患者所处的年龄段来预测可能需要解决的问题。第四,家庭会经历不同的生活史周期,如青少年期、老年期等,在不同的生活史周期,家庭也可能会遇到特定的问题,对家庭成员造成特别的影响。第五,问诊了解患者的重点,特别是系统性的问诊,当患者问题无法用生物医学的原理解释时、当患者因微小的问题反复就诊时,则提示全科医生需要更加深入地了解患者的背景。重视敏感问题,采用投射的方法了解,引导患者主动谈论有关话题,同时观察患者的反应。

⊙ 全科医生在诊疗过程中的关注点

全科医生在社区中遇到的问题往往是错综复杂的,由于没有高级仪器设备可以利用,而采用"以患者为中心"的服务模式,通过研究患者来鉴别问题,通过全面评价和预测来理解问题,解决患者的疾苦,从而得到患者的信任。"以患者为中心"并不仅仅是要求改变服务态度,而是一种非常有效的服务模式,实际上也同样适用于综合医院。

二、以问题为导向的临床思维方法

【案例 2-2】

男,69 岁。"间断胸痛 3 年,加重 1 周"。

患者 3 年前无明显诱因下出现胸痛,表现为胸骨后压榨感,常在快走或者上楼梯时出现,无恶心、呕吐,无濒死感,无大汗,无黑朦等。每个月发生 1~3 次,每次胸痛持续 5min 左右后可自行缓解,日常活动量无明显下降,未予治疗。1 周前,无明显诱因下胸痛较前频繁发作,快走 500m 或者上 3 层楼即可出现胸痛,性质同前,每日发生 2~3 次,5min 左右可缓解,日常生活略受限,夜间无发作。

查体:体温 36.3℃,脉搏 70 次 /min,血压 130/75mmHg,呼吸 17 次 /min。神志清,精神可,心律齐,各心瓣膜区未及病理性杂音,两肺呼吸音清,未及明显干湿啰音。腹软,无明显压痛,无反跳痛,肝脾肋下未及。四肢肌力 V 级,病理征未引出。

既往史:高血压病史 10 年,血压最高 170/99mmHg。

家族史:奶奶高血压。

个人史:既往吸烟 30 余年,1 包 /d。

案例提示:接诊胸痛患者时,全科医生应关注什么?全科医生面对胸痛患者应如何问诊?该患者的病例特点和可能的原因是什么?

(一)概述

临床思维是指临床医生在医疗工作中,根据患者的临床资料,对患者的病情进行全面分析和判断,最终得出诊断和治疗方案的思维方式。医生诊疗不能单从"疾病"治疗的角度思考,还必须从患者"人"这个整体去思考,全方位地解决"问题"。

1969年,美国Weed教授首先提出问题导向性诊疗记录(problem oriented medical record, POMR)。这种病案诊疗记录方法是一种以最终解决患者的多重问题为目的的诊疗思维方式。POMR强调以问题为中心,重视患者的生理、心理、家庭以及社会问题。

(二)全科医生与专科医生临床思维的区别

全科医生和专科医生的卫生服务宗旨有所差异(表2-2)。专科医生的服务宗旨是将对疾病的深入研究应用于临床治疗,主要负责疾病形成以后一段时期的诊断和治疗工作;全科医生的服务宗旨是对于患者的服务而不是疾病,主要负责健康时期、疾病早期,甚至专科诊疗后无法治愈的各种疾病的长期照顾。

表2-2 全科医生与专科医生的临床思维区别

类别	全科医生	专科医生
服务宗旨	负责健康时期、疾病早期,甚至专科诊疗后无法治愈的各种疾病的长期照顾	负责疾病形成以后一段时期的诊断和治疗工作
金字塔理论	底层	顶层
疾病类别	常见的健康问题	危重病、少数人的危重症和疑难症

(三)临床思维的性质

以问题为导向的临床思维是以临床发现并解决各类疾病和常见健康问题为导向,以综合性的科学方法作为主要手段,了解疾病和健康问题的相关因素,从而制订相应的诊疗方案,实现疾病的诊治和长期的照顾,其性质包括以下四点。

1. 不确定性 根据已经掌握的各种证据,进行"批判性思维",不断地纠正自己的"判断",实施严格的鉴别诊断流程,才是保障医疗安全的根本方法。

2. 概然性 医生对疾病的诊断有些情况下是一种概率的推测。概然性并不等于随意性,也不是否认其存在确定性,而是在完成一个阶段的判断之后,进一步的临床思维仍有不确定性。

3. 个体性 医生把已知人群的一般规律运用到个体中去,由于存在个体差异,共有的规律不能覆盖至每一个个体,而是要有辩证的思维。

4. 动态性 机体的稳定状态是相对的,医生收集的患者信息只是当时或者某一个时期的,并不代表全部。临床决策需要不断验证,改变或者增加相关的诊断和治疗是临床实践的常态。

(四)全科医疗常见健康问题的特点

1. 广泛性 全科医生作为首诊医生,接触到的患者未经过诊治,临床评估需要从整个医学范围内进行考虑。

2. 多维性 全科医生所面对的健康问题涉及多个方面,包括心理、生理、社会等层面,因此在考虑疾病的诊治过程中需要结合知识、信仰、宗教、行为、环境等方面的问题,综合评估。

3. 变异性　全科医生处理的常常是处于早期、未分化阶段的健康问题,这些健康问题可能只是轻微的功能改变,是自限的,也可能是急症或者危重症的早期表现。

4. 慢性病或慢性健康问题常见　随着人口老龄化的到来,老年患者占了全科医疗中的主要比例,且多数老年患者同时存在两种甚至两种以上的慢性病,需要提供全人照顾。

5. 健康问题为主,疾病为辅;常见病、多发病为主,少见病、罕见病为辅。

在基层,门诊接诊患者的病种与医院门诊不同,患病率也不同,因而全科的临床思维有其自身的特点。

(五) 以问题为导向的全科临床思维的原则和特点

以问题为导向的全科临床思维是以问题的发现、处理、分析作为主要线索,运用于整个诊疗过程并且贯穿始终。

1. 思维原则

(1) 患者安全第一为原则。

(2) "先可治疾病后不可治疾病"的原则。

(3) 整体性原则。

2. 思维特点　全科思维特征体现为:①常见病、慢性病涉及多系统,存在多种疾病共存的现象,全科医生需要有整体观、综合性的临床思维;②疾病早期或未分化阶段,症状往往不典型,资料不详细、不齐全,全科医生需要更为清晰的临床思维;③除了躯体疾病外,患者可能还存在其他因素如心理、社会因素影响疾病,因此需要生物 - 心理 - 社会医学模式的临床思维;④全科医生除了负责患者疾病诊疗外,同时要负责居民健康的预防宣教,疾病早期甚至疾病末期的长期管理,因此,需要具有医疗、预防和公共卫生相结合的临床思维;⑤全科医生需要具有鉴别急诊、重症、危症及相关问题的临床思维能力(图 2-3)。

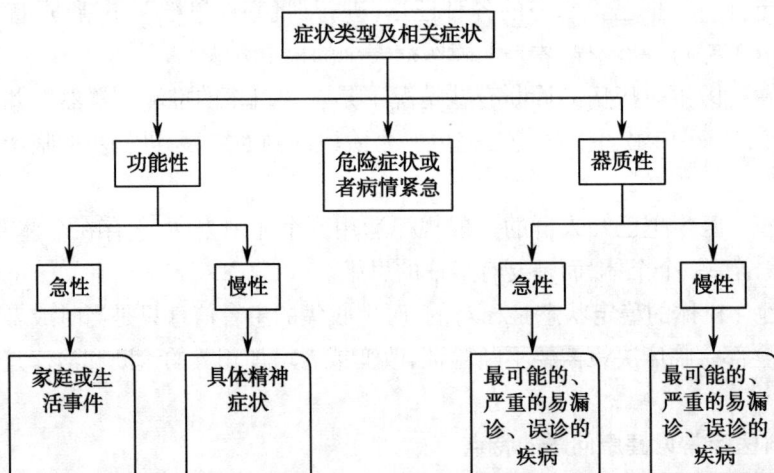

图 2-3　临床症状的鉴别诊断分类图

(六) 以问题为导向的全科诊疗步骤及临床工具

全科医生应用以问题为导向的诊疗步骤及临床工具有助于良好开展工作。

1. 全科诊疗步骤　全科医生的临床思维往往从病史采集开始,主要分为七个步骤:

①病史采集和体格检查;②列出需要解决的临床问题;③形成诊断假设,提出初步诊断;④鉴别诊断;⑤验证诊断假设;⑥回归患者,进一步搜集临床资料,进行归纳和分析;⑦修订或确诊诊断,见图2-4。

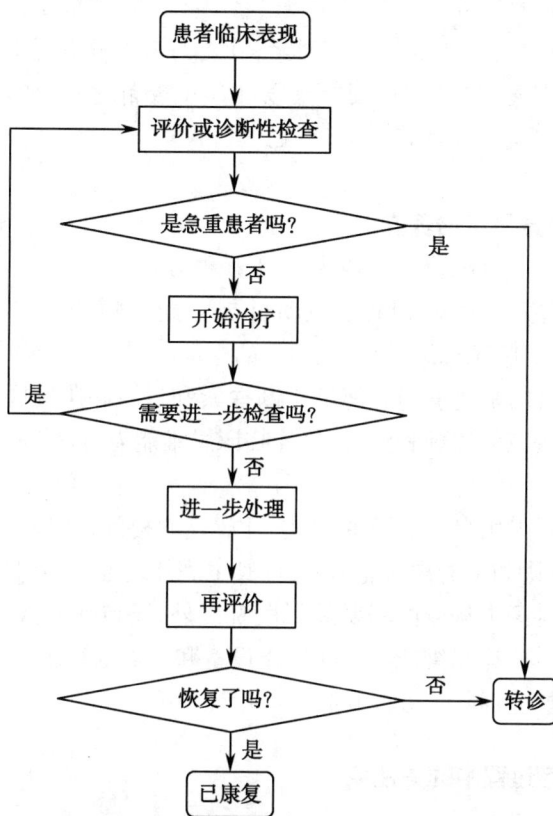

图2-4 全科诊疗流程图

2. 临床工具

(1) CHART 诊疗工具:CHART 诊疗工具是按主要问题(chief complaint,C)、病史(history,H)、评估(assessment,A)、建议(recommendation,R)、治疗(treatment,T)的流程进行临床诊疗,可以清晰地获得疾病或者健康问题的主要原因,流程规范,在临床操作性强,能够较大程度地确保诊疗过程的全面、完整和安全。

(2) SOAP 病案记录:SOAP 病案记录是 POMR 的主要方法,包括主观资料(subjective,S)、客观资料(objective,O)、临床诊断和治疗过程的分析与评价(assessment,A)以及治疗方案(plan,P)。在采集患者临床资料的同时,需要关注患者的 ICE(idea——想法、主意;concern——担心、顾虑;expectation——期望、期待)资料收集。

【案例 2-2 分析】

为确保快速高效的诊断,接诊胸痛患者时,首先要明确是否确实为胸痛,导致胸痛最可能的原因是什么,是否是致命性胸痛。

　　高效的问诊是诊断胸痛的最重要的环节,除了一般的问诊内容以外,胸痛的问诊内容需要包括:胸痛的本身特点,相关的病因,心理因素等。

　　该病例的病例特点为较典型的心绞痛,近一周状态不稳定,不可干预的危险因素包括老年、男性、家族史,可干预的包括高血压、吸烟等。

　　根据患者典型心绞痛发作特点和危险因素,可能的病因考虑冠心病、心绞痛,根据近一周的情况,初步考虑急性冠脉综合征,而患者发作频率较前变化,每天 2~3 次,胸痛时间为 5min 左右,可能的原因考虑为不稳定型心绞痛。

(七) 问题导向性临床思维培养方式

　　以问题为导向的临床思维培训可以采用以下几种方式。

　　1. 病例讨论　通过案例分享和讨论,主动引导医学生进行案例探索并参与到分析和讨论中,从而获得知识,培养临床思维,提高医学生的主动学习能力和临床处理能力。

　　2. 头脑风暴　其目的是让参与者能够不断探索和寻找解决问题的方法或路径。通过对于各种想法、建议和观点的梳理和汇总,培养临床思维能力,打破常规,有利于培养解决临床问题的能力。

　　3. 学术沙龙　主要采用自由交流的方式、开放式的提问,选择灵活多样的主题和开放的组织形式。通过增进讲和学的沟通能力,发挥其主观能动性,培养临床思维能力。

　　4. 家庭诊疗　全科医生从业的场所除了医院以外,还包括社区和家庭,因此需要通过家庭诊疗的方式,培养其临床思维能力。在缺乏设备和仪器的社区和家庭开展诊疗工作,以获取患者各方面的问题为着眼点,分析并制订诊疗计划。

◉ 全科医生在诊疗过程中的关注点

　　以问题为导向的临床思维,强调从患者的主诉、症状、体征等入手,以问题的发现、分析,疾病的鉴别诊断作为主线,始终围绕疾病和常见问题,系统地进行综合分析,寻找最合适的诊疗方案。全科医生需要利用自己的专长,发挥作用,同时需要掌握纯熟的情感交流技巧,患者情感比健康人脆弱或者敏感,更需要得到情感需求上的满足。因此,需要医生对患者有足够的关心和同情,并且和患者耐心交流,增加患者的合作度和信任感,让患者将自己健康的重任交托给医生。

三、全科医学的临床诊断方法

【案例 2-3】

　　女,49 岁。主诉"发热 1 天"。

　　患者 1 天前受凉后出现发热,体温最高达 37.8℃,无畏寒、寒战,伴尿频、尿急、尿痛,每小时可排尿 4 次,伴头痛,无腰痛、关节痛和乏力,无咳嗽、咳痰,无腹痛、腹泻等。自服"左氧氟沙星"抗感染治疗后症状未见好转,遂就诊于社区门诊。患者自发病以来精神差,食欲差,大便如常,睡眠欠佳。

查体:体温 37.6℃;脉搏 78 次 /min;血压 138/75mmHg;呼吸 18 次 /min。神志清,精神稍萎靡,心律齐,各心瓣膜区未及病理性杂音,两肺呼吸音清,未及明显干湿啰音。腹软,无明显压痛,无反跳痛,无肾区叩击痛,肝脾肋下未及。四肢肌力Ⅴ级,病理征未引出。

既往史:既往体健。

家族史:无殊。

个人史:否认吸烟等。

案例提示:通过学习临床诊断方法,通过鉴别诊断,该患者初步诊断怎么推断?

(一)概述

临床诊断策略指的是在一定原则的指导下,综合性地运用临床推理和诊断思维做出临床诊疗方案。全科医疗涉及疾病谱广,又缺乏齐全的高精尖设备,如何取其精华、去伪存真,形成综合的分析、评估和判断,是全科医生所面临的巨大的挑战。

(二)临床诊断思维的逻辑关系

疾病的本质是该病的一般规律,而疾病的现象由于每个人的本身特点不同,背景也不同,疾病阶段不同,表现出的症状也不同,因此增加了诊断的难度。但是,无论简单还是复杂,病史都是诊断思考的出发点,大部分的疾病可以依靠病史做出诊断,即使不能明确诊断,也可以大大缩小鉴别诊断的范围。

(三)全科常用的逻辑推理方法

临床思维以概念、判断、推理为形式,通过分析、综合、比较、分类等方法,达到对疾病的深层次认识。临床思维常用的逻辑推理方法有演绎、溯因和归纳,分别对应于临床资料的分析、综合和验证工作(图 2-5)。

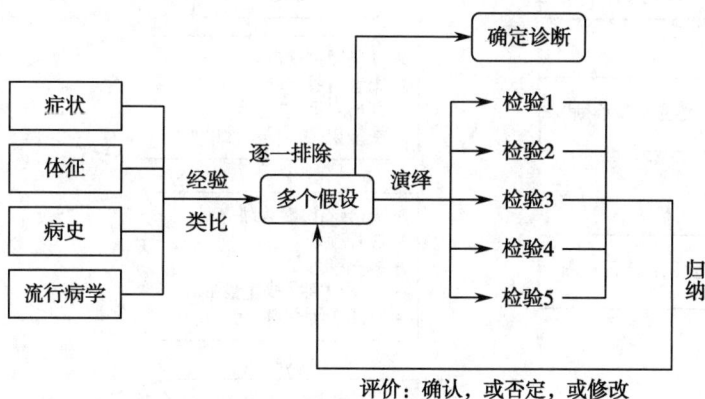

图 2-5 逻辑推理在临床思维中的应用

1. 演绎推理 演绎推理是指从普通原理推断出个别的结论,主要应用于评价诊断线索。利用病理生理等一般性的理论,对疾病表现的诊断价值进行评估,即从一般到特殊的过程,也属于演绎推理的范畴。

2. 溯因推理 溯因推理也称溯因法,是推理到最佳解释的过程。通常可以分为两种方式:①从症状入手,寻找与相关疾病的共同点进行鉴别诊断,该方法分析思路比较宽,不容易遗漏;②将患者异常的几个症状与某个疾病的临床病理进行对比,该方法思维效率比较高。

3. 归纳推理 归纳推理是一种从"特殊"到"一般"的过程,是从个别的现象验证普遍规律的一种方法。归纳推理得出的结论必须经受事实的验证。当形成初步诊断后,并不代表一切结束,诊断还要一个验证的过程。

4. 类比诊断法 类比诊断法是通过比较,寻找两者的相似处或内在联系,把某一研究对象的已有认识推移到另一个研究对象上,从而得出对后者结论的一种逻辑思维方法。

5. 假设诊断法 假设诊断法是根据已有的理论和知识,对未知的现象或者其规律性做出的一种假设性说明,也就是推测性诊断。假设诊断法不是确定诊断,需要择优选择,在多个假设中,首先考虑选择可能性高的假设、危险率高的假设、人群概率高的假设、支持度高的假设。

6. 排除诊断法 排除诊断法是指在疾病的早期,或者某些复杂的疾病、不典型的病例而无法明确诊断时,可根据现有的资料,抓住主要的临床特征或重点征象,提出一组具有相似特征的病例作为初步诊断,然后在分析、比较、评估后逐个进行排除,最终形成最可能的诊断。

(四) 全科医学诊断思维三阶段模型

在临床实践中,诊断过程往往需要灵活运用理论知识,而不能生搬硬套。在首次接诊患者时,通过问诊,已经能够较早地形成初步诊断的假设,并且通过演绎推理,后续不断完善病史采集的内容和体格检查。由此,学者提出了一个适合于全科医生日常诊疗实践的诊断思维三阶段模型。在诊断思维三阶段模型中,每个阶段可以运用一种或者多种不同的临床推理方法(图 2-6)。

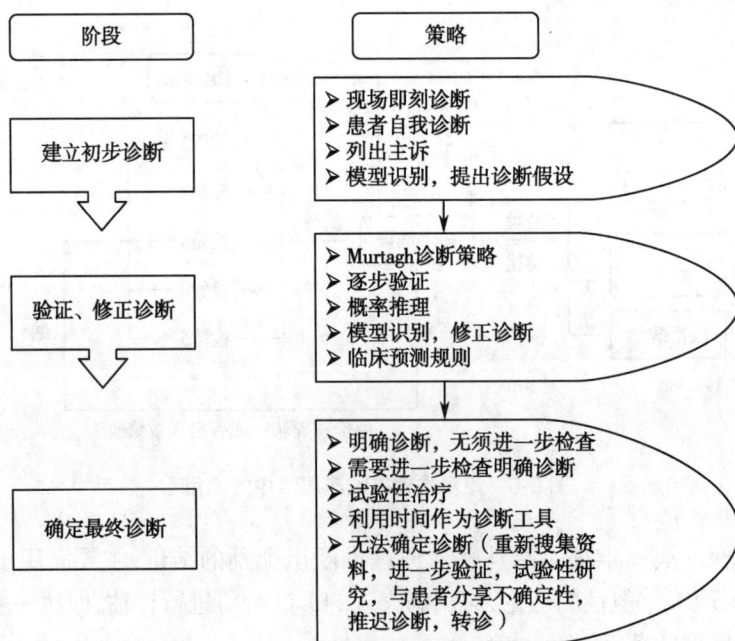

图 2-6 全科医疗诊断思维三阶段模型

【案例 2-3 分析】

根据患者的病史特点：中年女性，急性起病；发热 1 天；伴有尿频、尿急、尿痛，无腰痛、腹痛、腹泻等；同时结合患者的体格检查，无肾区叩痛，无腹部压痛，初步诊断考虑尿路感染。

该案例可以采用类比诊断法和排除诊断法。因患者存在发热、尿频、尿急、尿痛的症状，采用类比诊断法考虑尿路感染，而由于患者否认腰痛，且体格检查未发现异常，通过排除诊断法，排除了上尿路感染，因此诊断为下尿路感染。

另外，归缩诊断法侧重于当患者出现若干症状时，对这些症状组合进行综合分析，通过交叉分析评估，逐渐缩小判断的范围，直到某个具体的疾病诊断。以发热的案例为例：患者发热 3 天，伴有咳嗽、咳痰、胸痛，咳嗽较为剧烈，痰量中等，为铁锈色，胸痛部位以右下部为主。根据这些症状，可以通过归缩诊断法来进行判断：发热，首先考虑患者疾病为炎症性疾病的可能性大，此为定性；患者伴随症状为咳嗽，因此定位在呼吸系统；咳痰颜色为铁锈色，因此定性为肺炎链球菌的可能；结合患者右下胸痛的症状，最后缩小范围，诊断考虑右下叶肺炎链球菌肺炎，见图 2-7。

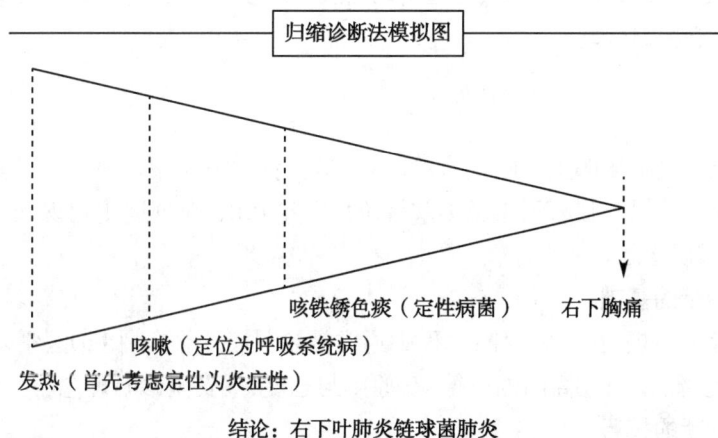

图 2-7 肺炎诊断示意图

◉ 全科医生在诊疗过程中的关注点

临床思维分为纵向思维和横向思维两个过程，其中，诊断和鉴别诊断是纵向思维和横向思维相结合的临床思维过程的一部分。诊断和鉴别诊断的纵向思维是指在问诊过程中，按照患者的时间顺序获得临床信息，其内容包括主诉、现病史、既往史、辅助检查等；而诊断和鉴别诊断的横向思维则是根据纵向思维所获得的临床信息，进一步进行分析、推理、判断。

全科医生需具备的临床思维：①必须仔细询问病史；②首先考虑常见病；③用一个疾病解释所有表现；④专科患者不一定患专科疾病；⑤不轻易结束诊断思考；⑥不为表面现象所迷惑；⑦需要治疗的是患者不是检查。

四、常见问题的安全诊断策略

【案例 2-4】

男,67 岁。"反复上腹部不适 12 年,加重 1 个月"。

患者 12 年前无明显诱因下出现上腹部不适、饱胀感伴有胃灼热,餐前明显。5 年前在当地医院行胃镜检查,检查提示"食管炎、糜烂性胃炎",采用呼气试验提示"幽门螺杆菌阳性",未经系统诊治。1 个月前自觉上腹部不适加重,腹胀伴有呃逆,无规律,偶有右下腹疼痛,可耐受,可自行缓解,无明显体重下降。

查体:体温 36.3℃;脉搏 70 次 /min;血压 140/75mmHg;呼吸 17 次 /min。神志清,精神可,心律齐,各心瓣膜区未及病理性杂音,两肺呼吸音清,未及明显干湿啰音。腹软,无明显压痛,无反跳痛,肝脾肋下未及。四肢肌力Ⅴ级,病理征未引出。

既往史:既往高血压 5 年,血压控制可。

家族史:奶奶高血压。

个人史:吸烟 20 余年,1 包 /d,已戒烟 5 年。

案例提示:通过学习全科医学的安全诊断策略,结合案例 2-4,在全科门诊中,应如何进行该案例的诊断和鉴别诊断?

(一) 概述

临床思维能力是临床医生诊断疾病的基石,是患者对医生评价的第一印象,更是患者决定是否接受治疗的前提。临床医生必须掌握临床理论知识,充分运用知识和诊疗技术,识别潜在疾病,避免错误诊断。

(二) 临床诊断的基础

诊断是治疗的前提,在临床诊断过程中通常需要具备 6 个条件:①医学基础知识;②临床经验;③临床思维能力;④高尚的医德;⑤原则与态度;⑥安全诊断理念。

(三) 临床诊断的技巧

1. 诊断细致　所谓诊断细致,即要求在诊断过程中,需要细致到疾病的类型、分期、特征等,要有敢于否定他人诊断的勇气,不断去推理、验证、修订、完善诊断,才能逐渐培养敏锐的临床思维能力,也有利于临床经验的积累。

2. 诊疗统一　诊断是治疗的前提,而治疗是诊断的验证,因此诊断和治疗是相互依存的。选择治疗前,必须首先要确立具体的诊断,而诊疗相统一是真正临床实践的价值所在。

3. 关注细节　要关注疾病的一切信息,特别是疾病的早期阶段,有些细节比疾病的主要症状更有利于疾病的诊断与鉴别。

4. 亲力亲为　医生必须亲自进行详细的体格检查,认真查看患者所有的检查结果和相关信息。

5. 诊断谨慎,避免误诊漏诊　医生对患者不同阶段的疾病诊断需要全面和系统的认识,掌握每个时期的特征,不断对诊断及时修正和完善,避免误诊和漏诊。

（四）临床诊断的策略

1. 病情和症状不一定成正比 病情的轻重和症状不一定是正相关的。例如，直肠癌和痔疮，在直肠癌的早期，通常没有任何症状；而痔疮发生嵌顿时，疼痛剧烈难忍。

2. 抓住疾病的主要矛盾 在诊疗过程中，无论常见病还是急危重症，都需要抓住疾病的主要矛盾，切中问题的要害，这样才能准确、及时地做出判断。

3. 诊疗的客观性和策略性 在临床诊疗中，需要及时向患者及家属说明诊疗的客观性，回答要客观、婉转，避免增加患者及其家属的心理负担，同时，让患者有所心理准备。

4. 重视医疗的艺术 在临床医疗过程中，医生的"医疗艺术"是改善医患关系，增强医疗效率的体现。主要策略是在患者需要时，第一时间到达床旁进行详细询问和检查。社区常见问题是基本策略（图2-8）。

社区健康问题的诊断策略	全科医生的综合处理
1. 确定服务和治疗的最终目的	1. 症状缓解和疾病治疗的关系
2. 全程负责满足患者的需求	2. 躯体症状和心理负担的关系
3. 加强团队合作，充分利用社区资源	3. 短时效应和长远效应的关系
4. 与患者及家庭一起制订最佳方案	4. 治疗结果与经济承受的关系
5. 利用时间作为治疗手段	5. 治疗方法与社区条件的关系
6. 注意慢性病患者的处理原则	6. 患者需求与社会现状的关系
7. 注意社区用药原则	

图2-8 社区常见健康问题的诊断策略

5. 识别"红旗征" "红旗征"也称为红色预警，抑或报警症状，安全诊疗需要将"红旗征"的识别放在重要位置，也是临床医生鉴别危重疾病、减少医疗风险的关键。

（五）Murtagh 安全诊断策略

Murtagh 安全诊断策略是一种被普遍采用的、运用方便、适合全科医生使用的安全诊断策略，目的主要在于预防临床诊断错误，其主要内容包括5个自问自答的问题。

1. 具有某种症状和体征的常见疾病有哪些 常见疾病的诊断依靠医生对知识的掌握和经验的积累。接诊患者时，首先列出该患者具有症状和体征的常见疾病有哪些，然后在此基础上搜集有关信息，进行分析，提出诊断假设。

2. 有没有重要的不能被忽略的疾病 严重的、危及生命的重要疾病，如肿瘤，特别是恶性肿瘤；艾滋病；哮喘或者过敏；严重感染；冠心病、心肌梗死、急性脑卒中；潜在自杀倾向等，必须被排除。

3. 有没有容易被遗漏和忽略的疾病 特指不危及生命、轻症的疾病。虽然症状较轻，但同样能困扰患者，不能漏诊或者忽视。常见的此类疾病如隐形感染灶、带状疱疹、过敏、腹腔疾病、药物不良反应、妊娠早期等。

4. 患者是否患有能引起多种症状的潜在疾病 当患者存在多个症状或体征，可能是疾病的典型症状，也可能不典型甚至是不相关的症状。全科医疗中最容易被忽略的潜在疾病，如抑郁症、糖尿病、药物滥用等。

5. 患者是否有什么话还没有说　由于某些原因,如精神心理问题、性问题、药物滥用、家庭背景等情况,患者可能会有意或者无意隐瞒或者忽视一些症状。因此,需要与患者建立良好的、稳定的、长久的医患关系,深入了解患者,积极尊重、关心患者,有利于患者提供有益的线索。

(六) 如何进行正确诊断和鉴别诊断

在临床诊疗过程中,对于患者陈述的病情、症状等信息以及医生的检查后作出符合实际的诊断,使得治疗措施有的放矢,从而获得更为理想的治疗效果,是临床医生的共同目标,其关键在于如何才能达到这个目标。简单来说,临床诊疗过程中,疾病的诊断过程一般需要经过以下几个环节。

1. 收集完整的、实际、详细的临床资料。

2. 对资料进行综合分析、评估、组合,最终建立初步诊断。

3. 根据患者病情,进一步选择检查方案或者动态观察。

4. 根据患者病情进展情况,进一步验证诊断假设或者进行修正诊断。

为了使诊断的建立更为确切,全科医生在疾病的诊断和鉴别诊断的策略方面,需要重视以下几个问题。

1. 是否已经全面了解患者的病情,包括患者的家庭背景、生活状态、饮食习惯、子女关系等。

2. 所获得的疾病史是否全面,是否符合实际。

3. 体格检查是否全面、系统、亲力亲为。

4. 给予的辅助检查是否必要,是否合理。

【案例 2-4 分析】

根据案例 2-4 表述

问题一:具有某种症状和体征的常见疾病有哪些?

临床上考虑可能发生的常见疾病有:胃食管反流病、慢性胃炎、消化性溃疡。

问题二:有没有重要的不能被忽略的疾病必须考虑需要除外的?

临床上考虑不能被忽略的严重疾病有:胃肠道恶性肿瘤、冠心病、门静脉高压和尿毒症。

问题三:有没有容易被遗漏和忽略的疾病?

临床上考虑容易被忽略的疾病可能有:慢性胆囊炎、慢性胰腺炎、功能性消化不良、消化道运动障碍、铅中毒等。

问题四:患者是否患有能引起多种症状的潜在疾病?

尚未发现。

问题五:患者是不是有什么情况还没有表述?

可询问患者的卫生条件、饮食习惯、性生活情况等。

临床工作所遇到的疾病并非参照书本而来,因此同样的疾病往往存在不同的表现,若死板地按照书本去对照,常常会造成疾病的误诊和漏诊。特别是全科医生,面临的患者人群较多,所遇到的疾病往往是非特异性的,也不乏少见病患者的就诊,若能记住少见病的三个症状特点,对于诊断会带来不小的帮助(表2-3)。

表2-3　三联征思维法

三联征		诊断
1. 常见的诊断三联征	心绞痛 + 眩晕 + 呼吸困难	主动脉瓣狭窄
	月经不调 + 多毛症 + 肥胖	多囊卵巢综合征
	耳鸣 + 头晕 + 呕吐	梅尼埃综合征
2. 危及生命的诊断三联征	发热 + 头痛 + 呕吐	脑膜炎
	疲乏 + 头晕 +/– 晕厥	心律失常
	发热 + 意识障碍 + 呕吐	蛛网膜下腔出血
	腹痛 + 阴道异常出血 + 闭经	宫外孕
3. 易被忽视的疾病诊断三联征	乏力 + 腹泻 + 体重减轻	腹部疾病
	嗜睡 + 劳累 + 关节痛	血色病
	腹痛 + 嗜睡 + 易怒(儿童)	铅中毒
	骨痛 + 弯曲步态 + 耳聋	畸形性骨病
4. 不易辨认的疾病诊断三联征	不适感 + 发热 + 咳嗽(+/– 结节性红斑)	结核病或结节病
	发热 + 咽喉痛 + 颈部淋巴结肿大	单核细胞增多症
	多尿 + 多饮 + 口干	糖尿病
	不明原因发热 + 心脏杂音 + 栓塞	感染性心内膜炎
	乏力 + 多关节炎 + 发热或皮肤损害	系统性红斑狼疮
	腰痛 + 血尿 + 可及的腰部肿块	肾癌
	关节痛 + 雷诺现象 + 胃食管反流	系统性硬化症

◉ 全科医生在诊疗过程中的关注点

大部分全科医生接诊的患者所涉及的问题很多,可能涉及多学科、多因素、多系统,也可能是精神性疾病,或者是心理问题需要疏导等。全科医生作为健康的守门人,应当针对个人、家庭、社区提供更为经济、方便、有效的保健服务。所以,在接诊这类患者时,能够解决患者问题的方法和手段不能是单一的,应当是通过全方位综合考虑,多方面进行查找,需要考虑引起某些症状的所有疾病,容忍不确定性,运用安全诊断策略,避免遗漏任何危重疾病。

(晁冠群)

第二节 医患沟通与接诊技巧

1. 医患关系基本模式类型。
2. 医患沟通的方法和技巧。
3. 医患共同决策常用模型。
4. 告知坏消息常用模型。
5. 全科门诊接诊技巧。

········ **重要知识点** ··

1. 医患关系模式类型 萨斯-荷伦德医患关系模式分为三种基本类型:主动-被动型、指导-合作型、共同参与型。

2. 医患沟通是医患双方围绕患者的健康问题展开的信息交流和获取过程,主要方法包括言语沟通和非言语沟通。

3. 医患共同决策是由医生与患者共同参与做出最适合患者个体健康的决策过程。

4. 坏消息是与人们的根本愿望完全相反,可以引发未来长期负面情绪变化的消息。

5. 全科门诊疾病谱广泛、病种繁杂,门诊接诊过程可以分为3个阶段,包括建立和谐的医患关系、诊断阶段、治疗管理阶段。

··

【案例2-5】

男,48岁。反复口渴、多尿3个月,测空腹血糖波动在7.0~8.8mmol/L,曾去当地社区诊所就诊,全科医生建议他加强运动及饮食控制。2个月后患者口渴、多尿有减轻,复测空腹血糖为7.6mmol/L,餐后2h血糖为11.6mmol/L,考虑糖尿病,建议药物治疗,患者未接受。一周前门诊检查空腹血糖为7.4mmol/L,餐后2h血糖为10.2mmol/L,糖化血红蛋白为6.5%。

案例提示:结合案例2-5,医患沟通中可采用三种方式,如何选择?

1. 医生主导直接药物治疗 根据指南及临床医生的经验,给予药物治疗。

2. 医生对患者进行知情告知 告知患者目前糖尿病已明确诊断,需要药物治疗,解释具体方案、副作用及随访时间。

3. 医患共同决策 医生告知患者准备与他讨论相关治疗方案,希望患者共同参与,医生与患者共同商量确定治疗方式及相关措施。

一、医患关系模式及特点

医患关系是指医疗活动中形成的医者与患者互动的客观关系。狭义的医患关系中"医"指医生或医务人员,是经过医疗卫生行政机关认可并颁发相应资格证书,有一定专业能力的卫生技术专业人员;"患"指在医院看病接受医疗诊治的患者,即患者本人。而在广义的医患关系中,"医"不仅指医生,还应包括护士、医技人员、医疗行政及后勤管理人员等;"患"包括生病的患者、患者的家属、患者的监护人以及单位组织等。目前,改善医患关系一般是指从广义的医患关系出发。

(一)医患关系的本质特点

1. 医患关系的伦理属性 医患关系首先是一种伦理关系,建立在患者将性命和健康托付给医生这种信赖基础上,其实质也是一种"信任"和"委托"的人际关系。

2. 医患关系的经济属性 20世纪90年代初,我国开始进行公费医疗制度改革,国家做了大量投入和探索,但由于人口基数大,医疗水平有限,公立医院不得不走向市场化经济,公益性质虽没有改变,但医疗服务出现了商品化趋势。患者需要支付一定的医疗费用才能得到相应的医疗救治。

3. 医患关系的法律属性 随着医疗卫生相关法规的健全和完善,人民的法治意识不断增强,现代社会的平等观念逐步取代了以往医患关系的不平等。

(二)医患关系的基本模式

医患关系的基本模式可分为技术型交往和非技术型交往两种形式,技术型交往是指在医疗行为过程中,医生与患者及其家属围绕疾病诊治的技术性问题而建立的医患关系,如共同商榷治疗方案、征求患者对治疗的意见;医患关系的非技术性交往是患者根据医生的医德医风、态度品行等而建立的无关诊疗技术和方法的"纯"人际关系。

医患关系模式比较公认的理论模型有以下三种:萨斯-荷伦德医患关系模式、维奇医患关系模式、布朗斯坦医患关系模式。目前广泛认同的医患关系模式来源于1956年美国学者萨斯(Szase)和荷伦德(Hollender)在《内科学成就》上发表的《医患关系的基本模式》,根据医患互动、医生与患者的地位和主动性大小又分为三种基本类型(表2-4)。

表2-4 萨斯-荷伦德医患关系模式

类型	医生角色	患者角色	适用场景	类似关系
主动-被动型	要为患者做什么	无权选择	危重症等意识丧失状态	父母与婴儿关系
指导-合作型	指导患者做什么	有一定权力选择	急性病不伴有意识丧失	父母与儿童关系
共同参与型	帮助患者做什么	完全掌握选择权	慢性病的管理	成人与成人关系

(三)影响医患关系的主要因素

医患关系不和谐不仅是医生和患者之间的不和谐,实际上还有体制、医疗保障、社会变革等诸多因素,可将其分为内在因素(患方和医方)和外在因素(政府和媒体),见表2-5。

表 2-5　影响医患关系的主要因素

主要因素	具体情况
患方因素	缺乏一定的医学知识,容易对医疗活动产生误解
	就诊期望值高,认为花钱疾病就应该被治愈
	对医务人员信任度降低
	维权意识增强
医方因素	高投入、低回报,工作压力大,导致工作失去热情和耐心
	医患沟通能力欠佳,医患互动缺乏
	医疗技术水平有限,医疗服务质量低
政府因素	医疗卫生事业投入不足,医院超负荷运转
	医疗保障覆盖面低,患者自费比例高
	医疗资源分布不均,优势医疗资源主要集中在大医院
媒体因素	存在专业的医学知识局限,报道内容失去真实性和专业性
	夸大医疗事故,使医患关系更为紧张
	在医疗纠纷报道中缺少公正的舆论引导作用

二、医患沟通的原则与方法

医患沟通是指以患者为中心、医生为主导,建立起的信息传递和情感交流过程,即医生和患者在医疗活动中围绕疾病、诊治方案、健康、心理、情绪及社会等因素形成的互动。有效的医患沟通可以最大程度地提高医疗服务质量,增加患者对医生的信任感,使其更好地配合、参与到自身疾病的诊疗中。

(一)医患沟通的基本原则

1. 以人为本的原则　随着现代社会的进步和发展,以人为核心,以满足人的需求为价值取向的理论观点成为全社会的共识。

2. 诚信的原则　诚信是个体或组织在社会上赖以生存和发展的基石,也是医患沟通的前提和基础。

3. 平等的原则　医患双方是平等的社会人,都拥有人的主体地位,需要被理解、尊重和关怀。

4. 共情的原则　医务人员除了高超的专业技能外,在医患沟通中还需要善于运用共情,有助于患者敞开心扉表达自我,能让患者感受到被理解、被接纳、被关心、被安慰,从而更好地提高患者的依从性和治疗效果。

5. 共同参与的原则　医疗活动需要医患双方保持畅通的信息传递和良好沟通,医者要将专业的医学知识转化为通俗易懂的话语,帮助患者理解疾病,帮助患者根据自身经济、社会等因素选择合适的医疗方案,让患者发挥其主观能动性。

（二）医患沟通的方法

医患沟通是医生与患者间必不可少的交流，也是医生了解患者病情必不可少的手段。

1. 言语沟通　语言是交流的工具，同时也是思想观点、情感和体验的载体，在医患沟通中扮演着重要媒介。医学之父希波克拉底曾说过，医生有三样法宝——语言、药物和手术刀，即医生的语言堪比手术刀，可以成为治病救人的工具。有效的言语沟通应当遵循以下原则。

（1）提供鼓励性语言，避免使用消极类话语。

（2）多用询问式口吻，不用命令或强制性口吻。

（3）注重支持性的非语言线索，少用指责性和威胁性语言。

（4）尽量用开放式对话，避免暗示性提问。

（5）使用真诚负责的交流，减少自我防御。

（6）采用宽慰式话语，提供建设性的反馈。

2. 非言语沟通　非言语沟通主要是利用身体表达方式进行的沟通，比如目光、语调、手势、面部表情和身体姿势等，会在不知不觉中传递出比语言更重要的信息。医务人员无意中流露出的行为变化，会给患者的心理和情绪造成微妙的影响。

（1）面部表情：是医患交流中运用最为频繁的非言语形式，其表现力最直接、感染性最强。使用最广泛的是微笑和目光。

（2）身体姿势：能够真实反映出一个人的情绪状态、健康情况和自我定位。符合职业规范的自信优雅、沉着老练的坐姿，能给患者留下规范行医、技艺精湛、精力充沛、热爱岗位的美好形象。

（3）倾听：是接收言语和非言语信息、判断其含义并对此做出一系列反应的过程。良好的倾听是建立在耐心的基础上，需要认真、全神贯注于对方的陈述并给出恰当的回应。留心听取患者的诉说和忧虑，让患者感到被理解而增强信心，从而增进医患间的相互理解和互动。

（4）提问：是沟通过程中的必要一环。当倾听者对诉说者所讲内容有不理解、不清楚或者想确认某些事实或状态时则需要通过提问达到目的。

（5）共情：能体验感受他人的精神世界就如同感受自己的精神世界一样，与我们平时所说的同情有所区别，同情更侧重的是情感反应，而"共情"则包含了更多的理智成分，是一种能够理解并分担对方精神世界负荷的能力。

（三）医患沟通模式

目前，国际上主要的医患沟通模式有以下 7 种。

1. E4 模式　即参与（engage）、共情（empathize）、教育（educate）和鼓励（enlist）。首先通过开放式的询问方法让患者参与到医疗活动中，同时对患者的倾诉表达自己的理解和共情，进而用适当的语言解释病情、治疗方案并加以宣教，最后要鼓励患者提高他们关心自己健康的责任和能力。

2. 三功能模式　三功能模式由 Novack 学者提出，主要将医患沟通的过程分为三阶段，即建立医患关系、评估患者问题、管理患者问题。

3. 四习惯模式　四习惯模式分为接诊患者、获取基本信息、表达同理心、结束问诊四个方面,通过 13 项基本沟通技能帮助医生理解和熟悉不同技巧的作用。

4. Macy 模式　通过沟通前准备、开始沟通、收集信息、评估患者、医患交流、患者教育、决策与计划、结束沟通这 8 个环节与患者建立关系并采集信息。该模式是根据教学实际情况在三项核心技能(建立沟通、建立会诊和健康教育)上逐步完善并发展为临床医生常用的医患沟通技能指南。

5. 卡尔加里-剑桥观察指南　主要分为 7 个阶段,即开始交流、收集信息、提供谈话结构、建立良好关系、解释病情和计划、结束谈话、回答患者问题。该模式简洁易行的特点主要用于对医学生的医患沟通教育。

6. 以患者为中心的临床策略　引导患者参与到疾病的治疗和管理中,通过获取患者对疾病的感受、分析患者的心理状态并鼓励他们积极参与医疗决策,与患者充分交流、建立良好关系。该医患沟通模式突出了"以人为本"的特点。

7. SEGUE 框架　SEGUE 框架通过开始准备(set the stage)、获取信息(elicit information)、提供信息(give information)、理解患者(understand the patient)和结束问诊(end the encounter)五个环节对医生的问诊内容和沟通技巧进行评价。

(四) 全科医学中医患沟通技巧

1. 增加品质魅力　作为全科医生,尽可能具备自身的品质魅力,包括热情、真诚、平等、尊重人、容易沟通、善于理解人、能与患者共鸣,为建立积极的医患关系打好基础。

2. 采用开放式问诊　全科医疗服务是以患者为中心的服务模式,以问题为导向,采用开放式问诊方式,了解与患者有关的信息、主要体验和完整的背景。

3. 合理运用语言技巧　可根据患者的情况运用不同的语言,注意说话的音质,让患者觉得平和、可信、被尊重、被理解。

4. 倾听及理解的技巧　耐心倾听,表示接受患者的感受以及同情、支持患者。对患者来说,倾诉本身就具有治疗的作用。注意倾听时身体要稍前倾,注意自己的眼神、表情和行为,目光不时地注视患者,同时表示理解患者,并及时给予解释与反馈。

5. 及时表扬与鼓励患者　全科医生应明确地给患者机会,及时表扬及鼓励其提问或参与讨论,并对有疑问的地方进行解释,达到激励患者发挥主观能动性的作用。

6. 注意非语言的沟通　非语言的沟通包括医生的衣着、眼神、面部表情、身体姿势、会谈距离及诊室环境等。全科医生应注意营造诊室和谐的气氛。

三、医患共同决策

医患共同决策是医生运用医学专业知识,与患者在充分讨论选择、获益与风险等各种可能的情况基础上,同时考虑患者的价值观、倾向性及处境后,由医生与患者共同参与作出的、最适合患者个体的健康决策过程。

(一) 医患共同决策特征及意义

1. 医患共同决策的实质　体现了共同参与型医患关系,由医生与患者在平等交流的基础上,相互合作、信息共享并共同决策。主要特征有:①患者和医生参与其中;②双方分享信息;③双方建立诊疗共识;④处理共识,达成协议。

2. 医患共同决策的重要价值 医患共同决策的重要价值包括医学伦理的需要、临床实践的需要、疾病管理的需要(图 2-9)。

3. 医患共同决策的重要意义 医患共同决策可以提高患者满意度,改善依从性,可优化慢性病自我管理,具有比较高的安全性,可减少医患纠纷及投诉,所以特别适合现阶段医患关系紧张的局面,并能实现有效价值最大化,降低医疗成本,终使患者及医疗体制受益。

医学伦理的需要	四大原则:自主、有利、不伤害、公平 将健康照护当作一种人权,尊重自主性
临床实践的需要	更有效地进行决策,减少临床决策失误 某些情况下同一疾病可有不同诊治方案
疾病管理的需要	管理慢性病,提高患者积极性与依从性 重构医患关系,增加信任减少矛盾纠纷

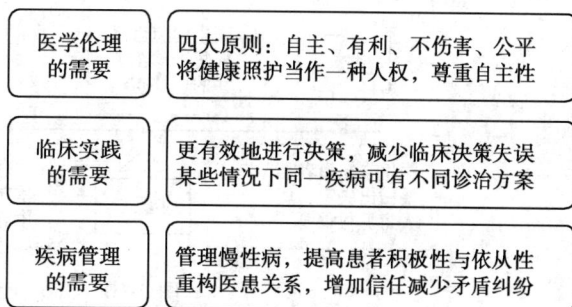

图 2-9 医患共同决策的重要价值

(二)医患共同决策方法

医患共同决策的基础条件:作为医生必须具有医患沟通技巧、循证医学技能;作为患者需要具备较高的医学素养;医患之间必须信任是前提。

1. 医患共同决策的基本方法

(1)由医生运用专业知识,告知患者所有可供选择的诊治方案及不同效果与可能伴随的风险。

(2)患者能充分参与讨论诊治选择、获益与风险等各种可能的情况,并考虑患者价值观、倾向性及自我效能。

(3)医患共同抉择,由医生为主导,以保障患者的健康为目标,与患者共同参与一起作出的相对最适合患者个体的健康医疗决策。

2. 医患共同决策的原则

(1)熟练应用医患沟通技巧:是共同决策的重要基础,其中最关键的核心就是和谐沟通,医患相互适应,处于平等状态。

(2)充分使用循证医学技能:循证医学技能是共同决策中的主要技能,医生需要掌握医疗问题的最佳临床依据,才能向患者告知相对确定的诊疗方法及证据,提高患者的认知度。

(3)相互尊重原则:医患之间必须以信任作为前提,相互尊重,患者信任医生,医生把患者的利益放在首位,才能达成一致的结果。

(4)融合医学素养:患者有比较高的医学素养,医生与患者比较对等,容易让双方更加平等地进行讨论,共商决策。

(三)医患共同决策常用模型

1. Stiggelbout 模型 最经典的是 4 步法:第一步——准备阶段,医生告知患者需要做出决定,患者意见很重要;第二步——开始阶段,医生向患者解释每种诊疗方案的优缺点;第三步——讨论阶段,讨论患者对可选择方案偏好,并让医生指导分析;第四步——决策阶段,讨论患者决策意愿,医患共同作出决策并讨论,见图 2-10。

2. Makoul 模型 是在 Stiggelbout 模型基础上,增加 5 个环节,包括澄清解释、提供方案、患者效能、双方核对及随访评估,见图 2-11。

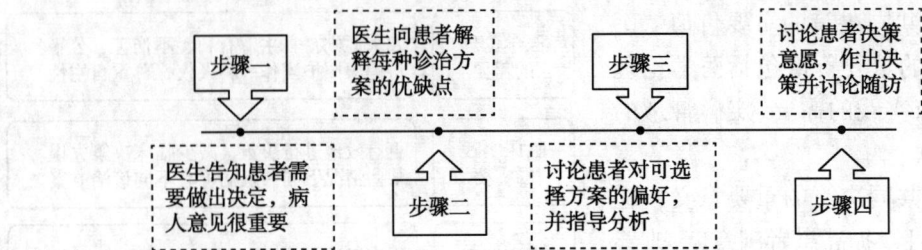

图 2-10　Stiggelbout 模型

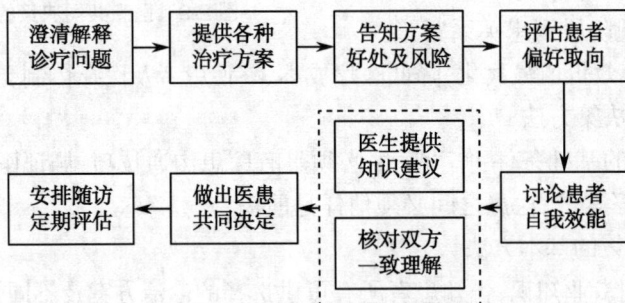

图 2-11　Makoul 模型

（四）全科医生与医患共同决策

1. 全科医疗在医患共同决策中的优势　全科医生具备综合人文素质,能够运用生物-社会-心理模式开展医疗活动,能以患者为中心,运用良好沟通问诊技巧,处理各种常见疾病;全科注重全面性、持续性、协调性,与患者长期联系,进行全面指导及慢性病连续管理,并协调各专科,处理各种医疗问题,这些特点可以为医患共同决策打下良好基础。

2. 全科医疗是医患共同决策的最佳场所　全科医疗服务的对象包括不同性别、年龄、疾病类型,也包括人生每个时期各个阶段,针对不同个体、期望、问题进行分析,所以全科医疗是医患共同决策的最佳场所,全科医生是医患共同决策的最佳践行者,进行个体素养评估,不同期望分析,个性问题分类,进一步制订医患共同决策的分层路径,将进一步有效实施医患共同决策。

【案例 2-5 分析】

1. 结合案例 2-5　男,48 岁,反复口渴、多尿 3 个月,伴高血糖,经过加强运动及饮食控制,2 个月后复测空腹血糖为 7.6mmol/L,餐后 2h 为 11.6mmol/L。初步诊断为糖尿病。

2. 运用医患共同决策技巧　解释、告知病情及用药方法等;列出医患共同决策的内容提纲;鼓励、引导患者参与;接受患者意愿、共商计划,共同决策。

3. 与糖尿病患者共同决策治疗方案

（1）医患双方参与

医生:您有血糖增高 3 个月,目前已多次超 7.0mmol/L,2 个月前您已经过运动及饮食控制,现空腹血糖仍有 7.6mmol/L,餐后 2h 血糖达 11.6mmol/L,考虑糖尿病。在继续生活方式控制的基础上,需要进行药物治疗,有几种不同的选择,我愿意与您讨论一起进行选择,并与您一起探讨哪种方式最适合您。

患者:好的,谢谢医生,但我不懂糖尿病及药物的情况。

(2) 双方共同分享信息

医生:在讨论前我和您讲下糖尿病发生原因及相关并发症,接下来我告诉您可选择的药物,以及每种治疗的风险与获益。也请您告诉我,您对这些治疗有哪些关注和进一步需要了解的问题。

患者:我不知道如何选择药物?

(3) 双方均表达治疗倾向性

医生:有三种药物您可以选择。一种是二甲双胍,比较安全,副作用少,有改善胰岛素抵抗并降低体重作用。另一种格列齐特,也比较安全且有效,服药方便,但有体重增加等副作用。还可选择一种新药西格列汀,作用比较好,副作用少,价格比较贵。

患者:您告诉我二甲双胍每天服用 2~3 次,我会遗忘;另一种药物也安全、经济,但可能会增加体重,我对此很关注。新药价格贵,我暂不考虑。前2种究竟选哪种,我考虑下。医生,您倾向我用哪一种?

医生:我倾向您用二甲双胍,该药会降低您的体重,副作用比较小,我国指南也建议其为首选,您认为可以吗?

患者:可以,药物只要在医保报销范围就可以了。

(4) 双方达成共识

医生:我们就使用二甲双胍达成了一致,如果效果并不明显的话,我们将重新评估,并考虑联合使用药物或更换药物。

患者:好的,非常感谢您。

四、告知坏消息

坏消息是指与人们根本愿望完全相反,可以引发未来长期负面情绪变化的消息,具有缺少希望、带来生理或者精神危害、打乱固有生活方式、减少人生选择等特征。其形式包括危害生命的各种疾病,如慢性病、残疾或者功能丧失、诊疗计划复杂、治疗过程痛苦、费用昂贵等。

(一) 坏消息引发的心理反应

不同个体在被告知与心理预期不符的坏消息时,会产生不同的心理反应,从而向医生展现其不同的情绪表达方式,可能表现为沉默、排斥、恐惧、震惊、悲伤、愤怒、绝望等,甚至有部分患者或家属会将情绪转移至告知其坏消息的医生。常见的心理反应为创伤性应激和患者角色混乱。

1. 创伤性应激　坏消息作为突发而严重的精神刺激,将使患者产生恐惧体验的精神运动性兴奋,或产生情感迟钝的精神运动性抑制。常见的反应包含以下三个阶段。

(1) 初始阶段:对事件感到痛苦、愤怒或悲伤。

(2) 否认阶段:不接受现实,否认已发生的疾病,期望现实是假的,寻找理由或可能性来抵御现实。

（3）高度警觉阶段：过度警觉，惊跳反应增强，睡眠障碍，反复出现与精神刺激相关的想法。

2. 角色行为混乱 角色行为混乱是指迷失个人方向，产生的行为举止与应有的角色不符。当被告知坏消息时，患者可能产生的行为如缺位、冲突、减退、强化、异常等。

缺位：否认有病。

冲突：难以实现患者角色转换。

减退：对疾病不重视。

强化：小病大养。

异常：攻击性言行、病态固执、抑郁、自杀等。

（二）告知坏消息的方法

如何在告知患者坏消息时保障知情力、尊重自主权，让患者在被告知的过程中接受解释，建立信赖，勇敢面对疾病，就需要医生良好的沟通技巧。高质量的告知不仅可以避免患者的精神困扰，更能使患者及家属对医疗的满意度和治疗依从性提高。

1. 坏消息面谈的目标

（1）医生了解患者对于病情的认知、预期以及准备程度。

（2）向患者提供真实、易懂的病情信息。

（3）向患者提供支持，减轻其情感反应。

（4）与患者共同建立诊疗计划。

2. 常用模式

（1）ABCDE 模式（表 2-6）

表 2-6 ABCDE 模式

步骤	具体实施内容
良好的准备（advance preparation）	最重要的是医生的准备，最好由具有相关经验的医生来主持。告知前需对病情做一次回顾，并对治疗和预后进行梳理
构建良好的治疗环境和医患关系（build a therapeutic environment/ relationship）	选择合适的场所与时间，尽可能选择重要家属在场，让家属与患者在不被干扰的情况下接收消息。向每个人行自我介绍，请大家坐下，向患者及家属介绍目前的诊治结果和进度，同时告诉患者将有一个坏消息
良好沟通（communicate well）	进行告知并解释后，需向家属及患者确认了解的程度，可让家属或患者重复重点。尽量给予书面参考资料，若有复杂的诊断或者治疗可以记录下给家属或患者。最后进行总结，确认诊疗计划。沟通过程中展现坦诚、耐心的态度，对专业名词进行解释，并询问患者及家属是否理解
处理患者及家属的反应（deal with patient and family reactions）	允许患者及家属有情绪发泄的空间与时间。当患者及家属情绪激动时，可以采取非语言交流，例如适当的肢体接触、眼神交流等。对患者及家属的精神状态和反应进行评估，必要时可邀请精神卫生科医生会诊，避免不良反应发生
鼓励与支持情绪反应（encourage and validate emotions）	医生需了解坏消息对于患者所代表的意义和影响，根据患者的期望来提供合乎实际的目标。可以邀请其他专科医生或专业人士来协助告知的过程

(2) SPIKES 模式 (表 2-7)

表 2-7　SPIKES 模式

步骤	具体实施内容
安排谈话 (setting up the interview)	告知前可针对患者可能产生的情绪和问题进行演练。安排充足的谈话时间,准备独立空间,注意保护患者隐私,允许患者重要家属陪同,与患者适度交谈
评估患者想法 (assessing the patient's perception)	在告知前了解患者对自身疾病的看法,使用开放式提问,例如"您对目前情况有所了解吗?""您是否知道此项检查的目的?"基于患者的认知程度,调整告知的措辞和方案
了解患者的意愿 (obtaining the patient's invitation)	基于患者的意愿,选择性地提供其最想了解的信息,如"请问您想了解哪些检查结果?"若患者没有了解细节的意愿,医生可提出患者未来可能会产生的问题,或与患者的亲属交谈
提供医学信息 (giving knowledge and information to the patient)	采用深入浅出的语言,避免复杂的专业名词和尖锐的措辞。如"你这种病不治会死"等过度直白、尖锐的措辞会使患者感到愤怒、绝望,并使患者治疗依从性降低。使用专业名词时,需与患者确认其是否理解了医生给出的信息和解释
提供情感支持 (addressing the patient's emotions with empathic responses)	患者常有怀疑、悲伤、愤怒、绝望等多样化情绪表现,需要医生通过共情的方式提供情感支持。首先观察患者的情绪反应,然后给予患者时间表达自己的情绪种类及原因。若患者表达悲伤的情感但保持沉默,医生可采取开放式提问,例如"我很理解您的感受,对于要告诉您这些我感到抱歉"
讨论治疗计划和总结 (strategy and summary)	询问患者的治疗意愿,若患者没有主观意愿,讨论治疗就不是必需环节。如果有讨论治疗计划的意愿,明确的治疗计划可减少患者不安和焦虑。医生向患者提供治疗方案时需展现责任感,减轻患者对治疗可能失败的恐惧

许多患者对自身疾病有一定的认识,但并非彻底了解情况,或可能抱有盲目的期望,所以医生需要通过第二步"评估患者的想法"来了解患者的理解程度,决定告知从何开始。抱有盲目期望的患者通常有某种困难背景,如难以忍受病痛、失业、家庭负担等,使他们只期望得到治愈的结果,医生可通过第五步"讨论治疗计划"来减轻患者的焦虑和担忧。

(三) 告知坏消息的主要技巧

1. 谈话技巧　医生可采取换位思考来进行谈话前准备,如患者想了解什么以及会有什么反应。告知前可进行铺垫,如"很抱歉,将有一个不好的消息要告诉您",此时患者会产生紧张情绪,根据患者的承受能力传达坏消息的内容。告知后保持安静并倾听患者的情绪宣泄,通过"可以告诉我您现在的想法""您现在一定很难过"等言语鼓励患者进行精神调节,建立患者对医生的信任。注意避免给予患者比实际情况更乐观的预期,如"我们期待着奇迹出现,但目前而言,对于您的情况最重要的是控制疼痛和症状,维持生活质量,同时也需要您有一定的心理准备,您的经济情况和家庭等方面会受到影响"。

2. 环境氛围　安静的谈话环境能给予患者安全感,听取患者及家属的发言时要保持耐心和同情心,详细解释病情和治疗计划,给予患者鼓励和支持,及时回应问题,尊重患者的选择,保护患者隐私。

3. 背景支持　了解患者的经济状况和家庭背景,若患者存在经济困难,尽可能减少患者的负担,提供帮助渠道,鼓励家属提供更多的关心及支持。

（四）全科医疗与告知坏消息

1. 全科医疗在告知坏消息中的优势　随着医学模式的转变,医学从着眼于病理变化转变为重视躯体、心理及社会三方面的综合,而全科医生适应这一转变,且具有良好的人文素养和沟通技巧,能减轻患者诊疗过程中的痛苦。全科医生对待患者耐心、细心、有责任心、有同理心,能与患者的情绪共情。通过与患者和家属保持长期联系,使他们信赖全科医生,容易接受来自全科医生的告知消息。

2. 全科医疗是告知坏消息的最佳场所　全科医疗以人为中心,关注的是人而不是疾病,全科医生能展现优秀的人文关怀,针对不同患者建立不同的告知方式。全科医疗以家庭为单位,可根据患者的情况酌情与家属进行商量,以保护患者保护。全科医疗以社区为基础,提供便利、经济、持续、有效的医疗服务。

五、门诊接诊技巧

门诊是医院医疗服务的前沿窗口,医生在此直接对患者进行诊疗和健康指导。门诊接诊要在有限的时间内,完成对每一位患者从询问病史到体格检查,从查阅既往诊治资料、分析病情到提出处置意见、解答患者问题,这是所有门诊医生都要面临的挑战。

（一）门诊患者的特点

1. 身份各异　门诊患者来自社会各阶层,其职业、信仰、文化程度、经济状况、生活背景不尽相同,不同患者的经济承受能力和医疗保障方式也不一样。

2. 就诊随机　门诊患者的就诊时间、数量有很强的随机性。患者就诊时间往往取决于其主观意向,可能在短时间内来诊患者数量增多,容易出现门诊高峰现象。

3. 心态多样　由于患者的职业、社会背景的不同,加之所患的疾病不同,对疾病的诊治需求及求医心态各不相同。

（二）全科门诊的特点

1. 疾病谱广泛、病种繁杂　特别是初诊患者临床诊断尚未明确,对全科医生的诊疗水平有较高要求,同时还需要掌握各类常见病和慢性病的诊疗,能识别急、危、重症,进行及时判断和处置,所以全科医生需要不断拓宽知识面,减少漏诊、误诊事件发生率。

2. 提供综合性、连续性诊疗　除了评估病情外,全科医生还要综合评估患者的家庭、工作及生活环境等,以更好地了解和理解患者。另外全科医生还可以为患者提供贯穿整个生命周期的连续性服务,而并不局限于某一特定的疾病。

（三）全科门诊接诊技巧

全科医疗是以门诊为主体的医疗保健服务,门诊接诊则是全科医生应该掌握的核心技能,是实施以患者为中心的临床诊疗模式的重要体现,同时也是医患交流沟通、建立积极的医患关系、开展医患合作的过程。

全科门诊接诊过程可以分为 3 个阶段。

1. 建立和谐的医患关系　贯穿于整个诊疗过程,接诊时医生可以通过观察患者的表情、动作等来收集一些有价值的信息。另外,医生最好在见到患者之前,快速地从既往病历记录上熟悉患者的情况。

2. 诊断阶段

(1) 病史采集:病史采集是医生通过与患者或其知情人交谈,了解疾病的发生发展情况、治疗经过、既往健康、患者背景情况等,为最终的临床判断和处置收集基本资料的过程。医生在采集病史阶段要明确以下几个问题:①患者就诊的原因是什么?②患者为什么在今天来就诊,或者说为什么在疾病的这个阶段来就诊?③患者有怎样的疾病表现和伴随症状?有没有其他还没有讲出来或故意隐瞒的就诊原因(如,怕患癌症)?

全科门诊的问诊要体现以患者为中心,可以运用 BATHE 问诊技巧,了解患者的健康问题、背景资料、就医需要和期望。病史采集时,了解患者的 ICE 三要素,即 ideas(想法)、concern(担忧)、expectation(期望),增加患者对医生的信任感,使全科医生在诊疗过程中达到预防、保健、医疗、康复和健康教育的综合目的。

(2) 体格检查:是医生运用自己的感官和借助于简便的检查工具客观地了解和评估患者状况的最基本方法。半数以上疾病通过详细病史询问再结合体格检查可以做出临床诊断。

体格检查时手法要轻柔、准确、规范,按一定的顺序进行,通常先检查一般情况,然后检查头、颈、胸、腹、脊柱、四肢、泌尿生殖器、肛门、神经系统等,避免不必要的重复检查或有遗漏。其次,因门诊时间有限,查体要重点突出,针对主要症状进行重点检查,但需关注不能遗漏"红旗征"的筛查。

门诊医生应尊重患者的敏感和羞怯,应该告诉患者进行每项检查的理由、检查过程中可能伴随的不适或疼痛、检查后的结果等。如果医生在这个过程中持续沉默,经常会被患者理解为病情很严重或异常的情况。

(3) 辅助检查:为了明确诊断、监测疾病发展或观察治疗效果,通常需要给患者进行相应的辅助检查。全科医生需从临床、经济、患者的心理承受能力等方面考虑选择相关检查。在决定检查时,医生应思考如下问题:①这个检查有必要吗?②为什么要安排这项检查?③它会改变我的处置方案吗?④如果检查结果阳性,对诊断有意义吗?⑤这个检查对患者有没有益处?

(4) 综合分析:在诊疗过程中我们要应用临床思维对上述收集到的资料做全面详尽的分析,提炼出核心的有用信息,去除干扰和不实的信息,通过现象看其本质,采用先发散后聚集的梭形思维方式,结合一元论和多元论的方法,不要陷入固定思维中。

3. 诊疗的管理阶段 诊疗的管理阶段可能在问诊收集信息之后马上开始,也可能在复习病史、诊断性检验之后或转诊之后开始。完整的管理要包括听取患者的意见,并向患者做出解释,可能的情况下,医生还要采用教育的方式鼓励患者积极参与疾病管理和预防,提高他们的依从性。

在全科诊疗过程中,向患者分享信息、全面分析现患问题非常重要。尊重患者对疾病的认知与理解,重视患者表达处置的方式,可以采用 LEARN 模式(见表 2-1):通过向患者做详细的解释,使其了解自身的健康问题,医生和患者达成共识,选择最佳的治疗方案,制订安全的随访计划,告知可能存在的风险,教会患者识别病情变化和加重的征象以及如何采取有效途径及时就医。

疾病管理包括即时护理、疾病预防和长期照护。在管理过程中除正确诊断和处理现患问题外,还要关注患者已知的慢性健康问题,让患者掌握更好的自我管理能力,给患者相应健康教育,并提供有针对性的生活方式改善建议和疾病早期干预(即一级预防和二级预防)措施。

(戴红蕾)

第三节　常用技能及量表工具应用

主要内容

1. 物理检查。
2. 基本操作。
3. 常用工具量表应用。

········· 重要知识点 ·········

1. 物理检查的基本要求和注意事项,全科常用物理检查的方法和内容。
2. 全科常用基本操作的流程和操作方法。
3. 国内外全科临床常用量表的使用方法和结果判定。

·······································

【案例 2-6】

女,39岁,反复头晕8月余。8个多月前劳累后出现晨起头晕,从床上起来时出现视物旋转,持续约数十秒可减轻,伴恶心,无头痛,无耳鸣,无复视,无肢体活动障碍,无抽搐,无胸闷心悸。症状反复发作,每次自行好转,未就诊。6个多月前工作压力增大,作息不规律后,出现头晕加重,除起床过程中有短暂视物旋转,白天也有头晕、头重感。伴有睡眠不佳,食欲缺乏,兴趣减退,感觉思维迟钝,不愿与人交往,担心自身患有重病。

查体:体温 36.5℃,脉搏 78 次 /min,血压 118/74mmHg,呼吸 20 次 /min。神志清,精神可,颈软,眼球运动自如,心律齐,未闻及病理性杂音,两肺呼吸音清,未闻及干湿性啰音,腹软,无压痛,四肢肌力 5 级,腱反射(++),病理征未引出,指鼻试验阴性,闭目难立征阴性。

既往史:否认高血压、糖尿病史,否认眼部、耳部疾病史。

家族史:外婆有高血压。

案例提示:结合案例 2-6,思考全科医生还应该做哪些全科常用的物理检查、基本操作和临床量表评估?

一、物理检查

(一) 概述

物理检查(physical examination)即我们所说的体格检查,指运用自己的感官或借助检查工具客观地了解和评估人体状况的临床过程,通过体格检查我们可以获得人体的各种体征,为临床诊断和鉴别诊断提供依据。

1. 体格检查的意义　体格检查能进一步评估患者的病情及健康问题,为诊治提供依据,提高诊断准确率,缩短诊疗周期,并为随访管理提供基础。

2. 体格检查的基本要求

(1) 全面系统:体格检查要求做到全面系统,需要按照特定的顺序,从头到脚分段进行,收集尽可能完整的客观资料,避免遗漏。

(2) 重点突出:体格检查应该结合患者的年龄、性别、职业、疾病症状特点,综合分析后有重点地进行。

3. 体格检查的注意事项　检查者仪表端庄,着装整洁,态度和蔼。检查环境温度适宜,光线充足。

检查前需要核实受检者身份,做自我介绍,说明检查的原因、目的、大致流程以及如何进行配合。

检查者一般位于受检者右侧,要求手法熟练、动作轻柔,注意左右对比。

以被检者为中心,注意保护被检者的隐私,做必要的遮盖,依次、充分暴露检查部位。同时要时刻注意被检者的感受,如是否感觉冷、痛,做好解释和安慰工作,利于检查双方互相配合。

检查前需要做好手消毒,可使用医用洗手液或快速手消剂,采用"七步法"洗手,避免交叉感染。

检查结束后检查双方充分交流沟通,检查者总结检查的结果,告知受检者阳性结果的意义,回答受检者的提问。

(二) 检查方法和内容

体格检查的最基本方法有视诊、听诊、叩诊、触诊、嗅诊。体格检查要按一定的顺序进行,通常先检查一般情况,然后检查头、颈、胸、腹、脊柱、四肢、泌尿生殖器、肛门、神经系统等,避免不必要的重复和遗漏(表 2-8)。

表 2-8　体格检查项目及主要内容

查体项目	主要检查内容
一般情况	体温、脉搏、呼吸、血压、发育与体形、体重指数与腰围、营养情况、意识、语调与语态、面部表情、体位、姿势与步态、疼痛评分
皮肤	颜色、湿度、弹性、毛发、皮疹、脱屑、皮下出血、蜘蛛痣与肝掌、水肿、皮下结节、瘢痕
浅表淋巴结	耳前、耳后乳突区、枕骨下区、颌下、颏下、颈后三角、颈前三角、锁骨上窝、腋窝、滑车、腹股沟、腘窝
头部	头颅、眼睛、耳部、鼻部、口部

查体项目	主要检查内容
颈部	颈部外形、姿势、颈部血管、甲状腺检查、气管位置
乳腺	乳腺检查包括视诊(对称性、皮肤、乳头)、触诊(硬度、弹性、压痛及包块)
肺部检查	视诊(呼吸运动)、触诊(语音震颤、胸膜摩擦感)、叩诊(叩诊音、肺下界)、听诊(呼吸音、啰音、胸膜摩擦音)
心脏检查	视诊(心尖搏动)、触诊(心尖搏动、震颤、心包摩擦感)、叩诊(心界)、听诊(心率、心律、心音、杂音、心包摩擦音)
腹部检查	视诊(腹部外形、呼吸运动、腹壁皮肤及静脉)、触诊(腹壁紧张度、压痛、反跳痛、肝、胆、脾、肾、输尿管、膀胱、包块)、叩诊(脏器叩诊、移动性浊音)、听诊(肠鸣音、振水音、血管杂音)
脊柱、四肢关节	脊柱视诊及触诊(生理曲度、活动度、压痛及叩痛)、四肢与关节视诊及触诊(形态、压痛及叩痛,运动及功能检查)
泌尿生殖器	男性视诊(阴茎、阴囊)、触诊(阴茎、阴囊、前列腺) 女性视诊(阴阜、大阴唇、阴蒂)、触诊(阴道、子宫、卵巢)
肛门和直肠	视诊(肛门及周围)、触诊(肛门及直肠)
神经系统	脑神经检查、运动系统检查、感觉功能检查、神经反射、病理反射、脑膜刺激征等检查

(三)全科常用体格检查

系统性的基础体格检查在诊断学中已经有详细介绍,目前也已经广泛应用于临床各个学科。但作为全科医生,由于存在特定的执业范围和患者群,我们既要掌握这些基础查体,更要对全科诊疗中较为常用的体格检查做深入的了解和练习,这样才能更好地胜任本职工作。全科常用的体格检查包括内科、外科、妇产科、儿科及其他五个方面。

1. 内科

(1)测血压(间接测量法)

1)测量仪器:上臂式电子血压计或台式水银柱血压计。

2)测量步骤:①测量前 30min 内禁止吸烟、饮咖啡或茶等,排空膀胱,安静休息至少 5min。②检查血压计:先检查血压计是否归"0"。③被检者取坐位,双脚平放于地面,放松且身体保持不动,不说话。上臂袖带中心与心脏(乳头水平)处于同一水平线上(水银柱血压计也应置于心脏水平);袖带下缘应在肘窝上 2.5cm(约两横指),松紧合适,可插入 1~2 指为宜。台式水银柱血压计测量时,听诊器胸件置于肱动脉搏动最明显处,勿绑缚于袖带内。④向气袖内充气,边充气边听诊,肱动脉搏动声消失,水银柱再升高 20~30mmHg 后,缓慢放气,双眼观察汞柱,放气过程中听到的第 1 音和消失音(若不消失,则取明显减弱的变调音)分别为收缩压和舒张压,眼睛平视水银柱液面,读取水银柱凸面顶端对应的偶数刻度值,即以 0、2、4、6、8 结尾,如 142/94mmHg。避免全部粗略读为尾数 0 或 5 的血压值。电子血压计直接读取记录所显示的收缩压和舒张压数值。

3)血压测量注意事项:①首诊测量双上臂血压,以后通常测量读数较高的一侧。②确诊期间的血压测量,需间隔 1~2min 重复测量,取两次读数的平均值记录,若收缩压或舒张压的两次读数相差 5mmHg 以上,应测量第 3 次,取读数最接近的两次的平均值记录。③左、右上臂血压收缩压差值不超过 20mmHg,如有差值较大者要警惕大动脉炎、动脉夹层的风险。④老年人动脉硬化时,脉压会增大,甲状腺功能亢进者以收缩压高为主,老年人和糖尿病患者易出现直立性低血压。

(2) 卧立位血压测定

1) 测量仪器:上臂式电子血压计或台式水银柱血压计。

2) 测量步骤:①核对患者身份,评估患者状态,排除禁忌证,与患者解释检查的目的及如何配合。②测量前 30min 内禁止吸烟、剧烈运动、进食、饮咖啡或茶,嘱被检者排空膀胱,安静卧床 15min、保持环境温度适宜。③先测卧位血压,然后让患者站立起来(注意保护),测量站立后第 1 分钟和第 3 分钟的血压。测量方法如上述。

3) 临床判读:站立 3min 内,如果收缩压下降大于 20mmHg 和 / 或舒张压下降大于 10mmHg,或者有大脑低灌注的表现,如黑矇、视物模糊、头晕乏力、意识丧失或晕厥等,为卧立位血压测试阳性,考虑患者存在直立性低血压。

(3) 代谢性疾病常用体质评估

1) 体质指数(body mass index,BMI)

计算公式:体重 / 身高 ^{2}

正常值:18.5~23.9kg/m^2。

肥胖:BMI≥28 或体重增加超过标准体重 20%。

消瘦:BMI<18.5 或体重减轻低于标准体重的 10%。

2) 腰围

测量方法:在肋骨下缘与髂骨上缘连线中点处测量腰围。

正常值:男 <90cm,女 <80cm。

3) 腰臀比

测量方法:腰围与臀围的比例。

正常值:男性 <0.9,女性 <0.85。

4) 10g 尼龙丝试验:10g 尼龙丝试验是一种客观、简单的物理检查,在临床上用于筛查糖尿病病足保护性感觉的缺失。

操作步骤:①选择相对安静且舒适的环境。②与患者解释检查的目的及如何配合。③检查开始前,首先用尼龙丝在患者的手上进行测试 2~3 次,让患者感受 10g 尼龙丝产生压力(使尼龙丝弯曲 45°)的正常感觉。④将尼龙丝垂直于测试点的皮肤表面逐渐靠近,测试点为第 1、3、5 趾腹,第 1、3、5 跖骨头处,足心,足掌外侧,足跟及足背第 1、2 跖骨间共 10 个点,接触皮肤后用力使尼龙丝弯曲,当用力压弯尼龙丝时,问患者是否有触压感,每个检查点施压时间约 2~3s,分别记录双脚各测试点的结果。

需要注意的是,使用尼龙丝检查时,不能让患者看见检查过程。尼龙丝检查应避开有溃疡、胼胝、伤疤和坏死组织的部位。检查时,不要让尼龙丝在皮肤上滑动。

临床判读:有 2 个或 2 个以上感觉异常点则视为异常,表明保护性感觉缺失。

2. 外科

(1) 下肢静脉功能试验:下肢静脉功能试验主要用于判别下肢静脉功能,根据作用不同,又分为深静脉通畅试验、大隐静脉瓣膜功能试验和交通静脉瓣膜功能试验三个试验。

(2) 肛门和直肠检查

1) 体位:肘膝位、左侧卧位、仰卧位或截石位、蹲位。

2) 步骤

A. 视诊:用手分开被检者臀部,观察肛门周围皮肤颜色和皱褶,同时观察有无皮疹、瘢痕、包块、黏液脓血、肛瘘口、外痔、肛裂。

B. 肛门指检:检查者戴手套或指套,在示指上涂以润滑剂,用示指指腹在被检者肛门外口轻轻按摩,待受检者适应,肛门括约肌松弛后,将示指缓慢插入至直肠,感受肛门括约肌的紧张度,了解肛管和直肠是否有狭窄,同时检查肛管和直肠壁是否光滑,有无肿物、破溃、内瘘口。男性可同时检查前列腺与精囊,女性可同时检查子宫、子宫颈和输卵管,退出手指后观察指套是否染血,是否有黏液。

3) 常见阳性发现

A. 肛裂:肛门口可见纵形或梭形裂口,可深达皮肤全程,有触痛。

B. 痔:齿状线以上的柔软包块为内痔,排便时可突出肛门口外;齿状线以下为外痔;齿状线上下均有则为混合痔。

C. 肛瘘:多为肛门直肠周围感染、脓肿所致,为肛门周围软组织中穿行的管道,分内口和外口,内口在肛管或直肠内,有时伴有硬结,外口在肛周,有时可见脓性分泌物。

D. 直肠脱垂:肛管、直肠、乙状结肠下段部分或全程脱出外翻于肛门外,多取蹲位检查,根据脱出程度可分为部分脱垂和完全脱垂。

E. 肿物:凸起于肛管和直肠表面,如息肉、肿瘤,当触及肿物时,应记录肿物大小、形状、质地、表面光滑度、是否有蒂、有无触痛、有无指套染血。检查发现的病变如肿块应该按照时钟定位,并注明体位,肘膝位时肛门后正中处为 12 点,前正中处为 6 点,仰卧位相反。

(3) 骨科检查

1) 脊柱检查

A. 常规检查:见表2-9。

表2-9 脊柱常规检查项目及要点

评估项目	评估要点
脊柱弯曲度	正常脊柱的四个生理弯曲:颈段稍向前凸;腰段明显前凸;胸段稍向后凸;骶椎则有较大的后凸 直立时,正常脊柱无侧弯;病理时可出现后凸、前凸、侧凸
脊柱活动度	颈、腰段活动度大,胸椎的活动度极小,骶椎几乎不活动。正常时颈段可前屈后伸各 45°,左右侧弯 45°,旋转 60°。腰段在臀部固定的条件下可前屈 45°,后伸 35°,左右侧弯 30°,旋转 45°
脊柱压痛与叩击痛	直接叩击法:用手或叩诊锤叩击检查部位有无疼痛 间接叩击法:被检查者端坐,检查医生用左手掌置于被检查者头顶,以右手半握拳叩击左手背,观察检查者有无疼痛。正常人脊柱无叩痛 阳性体征:脊柱压痛提示脊椎结核、椎间盘、脊椎外伤或骨折;椎旁肌肉压痛提示腰肌纤维炎、腰肌劳损

B. 脊柱炎检查方法

腰椎活动度试验:令患者直立,在背部正中线髂嵴水平作一标记为零,向下 5cm 做标记,向上 10cm 再做另一标记,然后令患者弯腰(保持双膝直立),测量两个标记点的距离,若增加少于 4cm,提示腰椎活动度降低。

指 - 地距:患者直立,弯腰伸臂,测量指尖与地面距。

枕 - 墙距:令患者靠墙直立,双足跟贴墙,双腿伸直,背贴墙,收腹,眼平视,测量枕骨结节与墙之间的水平距离。正常应为 0,如枕部不能贴墙则为异常。

C. 直腿抬高试验:将被检查者伸直的下肢在髋关节处屈曲,正常者可抬高 70°,如不到 30° 即出现疼痛即为阳性,见于神经根受刺激。

2) 四肢与关节检查

A. 检查方式:以视诊、触诊为主,辅以必要的叩击。

B. 常规检查:见表 2-10。

表 2-10　四肢关节常规检查内容与要点

检查内容	评估要点
关节及四肢形态	检查时,应充分暴露被检查部位,检查四肢及各部位关节有无畸形或形状改变,有无红、肿、热、痛、结节等
关节及四肢运动功能	主要观察姿势、步态及肢体活动情况,确定有无功能障碍
其他	检查肢体有无水肿,有无静脉曲张,有无色素沉着或溃疡

C. 特殊检查:人体四肢的关节功能各异,在对这些关节进行评估时也有各自特异性检查方法。

3. 妇产科

(1) 盆腔检查:嘱患者排空膀胱,取膀胱截石位,检查者面向患者,站在患者两腿间,检查内容和评估要点见表 2-11。

表 2-11　女性生殖系统检查内容和评估要点

检查内容	评估要点
外阴部	观察外阴发育、阴毛多少和分布情况,观察外阴有无畸形、皮炎、溃疡、赘生物或肿块。分开小阴唇,暴露阴道前庭观察尿道口及阴道口。检查时还应嘱患者用力向下屏气,观察有无阴道前后壁脱垂、子宫脱垂及尿失禁等
阴道窥器检查	先将窥器前后叶前端合并,表面涂润滑剂以利插入。若拟做宫颈细胞学检查或取阴道分泌物做涂片检查时,不用润滑剂。检查者用左手拇指、示指将两侧小阴唇分开,右手将窥器斜行沿阴道侧后壁缓慢插入阴道内,边推边将窥器两叶转正并逐渐张开两叶,暴露宫颈、阴道壁及穹窿部,然后旋转窥器,暴露阴道各壁。观察阴道各壁及穹窿黏膜颜色、皱襞,有无溃疡、赘生物、囊肿,是否有阴道畸形。观察宫颈大小、颜色、形状,有无出血、柱状上皮异位、息肉、赘生物

检查内容	评估要点
双合诊	检查者戴无菌手套,右手(或左手)示指、中指蘸润滑油,沿阴道后壁插入,检查阴道通畅度、深度、弹性、有无瘢痕、肿块及阴道穹窿情况。再触摸宫颈,检查宫颈大小、形状、质地。随后将阴道内两指放在宫颈后方,另手掌朝下手指平放在患者腹部平脐处,阴道内手指向上向前抬举宫颈,腹部手指向下按压腹壁,逐渐向耻骨联合部位移动,检查子宫位置、大小、形状、质地、活动度、有无压痛。扪清子宫后,阴道内两指由宫颈后方移至一侧穹窿部,另一手从同侧下腹壁髂嵴水平开始,由上往下按压腹壁,两手相互对合,触摸该侧附件区有无肿块、增厚、压痛
三合诊	经直肠、阴道、腹部联合检查,是双合诊的补充检查,可了解后倾后屈的子宫大小;有无子宫后壁、子宫直肠陷凹或宫骶韧带的病变。检查者一手示指放入阴道内,中指插入直肠内,其余检查步骤同双合诊

(2) 孕期四步触诊:四步触诊是妊娠中、晚期重要的检查内容,目的是了解子宫大小,进而判断胎儿生长发育情况,评估胎位,掌握胎先露和骨盆入口的关系,见图 2-12。

检查步骤:嘱孕妇仰卧位,排空膀胱,双腿稍屈曲分开,暴露腹部,检查者在孕妇右侧,面向孕妇头端行前三步检查,然后转向孕妇足端做第四步检查,注意手法轻柔,手温适中。

第一步:双手放在孕妇宫底部,判断宫底高度。两手指腹交替轻推,判断宫底部的胎儿部分。

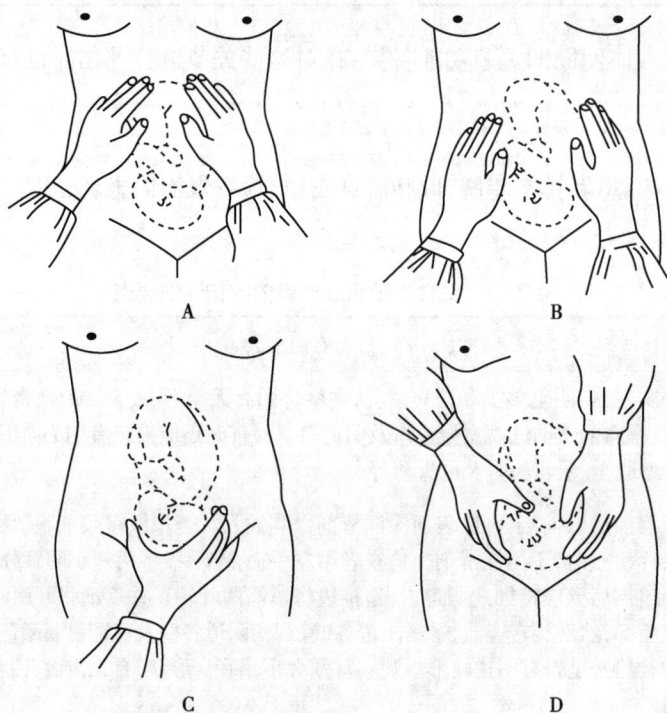

图 2-12　孕期四步触诊法

第二步:双手掌分别放在孕妇腹部的左右侧,一手固定一手深按,两手交替检查,分辨胎儿背部和肢体的位置。

第三步:右手拇指与其余四指分开放置于耻骨联合上方,握住胎先露部,判断是头部还是臀部,然后两手左右推动以确定胎先露是否已经衔接入盆。

第四步:双手分别放在孕妇胎先露部两侧,向骨盆入口方向深按,再次核实胎先露部并判断是否衔接入盆。

4. 儿科　儿童时期是生长发育最重要的时期,小儿生长发育的评估是全科医生的一项重要工作。对于儿童,常用的体检项目包括体重、身高、头围、胸围、囟门、牙齿和皮下脂肪等。

(1) 体重:测量前先进行零点校正,让被测儿童排空大小便,脱掉鞋帽和衣裤。婴儿卧于秤盘中,1~3岁小儿可蹲在秤台中,3岁以上的儿童可以站在秤台上,双手自然下垂,不要晃动,也不要触碰其他物体。

(2) 身高和身长:身高是头顶到足底的直线长度。3岁以内的婴幼儿使用卧式量板(或量床)来测量,测量时儿童面朝上,两耳保持同一水平线,两侧耳郭上缘与眼眶下缘的连线与量板垂直,脱去鞋袜,仰卧于底板中线上。测量者一手置于小儿膝部,保证两下肢并拢紧贴底板,另一手滑动滑板贴紧小儿足跟,读取读数。3岁以上小儿和青少年测量身高常使用身高计或者固定的立尺。测量前行零点校准,保证身高计立柱或立尺与地面垂直,被测儿童脱去鞋袜和帽子,取立正姿势站于地面或台子上,两眼正视前方,挺胸,收腹,两臂自然下垂,测试者将水平压板轻压于被测者头顶,保持压板与地面平行,读取读数。

(3) 头围:被测者脱帽,测量者将软尺零点固定于头部右侧眉弓上缘处,然后将软尺从头部右侧经枕骨粗隆及左侧眉上缘回至零点,读取读数。头围大小可以反映脑发育水平,1岁时头围46cm,第2年增长2cm,第3、4年增长1.5cm,5岁时可达50cm。

(4) 胸围:儿童取立位或卧位,皮尺绕乳头下缘,经背部或两肩胛骨下缘一圈,读取读数。新生儿的胸围比头围小1~2cm,1岁时胸围等于头围。

(5) 囟门:囟门是婴幼儿颅骨发育不完全、结合不紧密所形成的颅骨间隙。有前囟和后囟之分。前囟门在头顶部,是两侧额骨与两侧顶骨之间形成的菱形间隙。测量时取两个对边中点连线,测出其长短,新生儿的前囟大小约为2.5cm×2.5cm,出生后1~1.5岁完全闭合。后囟门近头枕部,是两侧顶骨与枕骨之间形成的三角形间隙,较早闭合。

(6) 皮下脂肪:皮下脂肪反映儿童的营养状态。测量者用左手拇指与示指在锁骨中线平脐处捏起皮褶,方向与躯干长轴平行,两指距离为3cm,右手持量具测量皮褶上缘厚度,正常值一般在1cm以上。

(7) 牙齿:儿童时期,乳牙逐渐萌出,开始萌出时间一般在生后4~10个月,12个月仍未萌出者为萌出延迟。平均为6~8个月萌出乳中切牙,8~10个月萌出乳侧切牙,12~16个月萌出第一乳磨牙,16~20个月萌出乳尖牙,20~30个月萌出第二乳磨牙。顺序为先下后上、自前向后,到2.5岁时乳牙出齐。6岁时会萌出第一恒磨牙,此后乳牙逐个被恒牙替换,至12岁时萌出第二恒磨牙。

5. 其他

(1) 疼痛评分:疼痛评分经常被作为第五生命体征,随诊目前对疼痛管理的重视程度增加,很多时候我们需要在体格检查时对患者做出疼痛程度的评估,以便早期缓解患者的不适,提高生活质量,对疼痛的重视也显示了全科医学对患者和疾病双重管理的全科理念。

疼痛评估方法有以下两种。

1) 脸谱量表:在一张纸上画了 6 个卡通脸谱,由左到右是很愉快的笑脸(0 分)、微微笑的脸(1 分)、有些不舒服(2 分)、更多些不舒服(3 分)、想哭(4 分)、流眼泪大哭(5 分),脸谱下方标出 0~5,让患儿选出最能代表他疼痛感觉的脸谱,以 0~5 分别记录所选择的脸谱,见图 2-13。

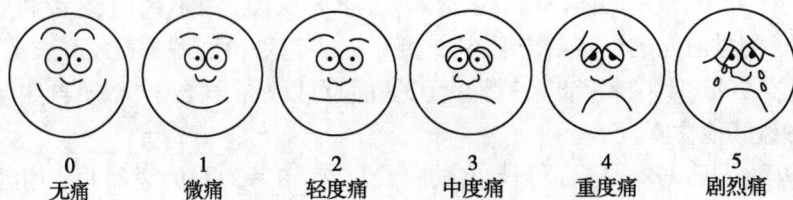

图 2-13　疼痛评估脸谱量表

2) VAS 疼痛评分:将疼痛的程度用 0~10 共 11 个数字表示,0 表示无痛,10 代表最痛,患者根据自身疼痛程度在这 11 个数字中挑选一个数字代表疼痛程度。0 分,无疼痛;1~3 分,有轻微的疼痛,患者能忍受;4~6 分,患者疼痛并影响睡眠,能忍受;7~10 分,患者有渐强烈的疼痛,疼痛剧烈或难忍。

(2) 皮肤检查

1) 颜色:观察是否有皮肤潮红、发绀(还原血红蛋白升高)、苍白、黄染、色素沉着。

2) 皮疹:①斑疹:不隆起皮面,只有颜色的改变;②丘疹:隆起皮面,且有颜色改变;③斑丘疹:在斑疹的底盘上出现丘疹;④荨麻疹:局部暂时性水肿性隆起,苍白色或红色;⑤疱疹:局限性高起皮面的腔性皮损;⑥玫瑰疹:鲜红色圆形斑疹,直径 2~3mm,为病灶周围血管扩张所致,检查时拉近附近皮肤或手指按压可使皮疹消退,松开时再次出现,多发于胸腹部。

3) 脱屑:常见于正常皮肤表层不断角化和更新,不易察觉,病理情况下可见大量脱屑,如米糠样脱屑、片状脱屑、银白色鳞状脱屑等。

4) 皮下出血:瘀点直径 <2mm,压之退色;紫癜直径 3~5mm;瘀斑直径 >5mm;血肿为片状出血伴皮肤显著隆起。

5) 水肿:轻度水肿,见于疏松组织如眼睑、胫前、踝部,指压后轻度凹陷;中度水肿,全身水肿,指压下陷较深,平复缓慢;重度水肿,全身明显水肿,皮肤发亮甚至有液体渗出或体腔积液。

6) 皮下结节:多采用视诊和触诊,需要注意结节大小、硬度、部位、活动度、有无压痛等。常见皮下结节有风湿结节、囊蚴结节、痛风结节、结节性红斑、皮下脂肪瘤等。

7) 瘢痕:皮肤病变、外伤或手术后遗留的结缔组织增生性斑块。

8) 毛发:毛发的颜色、曲度和种族有关。其分布、多少和颜色可因性别与年龄而不同,也和遗传、营养、精神状态有关。毛发的分布和多少变化对临床诊断有辅助意义,毛发增多常见于内分泌疾病如库欣综合征,毛发减少常见于皮肤疾病、神经营养障碍、发热性疾病、内分泌疾病、理化损伤。

(3) 眼部检查

1) 眼球震颤:双侧眼球发生有规律、快速来回运动,起始运动缓慢,为慢相,后快速回复,称快相,以快相方向作为眼震方向。可分为自发性眼震和诱发性眼震。检查方法是嘱患者眼球随医生手指所示方向运动数次,常见于耳部、小脑和眼部疾病。

2) 眼底检查:眼底检查需使用检眼镜,主要检查视神经乳头(颜色、边缘、大小、形状)、视网膜血管、黄斑区、视网膜各象限(有无出血、渗出、硬化)。

(4) 耳部检查

1) 耳郭:注意观察大小、形态、位置、瘢痕、瘘口、结节(痛风结节),有无牵拉痛。

2) 外耳道:检查有无畸形、狭窄,有无外伤,有无异物、肿物,有无耵聍栓塞,有无分泌物及其性质。

3) 鼓膜:有无外伤穿孔。

4) 乳突:主要检查有无压痛,乳突炎时可出现压痛。

5) 听力:粗测法是在安静环境下嘱患者闭目并堵住一侧耳朵,检查者持机械手表或手指摩擦,自 1m 外逐渐接近患者耳朵,记录患者刚开始听到声音的距离,与正常人比较。

6) 位置诱发试验:体位诱发试验是诊断良性位置性眩晕(benign paroxysmal positional vertigo,BPPV)时必不可少的方法,体位诱发试验阳性支持患者存在 BPPV 的可能大。针对不同的病变部位可以有多种不同的检查方式,常用的有 Dix-Hallpike(针对后半规管 BPPV)和卧位翻滚试验(针对水平半规管 BPPV)。

二、基本操作

医学是一门动手和动脑相结合的科学,既需要缜密的临床思维能力,也需要娴熟的临床操作能力。下列内容主要针对全科医生日常诊疗中需要掌握的一些最基本的技能做出操作流程和操作方法方面的详解。

(一) 心电图

1. 核对患者身份,解释并告知注意事项。

2. 洗手,戴口罩、帽子。

3. 准备物品 心电图机、导联线、治疗盘、酒精棉球、污物杯、治疗车。

4. 关闭门窗,拉好床帘,必要时置屏风,请家属离开。

5. 患者取平卧位,暴露两手腕内侧、两下肢内踝,松解衣物,导联连接部位用酒精棉球擦拭。

6. 连接导联线 肢体导联:红,右臂;黄,左臂;绿,左腿;黑,右腿。胸导联:V_1(红),胸骨右缘第四肋间;V_2(黄),胸骨左缘第四肋间;V_3(绿),V_2 与 V_4 连线中点;V_4(褐),左锁骨中线与第五肋间交点;V_5(黑),与 V_4 同一水平的腋前线处;V_6(紫),与 V_4 同一水平的腋中线处。

7. 调定电压及描记速度,连续描记 3 个完整波形。

8. 去除导联线,关闭心电图机。

9. 安置好患者,整理用品。

10. 在心电图上标记姓名、日期、时间、心电图导联,观察有无异常改变。

(二) 导尿术

1. 核对患者身份,评估患者状态,明确适应证,排除禁忌证,解释并告知注意事项,签署知情同意书。

2. 洗手,戴口罩、帽子。

3. 准备物品 外阴消毒包、导尿包、导尿管、引流袋、注射器、手套、生理盐水、液体石蜡、中单等。检查各种物品的有效日期。

4. 患者取卧位,双髋微屈略外展,充分暴露外阴。注意保护患者隐私,必要时用屏风遮挡患者,给异性患者导尿需有相应的医生在场,将中单置于患者臀下。

5. 初步消毒外阴 打开外阴消毒包,置于患者两腿之间。左手戴手套,右手持镊子夹取碘伏棉球,按顺序消毒,换部位消毒时须更换棉球。男性:阴阜—大腿内上 1/3—阴茎—阴囊—纱布将包皮向后推,提起阴茎—尿道口—龟头—冠状沟消毒。女性:阴阜—大腿内上1/3—大阴唇—分开大阴唇—小阴唇—尿道口—阴道口—肛门。

6. 再次消毒双手。

7. 将导尿包放在患者两腿之间,按无菌操作原则打开。倒碘伏、生理盐水,导尿管、注射器、引流袋。

8. 戴无菌手套,铺洞巾。

9. 用液体石蜡润滑导尿管,连接导尿管和引流袋。

10. 再次消毒外阴 男性:用纱布提起阴茎,依次消毒尿道口—龟头—冠状沟—尿道口。女性:左手分开小阴唇,依次尿道口—小阴唇—尿道口。

11. 导尿 男性:提起阴茎 90°,插入导尿管 20~22cm,可见尿液流出,继续插入 5~7cm,用注射器向球囊内注水 10~20ml,轻轻回拉,将包皮复位。女性:分开小阴唇,插入导尿管4~6cm,可见尿液流出,继续插入 5~7cm,用注射器向球囊内注水 10~20ml,轻轻回拉。

12. 留取尿液标本,撤洞巾,固定引流袋(位置要低于膀胱)。

13. 交代患者注意事项。

14. 标本做好标记并送检,完成操作记录。

15. 整理物品,一次性用品丢入黄色垃圾桶,重复使用的器材包好放置于专门的回收处。

(三) 胃管术

1. 核对患者身份,评估患者状态,明确适应证,排除禁忌证,解释并告知注意事项,签署知情同意书。

2. 洗手,戴口罩、帽子。

3. 准备物品 手电筒,治疗巾,消毒棉球,弯盘,胃管,20ml 注射器,液体石蜡,听诊器,胶带,手套,盛有清洁水的换药碗,无菌纱布等。检查各种物品的有效日期。

4. 患者取半坐卧位(昏迷或中毒患者可取左侧卧位或仰卧位)。

5. 检查鼻腔,选择通畅一侧鼻孔,用棉签清洁鼻腔。颌下铺治疗巾,放弯盘。

6. 检查胃管,测量插入长度并做标记(一般成人 55cm 左右)。用液体石蜡润滑胃管,封闭胃管远端。

7. 从鼻腔插入胃管,嘱患者行吞咽动作配合,插入过程中确认无盘绕口中,持续插入至55cm 左右。

8. 向胃管内注入空气,听诊剑突下有无气过水声,或者将胃管尾端置于装有清洁水的弯盘内,看有无气泡,或者用针筒回抽看有无胃内容物,以判断胃管是否位于胃内。

9. 用胶带将胃管固定于鼻翼,将胃管末端反折后用纱布包裹夹紧,放于患者枕旁。

10. 交代患者注意事项。

11. 整理物品,一次性用品丢入黄色垃圾桶,重复使用的器材包好放置于专门的回收处。

(四)吸痰术

1. 核对患者身份,评估患者病情、血氧饱和度、生命体征,明确适应证,排除禁忌证,解释并告知注意事项。

2. 洗手,戴口罩、帽子。

3. 准备物品　手电筒、治疗盘、吸痰管、听诊器、手套、生理盐水、负压吸引装置。检查吸痰管是否通畅,调节负压。

4. 患者取平卧位或仰卧位。

5. 铺巾,戴手套。

6. 连接吸痰管和负压吸引器,先试吸少量生理盐水,确定通畅并湿润吸痰管。

7. 一手反折吸痰管末端,另一手持其前端,从口腔进入插至咽喉部,松开反折处,吸净口腔和咽喉处痰液。

8. 更换吸痰管,一手反折末端,另一手从鼻腔进入,插至气管深部,做旋转和提插,吸净气管内痰液。

9. 吸痰时间小于 15s,每次间隔 3~5min。

10. 观察生命体征和血氧饱和度,观察痰液颜色、性质和量。

11. 擦净患者面部,安置患者,交代注意事项。

12. 关闭负压吸引,摘下手套,包裹吸痰管,整理物品,按照规定丢弃废物。

13. 标本送检。

14. 洗手和记录。

(五)清创缝合术

1. 核对患者身份,评估创口状态,解释并告知注意事项。

2. 洗手,戴口罩、帽子。

3. 准备物品　缝合包(包括持针器、镊子、缝合线、剪刀)、肥皂水、生理盐水、毛刷、棉垫、无菌纱布、胶带、消毒棉球、75% 乙醇、3% 过氧化氢溶液、局部麻醉药(2% 利多卡因)等。检查各种物品的有效日期。

4. 患者平卧位,关闭门窗,拉好床帘,必要时置屏风,请家属离开。

5. 用无菌纱布覆盖伤口,清理创口周围毛发,用肥皂水或生理盐水刷洗伤口周围皮肤。

6. 去掉纱布,用过氧化氢溶液冲洗伤口,再用生理盐水冲洗伤口。

7. 检查伤口,清除血凝块和异物。

8. 用消毒棉球消毒伤口,从内到外,边界距创口约 5cm。

9. 更换手套,铺洞巾。

10. 核对局麻药,抽取 2% 利多卡因 5ml,行局部浸润麻醉。

11. 切除失活组织。

12. 按层次缝合深部组织和皮肤,挤出积血。

13. 再次消毒皮肤,覆盖无菌纱布,胶布固定。

14. 交代患者注意事项。

15. 整理物品,一次性用品丢入黄色垃圾桶,锐器置于锐器盒,重复使用的器材包好放置于专门的回收处。

(六) 清洁伤口换药

1. 核对患者身份,解释操作目的并告知注意事项。

2. 洗手,戴口罩、帽子。

3. 揭开胶布,揭开敷料,观察伤口愈合情况、有无红肿和渗出。

4. 再次洗手。

5. 准备物品 2 把镊子、2 个弯盘、消毒棉球、无菌纱布、胶带等。检查物品消毒有效期,注意取出物数量适当。

6. 将物品移至床边,关闭门窗,必要时屏风遮挡,嘱无关人员离开。

7. 用手揭去外层敷料,用镊子移去内层敷料,充分暴露伤口,用两把镊子传递消毒棉球进行消毒,注意镊子尖始终向下,两把镊子需要有干净与相对污染之分。

8. 消毒时由伤口向外,范围为伤口周围 3~5cm,不留空白区。

9. 用镊子取无菌纱布覆盖伤口,约 6~8 层,紧贴伤口处和最外层为光面。

10. 胶带固定,至少 3 条,长度和间距适中,方向与躯体长轴垂直,先中间再两端,纱布两端胶布固定时尽量靠近纱布边缘。

11. 交代患者注意事项。

12. 整理物品,一次性用品丢入黄色垃圾桶,重复使用的器材包好放置于专门的回收处,再次洗手。

(七) 拆线

1. 核对患者身份,评估切口状态,排除禁忌证,解释并告知注意事项。

2. 洗手,戴口罩、帽子。

3. 准备物品 无菌换药包(含 2 把小镊子、拆线剪刀、弯盘、消毒棉球)、无菌纱布、胶带等。检查各种物品的有效日期。

4. 取下切口上的敷料,用镊子夹取消毒棉球消毒切口周围皮肤。

5. 用镊子将线头提起,将埋在皮内的线段拉出针眼之外少许,在该处用剪刀剪断,用夹住线头的镊子顺势向外拉出缝线。

6. 再次消毒切口周围皮肤,覆盖纱布,胶布固定。

注:消毒和纱布敷贴方法同清洁伤口换药。

（八）膝关节穿刺术

1. 核对患者身份,评估患者状态,明确适应证,排除禁忌证,解释并告知注意事项,签署知情同意书。

2. 洗手,戴口罩、帽子。

3. 准备物品　穿刺包、消毒棉球、无菌手套、局部麻醉药(2% 利多卡因)、注射器、无菌纱布、胶带等。检查各种消毒物品的有效消毒日期。

4. 穿刺点标记,穿刺部位常规皮肤消毒,范围为穿刺点为中心半径 5cm 或全关节表面。

5. 打开穿刺包,检查穿刺针是否通畅。

6. 戴无菌手套,铺消毒洞巾。

7. 核对局麻药,抽取 2% 利多卡因 5ml,在穿刺点皮肤和皮下组织行局部浸润麻醉,先回抽再注射,注意麻药不要注入关节腔。

8. 左手固定关节,手指固定皮肤,右手取穿刺针在穿刺点进针,直至感到关节囊的突破感,如不顺利或有骨性阻抗时,可调整穿刺方向或改变穿刺点。髌上入路时,患者仰卧位,膝关节充分伸展,取和髌骨上缘水平线和髌骨外(或内)侧缘的交点为穿刺点,向内下方(或外下方)刺入;髌旁入路时,患者仰卧位,膝关节微屈 30° 左右,从髌骨下方的髌韧带内侧或外侧关节间隙垂直向后方刺入。

9. 如需注射药物,先把关节液抽尽,必要时送检。

10. 拔除穿刺针,消毒穿刺部位,覆盖无菌纱布,胶布固定。

11. 再次评估患者,交代患者注意事项。

12. 标本做好标记并送检,完成操作记录。

13. 整理物品,一次性用品丢入黄色垃圾桶,锐器放入锐器盒,重复使用的器材包好放置于专门的回收处。

（九）妇科检查及分泌物留取

1. 核对患者身份,明确适应证,排除禁忌证,介绍此次操作目的,告知患者操作过程中可能出现的不适。

2. 洗手,戴口罩、帽子。

3. 准备物品　阴道窥器、中单,液体石蜡、棉签、生理盐水、毛刷、玻片、标本存放杯等。

4. 注意保护患者隐私,必要时用屏风遮挡患者,男性医生需安排女性陪同人员或护士同时在场。

5. 请患者排空小便,取膀胱截石位,臀下放置一次性中单,对好灯光。有阴道流血者,先进行消毒。

6. 戴无菌手套。

7. 阴道窥器检查　观察外阴发育及阴毛分布情况,有无皮炎、溃疡及肿块,一手分开小阴唇,查看尿道口和阴道口。必要时嘱患者屏气。

8. 将阴道窥器两叶合拢,用液体石蜡润滑两叶前端,用左手示指和拇指分开两侧小阴唇,暴露阴道口,右手持阴道窥器,倾斜 45° 沿阴道侧后壁缓慢插入阴道内,边推进边将两叶转平,并逐渐张开两叶,直至完全暴露宫颈、阴道壁及穹窿部,观察阴道黏膜、阴道分泌物及宫颈有无异常。合拢两叶,取出窥器。

9. 阴道分泌物检查　用棉签自阴道上部、后穹窿、宫颈管口等处取阴道分泌物,用生理盐水制成涂片送检白带 pH、清洁度、假丝酵母菌、滴虫、胺试验、线索细胞。

10. 宫颈细胞学检查　将采样中间部分插入宫颈口内,使毛刷全部接触宫颈,抵住宫颈口,顺时针转动 4~5 圈,将采样器前段毛刷放入标本存放杯,在标本存放杯上写上名字。

11. 交代患者注意事项。

12. 整理物品,一次性用品丢入黄色垃圾桶,重复使用的器材包好放置于专门的回收处。

(十) 良性位置性眩晕手法复位

良性位置性眩晕可以用手法复位的方法来治疗,这是全科医生非常实用的临床技能。针对不同类型的良性位置性眩晕可以有不同的复位手法,目前比较常用的有针对后半规管位置性眩晕的 Epley 复位法和针对水平半规管的 Barbecue 复位法。

1. Epley 复位法

(1) 患者坐位,医生立于患者后方,并告知患者在整个检查过程中双眼紧盯某一处不动,且全过程均会给予有保障的头部支撑,减轻其心理负担。

(2) 医生双手置于患者头部两侧,使患者头部向患耳侧转动 45°。

(3) 帮助患者快速(约 2s)躺下,头伸至床外,低于水平位 15°~20°,保持头部扭转 45°,保持 30s 以上或等眼震消失。

(4) 将头逐渐转正,继续向对侧转 45°,保持 30s 以上或等眼震消失。

(5) 头与躯干同时向健侧转 90°,保持 30s 以上或等眼震消失。

(6) 让患者慢慢坐起,头转向正前方,呈头直位。

2. Barbecue 翻滚法

(1) 患者坐位,在医生帮助下迅速平卧。

(2) 头向健侧转动 90°,维持至眼震消失或旋转感消失后 1min。

(3) 患者躯体向健侧翻转,由平卧位变成俯卧位。

(4) 头继续向健侧转转 90°,使面部向下,维持至眼震消失或旋转感消失后 1min。

(5) 头部继续向健侧转 90°,维持至眼震消失或旋转感消失后 1min。

(6) 坐起。

三、常用工具量表应用

医学工具量表是学者们经过系统归纳和反复实践论证而形成的,是既往医学、统计学、卫生管理学等前辈们智慧的结晶,它可以帮助医学工作者更清晰地定义患者的疾病,定位疾病的严重程度,评估诊疗的可行性,掌握这些常用的医学工具量表可以帮助全科医生更快捷准确地对患者做出判断并指导治疗,本章主要收录并介绍目前国内外全科临床较为常用的一些量表。

(一) 皮肤损伤面积评估

中国九分法:其通用公式为体表面积(m^2)=0.0061× 身高(cm)+0.0128× 体质量(kg)−

0.1529。

依靠九分法测算出来的体表面积,再按体表面积划分为 11 个 9% 的等分,另加 1%,构成 100% 的体表面积。头颈部 $=1 \times 9\%$,躯干 $=3 \times 9\%$,两上肢 $=2 \times 9\%$,双下肢 $=5 \times 9\%+1\%$,共为 $11 \times 9\%+1\%$。

(二)慢性阻塞性肺疾病症状评分

慢性阻塞性肺疾病(chronic obstructive pulmonary disease,COPD)患者可以有呼吸困难,活动耐量下降,对 COPD 稳定期患者进行病情严重程度评估并进一步确定治疗方案需要评估患者呼吸困难等症状严重度,目前常用的有改良英国医学研究学会呼吸困难指数(modified British medical research council,mMRC)和慢性阻塞性肺疾病评估测试(COPD assessment test,CAT)。当 mMRC 评级 ≥2 级,或 CAT 评分 ≥10 分时,我们会将 COPD 患者归为更严重分类级别。

(三)社区获得性肺炎 CURB-65 评分

社区获得性肺炎 CURB-65 评分主要是进行病情的评估,它的临床指标包括以下几个方面:①意识障碍;②血尿素氮 >7mmol/L;③呼吸频率 ≥30 次/min;④收缩压 <90mmHg 或者舒张压 ≤60mmHg;⑤患者的年龄 ≥65 岁。如果患者 CURB-65 评分在 0~1 分,建议患者可以院外就诊治疗。CURB-65 得分为 2 分,建议患者可以短期住院。如果患者 CURB-65 评分 ≥3 分,提示为重症肺炎,建议患者住院或者 ICU 治疗。随着 CURB-65 评分的增高,患者的死亡率也相应地提高。

(四)Borg 自我感知运动强度量表

Borg 自我感知运动强度量表(rate of perceived exertion,RPE)在医学界已广泛应用,运动生理学家和医生们在为患者做运动测验时,都利用这个量表与患者保持沟通,受测者可以立即描述出当时主观感觉的吃力程度。体能教练在指导学员时也可以采用这个方法,它可以单独使用,也可以和测量心跳频率的方法同时使用,以监测运动强度是否适当,临床医生在使用 6min 步行试验评估心肺功能时常结合此量表评估。

(五)Child-Pugh 分级标准

Child-Pugh 分级标准是一种临床上常用的对肝硬化患者肝脏储备功能进行量化评估的分级标准。

(六)骨质疏松风险评估

骨质疏松症是受多因素影响的复杂疾病,对个体进行骨质疏松症风险评估,能为疾病早期防治提供有益帮助。这里推荐国际骨质疏松基金会(International Osteoporosis Foundation,IOF)骨质疏松风险一分钟测试题和亚洲人骨质疏松自我筛查工具(osteoporosis self-assessment tool for Asians,OSTA),两种初筛工具。

1. IOF 骨质疏松风险一分钟测试题 IOF 骨质疏松风险一分钟测试题是根据患者简单病史,从中选择与骨质疏松相关的问题,由患者判断是与否,从而初步筛选出可能具有骨质疏松风险的患者。该测试题简单快速,易于操作,但仅能作为初步筛查疾病风险,不能用于骨质疏松症的诊断。

2. 亚洲人骨质疏松自我筛查工具 OSTA 基于亚洲 8 个国家和地区绝经后妇女的研究,

收集多项骨质疏松危险因素,并进行骨密度测定,从中筛选出 11 项与骨密度显著相关的危险因素,再经多变量回归模型分析,得出能较好体现敏感度和特异度的两项简易筛查指标,即年龄和体质量。

OSTA 主要是根据年龄和体质量筛查骨质疏松症的风险,但需要指出,OSTA 所选用的指标过少,其特异性不高,需结合其他危险因素进行判断,且仅适用于绝经后妇女。

(七)缺血性心血管病风险评估量表

心血管疾病的发生是多种危险因素共同作用的结果,从 20 世纪末以来,国际上各种心血管疾病防治指南均强调了心血管疾病一级预防中整体危险评估和分层治疗策略的重要性。目前全球有多个心血管疾病危险初筛工具,包括 Framingham 危险评估模型、欧洲 SCORE 危险评估模型、WHO/ISH 风险预测图、中国缺血性心血管疾病危险评估模型等。此处列举中国缺血性心血管病(ICVD)10 年发病危险评估表。

(八)心房颤动患者缺血性卒中发生风险与抗凝出血风险评估量表

CHADS2 量表和 CHA2DS2-VASc 量表是目前应用最为广泛的预测非瓣膜性心房颤动患者发生缺血性卒中风险的评分量表。

CHADS2 量表简单易行,可操作性强。CHA2DS2-VASc 量表则有利于筛选出真正低危的、不需要抗凝治疗的心房颤动患者。但由于 CHA2DS2-VASc 量表临床操作较 CHADS2 量表复杂,在一定程度上限制了其应用。

HAS-BLED 量表为预测接受抗凝治疗心房颤动患者出血风险的量表,当 HAS-BLED 量表评分≥3 时提示出血风险较高,但不应将其视为抗凝治疗禁忌证。

(九)缺血性脑卒中及短暂性脑缺血发作二级预防风险评估量表

缺血性脑卒中及短暂性脑缺血发作(transient ischemic attack,TIA)后卒中复发风险高,早期识别高危患者有助于尽早开展卒中二级预防。常用的复发风险评估工具有 ABCD 评分系统。

(十)Epworth 嗜睡量表

Epworth 嗜睡量表又称 Epworth 日间多睡量表,由 Johns MW 编制用来评定白天过度瞌睡状态。

如果一个到医院看病的患者有无法解释的瞌睡或疲劳,应该到睡眠专科或神经、呼吸、精神科去做进一步的检查,以明确诊断和治疗措施。不过,变换工作和由于任何原因引起的总睡眠时间不足,也会影响这一评分。

(十一)抑郁、焦虑评估量表

精神疾病的患者在全科门诊和病房中也不在少数,有时候全科医生经常需要判断患者是否存在焦虑或者抑郁,Zung 症状自评量表简单易行,能够帮助我们来进行初步判定。

(十二)简易精神状态评价量表(MMSE)

简易精神状态评价量表(MMSE)常用于评估早期阿尔茨海默症,主要从定向力、记忆力、注意力、计算力、回忆能力、语言能力对患者进行评估。

(十三)吸烟严重程度评估量表

目前可用于吸烟严重程度评估的量表包括烟草依赖评估量表(Fagerström test for

nicotine dependence，FTND）和吸烟严重度指数（heaviness of smoking index，HSI）。累计分值越高，说明吸烟者的烟草依赖程度越严重，该吸烟者从强化戒烟干预，特别是戒烟药物治疗中获益的可能性越大。

（十四）膳食营养评估问卷

当前肥胖、糖尿病、高脂血症等代谢性问题的发生率越来越高，代谢性疾病也是全科医生日常工作中遇到最多的疾病，对于这些患者的评估涉及营养和运动多个方面，其中对于膳食营养的评估可以用到膳食营养评估问卷。

【案例 2-6 分析】

患者年纪轻，无心脑血管风险因素，头晕反复发作，无中枢神经系统定位体征，首先要考虑外周性眩晕，结合患者无耳鸣、无听力下降、眩晕发作时间短、与体位相关的特点，首先要考虑良性位置性眩晕，故应该行 Dix-Hallpike 试验、卧立位血压测定、耳镜检查，必要时耳石复位。同时患者有睡眠不佳、食欲缺乏、兴趣减退、感觉思维迟钝、不愿与人交往、担心自身患有重病等情况，且平时工作压力较大，可给予焦虑、抑郁量表的评估，进一步鉴别心理疾病。

（方力争　裘力锋）

第四节　家庭照顾

主要内容

1. 家庭评估的概念和内容。
2. 家庭访视的概念、程序及优缺点。
3. 家庭病床的基本概念、类型以及如何进行家庭病床管理。
4. 家庭咨询和干预的概念

······ **重要知识点** ······

1. 家庭评估是为了了解家庭环境、家庭健康生活、家庭资源、家庭结构等情况，分析家庭存在的健康问题，以便提出有针对性的问题解决方法。

2. 家庭访视是全科医生在全科门诊之外的重要服务方式，能为患者提供更方便的照顾机会。全科医生在家庭访视前、中、后均需做好相应的工作。

3. 家庭病床能为患者在家中提供持续性医疗照护，家庭病床可分为医疗型、康复型、综合型、临终关怀型。家庭病床服务应以安全有效为准则，全科医生团队需在建床、查床、撤床等环节进行严格管理。

4. 家庭咨询与干预的对象为整个家庭，而非家庭中的个人。

【案例 2-7】

女,70 岁,退休工人。"右侧肢体活动不利 2 月余"。

患者 2 个多月前突发右侧肢体活动不利,伴有头晕、乏力,当时无恶心呕吐,无胸闷心悸,立即至上级医院诊疗,查头部磁共振显示为左侧脑梗死,予住院治疗,病情稳定后出院。生病以来,神志清,精神萎靡,食欲缺乏,睡眠欠佳,小便尚可,大便秘结。

既往有高血压病 20 年,现口服氨氯地平片 5mg,每日一次,血压控制平稳。否认食物药物过敏史。否认肝炎、结核等传染病史。否认家族遗传病史。

体格检查:体温 36.7℃,心率 72 次/min,呼吸 18 次/min,血压 132/84mmHg。神志清,精神萎靡,脑膜刺激征阴性,瞳孔等大、等圆、直径 5mm,面部对称,伸舌居中,双侧肌张力无亢进,右上肢及右下肢肌力Ⅲ级,左侧肌力无减弱,右侧膝腱反射无亢进,双侧浅感觉无障碍,右侧巴宾斯基征(+),右侧肩关节压痛(+),生活质量指数(QOLI)3 分,日常生活活动能力的评定 Barthel 指数 45 分。

案例提示:通过学习家庭照顾,全科医生对该患者如何进行健康管理?

家庭照顾(home care)是全科医生团队的工作内容之一,是以家庭为单位、相关家庭医学理论为指导、以家庭访视为工作方式的健康照顾活动。根据家庭评估结果,为家庭和家庭成员提供健康管理服务,促进家庭及其成员提高健康水平。

一、家庭评估

家庭评估(family assessment)是家庭照顾的组成部分,其目的是了解家庭环境、家庭资源、家庭结构、家庭功能等情况,分析家庭存在的健康问题,以便提出针对性的问题解决方法。

(一)家庭基本情况评估

1. 家庭环境　包括家庭的居家条件、邻里关系、地理位置、周边环境、社区服务状况等。

2. 家庭经济状况　包括主要经济来源、经济目标、年均收入和开支、消费观念和内容等。

3. 家庭健康生活　包括家庭生活周期、家庭生活方式、家庭生活事件、家庭健康观念、自我健康管理及利用卫生资源的方法和途径。

4. 每位家庭成员的基本情况　包括姓名、性别、年龄、职业、文化程度、家庭角色、婚姻状况、主要健康问题、宗教信仰等。

(二)家庭资源评估

家庭可利用的资源越充足,就越有利于家庭及其成员的健康。家庭资源可分为内资源和外资源。

1. 家庭内资源　包括经济支持、情感支持、健康照顾能力,受教育程度,家庭设施等。家庭财务有保障、家庭成员之间能关心关爱、有良好的医疗照顾能力、教育程度高、家庭设施好均有助于健康发展。

2. 家庭外资源　包括社会资源、经济资源、教育资源、文化资源、宗教资源、医疗资源、环境资源等。家庭之外的社区群体的支持、政府提供的支援、丰富多彩的文化、稳定充足的经济来源、方便可及的医疗服务体系、适宜的生活环境都促进家庭健康。

（三）家庭结构评估

家庭结构是指家庭中成员的构成及其相互作用、相互影响的状态，以及由此形成的相对稳定的联系模式。家庭结构是一个抽象的概念，又是实际存在的，它对家庭成员的健康产生影响。

1. 家庭的外部结构

（1）核心家庭：由父母和未婚子女组成的家庭。核心家庭人数少，关系单纯。

（2）主干家庭：由一对已婚子女及其父母、未婚子女或未婚兄弟姐妹构成的家庭。

（3）联合家庭：由两对或两对以上同代夫妇及其未婚子女组成的家庭。

主干家庭和联合家庭结构较复杂，家庭功能受多重相互关系的影响。

（4）其他家庭类型：包括单身家庭、同居家庭、单亲家庭、同性恋家庭等。

2. 家庭的内部结构

（1）家庭角色：家庭角色是指家庭成员在家庭中的特定身份、相对关系和相对位置，家庭角色功能是否正常，将影响家庭功能。

（2）权利结构：家庭的决策方式和决策主体。分为传统权威型、分享权威型、工具权威型、感情权威型。家庭权力机构不是一成不变的，会受到家庭变迁、社会发展等因素的影响而改变。全科医生在进行家庭健康管理时，需弄清家庭的决策者，争取其合作，以便实施更有效的健康干预。

（3）价值观：指家庭的健康观、疾病观等健康信念模式，这些将家庭成员健康生活习惯和就医行为。

（4）沟通形式：沟通是维持家庭系统稳定的手段，有效各沟通应是直接、明确、平等和开放的。

（四）家庭功能评估

家庭功能评估常用 APGAR 量表，内容包括：①适应度（adaptation）表示家庭遭遇危机时，利用家庭内、外资源解决问题的能力；②合作度（partnership）表示家庭成员分担责任和共同作出决定的程度；③成长度（growth）表示家庭成员通过互相支持所达到的身心成熟程度和自我实现的程度；④情感度（affection）表示家庭成员间相爱的程度；⑤亲密度（resolve）表示家庭成员间共享相聚时光、金钱和空间的程度。此量表主要反映家庭成员对家庭功能的主观满意度（表 2-12）。

表 2-12　APGAR 量表的具体内容

内容	2 分（经常）	1 分（有时）	0 分（很少）
1. 当我遭遇困难时，可以从家人得到满意的帮助			
2. 我很满意家人与我讨论各种事情，以及分析问题的方式			
3. 当我希望从事新的活动或发展时，家人都能接受且给予支持			
4. 我很满意家人对我表达情感的方式，以及对我的情绪反应			
5. 我很满意家人与我共度时光的方式			

注：表中 5 个题目，采用封闭式问答，将 5 个问题的得分相加，总分 7~10 分表示家庭功能良好，4~6 分表示家庭功能中度障碍，0~3 分表示家庭功能严重障碍。在结果应用时，应注意时效性和主观性。

二、家庭访视

(一) 基本概念

家庭访视(home-visiting)是指全科医生团队在服务对象家庭环境里有目的地进行访视,以促进维护家庭及其成员健康的活动。

家庭访视是全科医生在全科门诊外的重要服务方式。通过家庭访视,全科医生团队可了解与健康有关的家庭环境、家庭结构、家庭功能,从而发现服务对象家庭及其成员的健康问题,利用家庭资源,为需居家照顾者提供相适宜的医疗服务。

家庭访视分为评估性家访、连续性家访、急诊性家访、随机性家访等。

家庭访视的适应范围可为某些急诊患者、患多种慢性病的老人、临终的患者、有新生儿的家庭、行动不便需居家康复或护理者、需要做家庭评估者等。

(二) 家庭访视的程序

1. **访视前准备**　明确此次家庭访视的目的,查看访视家庭及成员的健康档案,了解患者病情、照顾成员等相关信息;准备出诊设备和文书;预先与患者或家属约定访视时间。

2. **访视中的医疗服务**　知情同意;按要求进行病史和相关健康信息询问;规范操作检查和治疗,注意保护患者隐私;正确处理医疗废物。规范记录,并按要求签字确认;向患者或家属告知本次访视的结果、注意事项,并给予健康指导。

3. **访视后总结**　回到单位后完善访视记录和完善健康档案;必要时与其他医护人员讨论治疗计划,或进行转诊、会诊服务。

(三) 家庭访视的优缺点

1. **优点**　家庭场所为患者提供更方便的照顾机会;患者可能更易于接受全科医生的照顾,减少患者紧张情绪;有利于全科医生更细致、客观评价家庭及其成员的健康状况,提出以家庭为单位的综合治疗计划。

2. **缺点**　全科医生团队工作效率相对低;由于在非医疗机构,全科医生团队在诊疗服务过程中可能受到家庭声光、家庭物品、其他家庭成员等因素干扰。

三、家庭病床

(一) 基本概念

家庭病床(home sickbeds)是指对符合住院条件、需连续治疗但因各种原因至医疗机构住院有困难、需医护人员上门提供服务的患者,由基层医疗机构在其家中设立病床,并指派全科医生团队定期提供查床、治疗、护理等医疗服务,同时在特定病历上记录服务过程的一种基层卫生服务形式。

(二) 家庭病床的类型

家庭病床可分为医疗型、康复型、综合型、临终关怀型。

1. **医疗型**　以医疗为主要目的,如老年慢性病的卧床患者。

2. **康复型**　以躯体功能康复为目的,如心脑血管疾病的社区康复期患者。

3. **综合型**　主要是诊断明确、治疗方案简单、长期卧床、适宜家庭治疗的慢性病患者。

4. 临终关怀型　以肿瘤晚期患者为主。

（三）家庭病床的管理

家庭病床应以安全有效为准则，全科医生团队需在建床、查床、撤床等环节进行严格管理。

1. 建床管理　通常由患者（或其监护人）提出建床申请，全科医生团队上门进行综合评估后确定是否建床。确定建床后，全科医生团队应详细告知患者（或其监护人）建床手续、服务内容、诊疗基本方案、注意事项等，并签订相应的家庭病床服务协议书。

2. 查床管理

（1）全科医生首次查床应详细询问患者病史和家庭健康信息，进行生命体征和其他查体，做出初步诊断，并制订体现全科医学的诊疗计划和查床计划，规范书写家庭病床病历，诊疗服务项目须由患者或其监护人签字确认。

（2）全科医生应根据病情制订查床频次。病情较稳定者可每周查床 1 次，出现病情变化可增加查床次数，必要时请其他专科医生协助查床。

（3）每次查床时应做建床评价，对患者进行必要的体检和适宜的辅助检查，做相应处理，交代注意事项，进行健康指导。与家庭成员也要进行充分沟通，了解家庭健康问题，促进家庭成员之间的和谐，动员家庭其他成员一起参与健康照顾。

（4）实施分级查床制度，上级医生应在 1 周内完成二级查床，在病情变化或诊疗改变时及时二级查床。上级医生应对诊断、治疗方案和医疗文书书写质量提出指导意见。

（5）护理规范：社区护士根据医嘱执行相应治疗计划，应严格遵守各项护理常规和操作规范，严格执行查对制度，严格遵循无菌操作原则，避免交叉感染和差错发生，应指导家属进行相关生活护理和心理护理，如防压疮、翻身和口腔护理等，应完整书写相关护理记录。

3. 撤床管理

（1）建床患者符合下列情形之一者办理撤床：疾病得到治愈；病情得到稳定或好转；病情变化，受家庭病床服务条件限制，需转诊至上级医院进一步诊治；患者由于各种原因自行要求停止治疗或撤床；患者死亡。

（2）全科医生应开具家庭病床撤床证，指导患者（或其监护人）按规定办理撤床手续，并书写撤床记录。

（3）撤床后，家庭病床病历归入居民健康档案，由基层医疗卫生服务机构一并保存，并按病历存档要求进行存档保管。

四、家庭咨询与干预

家庭咨询的对象为整个家庭，而非家庭中的个人。家庭咨询的内容应为家庭中所有成员共同面临的问题，如婚姻咨询、感情危机、家庭关系问题、遭遇紧张事件、家庭遗传学问题、生病后严重的情绪反应等。当家庭处于危机状态或出现功能障碍时，需全科医生提供必要帮助，此种帮助多以家庭咨询的方式提供，亦可由家庭治疗专业训练的医生提供适当的家庭治疗。

家庭干预包括家庭咨询，但比家庭咨询更全面和广泛。提供治疗的医生采取必要的针对性干预措施,影响家庭各方面的资源,促使家庭建立新的相互作用模式,从而改善家庭关系,维护家庭的整体功能,从而促进健康。

◉ 全科医生在诊疗过程中的关注点

1. 家庭评估是家庭照顾的前提,全科医生有必要对家庭的环境、资源、结构、功能等方面进行评估,为后续家庭照顾提供决策依据。

2. 全科医生要注意家庭访视程序,做好访视前、中、后的相应工作。

3. 较之于医院病床,家庭病床有其特殊性,全科医生需掌握建立家庭病床的适应证,建床后,全科医生既要给予医疗帮助、人文关怀,也要注意期间的医疗安全风险。

4. 当家庭处于危机状态或出现功能障碍时,全科医生应力所能及地给予家庭咨询或干预,维护家庭整体功能,促进家庭健康。

【案例 2-7 分析】

1. 患者诊断 脑梗死后遗症,高血压(极高危),右侧肢体活动功能障碍,右侧肩关节疼痛。

2. 家庭评估 拆迁户,住 7 层楼的 2 层,邻里关系良好,与其老伴居住,家庭经济条件可,两老退休金每月约 8 000 元,信仰佛教,有一女儿,隔壁社区居住,较孝顺,患者主要由老伴照顾,社区对患者家庭较为关心,APGAR 量表评分 8 分。符合建立家庭病床的条件,经患者及家属同意后,全科医生为其建立家庭病床。

3. 全科医生进行血压等健康管理,邀请康复医生会诊,进行居家康复治疗,康复治疗如下。

(1) 第一次上门指导患者及家属进行康复训练,针对患者右侧肢体肌力下降,进行右三角肌、肱三头肌、腕背伸肌的肌力训练,根据 Brunnstrom 评估的结果进行上肢 V 级的分解动作训练,强化右手指的肌力,加强站位 II 级平衡训练。

1) 右三角肌、肱三头肌、腕背伸肌肌力增强训练 30 次为一组,中间休息 30s,做 3 组,每天 2 次,每周 3~5 次。

2) 右髂腰肌、股四头肌、胫前肌肌力增强训练 30 次为一组,中间休息 30s,做 3 组,每天 2 次,每周 3~5 次。

3) 站位平衡训练:每次 5min,每天 2 次,每周 5 次。

4) 日常生活活动功能训练:每次 10min,每天 2 次,每周 5 次。

(2) 第二次上门指导患者及家属进行康复训练:经过一周的训练,患者目前右三角肌肌力 III 级,右肩关节疼痛减轻,右髂腰肌肌力 III 级,股四头肌肌力 IV 级,站位平衡达 III 级。指导患者训练,纠正患者错误动作,让患者家属共同参与并监督其保质保量完成。

1) 右三角肌、肱三头肌、腕背伸肌肌力增强训练 30 次为一组,中间休息 30s,做 3 组,每天 2 次,每周 3~5 次。

2) 右髂腰肌、股四头肌、胫前肌肌力增强训练 30 次为一组,中间休息 30s,做 3 组,每天 2 次,每周 3~5 次。

3）ADL 功能训练：每次 10min，每天 2 次，每周 5 次。

（3）第三次上门指导患者及家属进行康复训练同第二次。

（4）第四次上门指导患者及家属进行康复训练：经过上两周的训练，患者目前情况稳定，右三角肌肌力达Ⅳ级，肱三头肌肌力Ⅲ级，腕背伸肌肌力Ⅲ级，右髂腰肌肌力Ⅳ级，股四头肌肌力Ⅳ级，在助行器辅助下可进行室内短距离步行。右肩关节等关节活动范围扩大，指导进行日常生活能力的训练，进行穿脱衣物、进食、如厕等训练。

1）右三角肌、肱三头肌、腕背伸肌肌力增强训练 30 次为一组，中间休息 30s，做 3 组，每天 2 次，每周 3~5 次。

2）右髂腰肌、股四头肌、胫前肌肌力增强训练 30 次为一组，中间休息 30s，做 3 组，每天 2 次，每周 3~5 次。

3）ADL 功能训练：每次 10min，每天 1 次，每周 5 次。

（5）第五次居家康复指导患者及家属进行康复训练：经过一周的训练，患者目前 Brunnstrom 评估上肢达Ⅵ级、手Ⅵ级、下肢Ⅵ级，日常生活自理，拄单拐能独立步行，上下台阶需借助扶手。改良 Bathel 指数 100 分，患者要求停止居家康复，予以撤床，为其制订长期康复计划，嘱其注意安全，防止跌倒。

1）中等强度有氧运动每次 30min，每周 3~5 次。

2）大肌群自身力量性训练：每次训练 2~3 组肌群，每周 3 次或隔日一次。

3）每次运动后放松运动柔韧性训练。

4）平衡功能训练每周 5 次。

（马程乘）

第五节　健康档案的建立和管理

主要内容

1. 居民健康档案的特点和组成形式。
2. 居民健康档案记录的内容和方式。
3. 居民健康档案的建立、保存和使用。

······ 重要知识点 ···

1. 居民健康档案包括个人健康档案、家庭健康档案、社区健康档案。

2. 个人健康档案，多依据国家基本公共卫生服务规范，有其特定的记录内容和方式，其中接诊记录采用 SOAP 的形式。

3. 家庭健康档案以家庭为单位，通过收集家庭基本资料，并通过评估分析，记录一个家庭整体健康状况。

4. 社区健康档案以社区卫生诊断的方式呈现。

5. 健康档案按流程进行管理。

【案例 2-8】

男,60 岁。"发现血压升高 5 年,伴反复头晕半年"。

患者 5 年前在当地体检时发现血压升高,当时血压 170/98mmHg,后多次测量血压偏高,当地诊断为"高血压病",患者遵医嘱服用氨氯地平片,一天一次,每次 5mg,血压控制平稳,一直无头晕头痛、胸闷胸痛等症状,7 个月前因照顾孙子由老家来城市定居,开始出现血压波动,自测血压在 (130~160)/(82~100)mmHg,并时有轻微头晕症状,无头痛,无胸闷心悸等症状,未到医疗机构就诊过,自行到药店配抗高血压药"调理"(具体不详),血压未能降至正常水平,头晕症状仍时有出现,今为进一步诊疗到社区卫生服务中心就诊,半年来,睡眠欠佳,饮食可,大小便正常,体重无明显变化。

既往史:否认传染史,否认其他慢性病史。

个人史:吸烟史 32 年,每天约 10 支,未戒。不饮酒。

家族史:父亲有高血压病,5 年前因脑卒中去世。

体格检查:身高 174cm,体重 78kg,左上肢血压 152/90mmHg,右上肢血压 168/95mmHg;颈静脉无充盈,两肺呼吸音清,心率 90 次 /min,律齐,各瓣膜区听诊无病理性杂音;腹软,肝脾肋下未触及,无包块,血管听诊无杂音;双下肢无水肿。

案例提示:通过学习居民健康档案的建立和管理,全科医生对该患者如何进行健康档案管理?

一、居民健康档案的特点和组成形式

全科医疗是一种医疗服务,需有翔实的医疗活动记录作为服务和研究的依据,而全科医疗本身具有的特点,要求其记录的健康档案也有别于传统的专科医疗记录,体现出以人为本、以健康为中心,进行全过程、全方位管理。

健康档案(health record/archive)是对居民的健康状况及其发展变化、影响健康的相关因素以及接受卫生保健服务的过程进行记录的文件,是基层医疗机构工作中收集、记录社区居民健康信息的工具。较之于其他医疗记录,健康档案更具连续性、系统性。

居民健康档案有三种形式,即个人健康档案、家庭健康档案、社区健康档案,三种形式的档案侧重点不同,但三者之间又相互联系(图 2-14)。

二、健康档案记录的内容和方式

(一) 个人健康档案记录的内容和方式

居民个人健康档案内容包括个人基本信息、健康体检、重点人群健康管理记录和其他医疗卫生服务记录。这些内容记录的方式,按照《国家基本公共卫生服务规范》,有其相对固定的对应表单(表 2-13)。

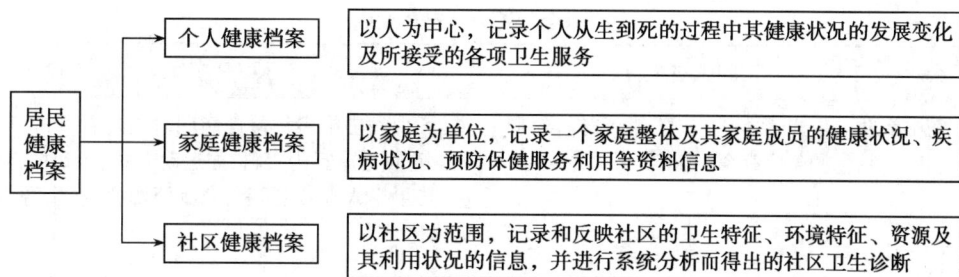

图 2-14 居民健康档案组成

表 2-13 居民个人健康档案表单目录

编号	内容	编号	内容
1	居民健康档案封面	4.3	高血压患者随访服务记录表
2	个人基本信息表	4.4	2 型糖尿病患者随访服务记录表
3	健康体检表	4.5	严重精神障碍患者管理记录表
4	重点人群健康管理记录表(见各服务规范相关表单)	4.5.1	严重精神障碍患者个人信息补充表
4.1	0~6 岁儿童健康管理记录表	4.5.2	严重精神障碍患者随访服务记录表
4.1.1	新生儿家庭访视记录表	4.6	肺结核患者管理记录表
4.1.2	1~8 月龄儿童健康检查记录表	4.6.1	肺结核患者第一次入户随访记录表
4.1.3	12~30 月龄儿童健康检查记录表	4.6.2	肺结核患者随访服务记录表
4.1.4	3~6 岁儿童健康检查记录表	4.7	中医药健康管理服务记录表
4.1.5	男童生长发育监测图	4.7.1	老年人中医药健康管理服务记录表
4.1.6	女童生长发育监测图	4.7.2	儿童中医药健康管理服务记录表
4.2	孕产妇健康管理记录表	5	其他医疗卫生服务记录表
4.2.1	第 1 次产前检查服务记录表	5.1	接诊记录表
4.2.2	第 2~5 次产前随访服务记录表	5.2	会诊记录表
4.2.3	产后访视记录表	6	居民健康信息卡
4.2.4	产后 42d 健康检查记录表		

1. 个人基本情况包括姓名、性别等基础信息和既往史、家族史等基本健康信息。

2. 健康体检包括一般健康检查、生活方式、健康状况及其疾病用药情况、健康评价等。

3. 如是重点人群,其健康管理记录包括国家基本公共卫生服务项目要求的 0~6 岁儿童、孕产妇、老年人、慢性病、严重精神障碍和肺结核患者等各类重点人群的健康管理记录。

4. 其他医疗卫生服务记录包括上述记录之外的其他接诊、转诊、会诊记录等。其中接诊记录,全科医生采用 SOAP 的形式,SOAP 书写要点见表 2-14。

表 2-14　SOAP 书写要点

名称	问题描述特点	SOAP 书写
S:代表患者的主观资料	由患者本人(或陪伴者)提供,应涵盖所有个人资料	主诉、现病史中多种慢性病同时出现者,可逐项罗列。重点健康行为资料,如运动方式、运动量、食盐量、热量摄入、心理问题、家庭资源、社区资源等也需描述
O:代表患者的客观资料	体格检查、实验室检查、心理行为测量等	包括视、触、叩、听的体格检查结果,各种辅助检查结果及各种量表等测试结果
A:代表对健康问题的评估	应包括诊断、鉴别、问题的轻重程度及预后,体现全科医学模式	重点评价患者存在的健康问题:生理问题、心理问题、社会问题、或未明确的症状或主诉、生活方式
P:代表对问题处理计划	体现以人为中心、预防为导向、全科医学的生理 - 心理 - 社会医学模式,进行全方位管理	不仅限于药物治疗,要考虑多方面因素,要写明健康教育的计划和内容,药物可能发生的副作用、生活方式指导等

(二) 家庭健康档案记录的内容和方式

家庭健康档案(family heath record)是全科医疗中居民健康档案的组成部分,其内容包括家庭基本资料、家庭评估资料、家庭主要问题目录及问题描述等。

1. 家庭基本资料　家庭基本资料(family profile)常置于家庭档案之前,内容包括家庭住址、电话、成员人数、家庭经济状况、各成员的基本资料。各成员基本资料包括姓名、性别、年龄、家庭角色、教育程度、职业、宗教信仰等。

2. 家庭评估资料　家庭评估资料(family assessment)包括家庭结构、家庭所处的生活周期、家庭功能、家庭资源、家庭存在的健康问题等。目前全科医疗中应用的家庭评估方法有家系图、家庭圈、生态图、APGAR 评估量表、家庭适应度和凝聚度评估量表等。通过对家庭资料的综合分析,得出家庭问题或家庭中个体健康问题的解决途径。

3. 家系图　家系图(family tree)是以绘图的方式表示家庭结构、家庭关系、家庭成员有无遗传病等病史、家庭重要事件等(图 2-15)。通过家系图,全科医生能快速掌握家庭成员的健康状况和家庭生活周期。

家系图的绘制原则:内容一般应包含三代人;不同性别、角色和关系用不同的符号来表示;长辈在上,晚辈在下;同代人中年龄大者在左,年龄小的在右;夫妻中,男在左,女在右;可以从最年轻的一代开始,也可以从患者这一代开始,向下向上延伸。在每个人的符号旁边,可再标上出生年月日、重大生活事件、遗传病、慢性病等。

4. 家庭主要问题目录及描述　主要记录家庭生活周期的各阶段存在或发生的重大生活压力事件,如家庭成员生大病、失业、丧偶、经济地位或社会地位的重大变化、购置重要资产等,这些变化的记录方式和格式,如同个人健康档案中的主要问题目录及问题描述。主要问题目录表格可包括问题名称、发生时间、记录日期、接诊医生、备注等。问题应描述其发生、发展、处理、转归等过程。

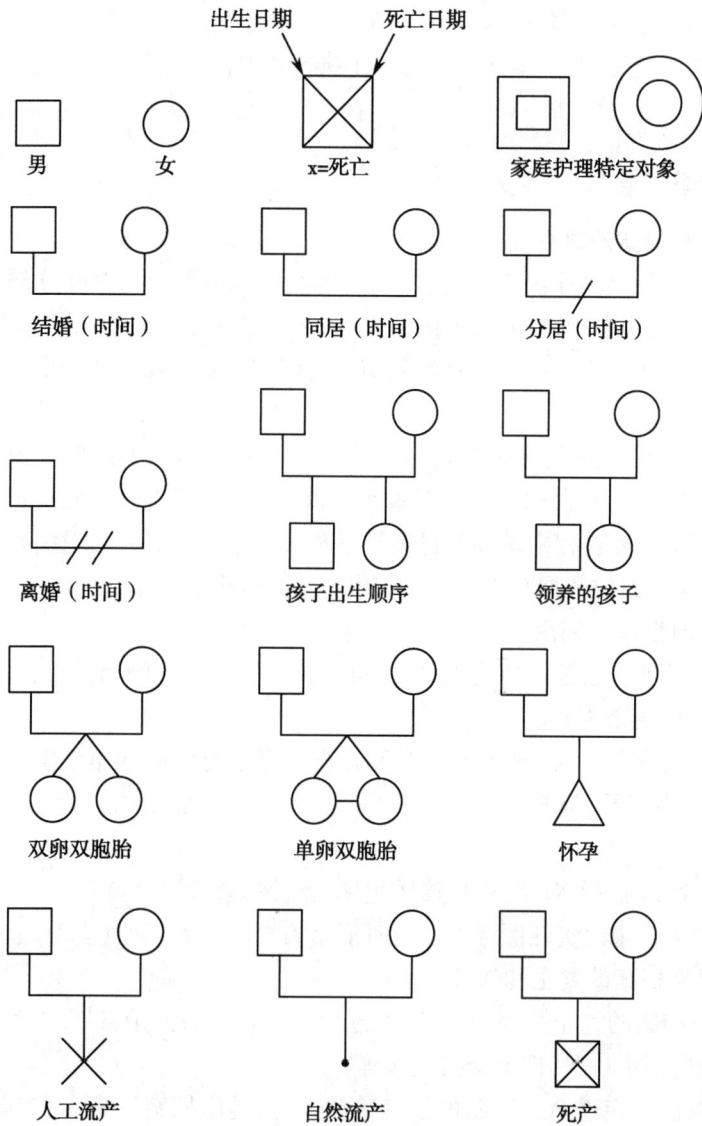

图 2-15 常用家系图符号

(三) 社区健康档案记录的内容和方式

社区健康档案以社区卫生诊断(community health diagnosis)的方式呈现。

社区卫生诊断是应用流行病学、卫生统计学、社会学等学科理论和方法对某一时期内社区的主要健康问题及其影响因素、社区卫生资源配置、社区卫生服务供给和利用,以及社区综合资源环境进行科学、客观地评价。社区卫生诊断的目的是发现社区的健康问题,辨明社区的健康需求,判断造成社区健康问题的原因,了解解决社区健康问题的能力和程度,提供符合社区健康需求的卫生计划资料。

社区卫生诊断的步骤一般为通过一定的方法和手段收集整理资料—确定社区主要健康问题及优先解决问题的顺序—实施社区计划—计划效果评估。

社区卫生诊断的内容:①社区的基本情况,包括社区环境状况和社区人群健康状况。②解决卫生问题的次序。③卫生行动计划。④执行和评估卫生计划。⑤下一步社区卫生诊断计划。

三、健康档案的管理

(一)居民健康档案的建立

1. 辖区居民到基层医疗机构接受服务时,由医务人员负责为其建立健康档案,并根据其主要健康问题以及服务提供情况作相应记录。上述档案及记录,可根据当地实际,逐步电子化,即建立电子健康档案。并按照标准规范上传区域人口健康卫生信息平台,实现电子健康档案数据的规范上报。

2. 通过入户服务(调查)、疾病筛查、健康体检等多种方式,由基层医疗机构组织医务人员为居民建立健康档案,并根据其主要健康问题和服务提供情况填写相应记录。

3. 将医疗卫生服务过程中填写的健康档案相关记录表单,装入居民健康档案袋统一存放。居民电子健康档案的数据存放在电子健康档案数据中心。

(二)居民健康档案的使用

1. 已建档居民到基层医疗机构复诊时,可由接诊医生调取健康档案,并根据复诊情况,及时更新、补充相应记录内容。

2. 入户开展医疗服务时,医护人员应事先查看服务对象的健康档案,并携带相应记录表单,在服务过程中记录、补充相应服务内容。已建立电子健康档案者,应同时更新电子健康档案。

3. 需转诊、会诊的服务对象,由接诊医生填写转诊、会诊记录单。

4. 所有的服务记录由责任医务人员及时汇总归档。

(三)居民健康档案的终止和保存

1. 居民健康档案的终止原因包括死亡、迁出、失访等,需记录日期。对于迁出辖区者还要记录迁往地点的基本情况、档案交接记录等。

2. 纸质健康档案应逐渐过渡到电子健康档案,由健康档案管理单位(即居民死亡或失访前管理其健康档案的单位)参照病历的保存年限、方式负责保存。

(四)管理流程

1. 确定建立居民健康档案流程图(图 2-16)。

2. 居民健康档案建立及管理流程图(图 2-17)。

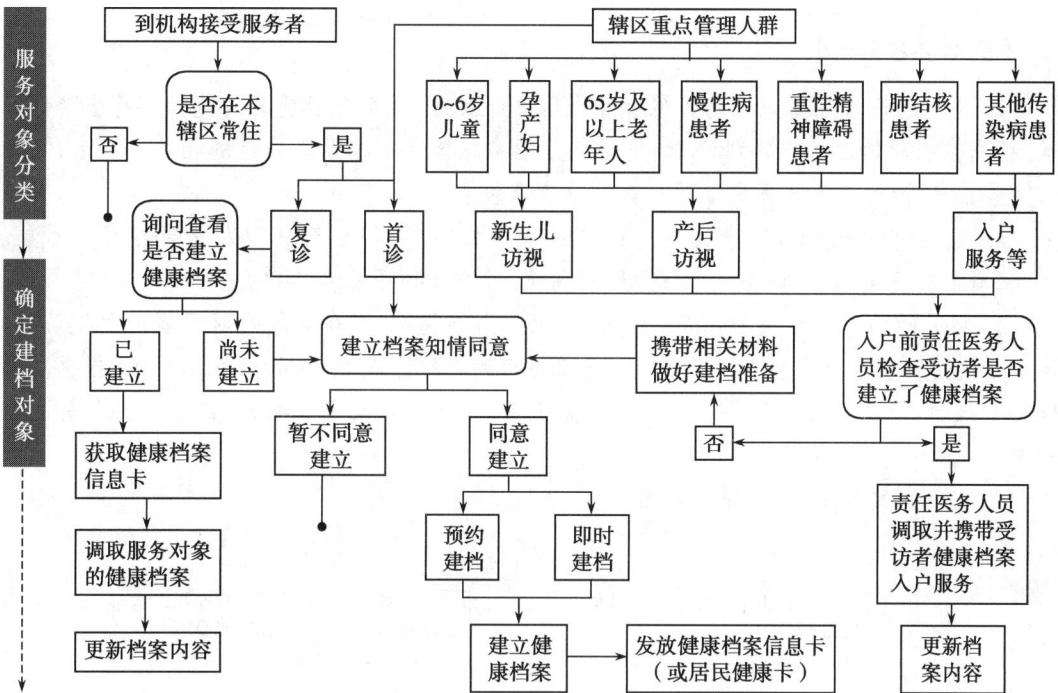

图 2-16 确定建立居民健康档案流程图

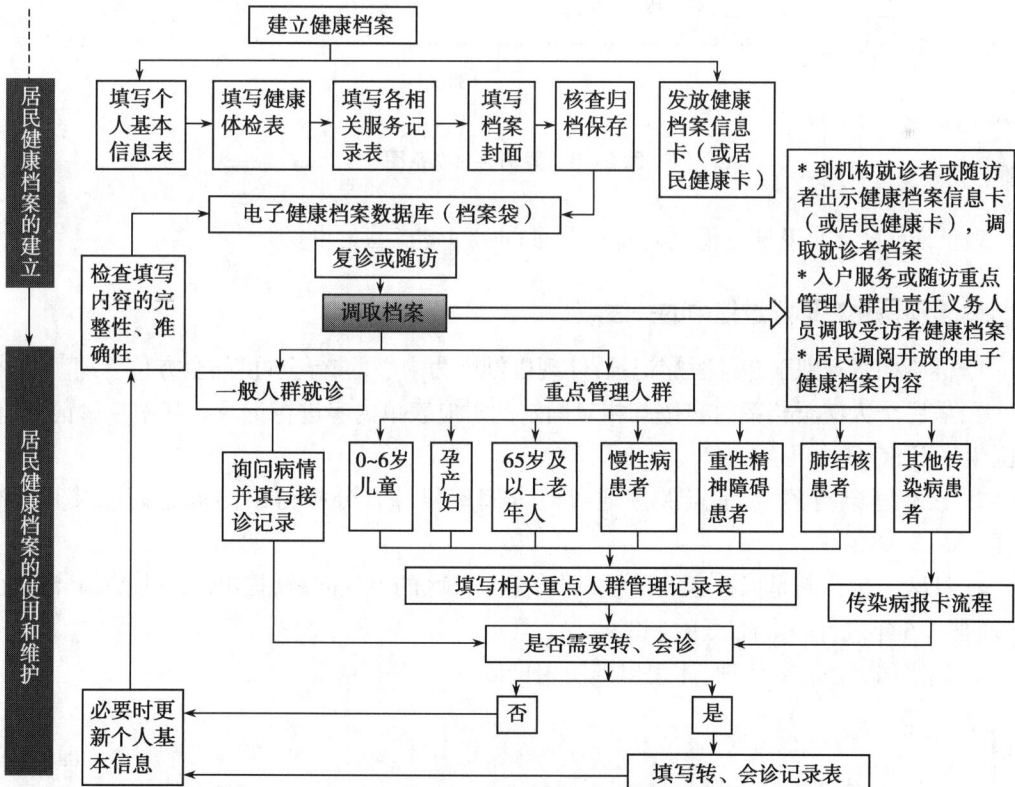

图 2-17 居民健康档案建立及管理流程

【案例 2-8 分析】

1. 全科门诊诊疗高血压病。患者高血压诊断成立,且患者目前的病情尚不符合转诊标准,可先在基层诊疗。在鉴别诊断、完善高血压病靶器官损害及合并症的相关筛查后,可予以健康教育、治疗性生活方式干预和药物治疗调整。

2. 建立个人(电子)健康档案。该居民已常住半年,符合建立个人健康档案的对象。此外,需根据病史、各项检查情况以及治疗情况,建立高血压病专病档案。

3. 规范随访。对于高血压病,短期内,血压尚不稳定,需在 2 周内对患者进行随访,如连续 2 次随访出现血压控制不满意者,建议转诊到上级医院。长期,如血压稳定,根据高血压病分级情况,分类随访,即一、二、三级管理者,分别予以至少 3 个月、2 个月、1 个月随访一次。

4. 完善家庭健康档案,画家系图,如图 2-18 所示。

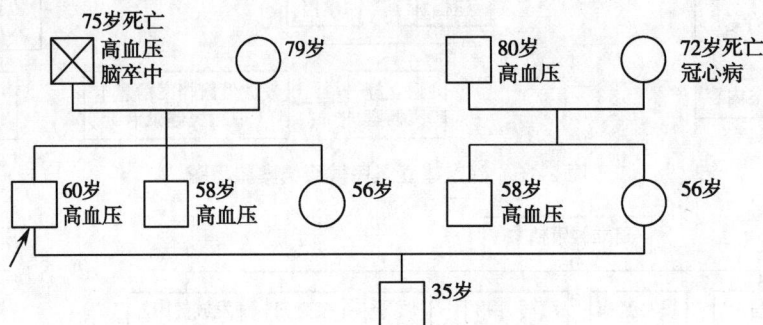

图 2-18 案例 2-8 家系图

以上诊疗情况以及随访情况均需记录在(电子)健康档案中。

◉ **全科医生在诊疗过程中的关注点**

1. 健康档案有别于专科医疗记录,体现以健康为中心,进行全过程、全方位管理。

2. 居民个人健康档案内容按其相对固定的对应表单内容进行记录。其中接诊记录,全科医生采用 SOAP 的形式。

3. 家庭健康档案中,重点关注通过对家庭资料综合分析得出的家庭问题及其解决途径。

4. 社区卫生诊断是以社区为范围,评价整个社区的卫生问题,提出解决办法,其涉及面广,通常每 5 年进行一次社区卫生诊断。

5. 健康档案需有效管理,体现出其使用价值。

(马程乘)

第三章

全科医学解决的临床问题

　　全科医疗是将全科医学理论用于患者、家庭和社区照顾的一种基础医疗保健的专业服务,强调持续性、综合性、个体化的照顾,强调早期发现并处理疾病,强调预防疾病和维持健康,强调在社区场所对患者提供服务,并在必要时协调社区内外的其他资源。

　　全科医生是对个人、家庭和社区提供优质、方便、经济有效的、一体化的基本医疗卫生服务,进行生命、健康与疾病的全过程、全方位负责式管理的医生。全科医生具备处理常见健康和疾病问题、评价个人心理及行为问题、处理医疗相关问题等能力。全科医生能处理社区中常见健康问题;鉴别患病状况,对急症患者进行必要的处理,把握转诊时机;评价和处理各种行为问题;妥善处理医疗过程中遇到的社会和伦理问题等。

03章

第一节　全科常见症状的诊断思路

一、发热的诊断思路

主要内容
1. 发热的全科接诊方法。
2. 运用全科医学思维分析发热诊断与鉴别诊断。
3. 感染性发热的诊断。

······ 重要知识点 ···

1. 发热病因复杂,需详细认真了解病史。

2. 进行全面的体格检查和必要的辅助检查,综合分析。不同病程的发热,其常见原因有所不同。

3. 不同的发热性疾病各具有相应的热型,根据热型的不同有助于发热病因的诊断和鉴别诊断。

···

【案例 3-1】

男,25 岁。"发热 2 天"。

患者 2 天前无明显诱因下出现发热,最高体温 39℃,伴咳嗽咳痰,咳少量白色黏痰,伴流涕,伴恶心、干呕,无胸闷、气急、头痛,无尿频、尿急、尿痛,无腹痛、腹泻。否认家禽、牛羊接触史,否认结核病史。近期无外出旅游。

查体:体温 38.6℃,脉搏 102 次 /min,血压 128/75mmHg,呼吸 20 次 /min。神志清,精神可,咽充血,咽后壁可见滤泡,无扁桃体肿大,浅表淋巴结未及肿大,甲状腺无肿大。心律齐,各瓣膜区未闻及病理性杂音。右下肺可闻及少量湿啰音。腹软,无明显压痛,肝脾肋下未及。双侧肾区叩痛阴性。神经系统病理征未引出。

既往史:既往体健。

家族史:父亲高血压。

个人史:无烟酒习惯,公司职员。

案例提示:通过学习发热的诊断思路,结合案例 3-1,在全科门诊中,应如何进行发热的问诊、体格检查、诊断与鉴别诊断?

(一) 概述

发热是临床十分常见的症状,也是促使患者就诊的重要原因。发热病因复杂,需详细认真了解病史,进行全面的体格检查和必要的辅助检查,综合分析,正确诊治。

发热致热源作用于体温调节中枢,使体温调定点上移、体温调节中枢功能障碍或者各种原因引起机体产热增加或散热减少,导致体温升高超出正常范围(晨间口温 36.0~37.2℃),或一日之间体温相差 1.2℃以上时称为发热。直肠内温度一般比口腔高 0.3~0.5℃,腋窝温度比口腔低 0.2~0.4℃。

正常体温在不同个体之间略有差异,常受机体内、外因素的影响稍有波动。在 24h 内下午体温较早晨稍高,剧烈运动、劳动或进餐后体温也可略升高,但一般波动范围不超过 1℃。妇女月经前及妊娠期体温略高于正常。老年人因代谢率偏低,体温相对低于青壮年。在高温环境下体温也可稍升高。

(二) 分类

不同病程的发热,常见的原因有所不同。病程少于 3d 的发热,通常是由于自限性病毒感染引起,也需警惕其他感染性疾病;超过 4~5d 的发热需怀疑不太常见的感染。

1. 感染性发热　各种病原体如病毒、细菌、支原体、立克次体、螺旋体、真菌、寄生虫等引起的感染,不论是急性、亚急性或慢性,局部性或全身性,均可出现发热。

2. 非感染性发热

(1) 血液病:如白血病、淋巴瘤、恶性组织细胞病等。

(2) 结缔组织疾病:如系统性红斑狼疮、皮肌炎、硬皮病、类风湿关节炎和结节性多动脉炎等。

(3) 变态反应性疾病:如风湿热、药物热、血清病、溶血反应等。

(4) 内分泌代谢疾病:如甲状腺功能亢进症、甲状腺炎、痛风和重度脱水等。

(5) 血栓及栓塞疾病:如心肌梗死、肺梗死、脾梗死和肢体坏死等,通常称为吸收热。

(6) 颅内疾病:如脑出血、脑震荡、脑挫伤等,为中枢性发热。

(7) 皮肤病变:皮肤广泛病变致皮肤散热减少而发热,见于广泛性皮炎、鱼鳞癣等。

(8) 恶性肿瘤:各种恶性肿瘤均有可能出现发热。

(9) 物理及化学性损害:如中暑、大手术后、内出血、骨折、大面积烧伤及重度安眠药中毒等。

(10) 自主神经功能紊乱:由于自主神经功能紊乱,影响正常的体温调节过程,使产热大于散热,体温升高,多为低热,常伴有自主神经功能紊乱的其他表现,属功能性发热范畴。常见的功能性低热有以下几种。

1) 原发性低热:由于自主神经功能紊乱所致的体温调节障碍或体质异常,低热可持续数月甚至数年之久,热型较规则,体温波动范围较小,多在 0.5℃以内。

2) 感染治愈后低热:由于病毒、细菌、原虫等感染致发热后,低热不退,而原有感染已治愈。此为体温调节功能仍未恢复正常所致,但必须与因机体抵抗力降低导致潜在病灶(如结核)活动或其他新感染所致的发热相区别。

3) 夏季低热:低热仅发生于夏季,秋凉后自行退热,每年如此反复出现,连续数年后多可自愈。多见于幼儿,因体温调节中枢功能不完善,夏季身体虚弱,多于营养不良或脑发育不全者发生。

4）生理性低热：如精神紧张、剧烈运动后可出现低热。月经前及妊娠初期也可有低热现象。

以口腔温度为标准，按程度可将发热分为：①低热：37.3~38℃；②中等度热：38.1~39℃；③高热：39.1~41℃；④超高热：41℃以上。

（三）发热的临床思维

1. 问诊　全科医生在问诊发热患者过程中，主要问诊应包括年龄、出现症状的时间、起病方式、诱因、发病特点、持续时间和发作频率、伴随症状、病情变化及经过、用药史、全身性疾病、感染接触史、外伤史、既往史、家族史及个人嗜好。注意了解心理及社会背景、注意人文关怀，并根据问诊采集的病史进行整体相关分析。根据问诊采集的病史进行整体相关分析，问诊内容见表3-1。

表3-1　详细的病史询问内容

项目	问诊要点
初步问诊	是否真的发热
	测体温的方式是什么
	起病时间
	是急性还是慢性
	是发作性还是持续性
	体温如何波动
	诱因是什么
伴随症状	有无畏寒、寒战、大汗或盗汗
	是否伴有皮疹、出血、黄疸、咳嗽、咳痰、咯血、胸痛、腹痛、呕吐、腹泻、尿频、尿急、尿痛、头痛、肌肉关节痛等
诊治经过	外院就诊经过，诊断，用药方案（剂量、用法），疗效
流行病学资料	传染病接触史、疫水接触史、疫区居留史等流行病学资料

2. 体格检查　应进行全面而细致的体格检查，包括血压、脉搏、呼吸和体温等生命体征。重点关注一般情况、皮肤黏膜、浅表淋巴结，头颈部、心、肺、腹、四肢、神经系统的常规体格检查。

3. 辅助检查　血、尿、大便常规与胸部 X 线检查属于发热的常规检查。血培养应列为不明原因发热的常规检查。其他检查根据临床提示，有针对性地选择应用。（表3-2）

表3-2　主要辅助检查及其临床应用与重要提示

辅助检查	临床应用与提示
血常规	白细胞总数及中性粒细胞升高，提示为细菌性感染，尤其是化脓性感染；也见于某些病毒感染如流行性出血热；成人 Still 病、风湿热亦有白细胞增多
	极度白细胞增多见于白血病及类白血病反应

续表

辅助检查	临床应用与提示
血常规	大多数病毒感染无白细胞增多,甚至减少;亦可见于某些细菌感染(如伤寒或副伤寒、结核病的某些类型)和某些原虫感染(如疟疾、黑热病)
	嗜酸性粒细胞增多见于寄生虫病、变态反应性疾病等
	淋巴细胞绝对值增多,见于传染性单核细胞增多症、传染性淋巴细胞增多症、百日咳、淋巴细胞性白血病等
	淋巴细胞减少,见于大多数病毒性感染,如严重急性呼吸综合征(SARS)和高致病性禽流感肺炎等
	全血细胞减少伴发热,见于恶性组织细胞病、重型再生障碍性贫血、白细胞减少的急性白血病、全身血行播散性结核病、癌肿骨髓转移、黑热病、艾滋病等
尿常规	尿中白细胞增多,尤其是出现白细胞管型,提示急性肾盂肾炎
	尿中出现红细胞,可见于尿道感染、败血症等
	蛋白尿伴或不伴管型尿见于钩端螺旋体病、流行性出血热、系统性红斑狼疮等;蛋白尿也见于轻链型多发性骨髓瘤
大便常规	隐血实验阳性,大便红、白细胞均提示有胃肠道病变
胸部 X 线检查	提示伴有肺部病征的发热
血培养和骨髓培养	血培养对败血症、伤寒或副伤寒、布鲁氏菌病、感染性心内膜炎等疾病的病因学诊断具有决定性意义
	骨髓培养可提高诊断的敏感性
各种传染病的病原学及血清学检查	可根据流行病学资料及临床表现的提示选择有关检查
结缔组织病相关检查	原因未明的长期发热,疑有结缔组织病者可进行相关检查,包括血沉、C 反应蛋白、蛋白电泳、免疫球蛋白、补体等常规项目,以及选择检查各种自身抗体如抗核抗体(ANA)谱、类风湿因子(RF)、抗中性粒细胞胞浆抗体(ANCA)、抗磷脂抗体等
影像学检查	可选择 B 超、CT、PET/CT、MRI 用于胸、腹及颅内病灶的诊断
其他	疑感染性心内膜炎或心肌病者行超声心动图检查
	疑中枢神经系统感染者行脑脊液检查
	疑甲亢者行甲状腺功能检查
	PPD 皮试作为结核病的辅助检查
	某些血清肿瘤标志物如甲胎蛋白(AFP)、糖类抗原 19-9(CA19-9)、癌胚抗原(CEA)、糖类抗原 125(CA125)对消化系恶性肿瘤、PSA 对前列腺癌具有辅助诊断价值
	炎症标志物对发热的鉴别也有参考价值,如降钙素原、C 反应蛋白等
	肝功能、血清酶学检查对肝炎、心肌炎或心肌梗死、肌炎的诊断有帮助

4. 建立急慢性发热的诊断思路

(1) 急性发热：临床上一般将热程在 2 周以内的发热称为急性发热。急性发热的病因以急性感染占首位，包括各种病原体引起的传染病，全身或局灶性感染。而各种病原体中又以细菌最为常见，其次为病毒。诊断思路为定性—定位—定因。

1) 急性感染性发热：发热起病急，热度一般较高，多伴寒战或畏寒、全身肌肉和关节酸痛、头痛等毒血症状。一般可分为急性传染病，局限于某一脏器或组织的急性感染性疾病或来源于局灶感染的脓毒血症。前者往往有传染病的流行病学资料，后者多伴有局部症状和体征。细菌性感染多有周围血白细胞总数和中性粒细胞数升高。血降钙素原（PCT）浓度 >0.5ng/ml 提示细菌感染，有助于与病毒感染、结核感染鉴别。但也要注意降钙素原正常或轻度增高不能排除细菌感染的可能。血清 C 反应蛋白在细菌感染时可呈中等度至明显升高。

2) 非感染的急性发热：包括变态反应性疾病、风湿性疾病、组织坏死与血液分解产物的吸收、物理与化学因素、血液病与恶性肿瘤等。

(2) 发热待查（fever of undetermined origin，FUO）：是指发热持续 3 周以上，口腔体温至少 3 次 >38.3℃，经完整的病史询问、体格检查及常规实验室检查后仍不能明确诊断者。这类患者的临床表现不典型或病情呈非典型临床经过；或临床医生对某些少见疾病或病变认识不足；某些疾病的病灶隐蔽，不易为常规检查手段所发现。

发热待查可以分为经典型发热待查、住院患者的发热待查、粒细胞缺乏患者的发热待查和 HIV 感染者的发热待查 4 类。①经典型发热待查是指发热持续 3 周以上，口腔体温至少 3 次 >38.3℃（或至少 3 次体温在 1d 内波动 >1.2℃），经过至少 1 周在门诊或住院系统全面的检查仍不能确诊的一组疾病。系统全面的检查应至少包括血常规、尿常规、粪便常规，粪便隐血试验、肝功能、肾功能、电解质、血培养、胸部 X 线检查和腹部 B 超。且患者无免疫缺陷相关疾病史。②住院患者的发热待查是指患者入院时无发热，入院后发热超过 3d，口腔测体温至少 3 次 >38.3℃（或至少 3 次体温 1d 内波动 >1.2℃）。③粒细胞缺乏患者的发热待查是指患者存在粒细胞缺乏（中性粒细胞计数 <0.5×10⁹ 个 /L）；发热超过 3d，口腔测体温 >38.3℃（或体温 1d 内波动 >1.2℃）；体液标本经培养 >48h 后结果显示阴性。④HIV 感染者的发热待查是指确诊 HIV 感染，住院患者发热超过 3d 或门诊患者发热超过 3 周，口腔测体温 >38.3℃（或体温 1d 内波动 >1.2℃）。

以下主要讨论经典型发热待查。

(1) 引起经典型发热待查的病因：可以归纳为感染性疾病、肿瘤性疾病、非感染性炎症性疾病、其他疾病四类。不同年龄组 FUO 的病因具有各自不同的规律。6 岁以下患儿感染性疾病的发病率最高，特别是原发性上呼吸道、泌尿道感染或全身感染；6~14 岁患儿结缔组织-血管性疾病和小肠炎症性疾病为最常见的病因；14 岁以上的患者感染性疾病占首位，但肿瘤性疾病的发病率明显增高。

(2) 经典型发热待查的诊疗流程建议：根据获得的诊断线索，按以下思路顺序进行病因诊断与鉴别诊断可显著提高诊断的准确率，首先考虑常见疾病的常见临床表现；其次考虑常见疾病的少见临床表现；再次考虑少见疾病的临床常见表现；最后慎重鉴别少见疾病的临床少见表现。诊疗流程包括四个步骤：①判断是否属于经典型发热待查；②第一阶段初筛；

③第二阶段特异性检查;④治疗(包括对症治疗及诊断性治疗)。

5. 鉴别诊断　诊断与鉴别诊断思路为根据,进行线索分析:①鉴别感染性疾病与非感染性疾病;②感染性疾病的定位,常见感染部位包括肺部感染、尿路感染、肠道感染、胆道感染等,多具有对应的局部症状,尤其不要遗漏感染性心内膜炎、结核病、局灶感染等;③非感染性疾病分为肿瘤性疾病、结缔组织病及其他类疾病,多为全身累及,少数为局部定位表现,需根据临床表现、实验室及辅助检查推论。肿瘤中最常见的为淋巴瘤,结缔组织病中最常见为系统性红斑狼疮、成人 Still 病等,其他类疾病中包括药物热等。

(四)发热的诊断流程

见图 3-1。

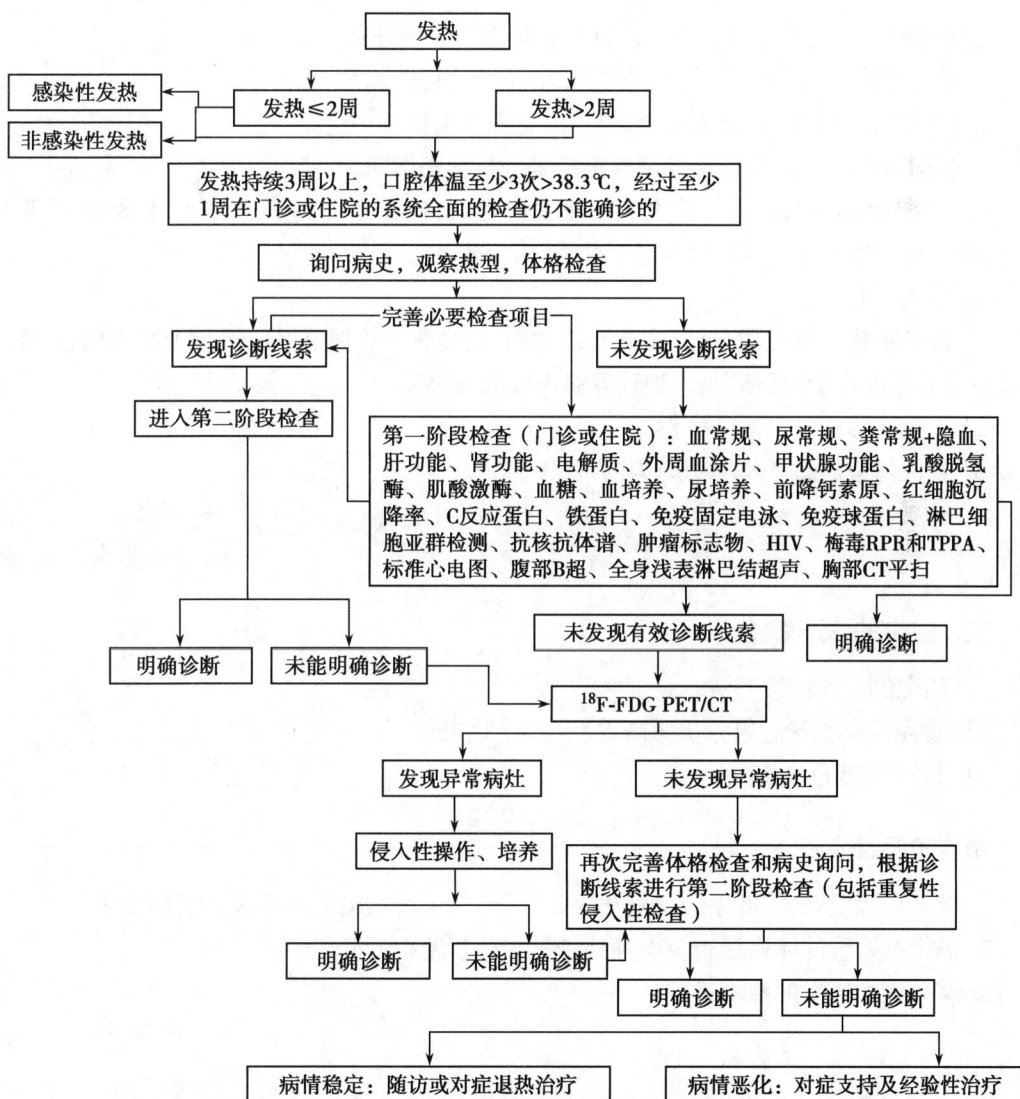

图 3-1　发热的诊断流程

【案例 3-1 分析】

患者为青年男性,因发热急性就诊,有咳嗽咳痰,无腹痛腹泻,无尿频尿急等其他系统定位症状,未予治疗。首先考虑感染性发热,定位呼吸道。

查体:右下肺湿啰音。需考虑下呼吸道感染。

进一步完善血常规:中性粒细胞绝对值 $6.9 \times 10^3/\mu l$,中性粒百分数 83.2%,C 反应蛋白 (CRP)133.9mg/L。胸部 X 线检查可见右下肺斑片状浸润影。

诊断:社区获得性肺炎。

⊙ **全科医生在诊断过程中的关注点**

运用全科医学的理念及整体方法针对发热进行详细评估。

1. 系统的病史采集应尽可能了解发热的特征及相关因素等。

2. 问诊时注意了解心理及社会背景,注意人文关怀。

3. 根据系统的体格检查及专项检查结果分析鉴别诊断。

4. 采用安全诊断策略,关注发热的相关伴随"红旗征",如高热、精神状态改变、呼吸急促等,进一步评价及排除可能存在危及生命的问题。

5. 转诊指征

(1) 危急重症,基层医院难以实施有效救治者:高热伴昏迷、抽搐、谵妄及呼吸困难,高热伴休克或心功能不全,高热中暑,物理降温无效的高热。

(2) 不能确诊的疑难复杂病例。

(3) 急性传染病患者及不明原因的传染病患者。

（方力争　苏琳）

二、咳嗽的诊断思路

主要内容

1. 咳嗽的全科接诊方法。

2. 运用全科医学思维分析咳嗽诊断与鉴别诊断。

3. 慢性咳嗽的诊断。

········ **重要知识点** ········

1. 咳嗽病因复杂,需要系统的病史采集,尽可能了解咳嗽的特征及相关因素等。

2. 需根据系统的体格检查及专项检查结果分析鉴别诊断。

3. 掌握慢性咳嗽的鉴别诊断。

【案例 3-2】

女,50 岁。"反复咳嗽 2 月余"。

现病史：患者 2 个多月前着凉后出现阵发性咳嗽，干咳伴胸闷气急，夜间及活动后咳嗽及胸闷气急症状加重，无畏寒发热、鼻塞流涕，无鼻后滴流感、反酸嗳气、胸痛等，当时未予就诊。上述症状持续存在，患者 20 天前于外院就诊，血白细胞不高，CRP 轻度增高，胸部 CT 无特殊。给予静脉滴注青霉素治疗 6 天（具体不详），上述症状无明显缓解，仍有阵发性咳嗽，伴胸闷气急。

查体：体温 36.2℃，脉搏 89 次 /min，血压 137/70mmHg，呼吸 19 次 /min。神清，精神可，咽稍红，扁桃体未见明显肿大。双肺呼吸音粗，未及明显干湿啰音，心律齐，各瓣膜听诊区未闻及病理性杂音。腹软，无压痛及反跳痛，肝脾肋下未及，双下肢无水肿。

既往史：患者有高血压病史 4 个月，最高收缩压达 180mmHg，规律服用"缬沙坦 80mg 每日一次，尼莫地平 30mg 每日三次"，血压控制可。

家族史：父母体健。

个人史：家庭妇女，否认吸烟饮酒史，否认食物药物过敏。

婚育史：已婚，育 1 女，1-0-0-1，48 岁绝经。

案例提示：通过学习咳嗽的诊断思路，结合案例 3-2，在全科门诊中，应如何进行咳嗽的问诊、体格检查、诊断与鉴别诊断？

（一）概述

咳嗽是机体的重要防御性反射，有利于清除呼吸道分泌物和有害因子，但频繁剧烈的咳嗽会对患者的工作、生活和社会活动造成严重影响。咳嗽是全科门诊最常见的症状之一。咳嗽病因复杂且涉及面广，很多患者常反复进行各种检查，或者长期大量使用抗菌药物和镇咳药物，收效甚微并产生诸多不良反应。

咳嗽作为一种防御机制，主要有两种功能：防止异物进入下呼吸道、清除呼吸道的异物和过多的分泌物。在咳嗽减弱达不到上述作用时，可能出现肺不张、肺炎、换气功能障碍、支气管扩张。

（二）分类

按病程划分，咳嗽分为急性咳嗽（<3 周）、亚急性咳嗽（3~8 周）和慢性咳嗽（>8 周）。按性质可分为干咳与湿咳（每天痰量 >10ml）。临床常根据胸部 X 线检查有无异常将慢性咳嗽分为两类：一类为胸部 X 线检查有明确病变者，如肺炎、肺结核、支气管肺癌等；另一类为胸部 X 线检查无明显异常，以咳嗽为主要或唯一症状，即传统概念的慢性咳嗽。

1. 急性咳嗽的常见病因　普通感冒和急性气管 - 支气管炎，哮喘、慢性支气管炎和支气管扩张等原有疾病的加重，环境因素或职业因素暴露。

2. 亚急性咳嗽的常见原因　感染后咳嗽（post-infectious cough，PIC），咳嗽变异性哮喘（cough variant asthma，CVA）、嗜酸性粒细胞性支气管炎（eosinophilic bronchitis，EB）、上气道咳嗽综合征（upper airway cough syndrome，UACS）等。

3. 慢性咳嗽的常见病因　CVA、UACS、EB、胃食管反流性咳嗽（gastroesophageal reflux-related cough，GERC）和变应性咳嗽（atopic cough，AC），上述病因约占慢性咳嗽病因的 70%~95%。慢性咳嗽的一些其他病因还包括慢性支气管炎、支气管扩张症、气管 - 支气管结核、血管紧张素转换酶抑制剂（angiotensin converting enzyme inhibitor, ACEI）等药物性咳嗽、支气管肺癌和心理性咳嗽等。

（三）咳嗽的临床思维

1. 问诊　作为全科医生，在问诊过程中，主要问诊包括年龄、出现时间、起病方式、诱因、发病特点、持续时间和发作频率、伴随症状、病情变化及经过、用药史、全身性疾病、感染接触史、外伤史、既往史、家族史及个人嗜好，同时问诊时注意了解心理及社会背景、注意人文关怀。根据问诊采集的病史进行整体相关分析，问诊内容见表 3-3。

表 3-3　详细的病史询问内容

项目	问诊要点
症状发作特点	起病时间
	是急性还是慢性
	咳嗽的持续时间
	咳嗽性质、音色、节律
	咳嗽的严重程度
	咳嗽的诱发或加重因素
	体位对咳嗽的影响
	是否伴随咳痰、咯血、发热等症状
	痰液的颜色、气味及性状
相关病史	有无吸烟史、职业或环境刺激暴露史
	服用血管紧张素转换酶抑制剂（ACEI）类药物或其他药物史
	有特殊职业接触史应注意职业性咳嗽的可能

2. 体格检查

（1）一般查体：应进行全面而有重点的检测，包括生命体征，上呼吸道相关的体格检查，如咽部和扁桃体是否存在充血、增大和脓性分泌等感染征象。

（2）重点查体

1）气管的位置：应特别注意气管的位置。肺纤维化、肺不张时气管移向患侧；气胸、大量胸腔积液时气管移向健侧。

2）啰音：双侧肺底或弥漫性湿性啰音，提示慢性支气管炎、淤血性支气管炎；肺尖部局限性细湿啰音，提示浸润性肺结核；局限性下肺野湿啰音，常提示支气管扩张；局限性上肺野湿啰音，常提示空洞性肺结核。干啰音或哮鸣音，支气管哮喘的喘鸣音常较广泛对称，以呼气期为主，而支气管结核、异物则为吸气期闻及，较为局限。

3）其他：上腔静脉阻塞综合征提示纵隔肿块、中央型肺癌；颈部及锁骨上淋巴结肿大者应考虑肺癌、肺结核。慢性咳嗽伴杵状指须注意支气管扩张、慢性肺脓肿、支气管肺癌。同时也要注意心界是否扩大、瓣膜区有无器质性杂音等心脏体征。

3. 辅助检查　见表 3-4。

表 3-4　用于咳嗽病因诊断的实验室检查及影像学检查的项目

检查项目	适用情况和 / 或具体内容
血常规	白细胞计数增加和 / 或中性粒细胞比例增高,提示细菌感染性病变 嗜酸性粒细胞增多,提示寄生虫或过敏性疾病 淋巴细胞增多,见于百日咳杆菌、结核分枝杆菌感染
血清学检查	血清总 IgE 或特异性 IgE 增高可协助过敏性疾病如变应性咳嗽、咳嗽变异型哮喘、支气管哮喘的诊断。血清结核抗体、支原体抗体检测、耶氏肺孢子菌肺炎血清特异性免疫学检查对肺结核、支原体肺炎及耶氏肺孢子菌肺炎的诊断有重要辅助诊断价值。怀疑急性风湿热、风湿性肺炎应作抗链球菌溶血素 "O" 测定
痰液检查	一般性状检查:痰液的量、颜色、性状及气味有诊断价值 显微镜检查:直接涂片检测、细菌培养、聚合酶链反应(PCR)检查、诱导痰细胞学检查
影像学检查	胸部 X 线检查能确定肺部病变的部位、范围与形态,甚至可确定其性质,得出初步诊断,指导经验性治疗和相关实验室检查。不同细菌所致的细菌性肺炎其 X 线表现常有差异,如胸部 X 线检查示肺叶或肺段实变,无空洞见于肺炎球菌肺炎;胸部 X 线检查示肺野或肺段实变,蜂窝状脓肿,叶间隙下坠见于肺炎克雷伯菌肺炎。胸部 X 线检查见卷发状阴影,考虑支气管扩张症 胸部 CT 检查有助于发现纵隔前后肺部病变、肺内小结节、纵隔肿大淋巴结及边缘肺野内较小的肿物 高分辨率 CT 有助于诊断早期间质性肺疾病和非典型支气管扩张 MRI 能较 CT 更好地鉴别肺门附近的结节状病灶是血管断面还是肺癌病灶
食管 24h pH 监测	是目前诊断和鉴别胃食管反流性咳嗽最为敏感和特异的方法
通气功能 + 气道反应性	有助于诊断和鉴别气道阻塞性疾病,如哮喘、慢性支气管炎和大气道肿瘤等
变应原检查	有助于过敏性疾病患者的病因诊断和指导避免变应原接触及脱敏治疗
纤维支气管镜与鼻咽镜检查	能有效诊断气管腔内的病变,如支气管肺癌、异物、结核等,但纤维支气管镜不作为常规检查 鼻咽镜检查如见鹅卵石样征和咽部黏液附着征,可协助诊断后鼻滴涕综合征
其他检查	咳嗽敏感性检查:常用辣椒素吸入进行咳嗽激发试验,咳嗽敏感性增高常见于变应性咳嗽、嗜酸性粒细胞性支气管炎、胃食管反流性咳嗽

4. 建立咳嗽的诊断思路

(1) 急性咳嗽:普通感冒是急性咳嗽最常见的病因,其次为急性支气管炎。普通感冒可合并诱发一些上呼吸道感染性疾病,如急性鼻窦炎、急性鼻炎、急性扁桃体炎、急性咽喉炎等。理化刺激因子和变应原的急性暴露也可导致急性咳嗽。急性咳嗽的诊断流程,临床上首先要根据病史和体格检查的结果,判断急性咳嗽是否属于严重疾病或是普通疾病的一种表现,除了咳嗽外,普通感冒常表现为鼻塞、流涕、打喷嚏、咽喉痛等。严重细菌性肺炎或病毒性肺炎早期亦可表现为感冒样症状。病史体征典型者直接做出诊断,必要时进行辅助检查(包括血常规、肺功能、病原学、影像学等)。若患者急性咳嗽伴咳脓痰时,多提示急性支气管炎,常为普通感冒诱发。支气管哮喘、支气管扩张、慢性支气管炎或慢性阻塞性肺疾病(chronic obstructive pulmonary disease,COPD)急性发作,可根据病史做出判断。还应考虑的其他疾病包括异物吸入、肺栓塞、肺炎、心功能不全等。咳嗽是肺栓塞的常见症状之一,早期常表现为干咳。

(2) 亚急性咳嗽:感染后咳嗽是最常见的原因。亚急性咳嗽通常始于急性上呼吸道感染,病程不断迁延,最终转归为感染后咳嗽。导致此类咳嗽的机制包括持续性后鼻滴涕、上气道刺激、分泌物积聚、气道高反应性等。持续的刺激物或变应原暴露、某些非典型病原体感染、慢性支气管炎或 COPD 急性加重等亦可能导致亚急性咳嗽。

(3) 慢性咳嗽:临床上通常将以咳嗽为唯一症状或主要症状、时间超过 8 周、胸部 X 线检查无明显异常者称为不明原因慢性咳嗽,简称慢性咳嗽,由于缺乏典型的相关症状、胸部 X 线检查无异常,给予止咳祛痰药或反复使用多种抗生素治疗均无效果。常见慢性咳嗽病因的诊断应首先考虑 CVA、UACS、EB 和 GERC 等常见病因。多数慢性咳嗽与感染无关,因此应避免滥用抗菌药物治疗。

1) 上气道咳嗽综合征(upper airway cough syndrome,UACS):涉及鼻、鼻窦、咽、喉等多种基础疾病,症状及体征差异较大且多无特异性,必须综合病史、体征及相关检查,在除外合并下气道疾病、GERC 等复合病因的情况下针对基础疾病进行治疗,咳嗽得以缓解,诊断方能确定。

推荐采用以下诊断标准:①发作性或持续性咳嗽,以白天为主,入睡后较少;②有鼻部和 / 或咽喉疾病的临床表现和病史;③辅助检查支持鼻部和 / 或咽喉疾病的诊断;④针对病因治疗后咳嗽可缓解。

2) 咳嗽变异性哮喘(cough variant asthma,CVA):应根据慢性咳嗽病史及特点、支气管激发试验和抗哮喘治疗的有效性综合分析做出诊断。支气管舒张剂治疗有效缓解咳嗽是 CVA 的一个重要临床特征,但仍有部分(约 30%)哮喘患者对单纯支气管舒张剂治疗反应不佳,不建议将支气管舒张剂治疗有效作为一条诊断标准。但呼气峰值流量(peak expiratory flow,PEF)平均变异率可作为一条诊断标准。诱导痰嗜酸性粒细胞增高和呼出气中一氧化氮(fractional exhaled nitric oxide,FeNO)增高有助于 CVA 的诊断。

推荐采用以下诊断标准:①慢性咳嗽,常伴有明显的夜间刺激性咳嗽;②支气管激发试验阳性,或 PEF 平均变异率 >10%,或支气管舒张试验阳性;③抗哮喘治疗有效。

3) 嗜酸性粒细胞性支气管炎(eosinophilic bronchitis,EB):临床表现缺乏特征性,部分临床表现类似 CVA,体格检查无异常发现,痰嗜酸性粒细胞增高是主要诊断依据。国内正常人诱导痰嗜酸性粒细胞比例 <2.5%。FeNO 检测诊断 EB 的敏感性较低,增高(FeNO>32ppb)提示嗜酸性粒细胞性相关慢性咳嗽(如 EB 或 CVA)。既往有接触面粉、异氰酸和氯氨等引起 EB 的报道,因此 EB 诊断时要考虑职业因素。EB 的诊断必须结合病史,诱导痰(或支气管灌洗液)嗜酸性粒细胞计数、气道反应性测定和激素治疗有效等综合判断。

推荐采用以下诊断标准:①慢性咳嗽,表现为刺激性干咳或伴少量黏痰;②胸部 X 线检查正常;③肺通气功能正常,无气道高反应性,呼气峰流速平均周变异率正常;④痰细胞学检查嗜酸性粒细胞比例≥2.5%;⑤排除其他嗜酸性粒细胞增多性疾病;⑥口服或吸入糖皮质激素有效。

4) 胃食管反流性咳嗽(gastroesophageal reflux-related cough,GERC):推荐采用以下诊

断标准:①慢性咳嗽,以白天咳嗽为主。②24h 食管 pH- 多通道阻抗监测 DeMeester 积分 ≥12.70 和 / 或反流与咳嗽症状的相关概率(symptom association probability,SAP)≥80%。症状指数≥45% 可用于 GERC 的诊断。但需注意,少部分合并或以非酸反流(如胆汁反流)为主的患者,其食管 pH 监测结果未必异常。③抗反流治疗后咳嗽明显减轻或消失。

5)变应性咳嗽(atopic cough,AC):推荐采用以下诊断标准:①慢性咳嗽,多为刺激性干咳。②肺通气功能正常,支气管激发试验阴性。③诱导痰嗜酸性粒细胞不增高。④具有下列指征之一:有过敏性疾病史或过敏物质接触史;变应原皮试阳性;血清总 IgE 或特异性 IgE 增高。⑤糖皮质激素或抗组胺药治疗有效。

5. 鉴别诊断 诊断与鉴别诊断思路为根据诊断线索分析:①根据病程鉴别急性、亚急性、慢性咳嗽;②详细询问病史、职业及环境因素暴露史、吸烟史、用药史,仔细进行体格检查,选择有关辅助检查,由简单到复杂;③先考虑常见病,后考虑少见病。条件不具备时,可诊断性治疗,根据治疗反应确定咳嗽病因。治疗无效时,应进行评估,再选择有关检查。

(四)咳嗽的诊断流程

见图 3-2~ 图 3-4。

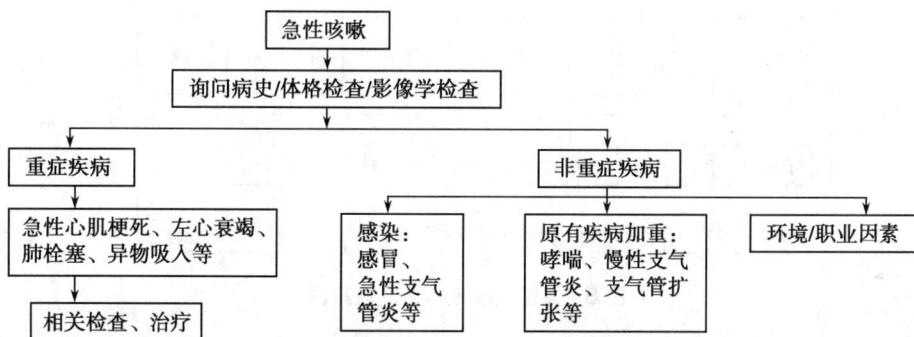

图 3-2 急性咳嗽的诊断流程图

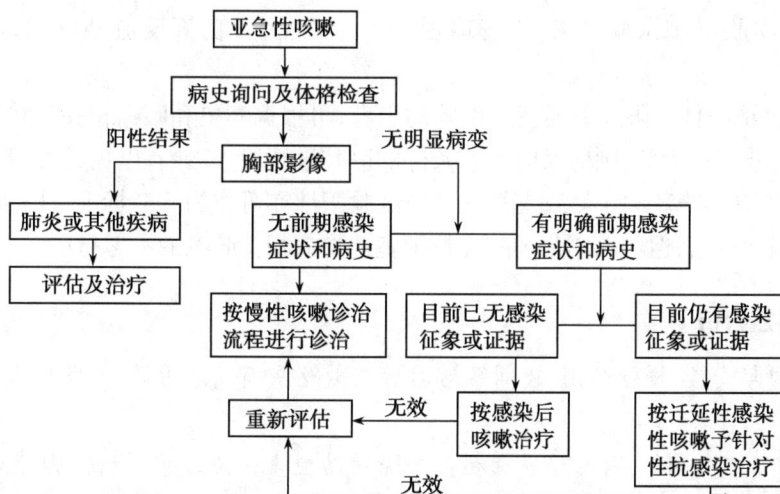

图 3-3 亚急性咳嗽的诊断流程图

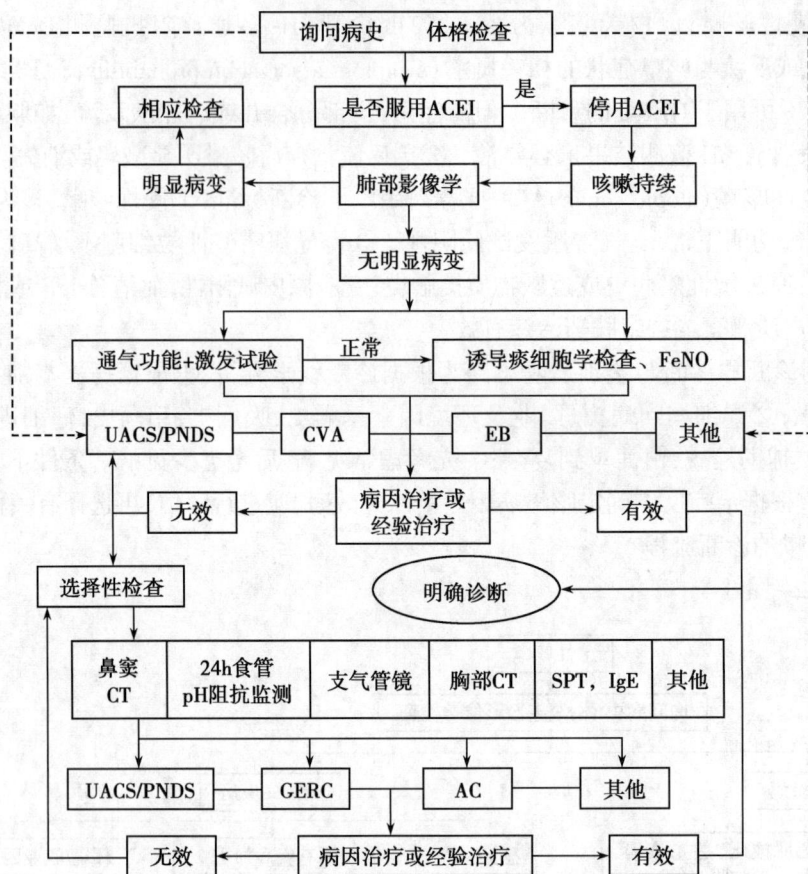

图 3-4　慢性咳嗽的诊断流程图

1. ACEI,血管紧张素转换酶抑制剂;FeNO,呼出气一氧化氮;UACS,上气道咳嗽综合征;PNDS,鼻后滴流综合征;CVA,咳嗽变异性哮喘;EB,嗜酸性粒细胞性支气管炎;SPT,变应原皮肤点刺试验;lgE,免疫球蛋白 E;GERC,胃食管反流性咳嗽;AC,变应性咳嗽。

2. 对于经济条件受限或普通基层医院的患者,可根据病史和咳嗽相关症状进行经验性治疗。如果经验治疗无效,则应及时到有条件的医院进行检查诊断,以免延误病情。

3. PEF 平均变异率 >10%,或支气管舒张试验阳性亦可作为诊断标准。FeNO 检查不可作为病因的确诊依据,但可以作为嗜酸性粒细胞性炎症相关咳嗽的参考指标。

【案例 3-2 分析】

患者为中年女性,慢性起病,夜间及活动后咳嗽及胸闷气急明显,无发热胸痛。需鉴别慢性咳嗽。

查体:生命体征平稳,双肺呼吸音粗。外院辅助检查:CRP 轻度增高,胸部 CT 无特殊。抗生素治疗效果欠佳,否认 ACEI 用药史,否认鼻后滴流,否认焦虑情绪。需进一步完善肺功能、痰嗜酸性粒细胞等检查。

进一步给予完善检查,痰嗜酸性粒细胞阴性,肺功能可见:①轻度阻塞性通气功能障碍;②支气管舒张试验阳性;③轻度弥散功能障碍;④肺总量正常,残气量和功能残气量均在正常范围。

诊断:咳嗽变异性哮喘。

◉ **全科医生在诊断过程中的关注点**

运用全科医学的理念及整体方法针对咳嗽进行详细评估。

1. 系统的病史采集,应尽可能了解咳嗽的特征及相关因素等,如:①咳嗽为急性还是慢性? 加重缓解因素为何? 体位改变是否有影响? 伴随症状有哪些? ②有无提示呼吸道感染的其他症状? 如发热、咳痰等。如咳痰,痰液性状如何? ③是否存在鼻后滴流的症状? 是否存在鼻窦炎、变应性鼻炎等基础疾病? ④是否存在反酸、胃灼热等胃食管反流症状? ⑤是否接触粉尘或长期吸烟? ⑥是否服用 ACEI 类药物。

2. 问诊时注意了解心理及社会背景、注意人文关怀。

3. 根据系统的体格检查及专项检查结果分析鉴别诊断。

4. 采用安全诊断策略,关注咳嗽的相关伴随"红旗征",如大量咯血、呼吸困难等,进一步评价及排除可能存在危及生命的问题。

5. 转诊指征

(1) 紧急转诊:气胸、气管支气管异物、重症肺炎、肺栓塞等。

(2) 普通转诊:治疗无效的慢性咳嗽、肺癌、肺结核等。

(方力争 苏 琳)

三、腰背痛的诊断思路

主要内容

1. 腰背痛的全科接诊方法。

2. 运用全科医学思维分析腰背痛诊断与鉴别诊断。

3. 骨质疏松症的诊治。

······ **重要知识点**

1. 大部分患者的腰背痛是由机械性因素所致,采集病史时关注疼痛的强度及其与休息和活动的关系。

2. 体格检查应进行脊柱的视诊、触诊、活动和功能检查。

3. 急性腰背痛通常有自限性,保守治疗无改善且未行影像学检查的应重新评估。若存在提示严重疾病的信号需要及时进行影像学检查,以尽早明确诊断和及时治疗。

【**案例 3-3**】

女,85 岁。"反复腰背部疼痛十余天"。

患者十多天前无外伤等明显诱因下出现腰背部疼痛,为胀痛,疼痛程度可忍,无明显活动受限,后疼痛自行缓解。十多天来腰部疼痛反复发作,持续时间不定,弯腰、翻身、久站或久坐后均可加重,夜间平卧时缓解,有时伴双下肢酸痛、麻木不适,咳嗽、深呼吸时明显。无发热,无头痛,无大小便失禁等。

查体:体温(口腔)37℃,脉搏76次/min,血压137/77mmHg,呼吸18次/min,疼痛评分3分。身高146cm,体重46kg。神清,精神可,心肺查体无殊,腰椎轻度侧弯,下腰部脊柱后凸畸形,L_3/L_4压痛,双下肢直腿抬高试验及加强试验阳性,双侧膝腱反射(++),跟腱反射未引出,双下肢肌力5级,肢端血运良好。双下肢无水肿。

既往史:既往体健。

个人史:出生史、发育史无特殊。家庭妇女、无吸烟饮酒史。否认疫区生活史。

婚育史:已婚,育5个子女,5-0-0-5,50岁绝经。子女均体健。

家族史:无特殊。

案例提示:通过学习腰背痛的诊断思路,结合案例3-3,在全科门诊中,应如何进行腰背痛的问诊、体格检查、诊断与鉴别诊断?

(一) 概述

腰背痛是全科门诊常见的症状之一,一般是指定位于肋缘至臀褶皱下缘区域的疼痛、肌肉紧张或僵硬,伴或不伴有腿部疼痛(坐骨神经痛)。

大部分患者的腰背痛是由机械性因素所致,最常见的病因是随着年龄增长出现退行性变(椎间盘、椎骨)或反复的轻微损伤(包括肌肉、筋膜、韧带和神经)。90%的腰背痛是一过性的,无须治疗在短期内可缓解,具有自限性;或通过一般物理治疗,在6周内缓解。部分腰背痛呈慢性反复发作过程,甚至可以影响患者生活和工作。临床上,多数腰背痛呈良性过程,但少数可以是机体有严重疾病的表现之一,包括感染、恶性肿瘤和其他系统性疾病。

(二) 分类

腰背部的解剖学结构包括皮肤、皮下组织、筋膜、肌肉、韧带、椎骨、椎间盘、硬膜、脊髓和神经、大血管(主动脉和下腔静脉)、腹膜后组织或器官(肾脏、肾上腺、胰腺和淋巴结)以及腹腔或盆腔的内脏。将腰背痛按解剖部位分类为以下几种。

1. 脊椎疾病 如脊椎骨折、椎间盘突出、增生性脊柱炎、感染性脊柱炎、脊椎肿瘤、先天性畸形等。

2. 脊椎旁软组织疾病 如腰肌劳损、腰肌纤维组织炎、风湿性多肌炎。

3. 脊神经根病变 如脊髓压迫症、急性脊髓炎、腰骶神经炎、颈椎炎。

4. 内脏疾病 呼吸系统疾病如肺胸膜病变引起上背部疼痛;泌尿系统疾病如肾输尿管结石、炎症;盆腔、直肠、前列腺及子宫附件炎症均可引起放射性腰背部疼痛。

按引起腰背痛的病因可分为五大类。

1. 外伤性

(1) 急性损伤:因各种直接或间接暴力、肌肉拉力所致的腰椎骨折、脱位或腰肌软组织损伤。

(2) 慢性损伤:工作时的不良体位、劳动姿势、搬运重物等引起的慢性累积性损伤,遇到潮湿寒冷等物理性刺激后极易发生腰背痛。

2. 炎症性

(1) 感染性:可见于结核菌、化脓菌或伤寒菌对腰部及软组织的侵犯形成感染性炎症。

(2) 无菌性炎症:寒冷、潮湿、变态反应和重手法推拿可引起骨及软组织炎症,病理表现为骨膜、韧带、筋膜和肌纤维的渗出、肿胀和变性。

3. 退行性变 一般认为人从 20~25 岁脊柱开始退变,包括纤维环及髓核组织退变。如过度活动、经常处于负重状态,则髓核易于脱出。前后纵韧带、小关节随椎体松动移位,引起韧带骨膜下出血,微血肿机化,骨化形成骨刺。髓核突出和骨刺可压迫或刺激神经引起疼痛。

4. 先天性疾病 最常见于腰骶部,是引起下腰痛的常见病因。常见的有隐性脊柱裂、腰椎骶化或骶椎腰化、漂浮棘突、发育性椎管狭窄和椎体畸形等。此类疾病在年轻时常无症状。但以上骨性结构所形成的薄弱环节,为累积性损伤时出现腰背痛提供了基础。

根据腰背痛症状持续的时间,可以将腰背痛分为急性腰背痛(<6 周)、亚急性腰背痛(6~12 周)、慢性腰背痛(>12 周)。

(三)腰背痛的临床思维

1. 问诊 作为全科医生,在问诊过程中,主要问诊包括年龄、出现时间、起病方式、诱因、发病特点、持续时间和发作频率、伴随症状、病情变化及经过、用药史、全身性疾病、外伤史、既往史、家族史及个人嗜好,同时问诊时注意了解心理及社会背景、注意人文关怀。根据问诊采集的病史进行整体相关分析,问诊内容见表 3-5。

表 3-5 详细的病史询问内容

项目	问诊要点
初步问诊	起病时间
	是急性还是慢性
	疼痛部位、范围及分布
	疼痛性质(跳痛、针扎样痛、烧灼样痛、酸痛)
	疼痛程度(剧痛、钝痛、隐痛)
	疼痛频度(间歇性、持续性)
	发病原因(推测)
	缓解情况(休息或活动多久后改善)
	加重因素(体位、站立、久坐、咳嗽、打喷嚏、深呼吸)
	有无放射痛(放射到臀部、膝以上、足部、会阴部)
伴随症状	是否伴有脊柱畸形、活动受限、发热、尿频、尿急、排尿不尽、嗳气、反酸、上腹胀痛、腹泻、便秘、月经异常等
	有无神经系统表现如麻木、感觉异常、运动功能受损等
相关病史	有无脆性骨折家族史和长期使用糖皮质激素等

2. 体格检查 应进行全面而有针对性的体格检查,对腰背痛进行定位和病因分析。

(1) 视诊:姿势、步态、脊柱的生理弯曲、脊柱的对称性、脊柱的活动范围和角度等。

(2) 触诊:腰背部压痛、椎旁组织是否正常、腰及下肢的关节活动度、下肢的肌力感觉与反射、直腿抬高试验等。

(3) 神经系统检查:对怀疑有神经根和脊髓受累的患者,应行神经系统检查,包括感觉、肌力和反射三方面。

3. 辅助检查

(1) 实验室检查:大部分腰背痛患者实验室检查均为阴性,特别是机械性腰背痛患者的血清炎症指标多为正常。血红细胞沉降率(血沉)和 C 反应蛋白(CRP)的检测有助于鉴别炎症性和机械性腰背痛。肿瘤所致的腰背痛,血沉常增高,但 CRP 升高不显著(淋巴瘤除外)。对于自身免疫相关的腰背痛如强直性脊柱炎,患者的血沉和 CRP 均升高,常有 HLA-B27 阳性。怀疑脊柱多发性骨髓瘤时,应行本周蛋白测定和血清蛋白固定电泳。

(2) 影像学检查

1) X 线平片:是脊柱病变的首选的影像学检查方法,X 线平片检查比较容易发现的骨骼和关节病变包括脊柱畸形、骨质疏松、椎体骨折、椎体骨质增生、椎间盘变窄、韧带钙化、关节侵蚀(特别是骶髂关节)、关节融合、脊柱强直等。

2) CT 检查:是腰背痛鉴别诊断的重要检查手段,尤其适合于结构复杂部位(如脊柱和骨盆)的检查,特别适用于脊柱创伤的检查,可用于明确是否有骨块向后移位造成的椎管狭窄以及脊柱后方结构是否有骨折。

3) 磁共振(MRI)检查:在脊柱和骶髂关节疾病的诊断中具有非常重要的价值,对诊断骨和软组织的炎症,具有很高的敏感性。对于脊柱肿瘤,MRI 检查更为敏感准确。

4) 放射性核素扫描(ECT)骨显像:多用于检查脊柱有无转移性病灶,识别应力性骨折和骨髓炎。

临床上若存在提示严重疾病的信号需要及时进行影像学检查,以尽早明确诊断、及时治疗。这些危险信号包括:进行性加重的神经系统症状和体征,伴随明显的全身症状,发病时有外伤史,有恶性肿瘤病史,年龄 >50 岁或起病年龄小但持续存在炎性腰背痛(夜间痛、活动后减轻),有感染因素存在(吸毒史、使用免疫抑制剂、留置导尿管、长期应用糖皮质激素、皮肤或泌尿系感染),骨质疏松症,出现马尾综合征表现(经典的尿潴留、排便困难、会阴区麻木、双下肢无力或麻木),脊髓压迫,持续性坐骨神经痛,感觉缺失,反射减弱,直腿抬高试验阳性以及运动神经受损等。

4. 建立腰背痛的诊断思路

(1) 急性腰背痛:大部分为非特异性腰背痛,即病因不明的、除脊柱特异性疾病及神经根性疼痛以外其他原因引起的。有少数患者存在严重的全身性病因,需要立即接受影像学检查。

1) 神经功能障碍:新发尿潴留、膀胱充盈性尿失禁、新发大便失禁、鞍区感觉丧失,以及不局限于单侧单一神经根的显著运动功能障碍。

2) 感染:近期脊柱手术史或注射吸毒,伴有高热、局限性腰背疼痛和压痛的。

3）肿瘤：有恶性肿瘤病史，椎体局部疼痛和压痛，或年龄 >50 岁，有长期吸烟史，近期体重减轻的。

4）压缩骨折：存在椎体骨折风险增加的病史特征包括长期使用糖皮质激素、高龄、严重创伤或挫伤 / 擦伤，或者存在骨质疏松或其危险因素的患者近期发生轻度创伤。

5）胸背痛：不能忽视严重疾病，如主动脉瘤破裂，使用抗凝剂的患者可能出现腹膜后出血。

（2）亚急性腰背痛：急性腰背痛通常有自限性（6 周内约有 90% 的患者会出现好转），保守治疗无改善且未行影像学检查的应重新评估。

1）强直性脊柱炎：保守治疗后仍有持续性腰痛，并有提示强直性脊柱炎的体征和症状。

2）骨关节炎：若年龄较大的患者有持续性腰背痛，且疑似髋部骨关节炎引起腰部牵涉痛的。

（3）慢性腰背痛：对存在神经根型疼痛和存在长期使用糖皮质激素、高龄、恶性肿瘤史、药物滥用史、暴力损伤病史、全身不适、体重下降、胸痛、持续严重腰椎弯曲受限等警示的需完善影像学检查。

1）机械性腰背痛：退行性疾病为慢性起病：腰椎间盘突出典型的症状是腰痛伴根性疼痛，下腰椎和腰骶段的椎间盘突出可以引起典型的放射至膝关节以下部位疼痛。退行性腰椎滑脱主要发生在 40 岁以后的成年人，女性多于男性，临床表现为典型的下腰痛，向下放射至臀部和大腿外侧，行走后出现无力、下肢沉重感以及间歇性跛行。

2）感染：化脓性脊柱炎、脊柱结核等发病隐匿，腰背痛常伴有发热、盗汗、消瘦等。

3）肿瘤：原发性良性脊柱肿瘤引起的腰背痛呈进行性、逐渐显著、夜间加重，常和活动无关。原发性脊柱恶性肿瘤相对罕见，多为转移癌，患者有全身表现，如体重减轻、食欲减退、发热、全身不适等。

4）炎性脊柱关节病：腰背痛呈现出炎症性特征：年龄 <40 岁，慢性起病，活动后疼痛减轻，休息不能缓解和夜间痛。疼痛对非甾体抗炎药（NSAIDs）反应较好。

5）代谢性病变：骨质疏松常无症状，但患者可发现细微的骨折，引起骨痛；出现较显著的骨折则引起剧烈疼痛。甲状旁腺功能亢进患者的腰背部疼痛，症状持续性加重，久站时加重，休息后可缓解，严重时出现病理性骨折。

6）内脏疾病：盆腔疾病、肾脏疾病、胰腺疾病、消化系统疾病均可引起腰背痛牵涉痛。

7）慢性非特异性腰背痛：病因不明的、除脊柱特异性疾病及神经根性疼痛以外原因的腰背痛。多数患者可同时存在腰部无力、僵硬感、活动受限或协调性下降，严重者可发生睡眠障碍。疼痛症状多于卧床休息后减轻或消失，弯腰、久坐、久站后加重。经热敷、按摩等保守治疗后疼痛症状多可暂时缓解。体格检查常可发现疼痛部位存在肌张力增高或明显局限性压痛点（扳机点）。无特异性病理改变，可导致腰背痛的病因较多，机制比较复杂。其病因主要可分为机械性因素、化学性因素及社会心理学因素等。主要治疗目标是改善患者的躯体功能、恢复正常活动、预防残疾及维持工作能力。

5. 鉴别诊断 诊断与鉴别诊断思路为根据诊断线索分析。

（1）是否存在非脊柱部位特异性病变、脊柱部位特异性病变、神经根痛。

（2）如疑似特异性病理改变/神经根疼痛，建议行相应影像学检查及其他实验室检查。

（3）如初始评估为非特异性腰背痛，经保守治疗后疼痛持续，建议重新评估是否为特异性腰背痛。

（四）诊断流程

见图 3-5。

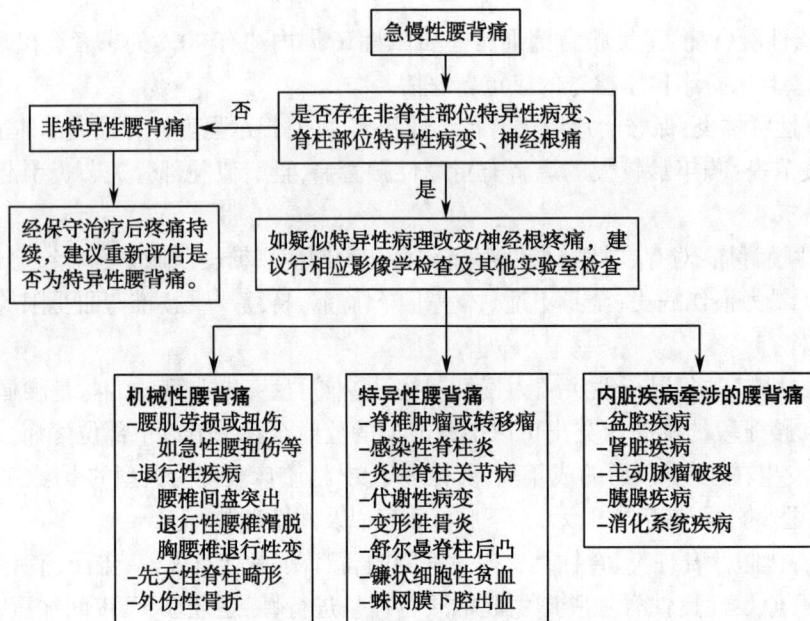

图 3-5　急慢性腰背痛诊断思路

【案例 3-3 分析】

患者为老年女性，急性腰背部疼痛，伴下肢酸痛麻木。考虑存在神经根痛。

查体：腰椎轻度侧弯，下腰部脊柱后凸畸形，L_3、L_4 压痛，双下肢直腿抬高试验及加强试验阳性。考虑腰椎病变，下一步进行骨密度、腰椎影像学检查。

骨密度：腰椎骨质疏松 T-2.9，股骨骨量减少 T-2.3。腰椎 MRI 可见：①脊柱后凸，序列欠稳，L_5 椎体 I 度前滑移；②骨质疏松，多发椎体压缩性改变，T_{12} 椎体上缘许莫氏结节形成。L_3、L_4 椎体信号改变伴异常强化，水肿伴病理性骨折，请结合临床考虑；③腰椎退行变，L_{4-5}、$L_5 \sim S_1$ 椎间盘变性膨出，相应水平椎管狭窄。

诊断：骨质疏松伴病理性骨折。

⊙ **全科医生在诊断过程中的关注点**

运用全科医学的理念及整体方法针对腰背痛进行详细评估。

1. 病史分析可以指导临床诊断，必须仔细评估疼痛的模式，特别重要的是要注意疼痛的强度及其与休息和活动的关系。特别是询问是否存在夜间痛，是否可以痛醒。夜以继日的持续疼痛提示肿瘤或感染,晨起时疼痛提示炎症或抑郁症。活动时疼痛加重,休息时缓解提示机械性腰背痛。疼痛在休息时加重,经轻微的活动后减轻是典型的炎症表现。某些患者机械性和炎症性的原因共存,形成复杂的模式。对于慢性腰背痛的患者,排除严重的疾病如恶性肿瘤、骨质疏松症、感染或脊柱疾病很重要。

2. 问诊时注意了解心理及社会背景,了解患者对疼痛的态度,注意人文关怀。

3. 根据系统的体格检查及专项检查结果分析鉴别诊断,体格检查应进行脊柱的视诊、触诊、活动和功能检查。当患者出现放射痛、感觉异常、麻木无力等症状时需要行神经系统检查。

4. 采用安全诊断策略,内脏疾病所致的腰背痛通常需要紧急处理,如主动脉瘤破裂、腹膜后出血、急性胰腺炎、消化性溃疡穿孔、急性胆囊炎等。腰背痛伴急性神经根症状,如尿潴留等,亦需要紧急处理。在老年人中,腰椎的退行性变是最常见的引起腰背痛的病因,同时也要考虑有恶性疾病及感染的可能。

5. 转诊指征

(1) 腰背痛患者紧急转诊的情况:①脊髓尤其是急性马尾受压综合征;②严重的神经根病变,有进展性神经功能损害;③脊柱骨折。

(2) 其他需要转诊的情况:①脊柱肿瘤或转移瘤;②感染性脊柱炎;③变形性骨炎;④持续疼痛3个月而不能明确病因。

(方力争　苏　琳)

四、头痛的诊断思路

主要内容

1. 头痛的危险评估。
2. 运用全科医学思维分析头痛诊断与鉴别诊断。
3. 紧张性头痛的诊断。
4. 偏头痛的主要临床表现。

········ **重要知识点** ········

1. 头痛突发、程度重,且伴有全身症状、神经系统异常体征,头痛因体位改变而加重是判断高危头痛的重要指标。

2. 发作时畏光、无行为能力、恶心,慢性反复多次发作是偏头痛的重要筛查特征。

3. 紧张性头痛发作的典型表现为轻至中度的双侧非搏动性头痛,无先兆,发作时不伴其他相关特征。

【案例3-4】

女,38岁。"双侧颞部头痛半年余"。

头痛每月均出现多次,部位为双侧颞部,有紧缩感。每次发作持续2~3h。否认长期服用止痛药物史。

　　既往史:无高血压、糖尿病史等慢性病史。否认鼻窦炎病史。

　　家族史:家族中无偏头痛病史。

　　婚育史:23 岁结婚、顺产 2 子,月经周期正常。节育环避孕。

　　个人史:少量社交饮酒,否认吸烟史。

　　查体:体温 36.2℃,脉搏 90 次 /min,血压 110/65mmHg,呼吸 17 次 /min。神志清,精神可,两肺呼吸音清,未及明显干湿啰音。心律齐,各心瓣膜区未及病理性杂音。腹软,无明显压痛,无反跳痛,肝脾肋下未及。四肢肌力 V 级,病理征未引出。

　　案例提示:通过学习头痛的诊断思路,结合案例 3-4,在全科门诊中,应如何进行头痛的问诊、体格检查、诊断与鉴别诊断?

(一) 概述

　　头痛(headache)是指外眦、外耳道与枕外隆突连线以上部位的疼痛。主要由三叉神经、面神经、舌咽神经、迷走神经和颈 1~3 神经支配。分为原发性头痛和继发性头痛。偏头痛(migraine)是全科医生接诊的患者中最常见的原发性头痛综合征。紧张型头痛(tension-type headache)是一般人群中最普遍的头痛,也是最常见的疾病之一。

(二) 分类

　　国际头痛协会(International Headache Society,IHS)2018 年发布的《头痛分类及诊断标准》第三版,将头痛疾病分类如下。

　　1. 原发性头痛　偏头痛、紧张型头痛、三叉自主神经性头痛、其他原发性头痛。

　　2. 继发性头痛　缘于头颈部创伤的头痛,缘于头颈部血管性疾病的头痛,缘于颅内非血管性疾病的头痛、缘于某种物质或物质戒断引起的头痛、缘于感染的头痛,缘于内环境紊乱的头痛,缘于头、颈、眼、耳、鼻、鼻窦、牙齿、口腔或其他面部或颈部构造疾病引起的头痛,缘于精神障碍的头痛。

　　3. 痛性脑神经病变和其他面痛　痛性脑神经病和其他面痛、其他头痛疾病。

(三) 头痛的临床思维

　　1. 头痛的高危特征

　　(1) 全身症状、疾病或状况,如发热、寒战、肌肉酸痛、癌症、感染、妊娠后或免疫功能受损等。

　　(2) 神经系统症状或异常体征,如意识模糊、警觉性或意识受损、复视、搏动性耳鸣、局灶性神经系统症状或体征、脑膜刺激征或癫痫发作。

　　(3) 突然发作,发作后立即达到最大强度。

　　(4) 发病年龄 >50 岁。

　　(5) 既往头痛模式改变且伴随:发作频率、严重程度或临床特征呈进展性;由 Valsalva 动作诱发;体位性改变后加重;视神经乳头水肿。

　　2. 病史　询问头痛部位、程度、持续时间、诱因及缓解因素,是否有全身及伴随症状。如为长期发作则询问频率、每次持续时间。追问个人史中的外伤史、药物史、家族史等,关注

鼻炎等病史。女性还需询问月经史及与症状的相关性,是否服用避孕药物。(表3-6)

表3-6　头痛全科门诊问诊要点

项目	问诊要点
初步问诊	全身症状:是否有发热、寒战、肌肉酸痛、妊娠
	是否突然发作,发作后立即达到最大强度
	头痛是否随着体位改变而加重、Valsalva动作诱发,疼痛剧烈
症状发作特点	是否存在先兆和前驱症状:如发作前是否有闪光、火花、盲点、偏盲
	诱发因素和缓解因素
	发作的频率、强度和持续时间
	每月头痛的天数
	疼痛的性质、部位和放射情况:爆炸样或霹雳性、针刺样、钝痛、压迫感、搏动性;前额、头顶、颞侧、后枕部或整个头部
	体位改变后加重或减轻
	活动对头痛的影响
伴随症状	头晕、恶心、发热、咳嗽、视物模糊、畏光、恐声、颈项强直、意识障碍、精神行为改变和抽搐等
	任何近期的视觉改变:视物模糊、畏光等
药物史	长期服用止痛药物、各种药物成瘾史、对药物治疗的反应
既往史	鼻窦炎病史、高血压、心肺疾病及心肺功能不全
家族史	家族中类似头痛史、心脑血管病、头部外伤、眼耳鼻喉科疾病史及精神疾病史等
个人史	饮酒史、偏食、经常低头伏案等
婚育史	女性患者月经周期,避孕药物使用情况
心理及一般情况	心理应激事件,睡眠、体重改变,环境改变

3. 体格检查

(1) 一般体检:包括血压,脉搏呼吸和体温等生命体征,注意关注有无发热、贫血、高血压、妊娠等,有无意识或精神心理行为的改变。

(2) 头面部检查:颞动脉触痛;眼压、视力、视野、瞳孔、光反射、眼球运动以及有无视神经乳头水肿等;颅周肌肉(包括额肌、颞肌、咬肌、翼状肌、胸锁乳突肌、夹肌和斜方肌)触诊。

(3) 躯干及四肢查体:包括心、肺、腹的躯干及四肢常规体格检查等。

(4) 神经系统检查:包括意识状态,语言、视觉及听觉检查,脑神经检查,感觉和运动,肢体肌力,病理征及脑膜刺激征等。

4. 辅助检查

(1) 血常规、血沉;鼻窦摄片、颈椎片、脑电图;头颅 CT 及 MRI、腰椎穿刺、脑血管造影等。

(2) 彩色多普勒超声:显示颈部肌肉、神经、关节囊、血管等相关组织空间关系以及走行变化,诊断颈源性头痛。

(3) 心理评估:对头痛患者,进行心理评估,主要包括焦虑及抑郁评估等。

5. 诊断与鉴别诊断 重点介绍最常见的社区就诊原发性头痛——紧张性头痛及偏头痛(表3-7)。

表 3-7 紧张性头痛与偏头痛症状鉴别

鉴别要点	紧张性头痛	偏头痛
发作特点	慢性反复发作,每次发作持续时间较长	突发且程度严重
先兆	无	视觉、语言、感觉、运动及协调障碍
触发因素	头颈运动	应激、女性经期、视觉刺激、天气变化、硝酸盐、禁食和饮酒
单侧还是双侧	多为双侧对称性	多为单侧
搏动性头痛	非搏动性,多为紧缩样、压迫样	多为搏动性
恶心呕吐	无	多伴有
畏光或畏声	最多有其中一种	多伴有

(1) 紧张性头痛:根据国际头痛协会 2018 年发布的《头痛分类及诊断标准》第 3 版(The international classification of headache disorders, 3rd edition; ICDH-3)标准,发作性紧张性头痛要求至少有 10 次头痛发作,每次持续 30min~7d。慢性紧张性头痛是指患者头痛持续数小时至数日或者无缓解,平均每月发作≥15d,病程超过 3 个月(每年≥180d),并满足以下条件至少 2 项:①双侧发作;②压迫样或紧缩样(非搏动性)性质;③强度为轻度或中度;④常规身体活动(如步行或爬楼梯)不会加重病情。同时需满足下列 2 项:无恶心和呕吐;畏光或畏声至多有一项。

紧张性头痛患者无先兆表现,无论是视觉、语言、感觉、运动还是协调障碍。同样,通常与偏头痛相关的其他特征,如恶心、呕吐或对声和光敏感,都不是发作性紧张性头痛的特点。头颈运动是发作性紧张性头痛的重要触发因素,而食物、饥饿、气味则更常见于偏头痛患者。

(2) 偏头痛:偏头痛是一种发作性疾病,表现为严重头痛,多伴有恶心和/或畏光、畏声。应激、女性经期、视觉刺激、天气变化、硝酸盐、禁食和饮酒均可能是偏头痛的触发因素。典型的偏头痛发作经历 4 个阶段:前驱期、先兆期、头痛期和头痛后期。①前驱期症状:高达 77% 的偏头痛患者出现前驱期症状,包括在头痛发作前 24~48h 出现的情感症状或自主神经症状。常见的前驱期症状包括打哈欠次数增多、欣快感、抑郁、易激惹、食物渴求、便秘以及颈僵硬。②先兆期症状:约 25% 的偏头痛患者在先兆期会出现一种或以上局灶性神经系统症状。最常见为视觉异常,也可为感觉、言语或运动障碍。③头痛期表现:常为单侧性,呈跳动性或搏动性,随着强度的增加此特征尤其明显。随着时间发作逐渐加重,常感恶心,有时呕吐。④头痛后期:一旦头痛消退,进入头痛后期,此期突然的头部活动会引起先前头痛部位发生短暂的疼痛。患者通常会感到精疲力竭,偶有表现为欣快感。

（四）头痛诊疗流程

见图3-6。

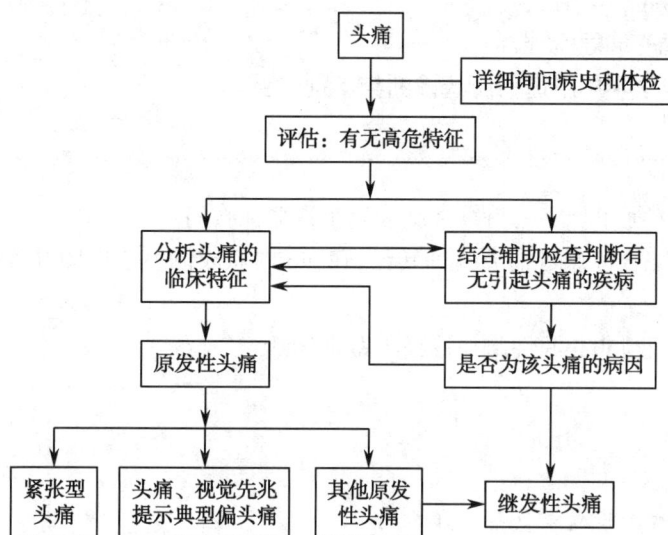

图 3-6　头痛的诊疗流程

【案例3-4分析】

患者为 38 岁中年女性,头痛发作时无全身症状、疾病、发作时无神经系统症状,无突然发作即达到程度非常严重的情况,非高危头痛的患者。暂无转诊指征。

询问病史中还需要补充头痛前是否有诱因和先兆。头痛症状是否有搏动感。发作时是否伴随有放射症状,是否伴随有恶心、呕吐、畏光、畏声等。是否存在诱发和缓解的因素,发作的程度随着体位改变是否有变化。活动对头痛的影响。近半年是否有创伤或者心理应激事件。虽无任何药物服用,是否存在节食减肥、饮酒等情况。既往否认鼻窦炎病史,仍需追问是否有鼻塞、流涕、脓涕等情况。

体格检查中需进行颅周肌肉的触诊,观察是否有压痛。神经系统检查观察视觉是否有缺失、神经系统查体是否有阳性体征。

本例基本符合紧张性头痛的诊断,但仍需与无先兆性偏头痛、继发性头痛等鉴别诊断。

⊙ 全科医生在诊疗过程中的关注点

1. 突发剧烈头痛和颈项强直要注意是否有蛛网膜下腔出血。
2. 呼吸道的感染和发热是导致儿童头痛的常见原因。
3. 中、老年人出现异常的头痛要考虑是否有颞动脉炎、脑肿瘤或者硬膜下血肿。
4. 频繁使用麦角胺、镇痛药或者麻醉药会导致慢性发作性头痛。

（黄　嚣）

五、胸痛的诊断思路

1. 致命性胸痛的识别。
2. 急性胸痛的诊疗流程。
3. 运用全科医学思维进行胸痛诊断与鉴别诊断。

········ **重要知识点** ········

1. 伴有生命体征不稳定的持续性胸痛属于致命性胸痛。
2. 急性冠脉综合征患者需要立即转诊,10min 内完成体表心电图并诊断,15min 内得到肌钙蛋白检验报告。
3. 心源性胸痛与非心源性胸痛诊断与鉴别诊断。

【案例 3-5】

男,65 岁。"快走后心前区痛半年余"。

6 个月前出现快步走后左侧胸前区憋闷伴疼痛,停下来站立片刻即缓解。慢步走无发作,卧位休息时无发作。

既往史:高血压病史 10 年,长期服用氨氯地平降压,否认糖尿病史。

家族史:父亲有高脂血症病史。

个人史:少量社交饮酒。吸烟 40 年,20 支 /d。

查体:体温 36.2℃;脉搏 90 次 /min;血压 150/95mmHg;呼吸 17 次 /min。神志清,精神可,双眼内眦上方可见黄色瘤样沉积物。两肺呼吸音清,未及明显干湿啰音。心律齐,胸骨右缘第二肋间可及 3/6 收缩期杂音,无双侧颈动脉传导。腹软,无明显压痛,无反跳痛,肝脾肋下未及。四肢肌力 V 级,病理征未引出。

案例提示:通过学习胸痛的诊断思路,结合案例 3-5,在全科门诊中,应如何进行胸痛的问诊、体格检查、诊断与鉴别诊断?

(一)概述

胸痛包括闷痛、针刺痛、烧灼感、紧缩感、压榨感等,有时可放射至面颊及下颌部、咽颈部、肩部、后背部、上肢或上腹部,放射部位表现为酸胀、麻木或沉重感等。门诊患者中最常见的胸痛病因为肌肉骨骼疾病和消化道疾病。针对胸痛患者的研究估算,30%~50% 为肌肉骨骼来源,10%~20% 为消化道疾病,10% 为稳定型心绞痛,5% 有呼吸系统疾病,2%~4% 为急性冠脉综合征。

(二)胸痛的分类

胸痛的病因涵盖多个系统,有多种分类方法,从临床实用角度,可将胸痛分为致命性胸痛和非致命性胸痛两大类。致命性胸痛包括急性冠脉综合征(acute coronary syndrome, ACS)、主动脉夹层、心脏压塞、肺栓塞、张力性气胸。非致命性胸痛包括心源性和非心源性。

心源性疾病如稳定型心绞痛、急性心包炎、心肌炎、肥厚梗阻型心肌病、主动脉瓣疾病等;非心源性胸痛主要有六大类,分别为胸壁疾病(常见有肋间神经炎、肋软骨炎、肋骨骨折以及多发性骨髓瘤、急性白血病等)、呼吸系统疾病(包括自发性气胸、胸膜炎、肺炎、胸膜肿瘤等)、纵隔疾病(常见有纵隔炎、纵隔气肿、纵隔肿瘤等)、消化系统疾病(包括胃食管反流、食管炎、食管癌、食管裂孔疝等)、心理精神源性疾病(抑郁症、焦虑、惊恐发作等)、其他(过度通气、颈椎、胸椎疾病等)。

(三)胸痛的临床思维

1. 致命性胸痛识别　面对主诉胸痛就诊的患者,首要任务是快速地检查患者生命体征是否稳定,简要收集临床病史,判别是否存在危险性或者具有潜在的危险性,以决策是否需要立即对患者实施抢救。

对于生命体征异常的胸痛患者,包括神志模糊和/或意识丧失、面色苍白、大汗及四肢厥冷、低血压(血压<90/60mmHg)、呼吸困难、低氧血症(SpO_2<90%),提示为高危患者,需马上紧急处理。在抢救同时,积极明确病因。需注意尚且稳定的胸痛患者生命体征可能随时发生的变化。

2. 仔细询问病史　见表3-8。

表 3-8　详细的病史询问内容

项目	问诊要点
胸痛描述	胸痛性质:是否可以描述,刺痛、刀割样痛、灼烧痛还是压榨性疼痛或撕裂样
	胸痛部位及放射:定位局部和明确,还是弥漫难以描述;胸痛是否放射至颈部、喉部、下颌、牙齿、上肢或肩部
	时间:突发还是缓慢发作,持续时间短暂还是持续很长不缓解
	诱发因素:劳力诱发、体位或移动、深吸气、与进食的相关性
	缓解方式:活动停止后、坐位、坐位前倾位、含服硝酸甘油、服用胃黏膜保护剂、屏气
伴随症状	是否伴有发热
	是否伴有咳嗽、咯血
	是否伴有气促、呼吸困难
	是否伴有心慌、头晕、黑矇、晕厥
药物史	长期服用止痛药物、各种药物成瘾史、对药物治疗的反应是否有停用冠心病、高血压等慢性病药物治疗,尤其是明确的冠心病患者停用抗血小板药物
既往史	高血压病史、冠心病史、糖尿病病史、高脂血症病史、慢性肺气肿、颈椎病病史、胃食管反流、胆结石胆囊炎病史、甲状腺疾病、肿瘤史、化疗放疗史,自发性气胸病史
家族史	马方综合征、高血压、冠心病、高脂血症家族史等
个人婚育史	女性患者避孕药物使用情况、吸烟史、饮酒史
一般情况	感冒、腹泻史,心理应激事件,睡眠、体重改变,环境改变

3. 体格检查

(1) 生命体征:体温、脉搏、呼吸、血压、疼痛评分。胸痛患者应注意:新出现的双上肢血压不对称,下肢血压低于上肢血压,应警惕主动脉夹层;心肌梗死的患者可无临床体征,部分患者可出现面色苍白、皮肤湿冷、发绀等;主动脉夹层和大面积肺栓塞常伴有烦躁、面色苍白、大汗、四肢厥冷等休克表现。

(2) 颈部:心脏压塞、右室心肌梗死、肺栓塞、主动脉瓣关闭不全患者可出现颈静脉充盈或异常搏动。

(3) 检查胸壁、低位颈椎和胸椎:如存在局限性触/压痛,应注意排除肋骨骨折、脊柱病变,胸壁如有沿肋间神经走行分布的簇状疱疹,可能是带状疱疹引起的胸痛。

(4) 胸部检查:气管移位、听诊一侧呼吸音消失、叩诊为过清音、触觉语颤减弱,提示气胸;听到胸部摩擦音,提示胸膜炎;局部听到管状呼吸音或中小水泡音,提示大叶性肺炎。

(5) 心脏检查:出现心音低钝、奔马律、收缩期杂音应警惕急性心肌梗死;心音遥远提示心脏压塞;触及心包摩擦感及听及心包摩擦音提示心包炎;主动脉瓣新出现舒张期杂音应警惕升主动脉夹层累及主动脉根部;突然出现的肺动脉第二心音亢进或三尖瓣收缩期杂音应警惕急性肺栓塞。

(6) 颈部、锁骨上窝、背部、腹部听到血管杂音,应警惕主动脉夹层的可能;颈静脉扩张——提示有右心负荷加重表现,应注意除外肺栓塞。

(7) 腹部触诊:右上腹部有压痛,墨菲征(+),提示可能存在胆囊疾病或消化性溃疡;突发肝大提示右心衰竭,见于急性肺栓塞。

(8) 下肢存在静脉曲张及不对称性水肿,应警惕下肢深部静脉血栓引发急性肺栓塞。

4. 辅助检查

(1) 心电图:是诊断心绞痛和心肌梗死的重要手段,对诊断肺栓塞和急性心包炎有一定帮助。ST 段抬高型心肌梗死(ST-elevation myocardial infarction,STEMI)的诊断标准如下:除 V_2、V_3 导联外的其他所有导联的 J 点 ST 段抬高 $\geq 0.1mV$(1mm);V_2、V_3 导联则在 <40 岁男性中 $\geq 0.25mV$(2.5mm),在 ≥ 40 岁男性中 $\geq 0.2mV$(2mm),在女性中 $\geq 0.15mV$(1.5mm)。新发的左束支传导阻滞及右束支传导阻滞也提示 STEMI;心电图表现为 T 波对称高耸提示为 STEMI 超极性期。变异型心绞痛可表现一过性的相邻两个导联 ST 段抬高。aVR 导联 ST 段抬高超过 0.1mV,前壁 6 个导联 ST 段压低,往往提示左主干或三支血管病变。初始心电图正常,并不能除外 ACS,如胸痛持续不缓解时,需每间隔 5~10min 复查 1 次心电图。

约有 15% 的肺栓塞患者有异常心电图表现:包括 V_1~V_4 导联及 II、III、aVF 导联的 T 波改变及 ST 段异常;部分患者可有 $S_1Q_{III}T_{III}$ 征(I 导联 S 波加深,III 导联出现 Q 波及 T 波倒置);其他心电图改变包括右束支传导阻滞、肺型 P 波、电轴右偏等右心室负荷增加的表现。

急性心包炎心电图表现为多导联 ST 段弓背向下抬高。多次复查心电图无明显改变。

(2) 心肌损伤标志物:传统心肌损伤标志物包括 cTn、CK-MB、肌红蛋白等一系列反映心肌细胞坏死的生物分子。目前胸痛中心要求在床边使用 POCT 机器,10~15min 可以出 cTn 结果。需要注意的是,cTn 不是心肌梗死特有的标志物,cTn 水平升高仅提示心肌细胞受损,可以导致心肌细胞受损的缺血与非缺血性因素均可出现 cTn 升高。

（3）血气分析、D-二聚体：多数急性肺栓塞患者血气分析 $PaO_2<80mmHg$ 伴 $PaCO_2$ 下降。血浆 D-二聚体 $<500\mu g/L$，可以基本排除急性肺栓塞。cTn、B 型利钠肽（BNP）、N 末端 B 型利钠肽前体（NT-proBNP）高的肺栓塞患者代表临床高危。

（4）胸部 X 线：用于诊断气胸、血气胸、骨折、肺炎、胸膜炎；对于肺栓塞多数患者胸部 X 线检查缺乏特异性诊断价值。脊柱 X 线检查：有助于诊断颈椎、胸椎疾病。部分主动脉夹层患者的胸部 X 线检查可见纵隔增宽。

（5）超声心动图：可明确是否有心脏压塞、心肌梗死时可见到相应缺血心肌节段性运动减低；主动脉根部及升主动脉夹层患者也可在心脏超声中筛查到；肺栓塞面积较大的患者可见右心室壁局部运动幅度减弱、右心房和/或右心室扩大、三尖瓣反流流速增加，肺动脉压升高；少数患者可以直接发现肺动脉近端血栓或右心血栓。

（6）对于通过上述辅助检查仍不能明确诊断的胸痛患者，可转至有条件的医院进一步检查，常用的包括以下几项。

1）CT：包括肺 CT、肺动脉计算机体层血管成像（CTA）、主动脉 CTA、冠状动脉 CT 等。用于诊断肺肿瘤、肺栓塞、主动脉夹层、冠心病等。

2）食管检查：包括胃镜检查、钡餐透视、食管测压法；用于诊断如胃食管反流、食管炎、食管癌、食管裂孔疝。

3）造影术：冠状动脉造影评估冠状动脉情况；用于诊断冠状动脉疾病。左心室造影有时可在应激性心肌病中发挥关键作用。

4）运动试验：包括运动平板试验、核素心肌显像、负荷超声心动图；运动诱发心肌缺血，有助于诊断缺血性胸痛。只针对低危胸痛患者，怀疑 ACS 的患者禁用。

5. 诊断与鉴别诊断　危及生命的胸痛的鉴别及慢性反复发作性胸痛的鉴别见表 3-9、表 3-10。

表 3-9　突发高危胸痛的鉴别

诊断	临床特点	辅助检查
急性心肌梗死	有心血管病危险因素，突发心前区与胸骨后剧烈疼痛，伴有濒死感和恐惧感，持续时间长，服硝酸甘油无效，可伴有休克、心力衰竭、心律失常等	≥相邻两个导联心电图 ST 段抬高；或 ST 段显著降低伴心肌坏死标志物升高
肺栓塞	有慢性血栓栓塞症的危险因素，突然发生胸痛、呼吸困难、低血压甚至晕厥、发绀、咳嗽、咯血，P_2 亢进	心电图出现 $S_1Q_{III}T_{III}$ 改变，或右束支传导阻滞、电轴右偏、顺钟向转位；心脏超声示肺动脉高压、右心房/室扩大
主动脉夹层	中年以上，有高血压动脉硬化史，突发胸背痛，疼痛剧烈可向血管分布方向延伸，可有休克征象，两上肢血压或上、下肢血压有明显差别；颈部血管或主动脉瓣区出现杂音	心电图改变缺乏特异性UCG 可能看到升主动脉增宽、主动脉出现夹层
自发性气胸	在持重物、深吸气、剧烈咳嗽后突然发病，一侧胸痛、呼吸困难、干咳，肺叩诊过清音、一侧呼吸音减低或消失	胸部 X 线检查一侧肺压缩

表 3-10　反复发作性胸痛的鉴别

诊断	临床特点	辅助检查
心绞痛	有冠心病危险因素,发作性胸骨后压榨性疼痛,可放射至心前区、下颌、左上肢,持续数分钟,体力负荷增加诱发,休息或含服硝酸酯类药后疼痛可缓解	发作时心电图可呈现缺血性 ST-T 改变
肋软骨炎	可持续数周或数月,呼吸及上臂活动时加重,肋软骨有压痛	心电图、胸部 X 线未见异常
肋间神经痛	胸痛为刺痛、串痛并沿肋间神经分布,肋骨下缘可有压痛并沿肋间神经放射	心电图、胸部 X 线未见异常
急性白血病	贫血、出血、发热、前胸痛、胸骨压痛	血常规、骨髓检查
食管反流性疾病	胸骨后烧灼样疼痛,饱餐后平卧易发生,常于夜间发作	胃镜
食管癌	多在吞咽时发作或加剧,常伴有吞咽困难	胃镜
纵隔肿瘤	胸痛伴有呼吸困难、咳嗽、声音嘶哑、吞咽困难和上腔静脉阻塞综合征	胸部 X 线检查 胸部 CT 检查
心脏神经症	有神经衰弱的症状、胸痛为短暂的刺或较久的隐痛、胸闷、气短,与情绪有关,心肺检查正常	心电图、胸部 X 线检查未见异常

【案例 3-5 分析】

患者为 65 岁老年男性。症状表现为劳力性心绞痛,胸痛时无生命体征不稳定、体格检查也无异常体征,故非高危患者,接下来需仔细追问病史及体格检查。

问诊中还需要详细追问疼痛性质、是否有放射、伴随症状。劳力性心绞痛的发作需要问询疼痛与呼吸、体位的关系,是否存在程度、持续时间、缓解方式的变化。同样劳动量是否会诱发类似情况? 高血压控制情况,平时的体检报告是否合并高脂血症及高血压靶器官损害。是否有肺部疾病史,有长期大量吸烟史,活动性胸痛也需与慢性阻塞性肺疾病鉴别。

查体中发现高脂血症皮肤表现,主动脉瓣听诊区可及收缩期杂音,需与主动脉瓣狭窄引起的胸痛相鉴别。

辅助检查需要选择心电图、心脏超声、冠脉造影明确诊断及鉴别诊断。

⊙ 全科医生在诊疗过程中的关注点

1. 面对突发胸痛患者,首先应排除各种致命性疾病,包括急性心肌梗死、主动脉夹层、急性肺栓塞、心脏压塞和张力性气胸;其次要注意排除其他可能威胁生命的疾病,如急性心肌炎、心包炎、纵隔疾病、肋骨骨折;最后考虑引起胸痛的其他常见原因,包括胸膜及肺部感染性疾病、神经骨骼肌肉疾病。

2. 对于慢性反复发作性胸痛,也应首先排除对生命威胁最大的疾病——心绞痛,其次再考虑是否存在其他健康问题,如胃及食管疾病、肝胆疾病、神经及胸壁疾病,最后考虑精神及心理疾病。

3. 接诊急性胸痛患者应分秒必争,体表心电图要求接诊 10min 内获得并诊断清楚,经询问病史及初步体检后,在安排辅助检查同时,应酌情给予相应的处理,包括吸氧、开放静脉通道、血压不低者可试用硝酸甘油等;辅助检查应本着先简单后复杂、先常规后特殊的原则安排。怀疑 ACS 的患者需立即验血接诊,15min 内获得床边肌钙蛋白报告。

4. 对于初步明确或未明确诊断的急性胸痛患者,在等待转诊时,一定要做好院前处理工作,及时与患者及家属进行病情沟通。

（黄　鄢）

六、水肿的诊断思路

主要内容
1. 水肿的分类分型。
2. 水肿的全科临床问诊及体格检查。

········ **重要知识点** ···

1. 多种临床疾病与水肿的发生有关,包括心力衰竭、肝硬化和肾病综合征,以及静脉和淋巴系统疾病或恶性腹腔积液等局部疾病。
2. 水肿的临床问诊重点在于既往疾病史及药物史。
3. 体格检查中水肿的分布形式、是否合并肺水肿尤为重要。
4. 肺水肿是唯一危及生命而需要立即治疗的水肿。

···

【案例 3-6】

女,58 岁。"双下肢凹陷性水肿 1 个月"。

1 个月前患者开始出现双下肢水肿,逐渐加重趋势,诉晚上平卧休息后,早晨水肿不明显。

既往史:高血压病史 10 年,因服用氢氯噻嗪复方降压片发现尿酸高,2 个月前调整了降压药物,否认糖尿病史。

家族史:母亲有高血压病史。

个人史:否认吸烟及饮酒史。绝经 2 年。

查体:体温 36.2℃,脉搏 60 次/min,血压 125/75mmHg,呼吸 18 次/min。神志清,精神可。两肺呼吸音清,未及明显干湿啰音。心律齐,未及心脏杂音,腹软,无压痛、反跳痛,肝脾肋下未及。四肢肌力 Ⅴ 级,病理征未引出。双下肢轻度凹陷性水肿、对称分布。未及水肿部位皮肤色素沉着、无静脉曲张。

案例提示:通过学习水肿的诊断思路,结合案例 3-6,在全科门诊中,应如何进行水肿的问诊,体格检查,进行诊断与鉴别诊断。

（一）概述

水肿是指组织间隙液体容量扩张引起的可触及性肿胀。过多液体大量广泛积聚时称为全身性水肿，液体积聚在局部组织间隙时称为局部性水肿。

（二）水肿的分类

水肿按照部位可以分为肺水肿、外周性水肿、腹腔积液以及局限性水肿。多种临床疾病与全身性水肿发生有关，包括心力衰竭、肝硬化和肾病综合征。按照水肿特点可以分为凹陷性及非凹陷性。出现非凹陷性水肿时，应考虑淋巴水肿或胫前黏液性水肿的可能性。按照是否对称分布分为单侧和双侧。单侧或单个肢体水肿可能由静脉功能不全或血栓形成引起，淋巴回流受阻时可导致淋巴水肿。

（三）水肿的临床思维

1. 病史询问　见表 3-11。

表 3-11　详细的病史询问内容

项目	问诊要点
任何疾病史	心脏疾病史、酒精滥用及肝脏疾病史、肾脏疾病史、肿瘤、甲状腺疾病、结核病史，下肢静脉曲张、淋巴管炎、丝虫病、硬皮病史等
任何药物史	使用了可影响心脏、肝脏或肾脏疾病的药物，或者直接导致水肿药物如钙通道阻滞剂、噻唑烷二酮类药物等。非甾体抗炎药在心衰及肝硬化患者使用增加水肿。心衰患者利尿剂减量使用。化疗药物及免疫抑制剂等
一般性问题	发生水肿的时间即起病时间，持续时间
	小便的量是否减少，泡沫是否增多，色泽
	饮水情况，是否有明显增加（心力衰竭患者尤为重要）
	卧位是否会减轻，晨轻暮重
	水肿部位，局限的还是全身的，是否为重力依赖区
	水肿的规律，与经期是否相关
	水肿是凹陷性的、还是非凹陷性的
	水肿的部位是否伴有皮肤性质及色泽的改变
	既往疾病是否有加重，如心衰加重、肾衰竭加重等；是否出现新的心律失常等，是否合并感染导致原发疾病加重

2. **体格检查**　体格检查有助于确定诊断。尤其重要的是：水肿的分布形式，可反映血流动力学作用力发生变化的毛细血管；中心静脉压；是否存在肺水肿。

（1）全身情况：包括营养状况、体重、反应、脉搏、血压、皮肤及黏膜颜色、黄疸、蜘蛛痣、肝掌等。局部水肿部位是否有皮肤纤维化、橘皮征以及 Stemmer 征阳性（Stemmer 征阳性是指手指和脚趾背部的皮肤不能被提起）。

（2）**体格检查**：应旨在确定水肿类型（肺水肿、外周性水肿、腹腔积液以及局限性水肿），以及评估中心静脉压；水肿的部位、范围、性质包括凹陷或非凹陷性、程度，是否伴有红肿热痛,是否对称。用力压水肿组织至少 5s,以检测是否存在凹陷性。

(3) 心肺查体:包括颈静脉有无怒张、心率、节律、杂音、呼吸频率、是否有肺部啰音及哮鸣音,关注呼吸音、胸腔积液等。查体过程中了解心脏是否具有原发结构性疾病,如先天性心脏病、瓣膜性心脏病、心肌病等。

(4) 腹部查体:包括腹壁静脉曲张、肝和脾脏大小、肾脏大小、是否有移动性浊音等。

3. 辅助检查　选择辅助检查取决于问诊及体格检查对于水肿的判断,如考虑为特发性水肿,则无须完善任何检查,否则需要根据怀疑的系统性疾病完善检查。

(1) 血、尿常规:是否存在严重的血液系统疾病,尿常规观察尿比重、尿蛋白、是否存在管型等。

(2) D-二聚体:用于排除是否存在肺栓塞引起右心衰竭外周血回流障碍导致水肿,或者患者存在高凝状态。

(3) 肝肾功能:了解是否存在低蛋白血症、肾脏功能异常、肝脏淤血等情况。

(4) 甲状腺功能:完善甲状腺功能检查,明确是否存在甲状腺功能亢进或甲状腺功能减退,需注意与低 T_3T_4 综合征鉴别。

(5) 胸部 X 线检查:明确肺部情况包括肺部感染、肺水肿、肺部肿瘤、胸膜疾病、纵隔疾病,是否存在胸腔积液等。也可初步测量心胸比值、对于心包钙化、心包积液可进行初步判断。

(6) 超声心动图:了解心脏的结构及功能,明确是否存在心脏原发疾病,如先天性心脏病、瓣膜性心脏病、心肌病、上腔静脉及下腔静脉情况等,明确或排除心源性水肿的可能性。还可明确是否存在心包积液或慢性心脏压塞引起的全身性水肿。

(7) 消化系统及泌尿系统 B 超:明确肝脾淤血情况、肾脏原发疾病及是否已经存在肾脏固缩。腹部 B 超可以计算腹腔积液患者的腹腔积液量及指导穿刺。

(8) 深静脉 B 超及下肢 CT 动静脉血管造影:可以判断下肢静脉血流情况及静脉瓣膜功能。

(9) 淋巴管相关检查:核素淋巴显像、碘油 CT 淋巴管造影等可了解乳糜回流情况及淋巴管内部结构。

4. 全身性水肿的鉴别和治疗要点　见表 3-12。

表 3-12　全身性水肿的鉴别和治疗要点

鉴别要点	心源性	肝源性	肾源性	内分泌源性	特发性
病史	心脏病史	慢性肝病史	肾脏病史	内分泌病史	中年女性
临床表现	心慌、气短,心脏扩大、杂音,颈静脉怒张,肝大,尿量偏少,如合并左心衰竭,双肺可及湿啰音及哮鸣音	面色萎黄、肝脾大,腹壁静脉曲张、蜘蛛痣、肝掌、腹腔积液,尿量偏少	高血压,尿量偏少,尿蛋白增加	库欣征、甲亢或甲减面容,尿量多正常	伴头痛、抑郁或紧张,尿量多正常
水肿特点	两下肢及坠积部位明显,与体位有关	先双下肢水肿后腹腔积液	水肿发展迅速,凹陷性明显	颜面部明显,非凹陷性	周期性水肿

【案例3-6分析】

老年女性,既往高血压病史。2个月前将噻嗪类利尿剂更换为另一种降压药物。

需要明确该患者新使用的降压药物是否为地平类,此类药物可以直接导致双侧对称性凹陷性水肿。此外需追问是否存在小便泡沫多、近期肾功能、尿常规检查情况,鉴别是否存在肾性水肿;仔细追问是否存在劳累后胸闷气急、夜间阵发性呼吸困难等,明确是否存在心力衰竭,高血压病老年女性出现射血分数(EF)保留的心衰较多见。

需要完善血肌酐(Cr)、尿常规、心超等检查。必要时完善 proBNP 与心衰鉴别诊断。更换降压药物观察效果。

◉ **全科医生在诊疗过程中的关注点**

1. 水肿是否与目前服用的慢性病治疗药物有关,新发的水肿询问是否有更换药物史。

2. 水肿需鉴别是否为心源性、肾源性、肝源性、内分泌性,追踪既往病史非常重要。

3. 水肿的患者需要仔细查体、下肢静脉曲张、象皮肿不能遗漏。

4. 水肿的患者需要询问是否有胸闷气急、低血压等情况,不能将危及生命的肺栓塞漏诊。

(黄 鹗)

七、腹痛的诊断思路

主要内容
1. 腹痛的全科接诊方法。
2. 运用全科医学思维分析腹痛诊断与鉴别诊断。
3. 急性胰腺炎的诊断。

┄┄┄┄ **重要知识点** ┄┄┄┄

1. 腹痛的病因复杂,可涉及多个系统,且急性和慢性腹痛的病因构成和诊疗原则差异较大,急性腹痛应首先排除需外科手术治疗的各类急腹症,慢性腹痛的诊治重点在于区分器质性和功能性疾病,在明确病因的基础上给予相应治疗。

2. 腹痛患者首先要关注生命体征,生命体征不稳定的患者需要紧急处理。

3. 病史是诊断及评估慢性腹痛的基础,应重点了解患者有无报警征象(alarm signs),包括年龄 >40 岁、便血、粪便隐血阳性、贫血、腹部包块、腹腔积液、发热、体重下降、胃肠道肿瘤家族史等。

4. 无论器质性疾病还是功能性疾病,慢性腹痛合并焦虑、抑郁、躯体化症状等心理疾病的比例较高,全科医生应加以关注,必要时给予心理评估。

【案例 3-7】

男,45 岁。"上腹部胀痛 3 天,加重伴恶心、呕吐 6 小时"。

患者 3 天前应酬饮酒后出现上腹部胀痛,向后背部放射,尚可忍受,无恶心呕吐,无畏寒、发热,无腹泻,无血便,自行服用"奥美拉唑"治疗,症状无明显缓解。6 小时前上腹痛较前加剧,呈持续性刀割样痛,伴恶心呕吐,呕吐 3~4 次,为胃内容物,无鲜血及咖啡样物,呕吐后腹痛无明显缓解,无转移性右下腹痛,无血尿、血便,无胸闷气促,无发热。遂来急诊就诊。

查体:体温 36.7℃;脉搏 99 次 /min;血压 135/76mmHg;呼吸 19 次 /min;身高 176cm,体重 93kg,BMI 30.02kg/m²。神志清,精神可,皮肤、巩膜无黄染,浅表淋巴结未触及,全身皮肤未见皮疹及蜘蛛痣,心律齐,各心瓣膜区未及病理性杂音,两肺呼吸音清,未及明显干湿啰音。腹软,上腹部压痛,无反跳痛,墨菲征及麦氏点压痛阴性,肝脾肋下未及,全腹未触及包块,肠鸣音 4 次 /min。双侧肾区叩击痛阴性。四肢肌力 Ⅴ 级,病理征未引出。

既往史:既往体健。

家族史:母亲患胆囊结石、高血压。父亲体健。

个人史:吸烟史十余年,1 包 /d。饮酒史十余年,常需应酬饮酒,每周 2~3 次,白酒为主,每餐三四两。

案例提示:通过学习腹痛的诊断思路,结合案例 3-7,在全科门诊中,应如何进行腹痛的问诊、体格检查、诊断与鉴别诊断?

(一) 概述

腹痛是全科医生门诊的常见病症之一,多数患者病因为良性或自限性,但也可能是严重的急性病变。全科医生需了解腹痛的可能机制、常见病因的广泛差异,并识别不同腹痛的典型模式和临床表现。初始评估目标是识别哪些患者存在严重病变且可能需要尽快干预,应尽力确定哪些患者可安全地接受观察或对症治疗,哪些患者需要进一步检查或专科转诊。

(二) 分类

腹痛是指上起横膈,下至骨盆范围内的疼痛不适感,是临床非常常见的一种症状,是由于各种原因引起的腹腔内外组织或器官病变而表现为腹部疼痛的症状。

根据发病缓急和病程长短,一般将其分为急性腹痛和慢性腹痛。在临床实践中,一般将疼痛持续时间超过 6 个月的患者视为慢性腹痛。急性和慢性腹痛的病因构成和诊疗原则差异较大,急性腹痛应首先排除需外科手术治疗的各类急腹症,常见有脏器的炎症、穿孔、破裂、梗阻、套叠、扭转和绞窄等。急性腹痛的特点是发病急,变化快,病情重。慢性腹痛常起病缓慢、病程长,可时发时愈。慢性腹痛的诊治重点在于区分器质性和功能性疾病,在明确病因的基础上给予相应治疗。

根据腹痛的发生机制可分为内脏性疼痛、躯体性疼痛和牵涉性疼痛。内脏性疼痛的特点是疼痛部位常不确切,范围较广,常伴有恶心、呕吐、出汗、面色苍白等表现。躯体性疼痛一般剧烈而持续,定位准确,可伴有局部腹肌的强直、压痛及反跳痛,疼痛可因咳嗽或体位改变而加剧。牵涉性疼痛一般定位明确,疼痛较剧烈,有压痛,腹肌紧张和感觉过敏。

（三）腹痛的临床思维

1. 问诊　作为全科医生,接诊腹痛患者时,首先应区分腹痛的类型,急性腹痛首先应排除需外科手术治疗的各类急腹症,慢性腹痛在问诊时,应重点了解患者有无报警征象(alarm signs),包括年龄 >40 岁、便血、粪便隐血阳性、贫血、腹部包块、腹腔积液、发热、体重下降、胃肠道肿瘤家族史等。病史询问主要问诊腹痛的性质,诱因,严重程度,疼痛部位和放射部位,疼痛开始、持续和缓解的时间,导致疼痛加重和减轻的因素,伴发的症状和体征,有无长期用药史和手术史。同时问诊时注意了解心理及社会背景、注意人文关怀,并根据问诊采集的病史进行整体相关分析。

首先应详细地询问病史,对患者的症状进行分析,问诊内容见表 3-13。

表 3-13　详细的病史询问内容

项目	问诊要点
诱因与缓解因素	急性胃肠炎常有不洁饮食史
	胆囊炎、胆石症常有进食油腻食物史
	急性胰腺炎常有暴饮暴食或酗酒史
	进食或服用抑酸剂可缓解的上腹痛,多与高胃酸分泌相关
	解痉药物可缓解的腹痛多由平滑肌痉挛所致
	呕吐后可缓解的上腹痛多由胃、十二指肠病变引起
腹痛的部位	一般腹痛的部位多为病变所在部位,但应注意部分可有放射痛:如胆道疾病可引起右肩胛下区疼痛;肾盂、输尿管结石常放射至腹股沟;沿皮肤的节段性放射性钝痛,多见于神经根疼痛;弥漫性或部位不定的腹痛多见于弥漫性腹膜炎、机械性肠梗阻、急性出血坏死性肠炎、腹型过敏性紫癜、血卟啉病、铅中毒等
腹痛程度和性质	中上腹持续性隐痛多为慢性胃炎或消化性溃疡
	胆石症或泌尿系结石常为阵发性绞痛,疼痛剧烈
	上腹部持续性钝痛或刀割样疼痛呈阵发性加剧常为急性胰腺炎
	突发的中上腹剧烈刀割样痛或烧灼样痛,多为胃、十二指肠溃疡穿孔
	持续性、广泛性剧烈腹痛伴腹肌紧张或板样强直提示急性弥漫性腹膜炎
	绞痛多由空腔脏器痉挛、扩张或梗阻所致,常见有肠绞痛、胆绞痛等
	阵发性剑突下钻顶样痛是胆道蛔虫症的表现
	持续钝痛可能为实质脏器牵拉或腹膜外刺激所致
	隐痛或胀痛可能为脏器扩张或包膜牵扯等引起
腹痛发作时间	周期性、节律性上腹痛常见于胃、十二指肠溃疡
	餐后痛可能有消化不良、胆胰疾病或胃部肿瘤所致
	子宫内膜异位症所致腹痛多与月经周期有关
	卵泡破裂所致腹痛常发生在月经间期

续表

项目	问诊要点
腹痛与体位关系	胃食管反流病患者烧灼痛在卧位和前倾位时明显,直立位时减轻
	胰腺炎、胰体癌患者仰卧位时疼痛明显,俯卧位或前倾位时减轻
	胃黏膜脱垂患者左侧卧位时疼痛可减轻
	十二指肠壅滞症患者膝胸位或俯卧位时腹痛及呕吐等症状缓解
腹痛伴随症状	腹痛伴发热、寒战提示有炎症存在,常见于急性胆囊炎、急性梗阻性化脓性胆管炎、肝脓肿或腹腔脓肿,也可见于腹腔外感染性疾病
	腹痛伴黄疸多与肝胆疾病有关
	腹痛伴呕吐提示食管、胃肠疾病,呕吐量大时提示胃肠道梗阻;腹痛伴呕血提示消化性溃疡、食管 - 胃底静脉曲张、胃癌等
	腹痛伴反酸、嗳气提示消化性溃疡、胃炎或消化不良
	腹痛伴腹泻提示消化吸收障碍或肠道炎症、溃疡或肿瘤
	腹痛伴便血提示肠套叠、缺血性肠病、溃疡性结肠炎、细菌性痢疾或肠道肿瘤等可能
	腹痛伴血尿提示泌尿系统结石或肿瘤
	腹痛伴休克,伴贫血者可能是有腹腔脏器破裂所致,不伴贫血者可见于胃肠穿孔、绞窄性肠梗阻、肠扭转、急性出血性坏死性胰腺炎等
既往病史	有腹腔手术史需考虑肠粘连可能
	有心血管意外史要考虑肠系膜血管栓塞
	有消化性溃疡史要考虑溃疡穿孔
用药史	服用大剂量非甾体抗炎药的患者应考虑胃病和消化性溃疡
	近期使用抗生素或住院治疗的患者有艰难梭菌感染风险
个人史	育龄妇女有停经史要考虑宫外孕
	长期接触铅粉尘或烟尘的人需考虑铅中毒
	是否吸烟,吸烟是缺血性肠病的危险因素
心理状态	慢性腹痛易合并心理疾病如焦虑、抑郁,应了解慢性腹痛患者的看法,家庭成员关系是否和睦,家庭支持度如何,社会人际关系是否和谐,是否有突发事件影响,精神是否过度紧张,有无焦虑、抑郁情绪

2. 体格检查　应进行全面而有重点的查体,所有腹痛患者都应接受生命体征检查和腹部检查。其他体格检查取决于病史。慢性腹痛患者应接受全面的体格检查。

(1) 生命体征:生命体征不稳定的患者需要紧急处理。例如,体温升高提示腹痛病因可能为感染、自身免疫病或恶性肿瘤;脉搏增快可见于甲状腺功能亢进、脓毒症、贫血等;呼吸频率增快须考虑心肺疾病;血压下降应怀疑休克或肾上腺皮质功能不全。

(2) 腹部查体

1) 观察腹部外形、呼吸运动、腹壁静脉、胃肠型及蠕动波,以及腹部皮疹、疝和腹纹。

2) 听诊肠鸣音是否变化,有无振水音、血管杂音。

3) 叩诊腹腔内有无积气、积液和包块,有无移动性浊音。

4) 触诊腹部是否有压痛(全腹或局部)、反跳痛、肌紧张、是否可触到肿大的脏器或包块。

5) 特殊腹部查体:墨菲征(急性胆囊炎腹膜压痛的体征)、髂腰肌和闭孔神经征。

(3) 进行必要的心脏、胸部、脊柱等方面查体,以免遗漏腹腔外疾病,特别是腹部检查结果阴性的患者。

3. 辅助检查　对于腹痛患者,全科医生不应依赖辅助检查进行诊断,只应将其用作辅助工具。

(1) 实验室检查:对于没有基础疾病的健康成人患者,通常需要在确定临床怀疑的诊断或评估不明原因的急腹症患者时进行实验室检查。对于免疫抑制患者、不能提供详尽病史的老年患者(如不能说话、精神状态改变)以及有重大基础疾病(如糖尿病、癌症、HIV感染、肝硬化)的患者,可进行更广范围的实验室检查。如血常规、CRP升高提示炎症性病变,上腹部或中腹部疼痛的患者,应进行肝酶和胰酶测定。育龄期女性患者需接受妊娠试验。

(2) 影像学检查:在怀疑有肠梗阻、肠穿孔或不透射线的异物时,优先选用普通 X 线检查;超声检查较为快捷且不存在辐射暴露问题,是妊娠期的首选检查。如怀疑腹腔内实质性脏器疾病时可选超声进一步鉴别诊断;CT 是评估不明病因腹痛的首选检查,急性腹痛患者中,大约 2/3 患者可通过 CT 诊断疾病,对老年患者尤其有用。血管造影对肠系膜缺血的诊断和治疗很有帮助。

(3) 心理量表评估:对腹痛患者,尤其是慢性腹痛,应进行心理评估,主要包括焦虑及抑郁量表评估。

4. 莫塔全科医学安全诊断五步法　急性腹痛和慢性腹痛的诊断策略不同,对初诊患者,要特别注意有无提示器质性疾病的报警征象。

(1) 该患者可能的诊断是什么:根据病史、体格检查及相关辅助检查结果提出最可能的诊断和鉴别诊断。

(2) 有什么重要的不能被忽略的疾病:大多数急腹症病情较严重,早期诊断可减少致残率和死亡率。

(3) 有什么容易被遗漏的疾病:急性阑尾炎、带状疱疹容易误诊;糖尿病酮症酸中毒、急性卟啉病、艾迪生病、铅中毒、血色病、尿毒症,经常造成诊断困难,在临床工作中应注意区别。

(4) 七种假象:抑郁、糖尿病、冠心病、药物、脊柱功能障碍、尿路感染、主动脉夹层都能引起腹部疼痛。

(5) 精神因素:疼痛可能与精神因素有关,尤其是对于大部分无因可查的周期性或慢性腹痛。

5. 腹痛的鉴别诊断　见表 3-14。

表 3-14　腹痛的常见病因及诊断

原因	指示性所见	诊断方法
胃十二指肠疾病		
慢性胃炎	腹痛常位于上腹部,进食后加重,可伴胃灼热、反酸、恶心等。查体上腹部可有压痛	胃镜
消化性溃疡	典型腹痛多表现为慢性、周期性、节律性腹痛。查体上腹部可有压痛;出现穿孔时可出现腹部压痛,反跳痛、肌紧张,肝浊音区缩小或消失等	胃镜 穿孔:X 线腹部平片、腹部 CT
胃癌	腹痛常位于上腹部,隐痛为主,可伴消瘦、黑便等	胃镜检查及活检
憩室及憩室炎	腹痛常位于上腹部,以钝痛、胀痛、烧灼感为主,进食后加重	上消化道 X 线钡剂造影或胃镜
肠道疾病		
急性阑尾炎	转移性右下腹痛,可伴发热、恶心。查体见麦氏点压痛、反跳痛	血常规、超敏 C 反应蛋白、右下腹超声、腹部 CT
急性出血坏死性肠炎	腹痛多位于脐周,呈逐渐加重,可伴有恶心呕吐、水样血便、休克等。查体可见肠型,脐周和上腹部可有明显压痛	X 线腹部平片、钡剂灌肠检查、结肠镜
急性胃肠炎	不洁饮食史,腹痛多位于脐周,伴呕吐和腹泻	大便常规、血常规、超敏 C 反应蛋白
缺血性结肠炎	腹痛多位于左上腹,呈持续性疼痛伴阵发性加重;多见于老年人	结肠镜、腹腔动脉造影
炎症性肠病	腹痛多位于下腹部,多在排便前加重,排便后缓解,多见有黏液脓血便,常伴有肠外表现。查体下腹部可有压痛	大便常规,结肠镜
细菌性痢疾	腹痛,发热,脓血便和里急后重	大便常规、大便培养
肠结核	右下腹或脐周隐痛,饭后加重,腹泻,伴有消瘦、贫血等结核中毒症状	肠镜检查,结核菌素试验
肠道肿瘤	腹痛,便血,消瘦,查体可有腹部包块	内镜检查及活检、消化道钡餐、钡剂灌肠检查
肠系膜动、静脉栓塞	腹痛位置不固定,常为突然发生,可有恶心、呕吐、便血。查体见腹部压痛;腹部刺激征及肠鸣音消失	B 超、CT、MRI、血管造影等有助诊断
肠梗阻	腹痛、腹胀伴呕吐及肛门停止排便、排气。查体见胃肠型和蠕动波,腹部压痛明显,肠鸣音亢进	X 线腹部平片
肝脏疾病		
肝炎	疲乏、恶心、呕吐、食欲缺乏、厌油、黄疸及肝区不适;查体见黄疸及肝大	肝功能、肝炎标记物、腹部 B 超等检查
肝癌	右上腹钝痛,并逐渐加剧,伴消瘦,黄疸,厌油。查体肝脾大、质硬,肝区触痛及叩击痛,黄疸、肝掌、蜘蛛痣等	甲胎蛋白、腹部 B 超或 CT 等
肝脓肿	右上腹疼痛局部有压痛,伴发热,恶心,呕吐,消瘦等。查体肝大,右上腹可有叩痛、触痛	腹部 B 超或 CT 等

续表

原因	指示性所见	诊断方法
胆道疾病		
急性化脓性胆管炎	右上腹部或上腹部疼痛,伴有发冷、发热、黄疸、休克等。查体见右上腹压痛、反跳痛、肌紧张,墨菲征(+)等	血常规、腹部 B 超或 CT 等
胆囊炎	右上腹或上腹部持续性疼痛,阵发性加剧,并向右肩部放射,可伴有发热、恶心、呕吐等。查体见右上腹可有压痛、反跳痛、肌紧张,墨菲征(+)等	腹部 B 超或 CT 等
胆道蛔虫	剑突下钻顶样疼痛,伴大汗淋漓、辗转不安、恶心、呕吐。查体见发作时剑突下可有压痛	腹部 B 超、MRI、ERCP 检查
胆囊癌	腹痛,黄疸,消瘦	腹部 B 超、CT 或 MRI 检查
胰腺疾病		
胰腺炎	上腹部持续性疼痛,阵发性加剧,向后背、左肩放射,伴恶心、呕吐、黄疸、发热等。查体见腹部压痛、反跳痛、肌紧张,黄疸等	血、尿淀粉酶、腹部 B 超或 MRI 有助诊断
胰腺癌	黄疸,上腹部痛;查体可见上腹部压痛	腹部 B 超、MRI 检查等
泌尿系统疾病		
泌尿系统结石	持续性腹痛伴阵发性加重,伴有恶心、呕吐、血尿等。查体可见肾区叩痛	尿常规、腹部 B 超、X 线或 CT 检查
膀胱炎	下腹部疼痛,伴有尿频尿急尿痛等。查体见膀胱区压痛	尿常规、膀胱镜等检查
腹膜疾病		
腹膜炎	持续剧烈的腹痛,常伴发热、寒战、恶心、呕吐。查体见全腹压痛,板状腹,反跳痛、肌紧张,肠鸣音消失等	血常规、腹部 B 超、X 线或 CT 等检查
妇产科疾病		
异位妊娠破裂	下腹部突发剧烈腹痛,伴有面色苍白、阴道出血等表现。查体见下腹部压痛,可触及包块,移动性浊音阳性	尿 HCG、腹部 B 超检查
卵巢破裂	多见于未婚女性,常发生在排卵期;突发下腹部剧烈疼痛,伴有里急后重,多无阴道出血。查体见附件区压痛,附件包块	尿 HCG、腹部 B 超、后穹窿穿刺
盆腔炎	下腹部持续性疼痛,经前期加剧,伴腰酸、白带增多、异味等表现	妇科查体、白带常规检查、腹部 B 超检查
全身性疾病		
急性心肌梗死	剑突下或上腹部绞痛,伴大汗淋漓,面色苍白、心慌、呼吸困难等	心电图、心肌酶谱、肌钙蛋白等检查
糖尿病酮症酸中毒	发病前常有多饮、多食、多尿和体重减轻史,或已确诊糖尿病;先有呕吐后出现腹痛,呈阵发性剧痛,伴腹胀	血糖、尿常规、血气分析、生化

（四）腹痛的诊断流程

见图 3-7、图 3-8。

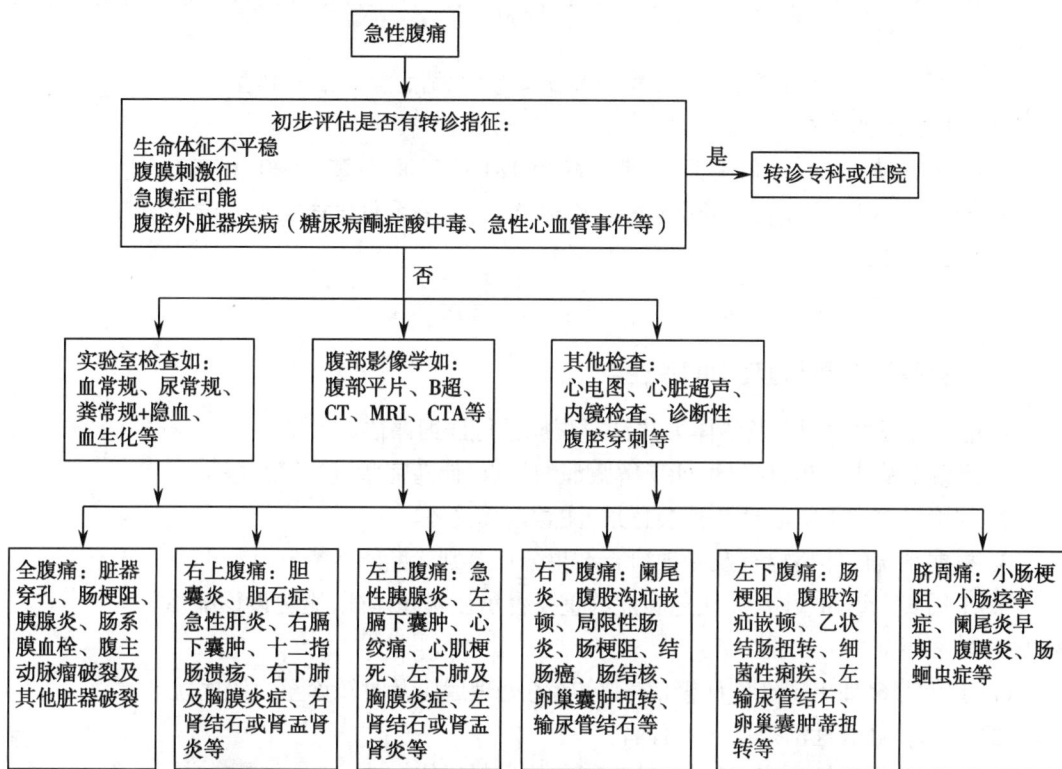

图 3-7　急性腹痛诊断流程

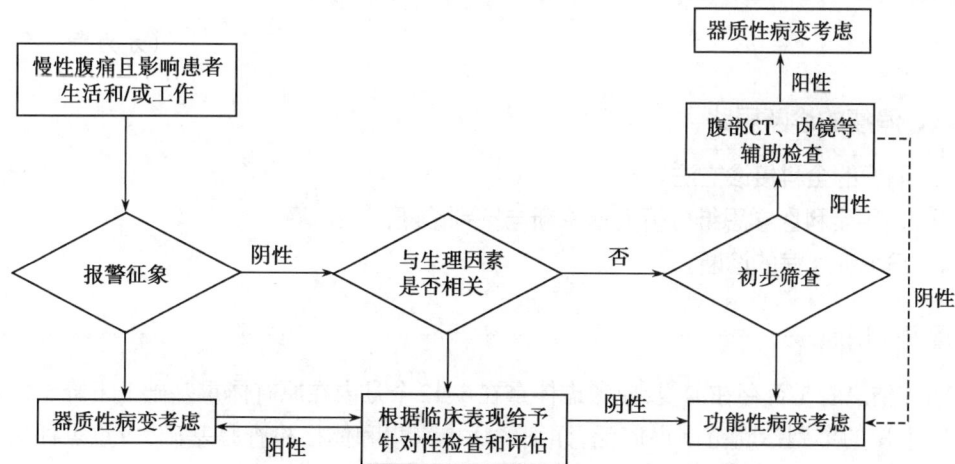

图 3-8　慢性腹痛诊断流程

注：报警征象包括年龄 >40 岁、便血、粪便隐血阳性、贫血、腹部包块、腹腔积液、发热、体重下降、胃肠道肿瘤家族史等；生理因素包括进食、排便、月经等；初步筛查包块外周血常规、尿常规、粪便常规和隐血、肝肾功能、甲状腺功能、ESR 或 CRP、肿瘤标记物（CA199、CEA、CA125）以及腹部超声。

【案例 3-7 分析】

患者急性上腹胀痛 3 天,加重伴恶心呕吐 6 小时。抑酸剂治疗效果欠佳。考虑为急性腹痛。

查体:低热,上腹部压痛,未见腹膜刺激征,结合性别、年龄、肥胖体型。

首先考虑消化系统疾病。

进一步辅助检查:生化提示血淀粉酶为 181IU/L,脂肪酶为 201.01U/L,甘油三酯为 27.28mmol/L,总胆固醇为 15.16mmoL/L;腹部超声、泌尿系超声未见明显异常。腹部 CT 提示胰腺周围渗出。

诊断:急性胰腺炎。

⊙ **全科医生在诊疗过程中的关注点**

运用全科医学的理念及整体方法针对腹痛进行详细评估。

1. 系统的病史采集,应尽可能了解腹痛的特点、伴随症状、诊治经过等。

2. 问诊时注意了解心理及社会背景、注意人文关怀。

3. 根据系统的体格检查及专项检查结果分析鉴别诊断。

4. 采用安全诊断策略,关注急腹症的重要警示症状和体征,避免误诊漏诊。

5. 转诊指征

(1) 急性腹痛如出现红色预警信号,在紧急处理后应及时转诊至上级医院。

(2) 对初步经验性治疗反应不佳者。

(3) 怀疑有器质性疾病,且需要较为复杂的诊断评估。

(4) 合并严重的心理或精神异常,有自残、自杀风险者。

(方力争 乔巧华)

八、消瘦的诊断思路

主要内容
1. 消瘦的全科接诊方法。
2. 运用全科医学思维分析消瘦诊断与鉴别诊断。
3. Graves 病的诊断。

········ 重要知识点 ········

1. 评估患者是否存在消瘦,应考虑体重在 6~12 个月内在原有体重基础上下降5%以上。

2. 消瘦的鉴别诊断范围很广泛,详细的病史采集和体格检查是基础,应重点评估是否存在恶性疾病的可能,尤其是老年人,避免漏诊和误诊。

3. 诊治过程中应注意评估是否存在转诊指征,如存在不明原因的消瘦、严重营养不良、进食障碍,或考虑恶性疾病、严重精神心理疾病可能时应及时转诊。

【案例 3-8】

男,25 岁。"体重减轻 2 月余"。

患者 2 个多月来体重减轻约 5kg,活动后感双下肢乏力,偶伴心悸,食欲较前略增多,无怕热多汗,无口干,无多饮、多食、多尿,无腹痛、腹泻,无恶心呕吐,无情绪亢奋,睡眠可。

查体:体温 36.3℃;脉搏 85 次 /min;血压 130/75mmHg;呼吸 19 次 /min。神志清,精神可,眼球无突出,甲状腺弥漫性Ⅱ度肿大,质软,未触及结节,双上肢可见细颤,心律齐,各心瓣膜区未闻及病理性杂音,两肺呼吸音清,未及明显干湿啰音。腹软,无明显压痛,无反跳痛,肝脾肋下未及。四肢肌力Ⅴ级,病理征未引出。

既往体健。

家族史:母亲患糖尿病。

个人史:吸烟 3 余年,10 支 /d。

案例提示:通过学习消瘦的诊断思路,结合案例 3-8,在全科门诊中,应如何进行消瘦的问诊、体格检查、诊断与鉴别诊断?

(一) 概述

消瘦是指人体因疾病或某种因素而致体重下降,较正常标准比重减少 10% 以上,或体重指数 <18.5kg/m²,常伴有皮下脂肪减少、肌肉萎缩。患者常因为在一定时间内体重下降,或被他人发现消瘦而就诊。评估者是否存在消瘦,应考虑体重在过去 6~12 个月内在原有体重基础上下降 5% 以上。消瘦可以是疾病的首发症状,也可在中后期出现,早期诊断对预后具有重要意义。多数器质性疾病均可引起消瘦,除营养不良外,最常见的原因是内分泌代谢性疾病,其次是慢性感染和恶性肿瘤。

(二) 分类

消瘦是临床上的常见症状,许多疾病均可引起消瘦。根据不同的病因可分为体质性消瘦、慢性感染性疾病所致消瘦、肿瘤性消瘦、营养不良性消瘦、内分泌代谢疾病所致消瘦、精神性厌食性消瘦和药物性消瘦。体质性消瘦常有家族史而无任何疾病征象,其他病理性消瘦常因营养摄入不足、吸收障碍或代谢消耗增加导致。

(三) 消瘦的临床思维

1. 问诊　作为全科医生,在问诊过程中,主要问诊包括消瘦发生的时间及速度,伴随症状,治疗经过,家族史及用药史,关注患者的饮食习惯及家族史。同时问诊时注意了解心理及社会背景、注意人文关怀,并根据问诊采集的病史进行整体相关分析,病史询问内容见表3-15。

表 3-15　详细的病史询问内容

项目	问诊要点
消瘦起病情况	缓慢发生的消瘦可能与慢性器质性疾病有关,近期迅速发生的消瘦需考虑可能为肿瘤所致

续表

项目	问诊要点
消瘦的伴随症状	消瘦伴发热可能为感染性疾病
	消瘦伴多饮、多食、多尿等症状应考虑糖尿病可能
	消瘦伴怕热、多汗、食欲亢进、大便次数增多等症状应考虑甲状腺功能亢进
诊治经过	相关检查、治疗经过及疗效
既往史	有无胃肠道、肝脏、心脏、肾脏等慢性病史
	有无慢性胃炎、甲状腺功能亢进症、糖尿病、嗜铬细胞瘤等疾病
个人史	有无减肥史
	生活、工作、运动等规律、强度有否改变
	有无不良习惯,如偏食、挑食、药瘾、吸食毒品史
	中年女性患者应注意询问月经史,有无围绝经期症状
用药史	是否服用会影响食欲或食物的消化吸收、心率的药物
家族史	体质性消瘦可有家族史而无疾病表现
	某些恶性肿瘤有家族发病史
心理状态	是否存在睡眠障碍、情绪异常等情况

2. **体格检查** 消瘦可以是全身多系统疾病的共同表现,故应进行全面体格检查,避免遗漏重要的阳性和阴性体征,特别应注意以下各项。

(1) 一般查体:包括体重指数、精神状态、生命体征,注意有无情绪低落或亢进,脉搏是否增快。

(2) 头颈部查体:注意有无牙齿不健康,有无甲状腺肿大,浅表淋巴结有无肿大。

(3) 心肺查体:注意有无心肺疾病引起的阳性体征,如慢性心功能不全时可出现颈静脉怒张,肝颈回流征阳性,肢体水肿、肺部细湿啰音等体征。慢性阻塞性肺疾病可见桶状胸、肋间隙增宽、肺部啰音等体征。

(4) 腹部查体:应重点评估有无腹部压痛、腹腔积液、肝脾大和腹部肿块。

(5) 直肠检查:指套有无染血,有无肿物。

(6) 脊柱四肢检查:脊柱有无压痛,肌肉有无萎缩。

(7) 认知功能和神经系统有无异常。

3. **辅助检查**

(1) 三大常规:了解有无感染性疾病,有无尿糖阳性,有无大便隐血,有无肠道寄生虫感染等。

(2) 血沉:有助于结核、肿瘤、结缔组织疾病、感染性疾病的诊断。

(3) 血生化、肿瘤标志物、糖化血红蛋白测定:有助于相关基础疾病的诊断。

(4) 内分泌激素的测定:疑有甲状腺功能亢进时行甲状腺功能检查;疑有垂体功能减退

者可行性腺、肾上腺等。

（5）PPD试验、结核分枝杆菌抗体试验、结核分枝杆菌T细胞试验：对结核病引起消瘦有重要意义。

（6）X线检查、超声、放射性核素、CT、MRI、PET-CT、上/下消化道内镜检查、胶囊内镜等影像学检查：有助于炎症性、肿瘤性疾病的鉴别。

（7）有传染病危险因素的行HIV、丙型病毒性肝炎等血清学检查。

（8）心理评估：对消瘦伴情绪症状患者应进行心理评估，包括焦虑、抑郁量表等。

4. 鉴别诊断

（1）常见系统相关疾病

1）消化系统疾病：影响营养物质摄入或消化、吸收、利用障碍的疾病均可引起消瘦。如口腔炎症、慢性萎缩性胃炎、食管狭窄、胰腺炎、胆囊炎、肝硬化等，除每种疾病特异性表现之外，一般均有食欲减退、恶心呕吐、腹胀、腹痛、腹泻等症状。

2）内分泌与代谢性疾病

A. 甲状腺功能亢进：临床症状主要表现为高代谢综合征（心悸、怕热、多汗、消瘦）；体格检查可见甲状腺肿大、眼症、胫前黏液性水肿；实验室检查 T_3、T_4 及 TSH、FT_3、FT_4 符合甲状腺功能亢进诊断。

B. 2型糖尿病：典型表现为多饮、多尿、多食和消瘦，部分患者以出现并发症来诊，如视力障碍，指（趾）端麻木、心脑血管病变；测空腹血糖、餐后2h血糖、糖化血红蛋白升高；糖耐量试验及胰岛素释放试验阳性。

C. 肾上腺皮质功能减退：可伴有皮肤黏膜色素沉着、乏力、低血压及厌食、腹泻等症状。

3）神经系统疾病：包括神经性厌食、延髓性麻痹和重症肌无力等，可表现为厌食、吞咽困难、恶心呕吐等。

（2）慢性感染性疾病：多见于慢性重症感染，如结核病可伴有低热、盗汗、乏力、咯血等。同性恋、吸毒者应考虑人类免疫缺陷病毒感染。感染性心内膜炎可出现全身虚弱、体重减轻和发热等。根据感染病原体和部位不同，可伴有其特异性症状和体征。

（3）恶性疾病：消瘦可以是恶性肿瘤的主要症状，如胃癌、结直肠癌、胰腺癌、恶性淋巴瘤和骨髓瘤，也可有其特有的症状和体征。

（4）精神心理疾病：如抑郁症患者可有情绪低落、自卑、睡眠障碍、食欲缺乏等。焦虑症患者可有紧张不安、心率增快、睡眠障碍等。

（5）药物性消瘦：降糖药物如二甲双胍、利拉鲁肽等，甲状腺素替代剂、左旋多巴、非甾体抗炎药等药物可引起消瘦，可伴有嗜睡、口干、痛性痉挛、味觉改变、消化不良、焦虑等。

（四）消瘦的诊断流程

见图3-9。

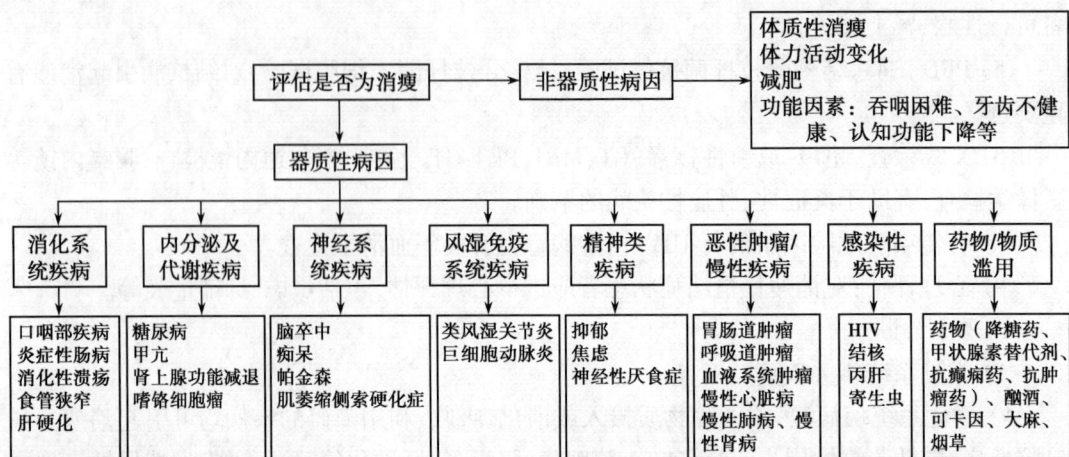

图 3-9　消瘦诊断流程图

【案例 3-8 分析】

患者 2 个月来体重减轻约 5kg,活动后感双下肢乏力,偶伴心悸,食欲较前略增多,无怕热多汗,无口干,无多饮、多食、多尿,无腹痛、腹泻,无恶心呕吐,无情绪亢奋,睡眠可。考虑为消瘦伴食欲亢进。

查体:甲状腺弥漫性肿大,质软。考虑为甲状腺功能亢进。

进一步辅助检查:甲状腺功能提示甲亢,甲状腺超声提示甲状腺弥漫性肿大,血流丰富;TRAb、TSAb、TPOAb 阳性。

诊断:Graves 病。

⦿ **全科医生在诊疗过程中的关注点**

运用全科医学的理念及整体方法针对消瘦进行详细评估。

1. 系统的病史采集,应尽可能了解消瘦进展的速度和伴随症状。

2. 问诊时注意了解心理及社会背景、注意人文关怀。

3. 根据系统的体格检查及专项检查结果分析和鉴别诊断。

4. 采用安全诊断策略,关注消瘦的相关伴随症状,避免遗漏可能造成严重后果的疾病。

5. 转诊指征

(1) 严重消瘦病因未明者。

(2) 确诊或疑有严重器质性病变者。

(3) 营养状况差,需要特殊对症支持治疗者。

(4) 严重精神心理疾病,自杀风险较高者,应及时转诊给精神科进行专科治疗。

(方力争　乔巧华)

九、头晕 / 眩晕的诊断思路

主要内容

1. 头晕 / 眩晕的全科接诊方法。
2. 运用全科医学思维分析头晕 / 眩晕诊断与鉴别诊断。
3. 良性发作性位置性眩晕的诊断。

······ **重要知识点** ······

1. 在头晕 / 眩晕的临床诊断思路中,需要优先除外脑干、小脑病变所致恶性中枢性疾病,查体应关注中枢神经系统的典型体征,当出现阳性体征时应及时转诊神经科就诊。

2. 头晕 / 眩晕患者除中枢病变的典型体征外,还应注意神经耳科专项检查,尤其注意眼球位置、眼球运动和眼球震颤的检查。

3. 头晕 / 眩晕患者一定注意检查听力,如发现急性听力下降,请耳鼻喉科会诊。

4. 头晕 / 眩晕的表现形式、起病方式、发作频率、伴随症状、诱发因素和加重因素等是诊断和鉴别诊断的重要线索。

5. 头晕 / 眩晕疾病的病因很多,辅助检查的选择应根据病史和体格检查而定。

【案例 3-9】

男,45 岁。"眩晕 3 天"。

患者 3 天前在睡觉翻身时突感眩晕,伴恶心,无呕吐,无黑矇,无视物重影,无肢体活动障碍,无耳鸣,无听力下降,无心慌,无出汗,无大小便失禁,持续约 1min 缓解,转动头部时症状加重。既往无类似发作。

查体:体温 36.3℃,脉搏 70 次 /min,血压 130/75mmHg,呼吸 17 次 /min。神志清,精神可,双侧瞳孔等大等圆,对光反射灵敏,无眼震,心律齐,各心瓣膜区未及病理性杂音,两肺呼吸音清,未及明显干湿啰音。腹软,无明显压痛,无反跳痛,肝脾肋下未及。四肢肌力 Ⅴ 级,病理征未引出。

既往史:既往糖尿病病史 2 年,血糖控制可。

家族史:奶奶高血压。

个人史:既往吸烟十余年,1 包 /d,已戒烟 2 年。

案例提示:通过学习头晕 / 眩晕的诊断思路,结合案例 3-9,在全科门诊中,应如何进行头晕 / 眩晕的问诊、体格检查、诊断与鉴别诊断?

(一)概述

头晕 / 眩晕是基层医院门诊的常见症状,临床表现复杂,其患病率随年龄的增长而增加,是老年人群就诊的前 3 位主要原因。头晕和眩晕病因复杂,涉及多个学科,约 12% 的头晕 / 眩晕患者有多种病因,不同病因导致其治疗与预后截然不同。

长久以来，国内外存在多种头晕或眩晕的定义或分类方式。经典定义是按照1972年Drachman和Hart的描述，将头晕定义为一组非特异性症状，包括眩晕、晕厥前(presyncope)、失衡(imbalance)和非特异性头重脚轻(lightheadedness)。2009年，国际Barany学会参考国际上头痛、睡眠障碍等分类方法，将前庭症状分为眩晕、头晕、前庭-视觉症状和姿势性症状4种类型，再根据发作情况分为自发性和诱发性2种亚型。随着头晕/眩晕基础和临床研究的发展，头晕、眩晕的概念有了重大的更新，二者内容界定清晰。头晕(dizziness)：(非眩晕性)头晕，是指空间定向能力受损或障碍的感觉，没有运动的虚假或扭曲的感觉，即无或非旋转性的感觉。眩晕(vertigo)：(内在的)眩晕，是指在没有自身运动时的自身运动感觉或在正常头部运动时扭曲的自身运动感觉，涵盖了虚假的旋转感觉(旋转性眩晕)及其他虚假感觉，如摇摆、倾倒、浮动、弹跳或滑动(非旋转性眩晕)。

头晕/眩晕的诊治涉及多个学科，病因诊断主要依靠临床表现而非辅助检查，全科医生作为健康守门人，有别于专科医生，最大的优势在于连续性服务和全人理念，因此，在缺乏辅助检查的基层，全科医生应掌握如何通过病史询问、体格检查和辅助检查，建立综合征的诊断，并最终完成头晕/眩晕的病因诊断及治疗。

（二）分类

在病因学诊断方面，目前国内较多采用既有解剖部位又有疾病性质的分类，分为前庭系统性头晕/眩晕(前庭周围性头晕/眩晕、前庭中枢性头晕/眩晕)和非前庭系统性头晕/眩晕(眼源性、本体感觉性、全身疾病性和颈源性)。

临床上常以脑干前庭神经核为界，将前庭系统划分为前庭周围系统和前庭中枢系统，对应不同的临床表现，分别称为前庭周围性头晕/眩晕和前庭中枢性头晕/眩晕。其中大部分患者为周围性头晕/眩晕，占50%~70%，预后结果往往较好；小部分为中枢性头晕/眩晕，占20%~30%，但预后常常较差，严重时可危及生命。

前庭周围性头晕/眩晕主要因前庭器官和第八对脑神经病变引起；前庭中枢性头晕/眩晕主要由前庭中枢性结构病变引起，包括前庭神经核以上传导通路(常为脑干、小脑或前庭皮质及皮质下白质)；非前庭系统性头晕/眩晕主要由各种原因损伤维持平衡的其他系统，如眼部和颈部本体感觉系统，患者多表现为头晕和姿势性症状。

（三）头晕的临床思维

1. 问诊 头晕/眩晕的病因诊断中病史问诊至关重要，根据病史可使70%~80%的患者明确诊断方向。作为全科医生，在问诊过程中，首先要明确是头晕还是眩晕，是哪一类型的"晕"，继而要详细了解症状发作特点和伴随症状。主要问诊内容包括"晕"的形式、起病方式、有无诱因、持续时间和发作频率、伴随症状、病情变化及经过、用药史、全身性疾病、感染接触史、外伤史、既往史、家族史及个人嗜好，同时问诊时应了解患者的心理及社会背景，注意人文关怀，并根据问诊采集的病史进行整体相关分析。详细的病史询问内容见表3-16。

表 3-16 头晕的详细病史询问内容

项目	问诊要点
表现形式("晕"的性质)	区分不同形式的头晕:
	眩晕:主要是一种运动错觉,有的患者描述为自身的运动,有的患者描述为周围缓解的运动
	晕厥或晕厥前:晕厥或接近晕厥的前期表现。通常持续数秒钟到数分钟,患者常描述为"几乎眼前发黑"或者"就要晕厥了"
	行走不稳:一种不平衡的感觉,主要发生在行走时。慢性头晕或不平衡可导致严重的身体和社会功能障碍,在老年人中尤为突出
	不典型头晕:无法描述的头重脚轻感,或漂浮感不伴晕厥
起病形式、发作频率	急性单次持续性:常见于前庭神经炎、伴眩晕的突发性聋、后循环卒中等
	反复发作性:包括良性阵发性位置性眩晕(benign paroxysmal positional vertigo,BPPV)、梅尼埃病、前庭性偏头痛、前庭阵发征、短暂性脑缺血发作、惊恐发作、痫性发作(transient ischemic attack,TIA)、发作性共济失调Ⅱ型等
	慢性持续性:慢性进行性加重常见于颅内占位性疾病(如脑干、小脑肿瘤)、中枢神经系统退行性疾病和副肿瘤性亚急性小脑变性等,慢性稳定性常见于精神心理性头晕[如持续性姿势知觉性头晕(persistent postural-perceptural dizziness,PPPD)]、双侧前庭神经病、慢性中毒等。此外许多全身系统性疾病,如低血压、睡眠呼吸暂停综合征、贫血等,药源性也会表现为慢性持续性头晕,尤其老年人需注意
持续时间	数秒钟:常见于 BPPV、前庭性偏头痛、梅尼埃病晚期、前庭阵发症、外淋巴瘘、上半规管裂综合征、心律失常等
	数分钟:常见于 TIA、惊恐发作、前庭性偏头痛等
	数天:常见于前庭神经炎炎、迷路炎、前庭性偏头痛、伴眩晕的突发性聋、脑血管病或脱髓鞘病等。
	数月至数年:常见于精神心理性头晕(如 PPPD)、双侧前庭病、中枢神经体统退行性疾病、慢性中毒等
诱发因素	BPPV 常与头位或体位变化有关,如翻身、起床、低头、仰头时出现
	前庭性偏头痛发作期也可出现与头位或体位变化有关的头晕
	直立性低血压、严重椎基底动脉狭窄可在站立体位时诱发
	Valsalva 动作(屏气、排便)、大声等诱发的眩晕可见于外淋巴瘘、上半规管裂综合征等
伴随症状	自主神经症状:恶心、呕吐、心动过缓、血压变化(降低或升高)、肠蠕动亢进、便意频繁,因前庭迷走神经反射功能亢进所致,常见于前庭周围性眩晕或部分前庭中枢性眩晕疾病
	耳部症状:耳部症状:耳鸣、耳闷胀感、听力下降或听觉过敏可见于梅尼埃病;眩晕伴听力下降及耳或乳突疼痛可见于突发性聋、迷路炎、中耳炎,偶可见于小脑前下动脉供血区梗死等
	中枢神经系统症状:复视、构音障碍、面部及肢体感觉、运动障碍或共济失调提示脑干小脑病变。如急性枕部疼痛持续存在需警惕椎基底动脉夹层;上述症状急性发作并持续存在提示可能后循环梗死或出血;缓慢出现持续存在的面部及肢体感觉运动障碍或共济失调提示颅颈交界区畸形、遗传性或获得性小脑性共济失调
	心血管症状:心悸、胸闷、胸痛、面色苍白、晕厥提示心脏病变可能,如急性冠脉综合征或心律失常、肺栓塞

续表

项目	问诊要点
伴随症状	精神情绪症状：紧张、担心、坐立不安、情绪低落、恐惧、睡眠障碍（如入睡困难、易醒、早醒）等提示可能合并或并发焦虑、抑郁状态，或 PPPD
	眼部症状：双眼复视提示脑干、眼动神经、眼外肌或神经肌肉接头病变；单眼复视、单眼黑矇、单眼视力下降、斜视等提示眼球、眼内肌或视神经病变
	颈部症状：颈肩痛、与颈部活动相关的头晕/眩晕、上肢或手指麻木，可能提示颈椎关节不稳、颈椎病、颅颈部发育异常
既往史及家族史	既往高血压、高脂血症、糖尿病、吸烟饮酒、心脑血管病史的急性头晕/眩晕患者需先鉴别脑血管病
	既往有耳部疾病史，如慢性中耳炎的患者，后期易并发迷路炎、瘘管形成等
	颞骨骨折、外淋巴瘘常有外伤手术史
	晕动病患者常有晕车晕船史；前庭性偏头痛患者常有头痛、眩晕家族史或晕车史
	前庭性偏头痛、梅尼埃病、遗传性小脑性共济失调患者可有家族史
个人史	长期烟酒嗜好史为动脉粥样硬化疾病的危险因素
	月经前期或月经期出现，伴随偏头痛，常见于前庭性偏头痛
用药史	药物使用史有助于鉴别药物所致的头晕/眩晕以及药物所致的直立性低血压。老年人中药物不良反应引起的头晕值得重视，尤其注意有无近期新增加药物，也可能是导致患者头晕不适的原因。容易导致头晕不适的药物有抗癫痫药物如卡马西平、镇静药如氯硝西泮、抗高血压药物如普萘洛尔、利尿剂如呋塞米等
心理状态	慢性头晕易合并或并发心理疾病如焦虑、抑郁、或 PPPD，应了解慢性头晕患者的看法，家庭成员关系是否和睦，家庭支持度如何，社会人际关系是否和谐，是否有突发事件影响，精神是否过度紧张，有无焦虑、抑郁情绪

2. 体格检查 导致头晕/眩晕的常见疾病，尚缺乏客观诊断标记（血液生化、影像学或前庭功能检查），诊断主要依靠临床表现，因此非常强调体格检查，特别是神经、耳科检查。在头晕/眩晕的临床诊断思路中，需要优先排除脑干、小脑病变所致恶性中枢性头晕/眩晕疾病，因此需要注意有无中枢病变的体征。除提示中枢病变的典型体征外，还应注意神经-耳科专项检查，尤其注意眼球位置、眼球运动、眼球震颤的检查。

（1）一般查体：包括生命体征，卧立位血压、心肺体格检查、四肢皮肤黏膜检查等。

（2）神经系统查体：神经系统查体重点关注以下几个方面：①注意意识状态；②脑神经检查：瞳孔、眼球运动、复视、眼震、面瘫、构音障碍、视野缺损、粗测听力；③重点检查：头脉冲-眼震-扭转偏斜（HINTS）试验、粗测听力；④评估运动功能：单侧/双侧肢体无力，反射不对称和上下肢运动不协调；⑤评估步态：走直线不能、共济失调步态。

（3）神经-耳科学查体及临床意义，见表3-17。

表 3-17　神经 - 耳科学查体及临床意义

	体征	临床意义
眼	自发性垂直下跳性眼震,其他少见的眼震如跷跷板眼震、周期性眼震、分离性眼震、眼阵挛等	提示中枢性疾病,多见于前庭双侧小脑损害或脑桥、延髓病变,如梗死、出血或小脑扁桃体下疝畸形等
	固视抑制失败	提示中枢性损害
	固视抑制成功	提示周围性损害
	改变凝视方向后眼震类型和 / 或方向改变	提示中枢性损害
	方向不变的水平(有时略带旋转)的眼震	提示周围性损害,眼震慢相侧常为病变侧
	头脉冲试验	阳性常提示周围性损害,阳性侧常为病变侧
耳	粗测听力、韦伯试验和林纳试验	初步鉴别传导性或感音神经性听力损失
共济运动	指鼻试验、跟膝胫试验、快复轮替试验	欠稳准常提示小脑半球病变
	闭目难立征	睁眼闭眼都不稳,闭眼稍明显,提示小脑性共济失调 小脑蚓部病变易向后倾 一侧小脑半球病变或一侧前庭损害向病灶侧倾倒 只当闭眼时站立不稳提示感觉性共济失调
	反击征	阳性提示小脑半球病变
姿势步态平衡	步基宽、醉汉步态	提示小脑病变
	跨阈步态	提示深感觉障碍
	Fukuda 原地踏步试验	偏斜角度 >30° 为异常,偏斜侧常为前庭功能减弱侧
位置检查	Dix-Hallpike 试验或 Supine Roll 试验	多见于良性阵发性位置性眩晕,有时为中枢性位置性眩晕

3. 辅助检查

(1) 前庭功能检查:如冷热试验、视频头脉冲试验、前庭诱发肌源性、眼震电图描记(electronystagmography,ENG)等。

(2) 平衡功能检查:静态或动态姿势描记、平衡感觉整合能力测试、步态评价等。

(3) 听力学检查:包括纯音电测听和脑干听觉诱发电位。音叉检查是判断听力损失性质的常用方法之一,可用于鉴别传导性或感音神经性听力损失。

(4) 影像学检查:对于急性眩晕起病,迅速出现意识障碍的患者高度怀疑为小脑出血时,首选头部 CT 检查。出现以下情况常常提示中枢损害可能,应立即转诊至综合医院或上级医疗机构进行头颅 MRI 检查:①起病急骤,在几秒内即出现眩晕症状,并呈持续性。②急性眩晕并出现头痛,尤其是位于单侧后枕部的新发头痛。③急性眩晕并出现明显耳聋症状者,其临床症状不符合梅尼埃病表现,考虑突发性聋伴眩晕需要排除小脑前下动脉供血区卒中时。④急性眩晕,体格检查头脉冲试验正常。⑤急性眩晕,体格检查发现任何中枢损害体征。

⑥单侧听力进行性下降,临床需要排除听神经瘤时。

(5) 其他检查:包括血常规、血生化、甲状腺功能、心电图、EEG、眼科检查等,此外,对慢性头晕/眩晕患者,应进行心理评估,主要包括焦虑及抑郁评估,建议可采用 SAS 焦虑自评量表、SDS 抑郁自评量表进行初筛。

4. 建立临床综合征的诊断 通过详细的病史询问并结合不同头晕/眩晕疾病的临床特点,可以根据发作症状与体征,建立临床综合征的诊断。掌握以下 5 项临床要点,可以诊断70%~90% 的常见头晕、眩晕或失衡。

(1) 发作性位置性眩晕:包括良性发作性位置性眩晕、前庭性偏头痛、少数是中枢性发作性位置性眩晕(CPPV)。

(2) 自发性复发性头晕/眩晕:包括前庭性偏头痛和梅尼埃病。

(3) 持续性旋转性眩晕:包括前庭神经炎、脑卒中、中枢神经系统肿瘤、中枢神经系统脱髓鞘病变。

(4) 频繁的头晕和/或失衡:包括前庭发作和惊恐焦虑。

(5) 无其他神经系统症状失衡:包括持续性姿势性感知性头晕、双侧前庭病(BVP)等。

5. 鉴别诊断 在头晕/眩晕的临床诊治中,全科医生应根据病情的缓急、症状的发作特点及体征做出诊断与鉴别诊断,应首先排查危害大的恶性中枢性头晕/眩晕。

(1) 常见的不同类型的头晕/眩晕疾病的临床特征及注意事项见表 3-18。

(2) 其他原因引起的头晕/眩晕疾病

1) 颈源性头晕:颈源性头晕是指颈部相关结构(颈椎、肌肉、神经、血管等)损害导致的头晕/眩晕类型的总称。目前多数国内外专家对颈源性头晕的概念和机制仍持谨慎的态度。

2) 药物引起的头晕/眩晕:许多药物可能导致头晕/眩晕的不良反应,机制可能与低血压、低血糖、耳毒性、中枢镇静、骨骼肌松弛等机制有关。

3) 病因不明的头晕/眩晕疾病:因对疾病认识的局限性以及患者处于疾病的不同阶段,目前仍有部分头晕/眩晕患者的病因不明。对于此类患者,经过仔细的问诊和查体以及必要的辅助检查排除恶性疾病之后,应该密切随访。

(四) 头晕/眩晕的诊断流程

见图 3-10。

【案例 3-9 分析】

患者出现眩晕,翻身时发生,静止时好转,症状持续时间 <1min,伴有恶心的自主神经症状,但不伴耳鸣、听力下降、黑矇、头痛、视物重影、肢体活动障碍等其他症状。考虑为发作性眩晕,且与体位有关。

查体:未见眼震,步态良好,指鼻试验、跟膝胫试验、快复轮替试验、龙贝格征、反击征均阴性,卧立位血压无明显差异。暂时排除中枢性眩晕,考虑为周围性眩晕。

进一步查体:听力正常,Dix-Hallpike 试验阳性。

诊断:良性阵发性位置性眩晕。

表 3-18 常见的不同类型的头晕/眩晕疾病的临床特征及注意事项

分类	常见病因	临床表现	重要体征	注意事项
前庭周围性头晕/眩晕	前庭神经炎	1. 急性眩晕不伴听力下降且持续数日 2. 常伴恶心、呕吐、振动幻视以及身体不稳感等	1. 自发性朝向健侧的水平扭转性眼震 2. 站立身体向患侧倾倒	1. 本病无听力下降，注意听力检查 2. 与中枢性病变鉴别，注意患者的意识、中枢神经系统受损的症状和体征 3. 可伴发耳石症 4. 注意与前庭性偏头痛急性发作鉴别
	伴眩晕的突发性聋	1. 眩晕、恶心、呕吐 2. 突然发生听力下降 3. 可伴耳鸣、耳闷胀感，听觉过敏或重听，耳周皮肤感觉异常等	1. 林纳试验/韦伯试验：感音神经性聋 2. 单向水平扭转性眼震 3. 固视抑制成功	1. 眩晕症状较严重，应主动询问患者的听力情况和有无耳鸣 2. 后循环梗死偶可早期表现为突发性听力下降，中枢神经系统表现随梗死范围扩大而出现急性听力下降后
	急性中耳炎继发迷路炎	1. 突发耳部疼痛，常伴上呼吸道感染症状 2. 穿孔前多有疼痛，较剧烈，穿孔后患耳有脓液流出疼痛可缓解，耳鸣、耳闷并伴听力轻度下降	1. 鼓膜充血肿胀，如有穿孔，可见脓液从穿孔处溢出 2. 耳后乳突部可有压痛	1. 如并发迷路炎或感染，患者可伴有剧烈眩晕 2. 建议转诊耳鼻喉科或神经内科
	听神经瘤	可首发表现为急性听性听力下降伴眩晕	林纳试验/韦伯试验：感音神经性耳	对于治疗效果不佳或突发性聋复发的患者应注意排除
	良性阵发性位置性眩晕(BPPV)	1. 突然出现短暂性眩晕(通常持续不超过1min) 2. 起床、躺下、床上翻身、低头或抬头时出现 3. 可有恶心、呕吐等自主神经症状	位置试验诱发眩晕及眼震，眼震特点符合相应半规管兴奋或抑制的表现	出现以下情况应注意除外中枢性病变： 1. 考虑BPPV但反复复位效果欠佳 2. 位置试验诱发出的眼震不符合相应半规管兴奋或抑制的表现 3. 多个位置试验中出现位置性眼震，但无法确定责任半规管 4. 同时出现外周和中枢性位置性眼震 5. 位置试验中出现眩晕，但未观察到眼震

续表

分类	常见病因	临床表现	重要体征	注意事项
前庭周围性头晕/眩晕	梅尼埃病	1. 发作性旋转性眩晕 2. 常伴自主神经功能紊乱和平衡障碍，无意识丧失 3. 波动性听力损失，早期多为低频听力损失且逐渐加重 4. 伴有耳鸣和/或耳胀满感	发作期或中晚期神经性耳聋	1. 梅尼埃病的诊断和鉴别诊断必须依据完整翔实的病史和必要的听-平衡功能检查、影像学检查等 2. 部分患者的耳蜗症状和前庭症状不同时出现，中间可能间隔数月至数年
	双侧前庭病	1. 慢性持续性症状，以行走或站立时不稳为主，可伴有行走或头部/身体快速运动时出现的视物模糊或振动幻视，也可伴有黑暗环境中或地面不平时上述不稳症状加重 2. 静坐或平躺时症状消失 3. 不能归因于其他疾病	头脉冲试验可显示双侧前庭眼反射（VOR）阳性龙贝格征：睁目稳，闭目不稳	治疗以前庭康复锻炼为主
前庭中枢性头晕/眩晕	后循环梗死（脑干小脑为主）	急性头晕/眩晕、言语不清晰、肢体无力或面部肢体麻木、视物成双、行走或持物不稳，跌倒/发作等	复视、吞咽困难、构音障碍、偏瘫、交叉性感觉障碍、共济失调、跌倒性发作	以头晕或眩晕为唯一表现的急性后循环梗死或出血很少见，但在一些特殊区域的较小病灶，或小脑下部的较大面积病灶，临床症状酷似前庭神经炎，很容易误诊延误治疗
	脑干小脑出血	突发持续性头晕/眩晕、恶心、呕吐，早期出现意识障碍	脑干、小脑受累体征	及时完善头部CT检查
	前庭性偏头痛	1. 可表现为头晕/眩晕或姿势不稳或前庭-视觉症状 2. 伴或不伴偏头痛 3. 持续数十秒至数天（5min~72h） 4. 常伴恶心、呕吐，畏声、畏光	非发作期无明显阳性体征，发作期可见各种类型眼球震颤	注意询问头痛、眩晕病史和家族史
	后颅凹占位病变（第四脑室占位，脑干及小脑肿瘤）	头晕、行走不稳、平衡障碍	病变侧听力下降、构音障碍、共济失调等中枢损害的体征	手术治疗
	脑干小脑退变性疾病	头晕、行走不稳、平衡障碍	眼球运动异常、躯干和肢体共济失调	进行性行走不稳为主要表现的患者，查体应注意眼球运动共济失调检查

续表

分类	常见病因	临床表现	重要体征	注意事项
非前庭系统头晕	持续性姿势-知觉性头晕	1. 非旋转性头晕及不稳感持续 3 个月或以上;症状大部分时间存在,部分患者几乎每日均有症状,但时轻时重 2. 诱发或促使症状加重的因素包括:可在急性或发作性头晕/眩晕疾病之后出现;可以间歇性发作开始,逐渐平稳;站立、暴露在运动或复杂的视觉刺激、主动或被动的头部运动会导致头晕不稳加重	无明显阳性体征	1. 注意和其他与体位相关的头晕类疾病相鉴别,如直立性低血压、双侧前庭病、颈椎关节不稳、共济失调早期等 2. 避免因过分关注患者并存的焦虑抑郁情绪而漏诊潜在疾病的可能
	其他	许多全身系统性疾病,如低血压、贫血、睡眠呼吸暂停综合征等,药物源性也会表现为慢性持续性头晕,尤其老年人需注意	无	无

头晕/眩晕

是否有中枢性预警症状和体征：
意识障碍、复视、视野缺损或模糊、眼球运动异常、言语障碍、吞咽困难、饮水呛咳、中枢性面舌瘫、交叉性或偏身感觉障碍、偏侧或四肢无力、共济失调或严重平衡障碍

否 ——

是 ——

发作性

单次持续性

诱发性

自发性

创伤或毒物相关

自发性

Dix-Hallpike试验/Supine Roll试验

气压伤

药物

HINTS检查、听力检查

阳性

阴性

BPPV

评估直立性低血压

头脉冲试验（+），凝视透发方向不改变的水平性眼震，眼偏斜试验正常，听力下降

头脉冲试验（-），凝视透发方向改变的水平性眼震，眼偏斜试验异常，听力下降

听力下降

偏头痛样头痛

精神心理症状

考虑外周性病变

考虑中枢性病变

梅尼埃病等

前庭性偏头痛

惊恐发作，焦虑、抑郁障碍等

前庭神经炎

伴眩晕的突发性耳聋

卒中或短暂性脑缺血发作等

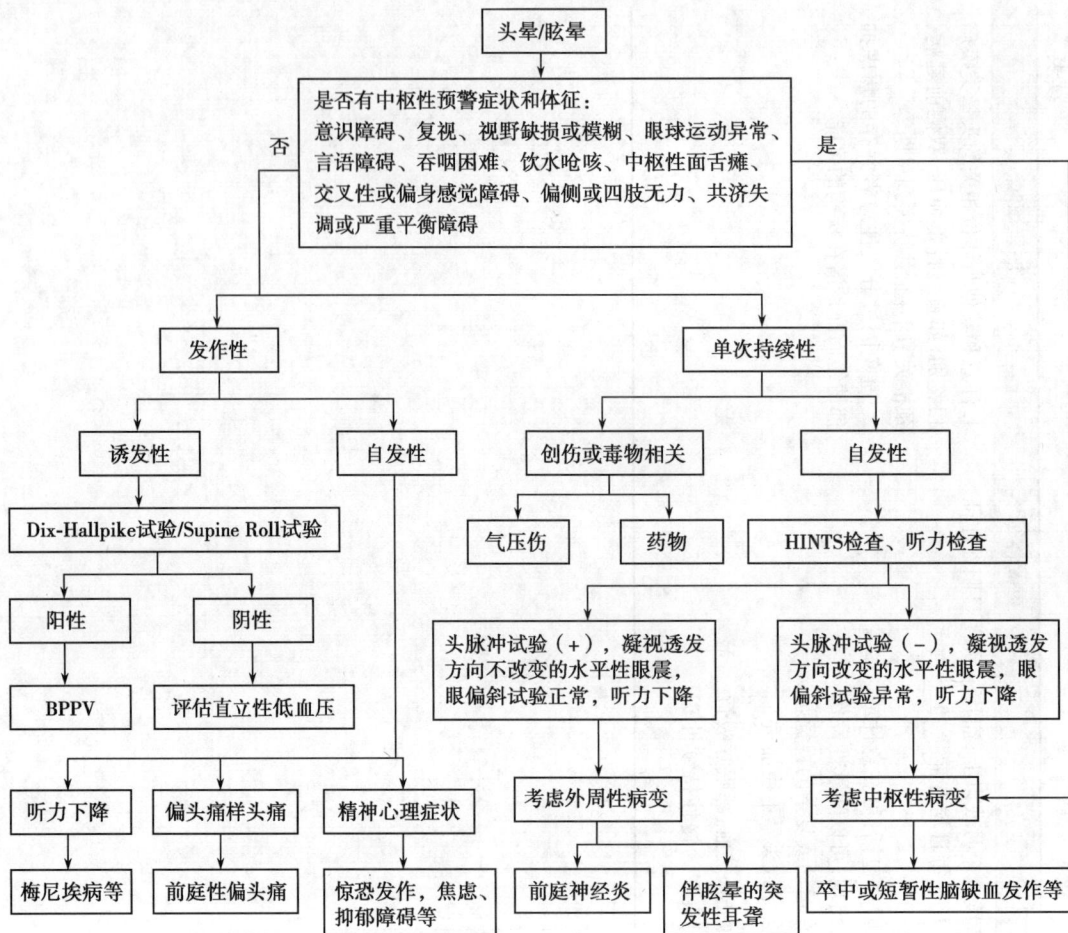

图 3-10 头晕/眩晕常见病因诊断流程图

◉ 全科医生在诊疗过程中的关注点

运用全科医学的理念及整体方法针对头晕及眩晕进行详细评估。

1. 系统的病史采集，应尽可能了解头晕/眩晕的特征及相关因素等。

2. 问诊时注意了解心理及社会背景、注意人文关怀。

3. 根据病史特点、系统的体格检查及专项检查结果分析诊断与鉴别诊断。

4. 采用安全诊断策略，关注头晕及眩晕的相关伴随"红旗征"，如突发头痛、意识障碍、视物重影、肢体功能障碍等，进一步评价及排除可能存在高危的问题。

5. 转诊指征

（1）出现意识障碍或者中枢神经系统受累的体征者。

（2）急性眩晕伴有新发头痛或听力下降者。

（3）检查提示脑干出血需要进一步手术者。

（4）慢性持续性头晕，或者病情迁延，治疗后无法缓解者。

（5）怀疑有器质性疾病需要进一步检查者。

（6）合并严重精神障碍者。

（方力争　乔巧华）

十、便秘的诊断思路

主要内容
1. 便秘的全科接诊方法。
2. 运用全科医学思维分析便秘诊断与鉴别诊断。
3. 功能性便秘的诊断。

········ 重要知识点 ···

1. 便秘是一种（组）症状，可由多种病因引起，详细的病史询问、体格检查包括直肠指检非常重要，有助于病因的鉴别诊断。

2. 便秘主要由器质性疾病、功能性疾病及药物因素 3 大类病因引起，当便秘患者出现报警征象，包括便血、粪便隐血试验阳性、贫血、消瘦、腹痛持续加剧、腹部包块等，对于有结直肠息肉史和结直肠肿瘤家族史等情况时，应注意鉴别器质性疾病。

3. 便秘的病程长短、伴随症状对于诊断和鉴别诊断非常重要。

4. 当患者出现严重便秘、报警征象或严重并发症时应及时转诊。

···

【案例 3-10】

女，65 岁。"排便费力 3 年，加重半月"。

患者 3 年前无明显诱因逐渐出现便意减少，大便干结及排便费力，每周排便 1~2 次，有时需"开塞露"辅助排便，无腹痛、腹胀，无大便带黏液脓血，无发热、畏寒。未予诊治。半月前自行服用钙片后排便费力症状较前加重，近 1 周未排便，伴腹胀，无腹痛，有肛门排气。

查体：体温 36.5℃，脉搏 73 次 /min，血压 126/75mmHg；呼吸 18 次 /min。神志清，精神可，心律齐，各心瓣膜区未及病理性杂音，两肺呼吸音清，未及明显干湿啰音。腹软，无明显压痛，无反跳痛，未触及包块，肠鸣音 2 次 /min，肝脾肋下未及。四肢肌力 V 级，病理征未引出。

既往史：糖尿病病史 2 年，血糖控制可。

家族史：奶奶患高血压；爷爷患结肠癌。

个人史：无烟酒嗜好。饮食上喜肉食，蔬菜、水果摄入少，平时运动较少。

案例提示：通过学习便秘的诊断思路，结合案例 3-10，在全科门诊中，应如何进行便秘的问诊、体格检查、诊断与鉴别诊断？

（一）概述

便秘是一种常见的消化系统症状，可严重影响患者的日常生活和生命质量，部分患者反复就医或滥用泻药,造成沉重的社会和经济负担。我国成人便秘的患病率为 7.0%~23.3%,且随着年龄的增长呈上升趋势,我国老年人患病率为 15%~20%,农村高于城市,北方高于南方,女性患病率高于男性,男女患病率之比为(1∶1.22)~(1∶4.56)。全科医生通常是便秘患者的首诊医生,在缺乏辅助检查的基层,我们应通过仔细询问病史、体格检查及必要的辅助检查来评估便秘的病因,病情的严重程度,并给予治疗,同时应注意识别报警征象,鉴别器质性疾病导致的便秘,必要时及时转诊。

(二)分类

便秘是一种(组)症状,表现为排便困难和 / 或排便次数减少,粪便干硬。排便困难包括排便费力、排出困难、排便不尽感、肛门直肠堵塞感、排便费时和需辅助排便。排便次数减少指每周排便次数少于 3 次。

便秘按病因分类主要分为器质性疾病、功能性疾病及药物因素 3 大类;按病程或起病方式可分为急性和慢性便秘,慢性便秘的病程应≥6 个月。

功能性便秘是指排除器质性病变及药物因素所致便秘后,由于多种病理生理机制作用所导致的包括肠道动力障碍、肠道分泌紊乱、内脏敏感性改变、盆底肌群功能障碍和肠神经系统功能紊乱等引起的便秘。按照病理生理学机制,可将功能性便秘分为慢传输型便秘(slow transit constipation,STC)、排便障碍型便秘(defecatory disorder)、混合型便秘和正常传输型便秘(normal transit constipation,NTC)。

(三)便秘的临床思维

1. 问诊 作为全科医生,应详细询问病史,主要问诊包括年龄,职业,发病的急缓、病程长短,排便的次数、难易程度,粪便的形状、硬度、有无黏液及脓血,伴随症状,诊疗经过,对疾病认知程度,心理状态,既往史,家族史及个人嗜好,同时问诊时注意了解心理及社会背景、注意人文关怀,并根据问诊采集的病史进行整体相关分析(表 3-19)。

表 3-19 详细的病史询问内容

项目	问诊要点
起病情况	发病时间、病程、诱因(生活环境改变、精神紧张、药物)
病情特点	便意、排便次数、排便难易程度、粪便的形状、硬度等
起病缓急及伴随症状	急性起病,且伴随呕吐、腹胀、剧烈腹痛,应考虑有肠梗阻的可能
	便秘伴腹部包块可能为结肠肿瘤、肠结核、克罗恩病、肿大淋巴结或腹腔内肿瘤压迫结肠
	便秘与腹泻交替并伴脐周或中、下腹部隐痛时,多提示为肠结核或腹腔内结核、溃疡性结肠炎、克罗恩病或肠易激综合征等
诊治经过	包括已做的检查、治疗药物、剂量、疗效等,应注意滥用或不合理使用泻药可加重便秘
用药史	有无抗抑郁药、抗组胺药、解痉剂、阿片类药、钙剂、铁剂、止泻药等用药
既往病史、家族史	有无腹部及甲状腺手术史
	有无高血压、糖尿病、甲状腺功能减退等病史
	有无传染病接触史
	有无结直肠肿瘤家族史

续表

项目	问诊要点
生活方式	是否存在不良饮食习惯：低纤维食物、水分摄入不足
	是否存在低体重
	是否存在运动不足、久坐
心理状态	了解患者对便秘的看法，家庭成员关系是否和睦，家庭支持度如何，社会人际关系是否和谐，是否有突发事件影响，精神是否过度紧张，有无焦虑、抑郁情绪

2. 体格检查　便秘患者应进行全面的体格检查。

（1）一般情况：体温、脉搏、呼吸、血压、精神及营养等。

（2）心肺检查：常规心肺体格检查，颈静脉充盈度、肝颈回流征等。

（3）腹部查体

1）暴露腹部，观察腹部是否隆起，有无手术瘢痕、胃肠型、蠕动波。

2）腹部是否有压痛（全腹或局部）、反跳痛、肌紧张、是否可触到肿大的脏器或包块。

3）肠鸣音是否变化，有无振水音。

4）肛门指检：触摸硬便，探查肿块、肛裂、痔、括约肌张力、尝试排便时的推力、触诊男性前列腺有无肥大、女性有无阴道后壁肿块，有无指套染血等。

3. 辅助检查

（1）血常规、尿常规、大便常规 + 隐血。

（2）全身系统性疾病检查：血生化包括肝肾功能、电解质、血糖，肿瘤标记物，甲状腺功能等。

（3）肠道结构性疾病检查：胃肠镜、肛管超声内镜、腹部 X 线、腹部超声、CT 或 MR 检查。

（4）排便生理功能检查：肛门直肠生理学检查和结肠传输试验有助于找出顽固性便秘患者的潜在病因。

1）结肠通过时间测定：此种检查尚能区别通过缓慢型和出口梗阻型便秘。

2）结肠动力检查。

3）其他特殊检查：胃肠道通过时间测定、肛门直肠测压、排粪造影等。

4. 便秘的主要病因及鉴别诊断　便秘可由多种疾病引起，包括功能性疾病和器质性疾病，不少药物亦可引起便秘。在慢性便秘的病因中，大部分为功能性疾病，包括功能性便秘、功能性排便障碍和便秘型肠易激综合征。

（1）功能性便秘：是指由于生活规律改变、情绪抑郁、饮食因素、排便习惯不良、药物作用等因素所致肠道运动功能障碍引起的便秘。功能性便秘的诊断首先应排除器质性病变及药物因素，目前主要采用罗马Ⅳ诊断标准。

1）必须包括以下 2 项或 2 项以上：①至少 25% 的排便感到费力；②至少 25% 的排便为干球粪或硬粪；③至少 25% 的排便不尽感；④至少 25% 的排便有肛门、直肠梗阻和 / 或阻塞感；⑤至少 25% 的排便需手法辅助，每周自发排便 <3 次。

2）不用泻药时很少出现稀便。

3）不符合肠易激综合征的诊断标准。注意诊断前症状出现至少 6 个月，近 3 个月满足以上标准。

（2）器质性便秘主要病因及常见药物影响见表 3-20。

表 3-20　器质性便秘的主要病因及药物影响

结肠疾病	直肠、肛门疾病	肠道外疾病	药物
肠结核、克罗恩病、溃疡性结肠炎、肠套叠、缺血性肠病、结肠肿瘤、假性肠梗阻、肠易激综合征	直肠癌、直肠炎、肛裂、肛瘘、痔疮	精神性疾病、甲状腺功能减退、糖尿病、神经系统疾病、结缔组织疾病、肠道外疾病压迫	抗抑郁药、抗癫痫药、抗组胺药、抗震颤麻痹药、抗精神病药、解痉药、钙通道阻滞剂、利尿剂、单胺氧化酶抑制剂、阿片类药、拟交感神经药、含铝或钙的抗酸药、钙剂、铁剂、止泻药、非甾体抗炎药

（四）便秘的诊断流程

见图 3-11。

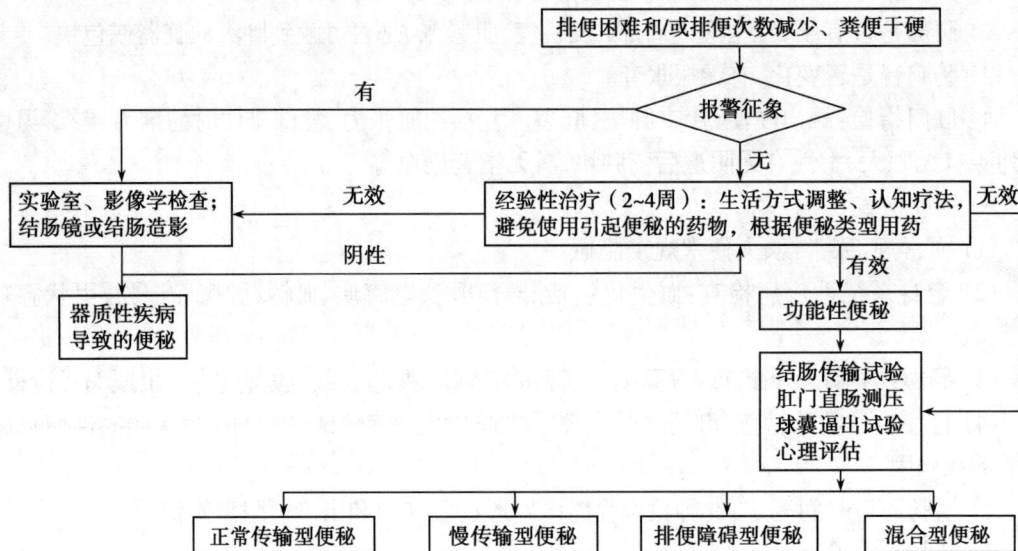

图 3-11　便秘诊断流程

注：报警征象包括年龄 >40 岁、便血、粪便隐血阳性、贫血、消瘦、腹部包块、腹腔积液、发热、消化道肿瘤家族史等。

【案例 3-10 分析】

患者排便费力伴排便次数减少，服用钙片后症状加重。

查体：肠鸣音偏少，余无阳性体征。考虑为慢性便秘，需鉴别排除器质性病变。

进一步完善血常规、大便隐血、生化、甲状腺功能、肿瘤标记物、肠镜等辅助检查，无阳性发现。排除器质性便秘因素，考虑为功能性便秘。

◉ 全科医生在诊疗过程中的关注点

运用全科医学的理念及整体方法针对便秘进行详细评估。

1. 系统的病史采集,应尽可能了解便秘的特征及相关因素等。

2. 问诊时注意了解心理及社会背景、注意人文关怀。

3. 根据系统的体格检查及专项检查结果分析鉴别诊断。

4. 采用安全诊断策略,关注便秘的相关伴随"红旗征",如黑便、贫血、体重减轻、腹部包块等,进一步评价及排除可能存在高危的问题。

5. 转诊指征

(1) 便秘经 2~4 周经验性治疗无效需转诊至上级医院明确诊断者。

(2) 怀疑有并发症(如直肠脱垂、粪便嵌顿等)患者。

(3) 有明显报警征象者,需转诊上级医院明确诊断。

(4) 出现腹痛、呕吐、肛门停止排便排气等症状,疑似肠梗阻患者。

(方力争　乔巧华)

第二节　慢性病长期照顾

主要内容

1. 国内外慢性病管理现状。
2. 慢性病管理方法。
3. 高血压的诊断、心血管风险综合评估、治疗和长期管理。
4. 糖尿病的诊断、综合评估、治疗和长期管理。

········ **重要知识点** ··

1. 近半个世纪以来,慢性病发生率逐年上升,给世界和中国民众健康带来巨大的威胁和挑战。

2. 慢性病管理的方法包括健康监测,疾病筛查,慢性病风险评估、分级诊疗、康复、健康教育等。

3. 高血压的诊断包括确立高血压诊断、确定高血压分级、区分原发性或继发性高血压,以及心脑血管风险的综合评估。

4. 高血压是心血管综合征,高血压的管理还应包括心血管综合风险评估分层,评估因素包括高血压心血管危险因素、靶器官损害、并存的临床疾病等。

5. 对原发性高血压患者,每年要提供至少 4 次面对面随访,包括建立健康档案、随访评估、健康教育等。

6. 糖尿病(DM)是一种慢性病,其特征是由于胰岛素分泌或胰岛素作用的缺陷,或两者兼而有之而导致的高血糖。可分为 1 型糖尿病、2 型糖尿病、妊娠糖尿病、特殊类型糖尿病。

7. 糖尿病的完整评估包括诊断和分型、糖尿病并发症筛查、回顾既往治疗方案和风险因素控制、协助制订管理方案、提供连续性医疗服务。

8. 2 型糖尿病的综合治疗包括降血糖、降血压、调节血脂、抗血小板、控制体重和改善生活方式等。

9. 基层医疗卫生机构应对糖尿病患者进行健康体检,同时应对糖尿病患者开展初诊评估和年度评估,评估主要内容包括疾病行为危险因素、并发症及并存临床情况、体格检查及实验室检查信息等。

一、慢性病管理现状

(一)全球慢性病管理现状

自 20 世纪 50 年代以来,随着人口预期寿命的增长和老龄化进展,慢性非传染性疾病(noncommunicable diseases,NCDs)又称为慢性病的发生率随之上升。世界卫生组织(WHO)《2014 年全球非传染性疾病现状报告》显示,非传染性疾病是 21 世纪的主要卫生和发展的挑战之一。

目前全球每年死亡人数中的绝大多数归因于慢性非传染性疾病。2018 年 WHO 数据显示,每年有 4 100 万人死于非传染性疾病,相当于全球死亡总数的 71%;30~69 岁人群中,每年有 1 500 万死于非传染性疾病;在这些"过早"死亡中,85% 以上发生在低、中等收入国家。按照低、中等收入国家目前情况继续发展估算,2011—2025 年非传染性疾病导致的累计经济损失将达 7 万亿美元。

非传染性疾病主要包括心血管疾病、癌症、慢性呼吸道疾病和糖尿病。其中,心血管疾病是非传染性疾病死亡的主要原因,每年有 1 790 万人死于心血管疾病,其次是癌症(900 万人)、呼吸系统疾病(390 万人)和糖尿病(160 万人)。这四类疾病占所有非传染性疾病过早死亡的 80% 以上。然而,这些疾病在很大程度上是可防可控的。控制非传染性疾病的重要途径是减少风险因素,并通过早期发现、及时治疗等初级医疗保健办法,提供及时有效的基本干预措施。

(二)中国慢性病管理现状

慢性病同样严重损害国民健康,威胁劳动力人口,增加经济负担。如不加以控制,将影响和谐社会构建,妨碍社会稳定和经济可持续发展。

据统计,我国现有超过 2 亿高血压患者、1.2 亿肥胖患者、9 700 万糖尿病患者、3 300 万高胆固醇血症患者,其中 65% 以上为 18~59 岁的劳动力人口。我国 60 岁以上老年人中,高血压、糖尿病、高胆固醇血症患病率分别为 58.3%、19.4% 和 10.5%,75.8% 的居民患有一种以上慢性病,女性高于男性,城市高于农村;慢性病患病率随着年龄的增加而增加。

我国居民因慢性病导致的死亡已经占到总死亡的 85%,脑血管病、癌症、呼吸系统疾病和心脏病位列城乡死因的前四位,45% 的慢性病患者死于 70 岁之前,全国因慢性病导致的过早死亡占早死总人数的 75%。

慢性病相关危险因素在人群中普遍存在。中国有 3 亿人吸烟,80% 的家庭人均食盐和食用油摄入量超标,18 岁以上成人经常参加身体锻炼的比例不到 12%。超重 / 肥胖是慢性病的主要危险因素。慢性病造成的疾病负担占我国总疾病负担的70%。如不采取强有力措施,未来20年,中国40岁以上人群中主要慢性病患者人数将增长1~2倍,慢性病导致的负担将增长80%以上。

慢性病可防可控,加强慢性病防治不仅仅是个人和家庭的责任,也是全社会的责任,更是政府的责任。面对防治慢性病的严峻挑战,必须发动全社会力量,政府主导、部门合作、全民参与,尽快扭转慢性病高发态势。

二、慢性病管理方法

(一) 健康监测

健康监测(health monitoring)是社区慢性病管理的重要组成部分,它是指对特定人群或人群的健康状况进行定期或不定期连续观察和调查,以掌握人群的健康及疾病状况。监测内容包括疾病监测、环境健康危害因素监测、农村环境卫生监测、公共场所健康危害因素监测、空气污染等对人群健康影响监测、人体生物监测等。根据健康监测范围,可分为个体监测和群体监测。个体健康监测的主要内容包括生活行为方式、疾病史、生理监测指标、健康体检资料、心理健康测量指标、社会健康监测等。个体健康监测的方式包括建立健康档案、动态健康监测、干预效果评价、专项健康管理和疾病管理服务。群体监测的主要内容包括疾病监测、行为危险因素监测等。

(二) 疾病筛查

疾病的发生、发展、致残、致死是疾病危险因素与遗传因素长期作用的结果。根据疾病的发展规律,疾病大致可分为易感期、临床前期、临床期和结局(残疾或死亡)4个阶段。疾病的早期可能出现一些可以识别的异常征象,通过某些检测手段将其检测出来,即为疾病的筛查(disease screening)。

筛查方法包括病史询问、体格检查、问卷调查、实验室检查、分子标记物检测等。筛查结果阳性者,需要进一步检查来确诊。发现高风险或者已经患病的人群,应对其进行干预以终止或减缓疾病的发展,起到改善预后、提高生存率、延长生存期的作用。

(三) 慢性病风险评估

慢性病风险评估是一种用于描述或估计某一个体或群体未来发生某种特定疾病,或因某种特定疾病导致健康损害甚至死亡可能性的方法或工具。

个体化信息采集是进行健康风险评估的基础,以问卷方式搜集个人生活方式及健康危险因素相关信息,完成风险评估分析。问卷内容一般由以下五个方面构成:生理、生化数据,如身高、体重、血压、血脂等;生活方式数据,如吸烟、膳食与运动习惯等;个人或家族健康史;其他危险因素,如精神压力;态度和知识方面的信息。

风险计算是针对个人,由于某一种或几种特定原因造成的死亡或患病风险给予定量的预测或评价。常见的健康风险评估以死亡为结果,现已扩展到以疾病为基础的危险性评价。健康风险评估在疾病风险危险性评价及预测方面一般应用相对危险度和绝对危险度,后期发展起来的主要是采用数理统计、流行病学和病因学研究方法,对多种健康危险因素的疾病危险性评价和预测,建立患病或死亡危险性与各个健康危险因素之间的关系模型,得出某种疾病发病或死亡的危险性,对疾病的风险评估更加准确。

(四)慢性病的分级诊疗

分级诊疗是指按照疾病的轻重缓急及治疗的难易程度进行分级,不同级别的医疗机构承担不同疾病或者不同严重程度疾病的治疗。分级诊疗的目标和实施包括基层首诊、双向转诊、急慢分治、上下联动等方面。

(五)慢性病康复

康复的主要目的是让身体受损者尽可能恢复功能,随着老龄化进展和慢性病患者的快速增长,肌肉骨骼疾病、抑郁症、糖尿病和神经系统疾病相关残疾明显增多,大大增加了对康复的需求,包括锻炼、行动辅助器具、环境改造等方面。

(六)慢性病健康教育

健康教育是指以促进健康为目标,有组织、有计划、有评价的健康教育活动与过程,它是慢性病管理的重要组成部分,是健康促进发展的重要策略之一。其目的是发动和引导民众树立健康意识,关心自身、家庭、社区和社会的健康问题,积极参与健康教育与健康促进规划的制订和实施,养成良好的行为习惯和健康生活方式,以提高自我保健能力和群体健康水平。慢性病健康教育的主要内容包括普及慢性病防治知识,提高自我保健能力,强化从医行为,促进健康的生活方式,提供初级保健技能训练等。

三、高血压规范管理

【案例 3-11】

男,51 岁。发现血压升高 2 年,控制不佳 1 年余。

患者 2 年前无明显诱因下出现血压升高,自测血压 (140~150)/(90~100)mmHg,无心悸、胸闷、胸痛、乏力、头晕等不适,予"硝苯地平控释片 1 片,每日 2 次"控制血压,血压控制可。1 年多前开始出现血压控制不佳,波动在 (150~170)/(100~110)mmHg,改为"硝苯地平控释片"联合"厄贝沙坦氢氯噻嗪片"治疗,血压仍控制不佳,偶有头痛,两侧颞部为主,无头晕、心悸、胸闷、胸痛、恶心呕吐、头晕。

自病以来,神志清,精神可,睡眠一般,食欲尚可,大小便正常,体重无明显减轻。有糖尿病病史十余年,现长期皮下注射"精蛋白锌重组赖脯胰岛素混合注射液 50R"14~16IU,空腹血糖控制在 5~14mmol/L。

其他:慢性胃炎,已戒烟、戒酒 1 年余,母亲有高血压病,父亲及兄弟体健。

查体:血压 146/92mmHg,心率 72 次/min,BMI 24.49kg/m²,甲状腺未及肿大,心肺听诊无殊,腹软,无压痛、反跳痛,肾区叩痛阴性,足背动脉搏动可,神经系统检查阴性。

辅助检查:血生化可见葡萄糖 5.72mmol/L,总胆固醇 5.34mmol/L,低密度脂蛋白胆固醇 3.27mmol/L。肝功能、肾功能及电解质未见明显异常。

案例提示:通过学习高血压的诊治和综合管理,结合案例 3-11,学习在全科门诊中,如何进行高血压的诊断、风险评估、生活方式干预、药物治疗以及综合管理?

（一）定义与分类

1. 定义　高血压的定义：未使用降压药物的情况下，非同日 3 次测量诊室血压，收缩压（SBP）≥140mmHg 和 / 或舒张压（DBP）≥90mmHg。SBP≥140mmHg 和 DBP<90mmHg 为单纯性收缩期高血压。患者既往有高血压史，目前正在使用降压药物，血压虽低于 140/90mmHg，仍应诊断为高血压。

2. 分类　根据血压升高水平，进一步将高血压分为 1 级、2 级和 3 级。血压水平分类和定义见表 3-21。

表 3-21　血压水平分类和定义

分类	收缩压 /mmHg		舒张压 /mmHg
正常血压	<120	和	<80
正常高值	120~139	和 / 或	80~89
高血压	≥140	和 / 或	≥90
1 级高血压（轻度）	140~159	和 / 或	90~99
2 级高血压（中度）	160~179	和 / 或	100~109
3 级高血压（重度）	≥180	和 / 或	≥110
单纯收缩期高血压	≥140	和	<90

注：当收缩压和舒张压分属于不同级别时，以较高分级为准；1mmHg=0.133kPa。

（二）诊断

高血压的诊断包括以下三方面：确立高血压诊断，确定血压水平分级；判断高血压的原因，区分原发性或继发性高血压；寻找其他心脑血管危险因素、靶器官损害以及相关临床情况，从而做出高血压病因的鉴别诊断，综合评估患者的心脑血管疾病风险程度，指导诊断与治疗。

1. 诊断依据

（1）病史及临床表现

1）病史：家族史、病程、高血压治疗经过、既往疾病史、临床症状、服药史、生活方式、心理社会因素等。

2）查体：在临床和人群防治工作中，血压测量主要采用诊室血压和诊室外血压测量，后者包括动态血压监测（ambulatory blood pressure monitoring，ABPM）和家庭血压监测（home blood pressure monitoring，HBPM）。

A. 诊室血压：由医护人员在标准条件下按统一规范测量，是目前诊断高血压、对血压水平分级以及观察降压疗效的常用方法。

B. 动态血压监测（ABPM）：主要用于诊断白大衣高血压、隐蔽性高血压和单纯夜间高血压；观察异常的血压节律与变异；评估降压疗效、全时间段（包括清晨、睡眠期间）的血压控制。

C. 家庭血压监测（HBPM）：用于一般高血压患者的血压监测，以便鉴别白大衣高血压、隐蔽性高血压和难治性高血压，评价血压长时变异，辅助评价降压疗效，预测心血管风险及预后等。不同血压测量方式的高血压诊断标准见表 3-22。

表 3-22 诊室内、外测量血压值的高血压诊断标准

检测指标		收缩压 /mmHg		舒张压 /mmHg
诊室血压		≥140	和 / 或	≥90
动态血压监测	24h 平均	≥130	和 / 或	≥80
	白天	≥135	和 / 或	≥85
	夜间	≥120	和 / 或	≥70
家庭血压监测		≥135	和 / 或	≥85

3) 其他体格检查:高血压患者应测量血压、脉率、BMI、腰围及臀围;观察有无满月脸、突眼征或下肢水肿;听诊颈动脉、胸主动脉、腹部动脉和股动脉有无杂音;全面的心肺检查,检查四肢动脉搏动和神经系统体征。

(2) 辅助检查

1) 基本项目:血生化、血常规、尿液分析、心电图等。

2) 推荐项目:尿白蛋白 / 肌酐比值、尿蛋白定量、糖化血红蛋白、口服葡萄糖耐量试验、血超敏 C 反应蛋白、超声心动图、颈动脉超声、眼底以及胸部 X 线检查等。

3) 选择项目:主要涉及基层医院不能做,但临床需要依此进行危险分层的检验,以及与继发性高血压有关的检查,一般均建议转到上级医院进行检查。

2. 高血压的心血管风险评估 对高血压患者的心血管综合风险进行评估并分层,有利于确定启动降压的治疗时机,优化降压治疗方案,确立更合适的血压控制目标,进行患者的综合管理。

(1) 简易心血管分层方法:高血压危险评估的临床路径见图 3-12。

(2) 全面风险分层方法:血压升高患者心血管风险水平分层和影响高血压患者心血管预后的重要因素见表 3-23。

表 3-23 血压升高患者心血管风险水平分层

其他心血管危险因素和疾病史	血压值			
	SBP 130~139mmHg 和 / 或 DBP 85~89mmHg	SBP 140~159mmHg 和 / 或 DBP 90~99mmHg	SBP 160~179mmHg 和 / 或 DBP 100~109mmHg	SBP≥180mmHg 和 / 或 DBP≥110mmHg
无	–	低危	中危	高危
1~2 个其他高危因素	低危	中危	中 / 高危	很高危
≥3 个其他危险因素,靶器官损害,或 CKD 3 期,无并发症的糖尿病	中 / 高危	高危	高危	很高危
临床并发症,或 CKD≥4 期,有并发症的糖尿病	高 / 很高危	很高危	很高危	很高危

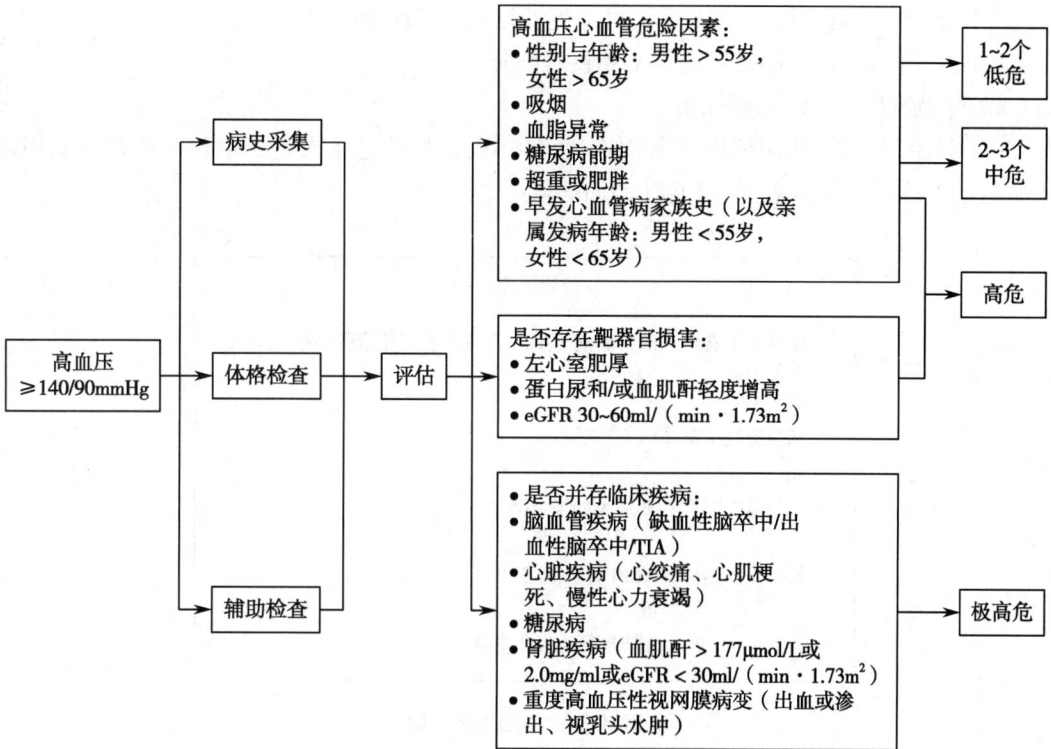

图 3-12 高血压危险评估的临床路径

eGFR,估算的肾小球滤过率;TIA,短暂性脑缺血发作。

(三)治疗

高血压治疗的根本目标是控制高血压,降低高血压的心、脑、肾与血管并发症发生率和总死亡率。

1. 改善生活方式

(1)减少钠盐摄入,增加钾摄入:为预防高血压和降低高血压患者的血压,钠的摄入量减少至 2 400mg/d(6g 氯化钠)。

(2)合理膳食:建议高血压患者和有进展为高血压风险的正常血压者,饮食以水果、蔬菜、低脂奶制品、富含食用纤维的全谷物、植物来源的蛋白质为主,减少饱和脂肪和反式脂肪酸摄入。

(3)控制体重:推荐将体重维持在健康范围(BMI=18.5~23.9kg/m^2,男性腰围 <90cm,女性 <85cm)。将目标定为一年内体重减少初始体重的 5%~10%。

(4)不吸烟:戒烟的益处十分肯定。医生应强烈建议并督促高血压患者戒烟。必要时,指导患者应用戒烟药物,减轻戒断症状。

(5)限制饮酒:建议高血压患者不饮酒。如饮酒,应少量并选择低度酒,避免饮用高度烈性酒。每日酒精摄入量男性不超过 25g,女性不超过 15g。白酒、葡萄酒、啤酒摄入量分别少于 50ml、100ml、300ml。

(6)增加运动:除日常生活的活动外,每周 4~7d,每天累计 30~60min 的中等强度有氧运动(如步行、慢跑、骑自行车、游泳等),可适度安排阻抗和平衡运动。

(7) 减轻精神压力,保持心理平衡和良好睡眠。

2. 药物治疗　治疗原则如下。

(1) 起始剂量:一般患者采用常规剂量;老年人及高龄老年人初始治疗时通常应采用较小有效治疗剂量。根据需要,可逐渐增加剂量。(图 3-13)

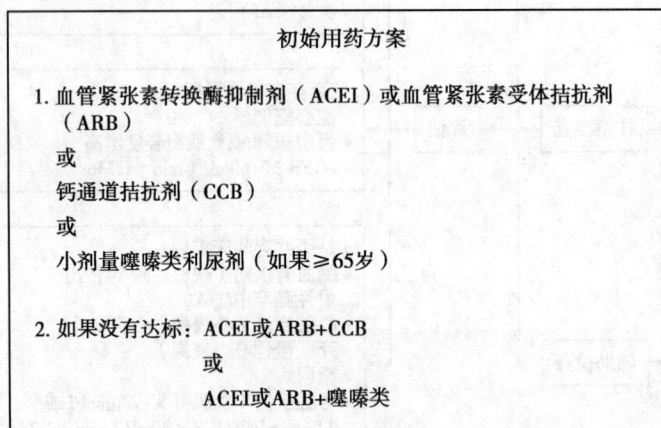

```
                          初始用药方案

1. 血管紧张素转换酶抑制剂（ACEI）或血管紧张素受体拮抗剂
   （ARB）
                            或
   钙通道拮抗剂（CCB）
                            或
   小剂量噻嗪类利尿剂（如果≥65岁）

2. 如果没有达标：ACEI或ARB+CCB
                          或
            ACEI或ARB+噻嗪类
```

图 3-13　初始用药方案

(2) 长效降压药物:优先选用长效降压药物,有效控制 24h 血压,更有效预防心脑血管并发症。如使用中、短效制剂,需每天 2~3 次给药。

(3) 联合治疗:对 SBP≥160mmHg 和 / 或 DBP≥100mmHg、SBP 高于目标血压 20mmHg 和 / 或 DBP 高于目标血压值 10mmHg 或高危及以上患者,或单药治疗 2~4 周后未达标的高血压患者应联合降压治疗,包括自由联合或单片复方制剂。对 SBP≥140mmHg 和 / 或 DBP≥90mmHg 的患者,也可起始小剂量联合治疗。

(4) 个体化治疗:根据患者合并症的不同和药物疗效及耐受性,以及患者个人意愿或长期承受能力,选择适合患者个体的降压药物。

【案例 3-11 分析】

男,51 岁,血压升高 2 年,控制不佳 1 年余。最高血压 170/110mmHg,有 2 型糖尿病病史。初步诊断:高血压病 3 级,很高危组;2 型糖尿病。

目前以硝苯地平控释片 + 厄贝沙坦氢氯噻嗪片药物治疗,血压控制不佳。建议生活方式干预基础上,可加用小剂量利尿剂或 β 受体阻断剂控制血压,监测血压,2 周后随访。

该患者体重超重,合并有 2 型糖尿病,因此属心血管高风险组,目前 LDL 3.27mmol/L,建议加用他汀类药物治疗。

针对该患者的长期综合管理,全科医生每年要提供至少 4 次面对面的随访,进行常规查体,血压、血糖监测,以及相关并发症的筛查。

◉ 全科医生在诊疗过程中的关注点

运用全科医学的理念及整体方法针对高血压进行详细评估。

1. 系统的病史采集,了解高血压的诊治经过、相关风险因素以及合并症的情况。

2. 问诊时注意了解心理及社会背景、注意人文关怀。

3. 根据系统的体格检查及专项检查结果分析鉴别诊断以及风险评估。

4. 全科医生要对高血压患者提供长期综合管理,对原发性高血压患者,每年要提供至少4次面对面随访,包括建立健康档案、随访评估、健康教育等。

5. 转诊指征　见数字内容"高血压患者社区随访管理"。

四、糖尿病规范管理

【案例 3-12】

男,37岁。"口干、多饮、多尿3个月"。

现病史:患者3个月前无明显诱因下出现口干、多饮、多尿,自诉每日饮水量约为2 500ml,小便次数7~9次/d,夜尿2~3次。平时喜食油腻、甜食。无泡沫尿、无乏力、无心悸手抖、无怕热多汗、无胸闷烦躁等不适。至当地医院就诊,查空腹血糖10.21mmol/L,餐后2h血糖15.28mmol/L,糖化血红蛋白8.7%。进一步完善相关检查:空腹C肽739pmol/L,糖尿病自身抗体阴性,尿常规未见异常,肝肾功能、血脂正常。起病以来,食欲尚可,大便无特殊,小便如上述,体重减轻2kg。

既往史:有脂肪肝,否认高血压病史。

个人史:否认吸烟、饮酒。

家族史:无特殊。

查体:生命体征平稳,血压137/76mmHg,身高1.71m,体重82.9kg,腰围97cm,BMI 28.34kg/m^2。心肺听诊无异常,腹平软,无压痛、反跳痛,肝脾肋下未及。四肢肌力Ⅴ级,双下肢无水肿,双下肢痛温觉正常对称,位置觉和振动觉正常对称,10g尼龙丝检查未见异常,双侧足背动脉搏动正常。眼底镜检查未见异常。

辅助检查:尿白蛋白/尿肌酐正常,LDL-C 3.8mmol/L,心电图正常。

案例提示:根据患者的初步诊断及其诊断依据,主要鉴别诊断是什么?该患者的综合管理目标和综合管理要点是什么?

(一)概述

糖尿病是一种慢性病,其特征是由于胰岛素分泌或胰岛素作用的缺陷,或两者兼而有之而导致的高血糖。糖尿病是全科诊疗中最常见的疾病之一。

(二)诊断

空腹血糖(fasting plasma glucose,FPG)、75g口服葡萄糖耐量试验(oral glucose tolerance test,OGTT)中的2h血糖水平、糖化血红蛋白(HbA1c)以及随机血糖作为诊断性检测,具体的诊断标准见表 3-24。

表 3-24 糖尿病的诊断标准

诊断标准	静脉血浆葡萄糖或 HbA1c 水平
典型糖尿病症状	
加上随机血糖	≥11.1mmol/L
或加上空腹血糖	≥7.0mmol/L
或加上 OGTT 2h 血糖	≥11.1mmol/L
或加上 HbA1c	≥6.5%
无糖尿病典型症状者,需改日复查确认	

用于筛查和诊断糖尿病的检测也可用于识别糖尿病前期个体,即随后发生糖尿病风险较高者。

1. 空腹血糖受损　空腹血糖受损(impaired fasting glucose,IFG)是指 FPG 为 6.1~6.9mmol/L。

2. 糖耐量异常　糖耐量异常(impaired glucose tolerance,IGT)是指 OGTT 后 2h 血糖 ≥7.8mmol/L,但 <11.1mmol/L,且 FPG<7.0mmol/L。

(三) 评估

糖尿病评估是确定糖尿病治疗策略的基础。初诊时及以后每年建议评估一次。评估内容包括病史、体格检查及辅助检查。

1. 病史　要详细询问糖尿病、并发症和伴随疾病的临床症状;复习既往治疗方案和血糖控制情况;了解既往高血压、冠心病、血脂异常等合并症情况;了解糖尿病、高血压、血脂异常等疾病家族史情况;了解生活方式,包括吸烟、饮酒、运动、主食摄入情况等。

2. 体格检查　身高、体重、计算体质指数(BMI)、腰围、血压和足背动脉搏动。

3. 辅助检查　建议做:空腹血糖、餐后 2h 血糖、血脂、肝肾功能、尿常规、心电图和神经病变相关检查。如有条件者可选做:HbA1c、尿白蛋白 / 肌酐比值(UACR)、眼底检查等。

4. 血糖监测方法

(1) 毛细血管血糖监测:血糖控制差、病情危重,每天监测 4~7 次血糖,或根据治疗需要监测血糖。使用口服降糖药患者可每周监测 2~4 次空腹或餐后 2h 血糖。使用胰岛素治疗患者根据胰岛素治疗方案进行相应的血糖监测。

(2) 糖化血红蛋白(HbA1c):在治疗之初建议每 3 个月检测 1 次,达到治疗目标后可每 6 个月检查一次。贫血和血红蛋白异常患者,其结果不可靠。

(3) 糖化白蛋白(GA):反映糖尿病患者检测前 2~3 周的平均血糖水平。其正常参考值为 11%~17%。

(4) 持续葡萄糖监测(CGM):CGM 是指通过葡萄糖传感器监测皮下组织间液的葡萄糖浓度变化的技术,可以提供更全面的血糖信息,了解血糖波动的特点,为糖尿病个体化治疗提供依据。

（四）2 型糖尿病的治疗

1. 治疗原则　糖尿病的治疗应遵循综合管理的原则,包括控制高血糖、高血压、血脂异常、高凝等心血管多重危险因素,同时注重生活方式与药物干预并行的综合管理策略,以提高糖尿病患者的生存质量和预期寿命。同时应根据患者的年龄、病程、预期寿命、并发症或合并症病情严重程度等确定个体化的控制目标。

2. 治疗目标　2 型糖尿病的综合治疗目标见表 3-25。对健康状态差的糖尿病患者,可以酌情放宽控制目标,但应避免高血糖引发的症状及可能出现的急性并发症。

表 3-25　中国 2 型糖尿病综合控制目标

指标	目标值
血糖 [a]/(mmol/L)	
空腹	4.4~7.0
非空腹	<10.0
糖化血红蛋白 /%	<7.0
血压 /mmHg	<130/80
总胆固醇 /(mmol/L)	<4.5
高密度脂蛋白胆固醇 /(mmol/L)	
男性	>1.0
女性	>1.3
甘油三酯 /(mmol/L)	<1.7
低密度脂蛋白胆固醇 /(mmol/L)	
未合并动脉粥样硬化性心血管疾病	<2.6
合并动脉粥样硬化性心血管疾病	<1.8
体质指数 [b]/(kg/m^2)	<24.0

[a] 毛细血管血糖;[b] 体质指数(BMI)= 体重(kg)/ 身高 ^{2}(m^2)。

3. 生活方式干预　对已确诊的糖尿病患者,应立即启动并坚持生活方式干预,各类生活方式干预的内容和目标见表 3-26。

表 3-26　生活方式干预的内容及目标

内容	目标
控制体重	超重 [a]/肥胖 [b] 患者减重的目标是 3~6 个月减轻体重 5%~10%。消瘦 [c] 者应通过合理的营养计划达到并长期维持理想体重
合理膳食	供给营养均衡的膳食,满足患者对微量营养素的需求。膳食中碳水化合物所提供的能量应占总能量的 50%~65%;由脂肪提供的能量应占总能量的 20%~30%;肾功能正常的糖尿病患者,蛋白质的摄入量可占供能比的 15%~20%,保证优质蛋白质比例超过三分之一
适量运动	成人 2 型糖尿病患者每周至少 150min(如每周运动 5d,每次 30min)中等强度(50%~70% 最大心率,运动时有点用力,心跳和呼吸加快但不急促)有氧运动(如快走、骑车、打太极拳等);应增加日常身体活动,减少坐姿时间

内容	目标
戒烟限酒	科学戒烟,避免被动吸烟。不推荐糖尿病患者饮酒。若饮酒应计算酒精中所含的总能量。女性一天饮酒的酒精量不超过 15g[d],男性不超过 25g。每周不超过 2 次
限盐	食盐摄入量限制在每天 6g 以内,每日钠摄入量不超过 2 000mg。
心理平衡	减轻精神压力,保持心情愉悦

[a] 超重$(24kg/m^2 \leqslant BMI < 28kg/m^2)$;[b] 肥胖$(BMI \geqslant 28kg/m^2)$;[c] 消瘦$(BMI < 18.5kg/m^2)$;[d]15g 酒精相当于 350ml 啤酒,150ml 葡萄酒,50g 38 度白酒,30g 52 度白酒。

4. 药物治疗　2 型糖尿病的治疗应根据病情等综合因素进行个体化处理。生活方式干预是 2 型糖尿病的基础治疗措施,应贯穿于糖尿病治疗的始终。单纯生活方式不能使血糖控制达标时,应开始单药治疗,首选是二甲双胍。若无禁忌证,二甲双胍应一直保留在糖尿病的治疗方案中。不适合二甲双胍治疗者可选择 α- 糖苷酶抑制剂或胰岛素促泌剂。如单独使用二甲双胍治疗而血糖仍未达标,则可进行二联治疗,加用胰岛素促泌剂、α- 糖苷酶抑制剂、噻唑烷二酮类胰岛素增敏剂、胰岛素等。上述不同机制的降糖药物可以三种药物联合使用,称为三联治疗。同一类药的不同药物避免同时应用,不同类型的药物可两种或三种联用。如三联治疗控制血糖仍不达标,则应将治疗方案调整为多次胰岛素治疗。采用多次胰岛素治疗时应停用胰岛素促分泌剂。

5. 综合干预管理

(1) 降压治疗

降压目标:一般糖尿病合并高血压者降压目标为应低于 130/80mmHg;老年或伴严重冠心病的糖尿病患者,可采取相对宽松的降压目标值。

药物选择:五类降压药物,均可用于糖尿病患者,其中 ACEI 或 ARB 为首选药物。

(2) 调脂治疗

调脂目标:推荐降低低密度脂蛋白胆固醇(LDL-C)作为首要目标,非高密度脂蛋白胆固醇(HDL-C)作为次要目标。

LDL-C 目标值:有明确动脉粥样硬化性心血管疾病(ASCVD)病史患者 LDL-C<1.8mmol/L,无 ASCVD 病史的糖尿病患者 LDL-C<2.6mmol/L。

药物选择:临床首选他汀类药物。起始宜应用中等强度他汀,根据个体调脂疗效和耐受情况,适当调整剂量,若不能达标,可与其他调脂药物联合使用。

(3) 抗血小板治疗:阿司匹林作为一级预防用于糖尿病的心血管高危患者,包括年龄≥50 岁,而且合并至少 1 项主要危险因素(早发 ASCVD 家族史、高血压、血脂异常、吸烟或蛋白尿),糖尿病合并 ASCVD 者需要应用阿司匹林作为二级预防,合并阿司匹林过敏的 ASCVD 患者,需要应用氯吡格雷作为二级预防。

(五) 糖尿病急性并发症的识别与处理

1. 低血糖　如糖尿病患者出现交感神经兴奋(如心悸、焦虑、出汗等)或中枢神经症状(如神志改变、认知障碍、抽搐和昏迷)时应考虑低血糖的可能,及时监测血糖。

诊断标准:糖尿病患者血糖水平≤3.9mmol/L 就属低血糖范畴。

处理:血糖≤3.9mmol/L 即需要补充葡萄糖或含糖食物。意识清楚者给予口服 15~20g 糖类食品(葡萄糖为佳);意识障碍者给予 50% 葡萄糖液 20~40ml 静脉注射。每 15min 监测血糖 1 次。如血糖仍≤3.9mmol/L,再给予 15~20g 葡萄糖口服或 50% 葡萄糖液 20~40ml 静脉注射;如血糖在 3.9mmol/L 以上,但距离下一次就餐时间在 1h 以上,给予含淀粉或蛋白质食物;如血糖≤3.0mmol/L,继续给予 50% 葡萄糖 60ml 静脉注射。如低血糖仍未纠正,给予静脉注射 5% 或 10% 葡萄糖,并在监护下及时转诊。

2. 高血糖危象处理　高血糖危象包括糖尿病酮症酸中毒(DKA)和高血糖高渗综合征(HHS)。临床上糖尿病患者如出现原因不明的恶心呕吐、腹痛、酸中毒、脱水、休克、神志改变、昏迷的患者,尤其是呼吸有酮味(烂苹果味)、血压低而尿量多者,且血糖≥16.7mmol/L,应考虑高血糖危象,尽快进行转诊。转诊前推荐建立静脉通道,给予静脉滴注生理盐水补液治疗。提示高糖毒性的"红旗征"见表 3-27。

表 3-27　提示高糖毒性的"红旗征"

"红旗征"		提示的并发症
症状	体征	
快速起病(<24h) 恶心、呕吐、腹痛不适	轻度脱水 快速、深大呼吸 呼气有烂苹果味	糖尿病酮症酸中毒
缓慢起病(数日至一周或更久) 恶心、呕吐、腹痛 头痛 口渴 多饮 多尿 体重减轻 嗜睡 头晕	更严重的脱水 精神状态变化 迟钝 昏迷 局灶性神经体征 (偏瘫,视野缺损) 癫痫发作	糖尿病高渗状态

(六)糖尿病慢性并发症检查

1. 糖尿病肾脏病变

(1) 筛查:推荐基层医疗卫生机构为所有 2 型糖尿病患者每年至少进行一次肾脏病变筛查,包括尿常规和血肌酐(计算 eGFR)测定。有条件的地区开展尿微量白蛋白/肌酐比值(UACR)检测。

(2) 结果判定:随机尿 UACR≥30mg/g 为尿白蛋白排泄增加。在 3~6 个月内重复检查 UACR,3 次中有 2 次尿蛋白排泄增加,排除感染等其他因素即可诊断白蛋白尿。临床上常将 UACR 30~300mg/g 称为微量白蛋白尿,UACR>300mg/g 称为大量白蛋白尿。UACR 测定存在较多影响因素,结果分析时应考虑这些因素。

慢性肾脏病(CKD)分期见表 3-28。

表 3-28　慢性肾脏病（CKD）分期

CKD 分期	肾脏损害程度	eGFR/［ml/(min·1.73m^2)］
1 期（G1）	肾脏损伤伴 eGFR 正常[a]	≥90
2 期（G2）	肾脏损伤伴 eGFR 轻度下降[a]	60~89
3a 期（G3a）	eGFR 轻中度下降	45~59
3b 期（G3b）	eGFR 中重度下降	30~44
4 期（G4）	eGFR 重度下降	15~29
5 期（G5）	肾衰竭	<15 或透析

注：[a] 肾脏损伤定义：白蛋白尿（UACR≥30mg/g），或病理、尿液、血液、影像学检查异常。eGFR，预估肾小球滤过率。

2. 糖尿病足

(1) 筛查：所有糖尿病患者每次就诊时应进行足部检查。包括足外观检查（足有否畸形、胼胝、溃疡、皮肤颜色变化），周围神经评估（踝反射、针刺痛觉、振动觉、压力觉、温度觉），周围血管评估（足背动脉搏动）。

(2) 处理：基层医生应教育患者及其家属进行足的保护，穿着合适的鞋袜，去除和纠正容易引起溃疡的因素。

【案例 3-12 分析】

初步诊断为 2 型糖尿病。需要与 1 型糖尿病、甲亢进行鉴别诊断。

体重控制在 BMI<24kg/m^2，腰围 <90cm，空腹血糖 7.0mmol/L 以下，非空腹血糖 10.0mmol/L 以下，HbA1c 控制在 <7%，若能耐受、无低血糖反应，可控制在 <6.5%。血压 <130/80mmHg。LDL 控制在 <2.6mmol/L。

体重控制，医学营养治疗，运动治疗，戒烟限酒。

降糖药物治疗：首选二甲双胍，可联用磺脲类、α- 糖苷酶抑制剂、二肽基肽酶 -4（DPP4）抑制剂或钠 - 葡萄糖共转运体 2（SGLT2）抑制剂等。监测血糖，根据血糖调整用药。控制血压，首先选用生活方式干预。加用他汀类药物治疗。

⊙ 全科医生在诊疗过程中的关注点

运用全科医学的理念及整体方法针对糖尿病进行详细评估。

1. 系统的病史采集，了解糖尿病的诊治经过、相关风险因素以及并发症、合并症的情况。

2. 问诊时注意了解心理及社会背景、注意人文关怀。

3. 根据系统的体格检查及专项检查结果分析鉴别诊断以及风险评估。

4. 全科医生要对糖尿病患者提供长期综合管理，每年要提供至少 4 次面对面随访，包括建立健康档案、随访评估、分类干预、健康教育、高风险人群筛查等。

（张　佳）

第三节　急危重症的识别与处理

主要内容
1. 急危重症识别。
2. 常见急救技术。
3. 常见急诊的院前处置。

········ 重要知识点 ··

1. 急危重症的特点为起病急,进展迅速,病情凶险,基础复杂,诊断困难。
2. 可以通过简易核查表 S-PROMPT 进行快速筛查危重急症。
3. 预警评分系统有助于早期识别、快速决定急重症患者的去向。
4. 对于心搏呼吸骤停患者须立即识别并进行高质量心肺复苏。
5. 气道问题是急危重症处理最紧急的任务,需要按规范和流程处理。
6. 创伤院前四项急救技术包括止血、包扎、固定、转运。
7. 致命性胸痛的院前处置须包括呼吸、循环的维持及特定疾病的目标化管理。
8. 卒中院前早期识别很重要,一旦怀疑尽快转送到卒中中心救治。
9. 创伤院前急救须做好 ABCDE 的评估和处理。

··

【案例 3-13】

男,82 岁。"咳嗽咳痰十余天,胸闷气急 10 小时"。

患者十余天前出现咳嗽、咳黄色痰,在当地卫生院就诊,诊断为肺部感染,予头孢西丁口服治疗后稍好转。10 小时前出现胸闷气急,稍感呼吸困难,自己测体温 38℃。无恶心、呕吐、腹痛腹胀、其他不适。

查体:体温 38℃,脉搏 115 次 /min,血压 105/75mmHg,呼吸 24 次 /min,指氧饱和度 92%。神志稍淡漠,两侧瞳孔等大等圆,对光反射正常,心律齐,两肺闻及少量湿啰音。腹软,无明显压痛、反跳痛。四肢肌力 V 级。

既往史:阿尔茨海默病病史 5 年,高血压病史 20 多年。

家族史:父母不详,兄妹多人均有高血压。

个人史:既往吸烟 20 余年,1 包 /d,已戒烟 20 年。

案例提示:通过学习急危重症的识别和处理,结合案例 3-13,如何判断该患者是否处于危重状态? 初步诊断是什么? 下一步怎么处理?

一、概述

危重症通常指患者因为各种原因导致一个或多个系统出现功能障碍或衰竭,严重时导致残疾或危及生命。急危重症通常指短时间内出现的危重症,比如感染性休克、中毒、创伤等,如果得不到及时处理,很可能会导致残疾或死亡。由于对疾病的发生、发展规律缺乏充分认识,或事件发生太突然,临床上往往难以及时发现急危重症,因此难以做好科学合理的应对,容易延误或错失最佳抢救时机。

急危重症有以下几个特点。

1. 发病突然　大部分的急危重症都是在没有充分准备的情况下发生的,比如心肌梗死,平时可以没有明显症状,突然出现胸痛、胸闷;脑卒中患者往往没有先兆表现,突发言语困难、肢体偏瘫等症状;各种创伤更是没有任何准备。

2. 进展迅速　急危重症患者起病急,进展往往也非常迅速。严重的肺动脉栓塞患者,可以在排便、翻身后突然出现胸闷胸痛,数小时甚至数分钟内出现血氧饱和度下降、血压下降、意识丧失,甚至心搏呼吸骤停。消化道大出血患者,突发腹痛,甚至没有呕血、黑便等任何前期症状,快速进入休克状态。

3. 病情凶险　由于急危重症患者中涉及重要脏器、组织,一旦出现症状,不仅进展迅速,病情往往非常凶险。比如大面积脑梗死患者,起病急,进展迅速,严重时很快意识丧失,呼吸功能障碍。严重脓毒症患者,一旦出现症状,短时间内可以出现意识改变、血压下降、凝血功能障碍等多系统损害,严重时危及生命。

4. 基础复杂　随着人口老龄化,急危重症患者年龄普遍较大,且多数合并有复杂的基础疾病,比如长期存在的高血压、糖尿病,甚至反复发生的脑梗死、心肌梗死等,有些患者本来就是肿瘤患者,甚至晚期患者。

5. 诊断困难　由于起病急且进展迅速,急危重症患者在短时间内往往无法提供有价值的临床检查报告,因此对于病因的诊断往往比较困难。

二、急危重症识别

尽管急危重症具有突发、凶险、复杂等特点,只要掌握了危重症共有的特征性表现,还是可以进行早期识别的。国际上对于急危重症的评估和预警有多种手段和工具,大部分并不复杂,但由于不便记忆,评分规则太细,往往执行率较低。下面介绍几种常用的评估方法。

(一) 常见早期危重症预警评分

当患者出现急性症状时,临床上可以从上述多个方面对患者进行紧急评估,了解患者病情恶化的风险。由于急危重患者常常发病突然,进展迅速且凶险,因此早期发现并及时干预至关重要。以下是几种常见的预警评分系统。

1. 早期预警评分(early warning score,EWS)　1991 年,英国的 Morgan 提出了早期预警评分系统,包括五项常规临床参数,根据异常程度予以赋值,各项赋值之和即为预警评分,旨在动态监测病情变化,早期发现潜在危重患者(表 3-29)。当 EWS 大于 3 分时,提醒医生需要对患者进行重新评估,并调整治疗方案。

表 3-29 早期预警评分

生理参数	分值						
	3	2	1	0	1	2	3
心率 /(次 /min)		≤40	41~50	51~100	101~110	111~130	≥130
收缩压 /mmHg	≤70	70~80	81~100	101~199		≥200	
呼吸频率 /(次 /min)		≤8	9~14	15~20		21~29	≥30
体温 /℃		≤35	35.1~36.5	36.6~37.4	≥37.5		
意识水平				A	V	P	U

注:意识水平按照 AVPU 评估。A,清醒;V,对声音有反应;P,对疼痛刺激有反应;U,对任何刺激无反应。

2. 改良的早期预警评分(modified early warning score,MEWS) 2001 年,Subbe 对 EWS 评分系统做了适当调整,使各项参数在计算总分时更加合理,并广泛应用于院前、急诊和普通病房,以便早期预警潜在的危重患者,合理分流患者的去向(表 3-30)。当 MEWS 小于 5 分时,大部分患者不需要住院治疗,大于 5 分时病情变化危险性增大,建议入住专科病房甚至重症监护室。当大于 9 分时,死亡危险明显增加,需入住重症监护室。

表 3-30 改良早期预警评分

生理参数	分值						
	3	2	1	0	1	2	3
心率 /(次 /min)		≤40	41~50	51~100	101~110	111~130	≥130
收缩压 /mmHg	≤70	70~80	81~100	101~199		≥200	
呼吸频率 /(次 /min)		≤8	9~14	15~20		21~29	≥30
体温 /℃		≤35		35~38.4		≥38.5	
意识水平				A	V	P	U

意识水平按照 AVPU 评估。A,清醒;V,对声音有反应;P,对疼痛刺激有反应;U,对任何刺激无反应。

3. 快速急性生理评分(rapid acute physiology score,RAPS)和快速急诊内科评分(rapid emergency medicine score,REMS) RAPS 评分由四项参数组成,每项参数赋值 0-4 分,总分 0~16 分,主要用于评估院前和住院患者的转运风险(表 3-31)。REMS 评分是在 RAPS 评分的基础上增加了年龄和外周血氧饱和度两个参数,主要用于预测急诊患者近期和远期死亡率(表 3-32、表 3-33)。

表 3-31 快速急性生理评分

变量	分值				
	0	1	2	3	4
平均动脉压 /mmHg	70~109		110~129;50~69	130~159	>159;≤49

续表

变量	分值				
	0	1	2	3	4
心率 /（次 /min）	70~109		110~139; 55~69	140~179; 40~54	>179; ≤39
呼吸频率 /（次 /min）	12~24	25~34; 10~11	6~9	35~49	>49; ≤5
GCS	>13	11~13	8~10	5~7	<5

表 3-32　快速急诊内科评分

变量	分值						
	0	1	2	3	4	5	6
平均动脉压 /mmHg	70~109		110~129; 50~69	130~159	>159; ≤49		
心率 /（次 /min）	70~109		110~139; 55~69	140~179; 40~54	>179; ≤39		
呼吸频率 /（次 /min）	12~24	25~34; 10~11	6~9	35~49	>49; ≤5		
GCS	>13	11~13	8~10	5~7	<5		
年龄 / 岁	<45		45~54	55~64		65~74	>74
外周血氧饱和度 /%	>89	86~89		75~85	<75		

表 3-33　RAPS 和 REMS 与患者死亡风险对照表

RAPS 评分	REMS 评分	死亡风险率
≤7	≤11	10%
8	16~17	50%
≥14	≥24	100%

（二）S-PROMPT 核查法

作者总结了临床工作中积累的经验,参考国际上一些核查表的方法,创立了 S-PROMPT 法则,旨在用核查表的方式,快速筛查患者是否存在危重状况。该方法用英文单词加以概括,便于记忆和实施,详述如下:

1. S——症状及体征（symptom,sign）　急性疾病往往以一种或多种特殊的症状或体征表现出来,因此掌握对症状的快速鉴别诊断,是早期快速识别危重症的重要手段。比如急性胸痛,可能是胸膜炎、肋软骨炎、肋间神经炎、食管炎等,也可能是急性冠脉综合征、肺栓塞、主动脉夹层或张力性气胸等。对于急症,我们的临床思维必须遵循危重病优先原则。当患者表现为急性胸痛时,我们必须先排除致死性疾病,比如心肌梗死。只有当排除致死性疾病后,才可能考虑其他非致死性的常见病。比如,患者出现急性腹痛,最常见的疾病可能是急性阑尾炎、急性胃肠炎,但必须先排除心肌梗死、腹主动脉瘤、肠系膜动脉栓塞等致死性疾病。如果患者表现为急性恶心呕吐,需要先排除后循环脑梗死或心肌梗死。如果患者出现急性头痛,须先排除脑出血等可能。如果患者晕厥,需先考虑致死性心源性或神经源性疾病。突然出现乏力或意识改变,需先考虑脑卒中、脓毒症或感染性疾病等。

特殊体征也是急危重症的早期信号,比如单侧瞳孔散大,对光反射消失,可能是脑出血所致;一侧面瘫可能是面神经瘫痪,也可能是脑梗死的表现;单侧肢体肌力下降意味着脑卒中的可能;当患者出现急性胸痛胸闷,且一侧呼吸音减低或消失,很可能就是气胸;当患者主诉腹痛腹胀,查体有腹膜炎体征时,提示腹内空腔脏器穿孔或绞窄的可能;端坐呼吸很可能是心衰的表现;肢体皮温下降提示动脉闭塞的可能;等等。因此在详细询问病史后进行系统规范的查体是非常有必要的。

2. P——脉搏(pulse)　正常成人的脉搏 60~100 次 /min,很多原因可以引起脉搏异常,而脉搏异常可能是致命性疾病的早期信号。比如,当成人患者脉搏小于 30 次 /min 时,有可能存在致死性缓慢型心律失常。当成人患者脉搏持续大于 120 次 /min 时,可能是因为发热、疼痛、激动等,也可能是休克或缺氧的表现。尤其是休克早期,血流动力学还处于代偿期,除了原发疾病的症状外,重要的早期体征之一就是心率加快,等到出现血压下降,循环已经进入失代偿期。当患者缺氧时,早期表现之一也是心率加快。比如肺动脉栓塞,早期表现多见心率加快。老年人发生呼吸功能障碍,早期表现之一也是持续心率加快。因此重视对脉搏的检查和动态监测,有助于早期识别各种休克或低氧血症。

3. R——呼吸(respiratory rate)　正常成人的呼吸深度适中,呼吸频率 16~18 次 /min。当成年患者呼吸频率小于 12 次 /min 时,需要考虑存在致命性疾病的可能性,比如镇静剂过量、脑血管意外等可能。当呼吸频率大于 24/min 次时,称为气促,除了疼痛、紧张、发热等可能原因外,必须排除危重症的可能,比如老年患者出现呼吸频率加快,有可能是呼吸衰竭或心力衰竭所致。呼吸浅快,可见于呼吸肌麻痹、严重腹胀,以及肺部疾病,如肺炎、胸膜炎、胸腔积液和气胸等。呼吸深快,可见于代谢性酸中毒,通过加快肺脏排出 CO_2 进行代偿,以调节细胞外酸碱平衡,常见于脓毒症、糖尿病酮症酸中毒等。此种深长的呼吸又称为库斯莫尔呼吸,有助于早期识别以代谢性酸中毒为特征的急危重病。

4. O——氧合(oxygenation)　人体代谢需要氧,氧在呼吸系统中进入血液,以血红蛋白的形式输送到全身各组织。评估氧合状态的指标包括动脉血氧饱和度、动脉血氧分压、氧合指数等。对于患者氧合状态的监测,最简便的方法是指脉氧饱和度监测。正常成人的氧饱和度为 96%~100%。动脉血氧分压的测定通常需要通过动脉血气分析检查,虽然现在有各种无创监测,但监测结果的稳定性相对较差。正常成人动脉血氧分压为 80~100mmHg。由于氧饱和度和氧分压的水平均跟吸入氧浓度密切相关,因此只监测血氧饱和度或氧分压并不能真实反映患者的氧合水平。氧合指数(P/F)是指 PaO_2/FiO_2,其中 PaO_2 为动脉氧分压,FiO_2 为吸入氧浓度,正常值为 400~500mmHg。如果 PaO_2 明显下降,加大吸入气中氧浓度无助于进一步提高 PaO_2,但 P/F 值基本不变,因此能够稳定反映患者的氧合水平。氧合指数小于 300mmHg,则提示肺呼吸功能障碍。无论哪种指标,只要出现明显下降,均提示呼吸功能障碍,原因可能为肺本身疾病(比如肺部感染、肺动脉栓塞、气胸等),也可能是中枢神经系统疾病或心力衰竭等危重症所致。

5. M——意识(mental status) 意识改变是急危重症患者神经系统常见的急性症状,常由颅脑外伤或非创伤性疾病引起。引起意识改变的常见非创伤性疾病包括缺血缺氧性脑病、中毒、代谢性脑病、脑血管意外及各种原因导致的严重休克等。如果病史采集顺利,创伤和中毒相对比较容易诊断,但对于急性意识改变的患者,往往无法获得可靠的病史信息,因此早期快速识别意识改变的病因通常比较困难。仔细全面体格检查可能有助于早期发现严重呼吸衰竭、心力衰竭或脑血管意外。有机磷中毒可以出现特殊的毒蕈样症状、烟碱样症状等症状、体征,苯二氮䓬类中毒可以出现针尖样瞳孔,其他大部分中毒都难以在早期做出诊断。代谢性脑病是指各种疾病引起严重的代谢异常而导致的脑功能障碍,原因复杂多样,比如肝性脑病、肺性脑病、低血糖、甲状腺功能减退、严重脓毒症等。急诊行相关实验室检查或者采集脑脊液检查,有助于鉴别诊断。早期影像学检查中常规头颅 CT 检查除了容易发现脑出血外,对其他急危重症的诊断比较困难,往往无法识别病因,需要进一步行磁共振或增强 CT 等检查。

由于意识改变不仅提示病情危重,意识水平下降还直接危及气道安全,因此对意识水平进行量化评估非常重要。常用的评估工具为格拉斯哥昏迷评分(Glasgow coma scale,GCS)(表3-34),由睁眼反应、言语反应、运动反应三方面组成,三项总分小于 9 分为深度昏迷,9~12 分为中度昏迷,12~15 分为浅昏迷。当 GCS 小于 9 分时,有气道梗阻的风险,需要尽快予以气道保护。

表 3-34 格拉斯哥昏迷评分标准

内容	标准	评分	内容	标准	评分
睁眼反应	自动睁眼	4	运动反应	能执行指令动作	6
	听到言语睁眼	3		刺痛时能指出部位	5
	刺痛时睁眼	2		刺痛时肢体能逃避	4
	任何刺激无睁眼	1		刺痛时肢体屈曲	3
言语反应	正确回答问题	5		刺痛时肢体伸展	2
	回答错误	4		对刺痛无任何反应	1
	用词不当但能理解含义	3			
	言语难以理解	2			
	无任何言语反应	1			

AVPU 是另一种昏迷评分,分别代表清醒(alert),对声音有反应(response to voice),对疼痛刺激有反应(response to pain),对任何刺激无反应(unresponsive)。如果评估为 P 或 U,意味着患者昏迷程度较深,有气道梗阻风险,需要加以气道保护。

6. P——血压(blood pressure) 正常成人收缩压 90~140mmHg,舒张压 60~90mmHg,当收缩压高于 140mmHg 或舒张压高于 90mmHg 时,称为高血压。当血压低于 90/60mmHg 时,

称为低血压。高血压可以是原发性,也可以是继发性。如果患者短时间内出现高血压,可能是精神紧张、睡眠障碍所致,但需尽早排除继发于其他器质性疾病的可能,比如肾脏疾病、内分泌疾病或颅脑疾病的可能性。当患者血压低于 90/60mmHg,或收缩压低于平时基线水平的 40mmHg 时,需考虑潜在急危重症的可能。尤其老年患者,平时普遍血压偏高,当出现危重疾病时,血压测量可以正常,但相对于基线水平已经出现明显血压下降,需要特别引起警惕。在老年脓毒症患者中,大部分患者只是表现为乏力,反应迟钝,而血压往往还在正常范围,需要对照平时的血压水平,才会发现已经发生血压下降。因此,对于老年患者,不仅要测量发病时血压值,还要重点关注平时的基础血压水平。

7. T——辅助检查(test) 在疾病诊断过程中,病史采集和体格检查是最简单也是最重要的手段,需要严格规范执行。在此基础上,进行必要的相关辅助检查也非常重要。在普通诊疗过程中,除了一些常规检查,比如血常规、尿常规、大便常规检查,还需要针对患者的病情开展一些特殊的检查。这些检查结果可以给临床医生提供鉴别诊断的依据,有时候更是患者进入危重状态的重要信号。比如血常规显示严重贫血,提示患者可能发生了严重的消化道出血。严重的低钾血症,预示着随时可能发生恶性心律失常。严重低血糖意味着即将发生或正在发生严重的脑受损。血乳酸水平升高提示可能发生了严重的低氧血症或休克。心电图 ST 段抬高提示可能发生了心肌梗死,而头颅 CT 检查可以直接诊断脑出血等。对于急性起病的患者,及时查看检查结果,可以早期发现急危重症,为后续及时治疗提供保障。

三、常见急救技术

急危重症患者起病急,进展快且凶险,往往在短时间内病情迅速恶化,甚至死亡,没有足够时间转送上级医院抢救,因此就地抢救是最有效的选择。无论何种病因导致病情恶化,最终通路均类似,均会影响气道安全、通气和循环。因此必要的急救技术对急危重症患者做紧急处理,可以为后续抢救创造机会。

(一)心肺复苏技术

一旦患者病情恶化进入极端状态,可以导致心搏呼吸骤停,必须立即予以心肺复苏。根据《2020 年美国心脏协会的心肺复苏及心血管急救指南》,建议一旦发现患者心搏呼吸骤停,立即根据流程图开展心肺复苏,流程图见图 3-14。

心肺复苏有以下注意事项。

1. 用力并快速按压,深度 5~6cm,100~120 次 /min,并使胸廓完全回弹。

2. 尽量减少胸外按压中断。

3. 避免过度通气。

4. 每 2min 轮换一次按压者。

5. 如果没有高级气道,应按照 30∶2 的按压通气比率。如果已经建立高级气道,则每 6s 进行一次通气,并持续胸外按压。

6. 常规二氧化碳波形图监测,如果 $PETCO_2$ 下降,则需重新评估 CPR 质量。

7. 除颤能量选择:双向波 120~200J,单向波 360J。

8. 每 3~5min 给予肾上腺素 1mg。

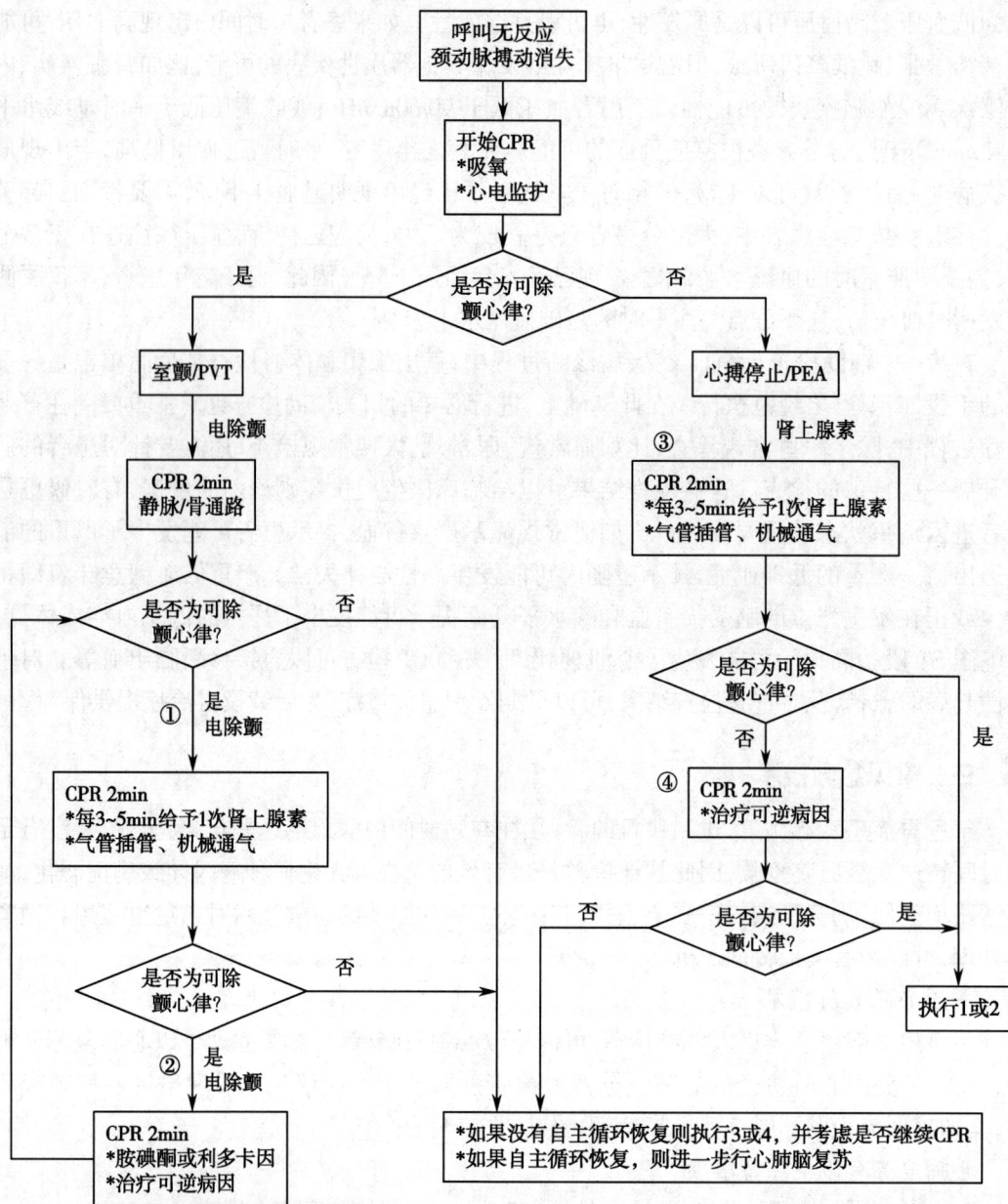

图 3-14　成人心肺复苏流程图

9. 胺碘酮首次剂量 300mg 推注,第二剂 150mg。

10. 进行心肺复苏的医生需鉴别可逆的因素包括低血容量(hypovolemia)、缺氧(hypoxia)、酸中毒(hydrogen ion)、低钾血症 / 高钾血症(hypokalemia/hyperkalemia)、低体温(hypothermia)、张力性气胸(tension pneumothorax)、心包填塞(tamponade)、毒素(toxins)、肺栓塞(thrombosis of lung)、心肌梗死 thrombosis of heart)。

11. 自主循环恢复的标志:可测到脉搏和血压;PETCO$_2$ 突然升高(通常≥40mmHg);动脉内检测到自发性压力波。

12. 如果当地医院条件不足,建议在心肺复苏的同时转运到上级医院。自主循环恢复后如果仍然昏迷,需进一步行脑复苏等治疗。

(二)紧急气道评估及处理

在所有急危重症中,最容易危及生命的是气道异常。导致气道不安全的原因可以复杂多样,比如突发昏迷、创伤、中毒、严重休克等。无论何种原因导致气道无法维持正常通气,都称为崩溃气道。由于崩溃气道可以在数分钟内导致氧合下降,严重时导致死亡,因此临床医生必须有能力快速识别并立即予以处理。对于大部分崩溃气道,特别对于由意识改变导致的崩溃气道,只要立即维持气道开放,必要时给予面罩吸氧,一般都能维持正常氧合(图3-15)。

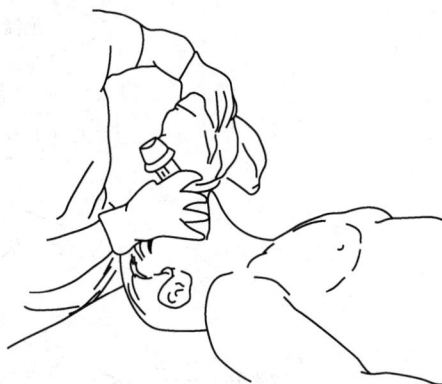

图3-15 球囊面罩通气

手法开放气道是早期保证气道安全最重要的手段,常用的方法有仰头举颏法、抬举下颌法(图3-16)。

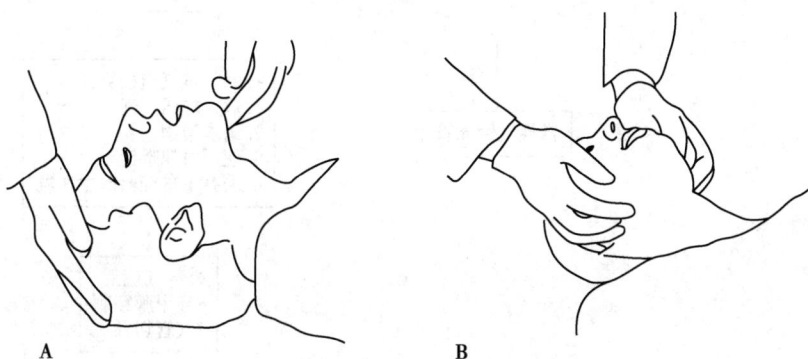

图3-16 开放气道手法
A. 仰头举颏法;B. 双手抬颌法。

如果解剖或疾病本身等原因导致面罩给氧困难或不能维持氧合,则需要建立人工气道,比如气管插管。气管插管在有些情况下会遇到困难,因而会延长插管时间,甚至危及生命,因此在插管前一般需要先做气道评估,确定是否为困难气道。常用的困难气道评估方法有3-3-2法则和喉镜显露分级等。其中前者是指张口达到患者本人的3横指,张口时喉镜容易到达气道;下颌至舌骨的距离达到患者本人的3横指,提示下颌有足够空间进行气管插管;甲状软骨上窝至下颌的距离达到患者本人2横指,提示咽部空间足够进行插管。如果上述3个距离任一个达不到要求,都提示为困难气道,需按照困难气道流程处理。在建立人工气道时,最紧急的情况为既无法完成插管,又无法维持氧合,患者在短时间内就会危及生命。此时唯一的急救办法就是紧急外科气道,包括立即行环甲膜穿刺或气管切开。在气道管理过程中,只有当每一步都严格按照规范实施,每一步都有预案,严格按照流程处理,才能降低气道的风险。下面就是成人气道管理流程图(图3-17)。

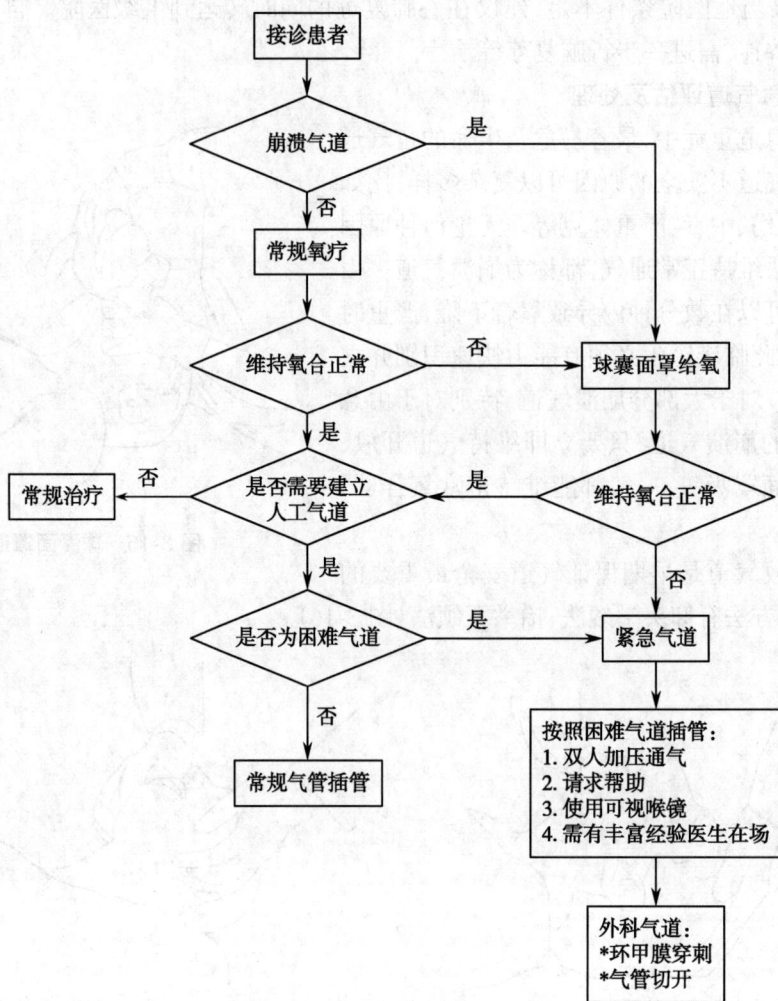

图 3-17 成人气道管理流程图

（三）常见创伤急救技术

创伤也是社区全科医生面临的一种常见病，不适当的早期处理，不仅会增加患者痛苦，还会导致继发性损伤，甚至危及生命，因此掌握常见急救技术，对患者进行规范的早期处理，可以为后续的进一步治疗提供保障。

创伤急救的四项基本技术包括止血、包扎、固定和转运。

1. 止血 控制出血是创伤急救的主要任务之一。在患者送达创伤中心之前，体表出血应该尽可能得到控制。常用的体表止血方法有指压止血、加压包扎止血和止血带止血。

指压止血是指用手指直接压在创口近心端动脉，达到临时止血的目的，主要用于头面部、颈部和四肢的出血（图 3-18）。

加压包扎止血多用于小血管损伤出血，也可以用于四肢关节处动脉出血（屈肢加垫）（图3-19）。

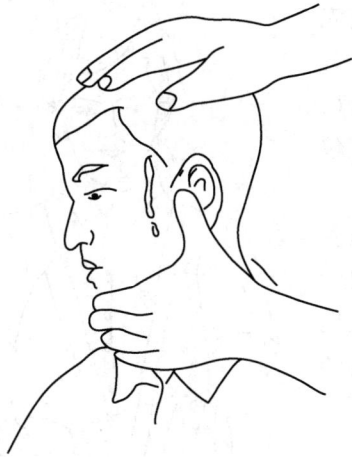

图 3-18　指压法止血

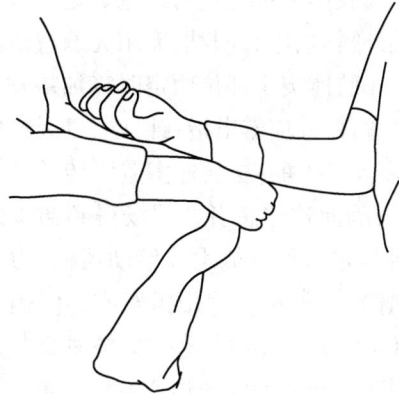

图 3-19　加压包扎止血

　　止血带止血主要用于四肢比较严重且常规加压包扎无法控制的动脉出血。一般将止血带扎在出血处的近心端,并扎得足够紧,才能够达到止血效果。由于完全阻断了动脉血供,长时间使用止血带容易导致远端肢体缺血坏死。因此扎上止血带后需要马上标注开始时间,并确保每一个小时内要放松一次(图 3-20)。

　　2. 包扎　包扎目的是保护创面,减轻进一步污染,减少患者痛苦,并有一定的止血和固定作用。包扎材料可以就地取材,无法获得无菌敷料时可以使用尽可能清洁的布类。包扎时尽量露出指端,以便观察血供。当肠袢外露时不可以立即塞回腹腔,可以用碗盆等容器加以保护后再在外面加以包扎(图 3-21)。

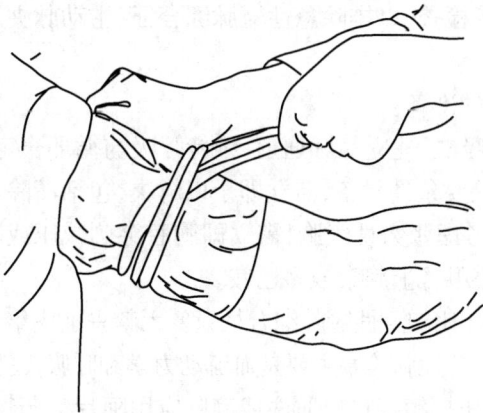

图 3-20　止血带止血

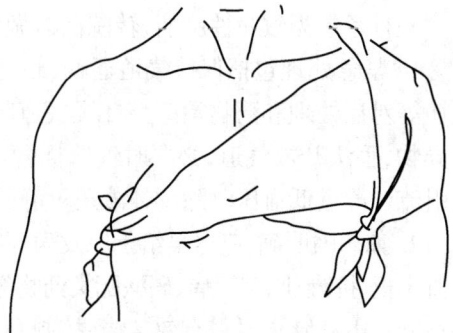

图 3-21　胸壁损伤三角巾包扎

　　3. 固定　固定的作用在于对骨折、关节损伤脱位等损伤部位进行固定、制动,减轻患者痛苦,降低继发性损伤风险,便于转运。固定材料可以是支具、夹板或者当时可以取得的其他材料。如果找不到需要的材料,可以临时将患肢固定在躯干或健侧肢体上(图 3-22)。

固定的注意事项:①有明显出血的部位,在固定前先予止血。②肢体骨折固定需跨过邻近关节。③开放性骨折骨折端外露时,不宜回纳,需用无菌或清洁敷料包扎后再固定。④肢体突出部位固定时需加垫软垫。⑤固定包扎时松紧适宜,并应露出指(趾)端,以观察血运。

4. 转运 严重、复杂外伤需要转送到有条件的医院接受治疗,因此这些患者在现场得到初步处理后需要转运。转运的方法可以徒手或借助器械,为了降低继发性损伤的风险,建议尽量使用担架或类似担架的替代物转运。当怀疑脊柱损伤时必须做好脊柱保护。颈部使用颈托固定制动。当患者因损伤严重导致意识不清或查体不合作,或存在明显的脊柱、脊髓损伤的症状、体征时,不可以随便搬动患者,应该使用担架或其他平板转运,患者只能轴线翻身。

图 3-22 上肢骨折夹板固定

四、常见的急诊院前处置

(一)胸痛的院前处理

胸痛是一种常见急症,大部分为非致死性疾病所致,但胸痛患者中有约 25% 可能为致命性疾病,包括急性冠脉综合征、张力性气胸、主动脉夹层和肺动脉栓塞等。由于这些疾病发病急,进展迅速,救治时间窗窄,因此需要尽快转送到有救治条件的医疗机构。

对于急性胸痛、胸闷、呼吸困难的患者,需根据症状、体格检查及生命体征监测,尽早排除致命性胸痛的可能性。最简单、规范的胸部体检基本可以排除气胸诊断,有条件的医疗机构尽快进行心电图、超声、心肌酶谱、D 二聚体等检查,以排除急性冠脉综合征、主动脉夹层和肺动脉栓塞的可能。

一旦考虑为致命性胸痛,转院前需做好必要的准备。

1. 紧急处理包括保持气道通畅,心电监护,吸氧,建立静脉通道,维持呼吸与循环稳定,止痛等对症处理和药物治疗。怀疑气道问题时只要条件具备,需立即予以解决,包括清除口腔异物,手法开放气道,必要时气管插管。如果考虑张力性气胸,需立即胸腔穿刺减压或闭式引流。严重低血压时除了补液还可静脉使用去甲肾上腺素或多巴胺。

2. 如病因明确,应尽早给予原发病药物治疗。比如急性冠脉综合征只要无禁忌证应给予抗血小板、抗凝、吗啡镇痛、硝酸酯类药物等治疗。急性肺栓塞主要是血流动力学和呼吸支持,并抗凝。主动脉夹层需有效镇痛、控制心率和血压。镇痛可以肌注或静脉应用阿片类药物。静脉应用 β 受体阻断剂,目标为控制收缩压至 100~120mmHg、心率至 60~80 次 /min。张力性气胸需尽快排气,紧急情况下可用大号针头进行胸腔穿刺直接排气,然后胸腔闭式引流。

(二)卒中的院前处置

卒中是常见急症之一,也是成人主要死因之一,其中约 70% 为缺血性脑卒中。目前缺血性脑卒中的溶栓治疗率只有 5% 左右,主要原因为院前延误,包括患者缺乏科普知识及院前急救不规范造成的延误。发病后救治不及时可能造成严重残疾或死亡,尤其是缺血性脑卒中的溶栓治疗时间窗窄,尽量在发病 4.5h 内开始溶栓,因此早期快速识别并尽快转送到有救治条件的医院非常重要。目前对脑卒中进行初步筛查常使用 BE-FAST 核查表,核查内容包括平衡(balance)、视物(eye)、面部(face)、手臂(arm)、言语(speech)及时间(time),效果满意。

根据患者的临床表现初步考虑为卒中后,须尽快做好送卒中中心的准备。

1. 保持气道通畅,及时清除呼吸道分泌物,防止误吸,床头抬高 15°~30°。对于意识障碍舌根后坠影响气道通畅者,应立即手法开放气道,可以放置口咽通气管。急性卒中患者可能因误吸、上气道梗阻、通气不足、神经源性肺水肿导致呼吸功能受损。虽然常规使用氧气的益处仍未被证实,但对低氧和血氧情况不明的卒中患者推荐吸氧,且保证血氧饱和度在 94% 以上。

2. 如果考虑缺血性脑卒中,收缩压≥200mmHg 或舒张压≥110mmHg 时,需要降压治疗,需严密监测,防止血压急剧下降。如果收缩压小于 120mmHg,可以将患者头位放平,可以使用等渗盐水增加脑灌注。

3. 有条件时须监测血糖和心电图,如果血糖低于 60mg/dl,须口服或静脉补充葡萄糖液。

4. 转运过程中详细询问病史,并完成卒中量化评估,比如 FAST-ED 评分或 NIHSS 评分(表 3-35),为后续治疗决策做好准备。

表 3-35　卒中现场评估分诊量表

项目	FAST-ED 评分	NIHSS 评分
面瘫		
正常或轻微面瘫	0	0~1
部分或完全面瘫	1	2~3
上肢无力		
无落下	0	0
有落下或抗部分重力	1	1~2
不能抗重力或无活动	2	3~4
语言改变		
无语言改变	0	0
轻 - 中度改变	1	1
严重改变,失语	2	2~3
眼球斜视		
无	0	0
部分	1	1
强迫斜视	2	2
失认 / 忽视		
无	0	0
不能感知双侧同时的一种感觉刺激	1	1
不能识别自己的手或仅能感知一侧肢体	2	2

5. 应该转运到有溶栓条件的医院,如果考虑大血管栓塞、脑出血等可能,须转送到有神经外科手术及血管内治疗条件的高级卒中中心。

(三) 创伤的院前处置

创伤是成人的第五大死因,严重创伤的死亡率一直居高不下,主要原因之一还是救治不规范,尤其是院前急救延误及不规范导致的。提高医务人员的创伤救治能力,强调院前救治规范是提高成活率的关键。

创伤院前急救不同于非创伤之处主要在早期评估及处理。创伤评估分为两个阶段,即初步评估和再次评估。前者是创伤救治特有的环节,旨在通过最简单的核查,快速发现危及生命的损伤,并立即加以处理。初步评估的主要内容包括以下几项。

1. 气道评估(airway,A)和颈椎保护　通过简单言语交流后发现患者没有反应或发声异常,表示气道不安全,立即清除口腔异物,手法开放气道,或建立人工气道。同时对于不能排除颈椎损伤的患者,须做好颈椎保护。可以使用颈托或类似材料予以制动。

2. 呼吸(breath,B)　如果患者出现烦躁不安、呼吸困难或口唇发绀等症状,指氧饱和仪提示低氧饱和度,需立即排查原因,常见原因大部分在胸部损伤,包括气胸、血胸、连枷胸等,并立即做相应处理。尤其是张力性气胸,需要立即做胸腔穿刺减压,随后行胸腔闭式引流。

3. 循环(circulation,C)　通过简单查体,如果发现患者烦躁不安、面色苍白、脉搏细速、四肢湿冷,表示患者已经休克。对于体表可见的出血须立即加以止血。怀疑骨盆骨折须立即使用骨盆带或类似材料予以加压包扎。如果考虑体内出血,须尽快送至有救治能力的创伤中心。

4. 神经功能(disability,D)　通过瞳孔对光反射、四肢肌力等检查,初步判断是否有神经功能异常,为后续救治提供重要信息。

5. 充分暴露和保温(environment,exposure,E)　院前急救时对创伤患者要充分暴露,以防遗漏重要部位损伤,同时注意做好保温,因为体温丢失可能增加致死性三联征发生的可能性。

经过简单判断和处理后,如果患者比较重,应尽快转运至有能力救治的创伤中心。转运途中应做好心电监护,开通静脉通路,必要时吸氧。同时,完成病史的采集,尤其是跟本次事件相关的重要信息,详细了解损伤机制,为后续抢救提供依据。

【案例 3-13 分析】

患者胸闷气急,急性起病,心率快,呼吸稍急促,氧合差,意识稍淡漠,血压偏低。

分析:根据 S-PROMPT 核查,需考虑危重状态。

患者主诉胸闷气急,急性起病,有高血压病史、年龄大、兄妹多人高血压。

分析:须排除致死性疾病,比如心肌梗死或肺动脉栓塞等。

患者病情重,可能是致命性胸痛。

分析:尽快行心电图、超声、心肌酶谱、D 二聚体等检查,一旦高度疑似致死性胸痛,需在做好保障的前提下尽快转送至相应急诊中心。

◉ **全科医生在诊疗过程中的关注点**

1. 对所有急性起病的患者都需要评估是否处于危重状态。

2. 需要借助核查表和评分系统进行系统性的量化评估。

3. 对于急危重症患者首先关注气道、通气和循环是否安全,如果存在问题,需要尽快加以解决。

4. 急危重症往往救治时间窗很窄,需把握好每一个时间节点,按规范快速救治。

5. 如果本院、本科室没有条件进一步处理,需尽快转送到有条件的医院或科室。

6. 选择转送医院时应考虑距离和条件,尽量选择距离近,专业对口的急诊中心。

(洪玉才)

第四节　安宁疗护

主要内容

1. 安宁疗护概述。
2. 安宁疗护的服务内容与流程。
3. 安宁疗护的伦理与法律保障。
4. 全科医学在安宁疗护中的作用。

········ **重要知识点** ···

1. 安宁疗护的定义、起源与发展现状。

2. 安宁疗护的服务模式和内容。

3. 安宁疗护的服务流程。

4. 安宁疗护的伦理学基础。

5. 安宁疗护的法律保障。

6. 安宁疗护与全科医学的关系。

···

【**案例 3-14**】

男,83 岁。"发现直肠癌伴骨转移半年"。

患者半年前诊断直肠癌伴骨转移遂行直肠切除手术及靶向治疗。3 个月前,患者无诱因出现右侧上肢、肩背部疼痛,平躺时明显,坐位可缓解。为缓解疼痛,患者保持强迫坐位 3 个月。3 天前,患者症状进一步加重,出现咳嗽,咯黄黏痰等呼吸道症状。家属为求缓解患者痛苦送来安宁疗护病房。

入院查体:强迫坐位,由老伴推轮椅入院。生命体征平稳,卡氏评分40分,右上肢、肩背部疼痛,疼痛数字评分3分。神志清,精神萎靡,消瘦貌。右肺中部呼吸音稍低,余肺呼吸音粗,未闻及干湿性啰音。右下腹可见一直肠造瘘口,外接引流袋,内见黄色稀便。右上臂可见一大小约5cm×2cm肿块,边界清,质地中等,活动度差,皮肤色泽无改变,无压痛,无溃破,无渗液渗血。双下肢凹陷性水肿,右臀内侧见一大小约3cm×1cm压疮,有渗液渗血,敷料外敷。四肢肌力正常,肌张力正常,病理征未引出。

入院诊断:直肠恶性肿瘤伴骨转移,肺部感染,肝功能异常,压疮。

案例提示:结合案例3-14,讨论安宁疗护如何提高生命末期患者的生命质量。

1. 对于晚期肿瘤患者,疼痛是影响生命质量的重要因素,根据《成人癌痛临床实践指南(中国版)》,给予个体化的镇痛治疗。

2. 对于终末期患者,给予身体、心理、精神、社会等全方位的关怀以提高生命质量。

3. 对于患者家属,给予关怀,帮助其接受亲人死亡,提供哀伤辅导,使他们尽快回归社会。

一、安宁疗护概述

临终关怀运动自20世纪60年代在英国开始兴起,迅速在全世界发展和实践,同时催生并推动了安宁疗护的发展,使人类从原始的对生命存在的关注逐渐开始向生命质量的延伸,是医学进步和社会文明的标志。

(一) 安宁疗护的概念

安宁疗护(hospice)是指以多学科团队协作的模式为生命终末期患者在临终阶段舒缓痛苦和不适症状,提供身体、心理、精神、社会关系等的全面照料和人文关怀等服务,以提高患者的生命质量,帮助其舒适、安宁、有尊严地离世,同时为其家庭提供哀伤辅导。安宁疗护的内涵包括以下内容。

1. 肯定生命的意义,同时认知死亡是生命的必然终点,临终是生命正常历程的组成部分。

2. 对于终末期患者的死亡终点,既不加速也不延缓。

3. 帮助患者缓解疼痛及其他痛苦症状。

4. 给予心理疏导和精神安抚,同时给予社会支持,尽可能地帮助患者顺利度过临终期,坦然面对死亡。

5. 帮助家属能够应对患者的疾病历程,并顺利度过哀伤期。

6. 提高患者及家属的生命质量,同时对整个疾病过程产生积极的影响。

7. 安宁疗护充分尊重患者和家庭成员的意愿,全力确保患者在临终过程中的舒适和尊严。

8. 以整个多学科团队的协作来满足临终患者及其家属的全方位需求。

(二) 安宁疗护的起源及其演变

1. 安宁疗护的起源　"hospice"一词最早始于中世纪的欧洲,原意为旅游途中休息的地方,是为朝圣者或长途旅行者提供休息的中途驿站,同时也会向穷人、孤儿、患者或濒死者提供帮助,给予照护。主要是修道院及寺庙,因此早期安宁疗护的团队成员主要为教士、修女,他们为需要照顾的人提供食物和服务,并为死者祈祷并将其安葬。

作为世界上第一所现代意义上的临终关怀机构,圣克里斯多弗临终关怀院(St. Christopher's Hospice)坐落于英国伦敦,始创于 1967 年,由英国的西西里·桑德斯(Dame Cicely Mary Saunders)创立,它的成立标志着安宁疗护的起源。此后,西方国家医学界普遍接受了圣克里斯多弗临终关怀院的理念。1974 年加拿大最早引入并在温尼伯市创办该国第一所临终关怀医院。1976 年美国建立第一所康涅狄格临终关怀院。1981 年英国设立儿童临终医院。1984 年日本淀川基督教医院附设的临终关怀中心成立。1988 年 7 月,我国第一家专业的临终关怀研究机构——天津医学院临终关怀研究中心成立。

2. 安宁疗护的名词演变　英文的"hospice"原意是"客栈""小旅馆",起源于拉丁语的"hospitium"。19 世纪 70 年代末至 80 年代初,"hospice"的含义已经逐渐发生变化,开始用来指代社区内可以为贫困者、晚期患者以及临终者提供帮助的慈善收容、照顾机构。英国的"圣卢克济贫医院"和"圣约瑟夫收容院"是近代"hospice"的代表,标志着"hospice"的含义已经演变成一种为晚期患者提供帮助的机构。"hospice"在柯林斯英文词典(1984)版被解释为由宗教团体管理的旅客家,是指一群具有共同目的的人,希望能够对过路的疲惫不堪的旅行者提供新的活力。韦氏字典(1992 版)则解释为:"在阿尔卑斯山一带,提供隐蔽及招待来往旅客的地方。"1988 年我国将"hospice"翻译成临终关怀,并开始正式使用。2016 年 4 月,全国政协第四十九次双周协商座谈会确定了"安宁疗护"专用名词,并代替"临终关怀"这一名词。

(三) 安宁疗护的发展现状

1. 中国安宁疗护现状　安宁疗护在我国是一个新事物。但是从安宁疗护所蕴含的观念来看,在我国古代可追溯到春秋战国时期成立的"庇护所",随着朝代更迭,不同封建王朝所建立的各种慈善机构,如元代的"济众院"、清代的"普济堂"等,都可见到安宁疗护的雏形,但具有真正意义上的安宁疗护则出现在当代。

我国安宁疗护的发端,源于理论的引进。1988 年 7 月,我国第一家临终关怀研究机构——天津医学院临终关怀研究中心成立,该中心同时还建立了我国第一个临终关怀病房。1988 年 10 月,我国第一家临终关怀机构——上海市南汇县老年护理院成立。1994 年,"临终关怀科"被卫生部列入《医疗机构诊疗科目》。2006 年,以促进老年护理和临终关怀发展为己任的中国生命关怀协会成立。同年,卫生部、国家中医药管理局《城市社区卫生服务机构管理办法(试行)》将临终关怀作为可登记的诊疗科目。2011 年 3 月,卫生部印发的《护理院基本标准(2011 版)》明确指出临终关怀科是护理院必须设置的三大临床科室之一,并且要求临终关怀科应增设家属陪伴室。

2016 年 4 月 21 日,全国政协第四十九次双周协商座谈会首次在国家层面推进安宁疗护,依据会议精神,统一我国的临终关怀相关名词术语为"安宁疗护"。2017 年 1 月,国家卫生计生委印发《安宁疗护中心基本标准和管理规范(试行)》《安宁疗护实践指南(试行)》的通知,同年 10 月,首次在全国五个地区启动安宁疗护试点工作。2019 年 5 月,在全国 71 个城市推进开展第二批安宁疗护试点工作。这标志着我国安宁疗护事业进入了一个新的发展时期。

2. 国外安宁疗护现状 1967 年 7 月,英国的西西里·桑德斯在伦敦创办了世界上第一所安宁疗护院——圣克里斯多弗临终关怀院,并强调对肿瘤终末期患者开展以患者为中心的连续性照顾,通过专业间合作控制症状,引入义工的参与,同时提供家属的哀伤辅导等,而非采取以疾病为导向的延命性治疗,因此西西里·桑德斯被誉为"点燃世界临终关怀运动灯塔的人"。

20 世纪 70 年代开始,临终关怀运动在世界范围内迅速发展,美国、加拿大、法国、澳大利亚、荷兰、日本、挪威及南非等诸多国家都相继开展了安宁疗护的研究,安宁疗护逐渐发展成为一门新兴的交叉学科。

1988 年,英国将安宁疗护纳入医学专科领域,称为姑息医学(palliative medicine),并确立了安宁疗护专科标准。1993 年,英国实施《社区关怀法》,其关怀对象包括老年人、人类免疫缺陷病毒(HIV)感染者及其他无生活能力者。2004 年,英国首先提出把 10 月的第一个周六作为世界安宁疗护及舒缓治疗日。英国具有较完善的安宁疗护制度,且国民对于安宁疗护有较高的认知度与参与度。目前英国拥有临终关怀的相关医院约 220 余家。

美国从 1973 年起开始重视安宁疗护,将其列为联邦政府研究课题。1978 年美国统一的国家临终关怀组织成立。1980 年,临终关怀被纳入美国国家医疗保险法案。1997 年开始推进安宁疗护教育(EPEC),如今美国从事安宁疗护的医护人员均由美国国家临终关怀和姑息认证委员会(The National Board for Certification of Hospice and Palliative Care Nurses,NBCHPN)进行资格认证。2000 年,美国拥有 3 368 所安宁疗护机构,2004 年美国临终关怀和姑息治疗联盟(National Coalition for Hospice and Organizations,NCP)发布了《国家安宁疗护与临终关怀联盟 - 高质量安宁疗护实践指南》(*National Coalition for Hospice and Palliative Care-Clinical Practice Guidelines for Quality Palliativ Care*,NCP 指南)第 1 版,至 2018 年指南已经更新至第 4 版,该指南对不同机构开展安宁疗护工作都具有实践指导性。

联合国提出的"享有安宁疗护服务是人的一项基本权利",被视作为国家和社会文明进步的标志。2014 年 5 月 WHO 提出"安宁疗护包括威胁生命的慢性病管理和支持患者达到尽可能好的生活质量,是全世界范围内急迫需求",并通过一项决议,194 个成员国都承诺将安宁疗护服务列为国家卫生系统的重点工作。

二、安宁疗护服务内容与流程

安宁疗护服务是以临终患者为中心,以其家庭为单位的整体照护,它不以延长患者的生存时间为目的,而是以提高患者的生存质量为宗旨。其主要内容是对临终患者采取姑息治疗、舒适护理、心理疏导、社会支持等帮助患者和家属接受死亡,让患者有尊严地离世,让家属顺利度过哀伤期。

(一)安宁疗护服务的含义

1. 安宁疗护服务 是为疾病终末期或老年患者在临终前通过控制痛苦和不适症状,提供身体、心理等方面的照料和人文关怀等服务,以提高患者生命质量,帮助患者舒适、安详、有尊严离世,以及减轻家属心理哀伤的一种卫生服务。

2. 安宁疗护服务理念

(1) 以照顾为主:在现代医疗体系中,皆以治疗为主,以治愈疾病及延续生命为目的,安宁疗护则强调"五全照顾"为主,即对临终患者和家属提供全人、全家、全程、全队、全社会的照顾。

(2) 尊重生命和权利:在尊重临终患者权利的理念上,医护人员应以患者的需求为服务重点,并根据临终患者的年龄、价值观、阅历、宗教信仰等满足不同临终患者的安宁疗护要求。

(3) 重视、改善和提高生命质量:对生命质量的追求是为临终患者营造一个安宁、有意义、有尊严、有希望的生活,使濒死患者在可控制的病痛下,与家人共度最后的温馨生活,同时包括为患者家属提供哀伤辅导。

(4) 普同一等的制度保证:安宁疗护所服务的对象不分性别、年龄、社会地位、民族、籍贯、宗教信仰和经济状况等,一视同仁地提供安宁疗护服务。

(二) 安宁疗护服务的内容

1. 安宁疗护服务形式　世界各国有不同的安宁疗护服务模式,通常为在医院中设立独立专门病房、独立的安宁疗护院和社区居家型。如英国常见的是住院病房、居家安宁疗护及日间照顾;美国常见的是常规居家照护、持续性的居家照护、入院暂息照护和常规住院照护。

在借鉴国外安宁疗护的服务模式和经验的基础上,我国安宁疗护的服务形式基本上有以下几种。

(1) 门诊:社区卫生服务中心、综合性医院或其他医疗机构设立安宁疗护门诊,患者主要是晚期肿瘤患者。

(2) 住院:社区卫生服务中心、综合性医院或其他医疗机构开设安宁病房患者以晚期肿瘤和老衰患者为主。

(3) 居家:患者病情相对平稳,以设立家庭病床的形式开展居家安宁疗护,为终末期患者提供姑息治疗和舒适护理。

2. 多学科团队　由医生、护士、心理咨询师、营养师、社会工作者和志愿者等个体为实现安宁疗护目标而相互协同作用、组合而成的集合体。

(1) 执业医生:对终末期患者的临床症状群实施全程诊疗管理,包括患者的收治,疾病的动态评估,诊疗计划的制订,控制疼痛以及其他不适症状,适时的转诊服务,以及咨询服务,并对团队其他成员进行技术指导等。

(2) 执业护士:对终末期患者实施全程的护理照护,包括患者入院收治,动态的护理评估、制订照护计划,提供症状护理,如疼痛护理、舒适护理;同时关注患者及其家属的生理、心理及情感需求,为其提供支持;开展尸体护理和家属丧亲支持等。

(3) 社会工作者:协助患者做出意愿选择和达成心愿、处理未完成的事情,满足患者精神需求,探索生命价值和意义,维护家庭功能,进行哀丧辅导等专业服务,满足患者及家属的社会心理等需求。

(4) 药剂师:负责终末期患者的用药管理;提供治疗和控制症状的用药指导。

(5) 心理咨询师:负责对终末期患者及家属的心理评估,心理疏导,帮助解决心理问题,舒缓压力;同时,评估安宁疗护团队人员的心理健康状态,及时给予干预。

(6) 营养师:根据终末期患者的个体状况制订营养方案,并为患者及家属提供饮食营养知识教育和咨询。

(7) 护理员:负责陪伴、照料终末期患者,陪同实施各项检查及治疗,生活照料包括食物准备与喂食,协助洗头、洗澡、口腔清洁等;为临终患者实施适宜的按摩,协助开展简易肢体运动。

(8) 志愿者:负责陪伴终末期患者,给予关怀和帮助,发动社会力量协助患者或家属完成心愿;组织各种社会活动,引导终末期患者间的沟通、交流,提高生命质量。

3. 安宁疗护服务对象

(1) 临终患者:①患有活动性、进行性、预后有限的终末期疾病患者或高龄老衰者,包括躯体、精神、心理和社会宗教困扰求医的人;②疾病终末期或在临终前拒绝原发疾病的检查、诊断和治疗的老年患者;③接受安宁疗护服务理念,具有安宁疗护需求和意愿的临终患者。

(2) 临终患者家属:家属的范畴由患者界定,包括其配偶、亲属,甚至朋友,由此体现人文关怀的理念。

4. 安宁疗护服务内容 以多学科团队协作的模式,对患者及其家属进行身体、心理、精神等方面的照护,并给予一定的社会支持,帮助患者减轻痛苦,控制不适症状,提高他们的生命质量,使他们能够舒适、安宁、有尊严地走完人生最后的旅程,同时帮助患者家属顺利度过哀伤期,尽快回归社会。

(1) 症状控制:以多学科团队合作的模式对终末期患者进行姑息治疗以缓解临床症状,如根据《安宁疗护实践指南(试行)》提供镇痛、镇静、利尿、通便、止吐、止咳等服务以缓解患者疼痛、烦躁、水肿、腹胀、呼吸困难、恶心、呕吐、咳嗽、咳痰等症状。

(2) 舒适照护:提供整体性、连续性的临终护理、临终护理指导与临终护理咨询服务。开展病室环境管理、床单位管理、口腔护理、肠内营养护理、肠外营养护理、静脉导管维护、留置导尿管护理、会阴护理、协助沐浴和床上擦浴、床上洗头、协助进食和饮水、排尿异常护理、排便异常护理、卧位护理、体位转换、轮椅与平车使用等照护措施。

(3) 心理关怀:开展心理层面评估,临终患者的心理反应通常经历否认期、愤怒期、协议期、抑郁期和接纳期5个阶段,心理关怀应根据各阶段的心理反应相应开展。做好充分的医患沟通,是应对临终患者及家属情绪反应的前提,尊重患者权利,鼓励患者和家属参与安宁疗护计划的制订和实施。

(4) 社会支持:充分发挥志愿者、社工的作用,给予患者及家属社会支持,帮助患者达成心愿,引导患者以尽可能积极的态度度过生命终末期。

(三) 安宁疗护服务流程

安宁疗护服务流程包括登记、识别、收治、评估、照护和转归等(图3-23)。由执业医生对前来咨询的患者或家属进行登记,根据安宁疗护收治标准识别是否为安宁疗护收治患者。收治后由执业医生、护士、社会工作者等共同对患者的病情进展进行评估,并给予症状控制及舒适护理,提高患者的生活质量。

根据病情进展、患者及家属需求,经与患者及其家属进行沟通告知后,相关医疗机构可提供机构内或机构间的转介服务。

1. Karnofsky 评分法（卡氏评分法，KPS，百分法）小于 50 分，且预期生存期小于 3 个月的临终患者，可由居家转为在社区卫生服务中心或机构进行住院安宁疗护。

2. 住院安宁疗护患者急性症状得到缓解，病情相对平稳后，经患者及其家属同意，可转为居家安宁疗护。

三、安宁疗护的伦理与法律

安宁疗护是社会发展变迁过程中出现的一个社会问题，涉及医学、伦理学、哲学、法律等学科理论问题。安宁疗护团队人员除具备专业知识技能外，还需增强法律伦理意识，满足服务对象对医学伦理、精神慰藉等人文关怀的需求，提高临终患者的生命质量和生命价值，这是实践安宁疗护伦理与法律的最终目标。

（一）安宁疗护的伦理基础

安宁疗护伦理是医学伦理的重要组成内容，是研究安宁疗护团队在为临终患者及其家属服务过程中应当遵循的道德原则和规范，是以伦理学的基本原理为指导来调整安宁疗护实践中人与人之间的相互关系。因此，伦理学和医学伦理学的基本理论也就成为安宁疗护伦理的理论基础，主要包括生命论、人道主义、德性论、义务论和后果论等。

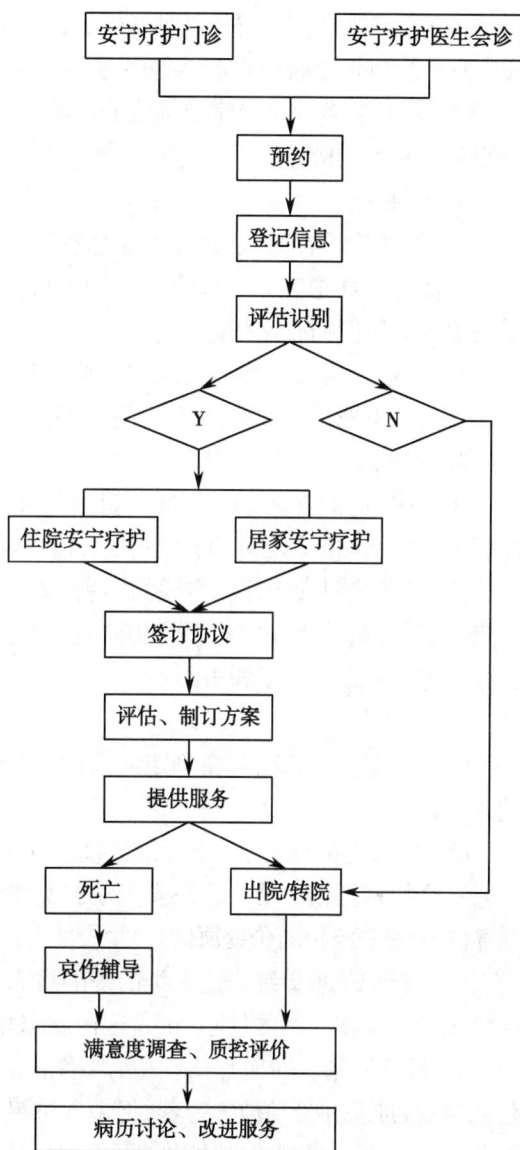

图 3-23　安宁疗护服务流程

1. 生命论

（1）生命论的含义：生命是由出生、成长、衰老、死亡等构成的连续过程，任何一个环节的变化，都会对生命产生重大影响甚至会导致生命的终止。生命道德哲学的三种形态是生命神圣论、生命价值论、生命质量论。

（2）生命论对安宁疗护实践的影响：生命存在是安宁疗护实践的哲学基础，在处理与临终患者的关系中，尊重临终患者及其生命，提高临终患者的生命品质和价值，最终实现提高临终患者的生命质量，是安宁疗护的根本目标。

2. 人道主义

（1）人道主义的含义：主要是指一种以人为本，给人以更真实的人性本体认识，充分尊重人的价值的道德观念。安宁疗护的出发点是"人",最高设定点也是"人",因此人道主义为安宁疗护提供道德哲学资源,对安宁疗护的发展具有重要意义。

(2) 人道主义对安宁疗护实践的影响:主要表现在尊重服务对象的生命和生命价值,尊重服务对象的人格尊严。

3. 德性论

(1) 德性论的含义:是研究人善恶本质的理论。广义的是指人的道德,狭义的是指人的优良品质。德性论有 3 个目的:①提出完美的人格概念;②提出完美的人所应具有的德性;③阐明人如何能拥有这些德性。

(2) 德性论对安宁疗护实践的影响:安宁疗护道德品质一旦形成,将有助于团队成员自觉、自愿、自主地遵循和执行安宁疗护道德原则和道德规范。

4. 义务论

(1) 义务论的含义:关于责任、担当的理论。以道德规范和戒律的形式表达人们关于怎样行为和生活的道德要求和道德观念,是一种典型的规范伦理学理论。

(2) 义务论对安宁疗护实践的影响:义务论在安宁疗护实践中强调的是团队对患者个体的道德责任感,认为安宁疗护行为要有美好动机,遵循一定的道德原则,因此对安宁疗护的实践和道德建设产生了积极影响。

5. 后果论

(1) 后果论的含义:是指判定人的行为在伦理上正误的标准是依据该行为的后果的一种伦理理论。

(2) 功利主义对安宁疗护实践的影响:功利主义不仅是一种重要的道德理论,而且也是一种社会抉择理论。功利论在安宁疗护实践应用中应注意坚持正确的价值导向。

(二) 安宁疗护的伦理原则

安宁疗护伦理最终表达人类的爱的意志与人道精神。"自主、不伤害、行善与正义"作为医学伦理学基本原则的核心,正是这种意志和精神的体现,并贯穿在安宁疗护伦理的始终。

1. 行善原则　在医疗活动中,严格恪守以患者为中心的理念,医护人员对患者及家属仁慈、扬善抑恶并带动他人行善,努力促进患者的健康与幸福。行善原则是安宁疗护道德的最重要原则之一,在安宁疗护伦理原则中起统领作用。

(1) 善待生命:这是行善原则对安宁疗护团队人员的基本道德要求。

(2) 善待患者:要求医护人员对待患者不因其社会地位、年龄、性别、种族、疾病等区别对待,而是一视同仁,平等医疗。

(3) 善待社会:生命健康权是人的一项基本权利,这种权利对任何人来说都同等重要。

2. 自主原则　保证患者自己做主、理性地选择诊治决策的伦理原则。在安宁疗护伦理中,主要表现为尊重患者的自主权和知情同意权。尊重患者的自主权是以医疗道德责任为前提,并不意味着完全听命于患者的任何意愿和要求。

3. 不伤害原则　又名有利无害原则,指在医疗行为中,医务人员的动机和效果都不应对患者的身体、心理或精神造成伤害。但不伤害原则并非一个绝对的医学伦理原则,在临床上不可避免地会给患者带来一些的身体或心理的伤害。因此,在安宁疗护中医务人员更应当权衡利弊,以最优化原则,帮助临终患者缓解痛苦,不滥施辅助检查、不滥用药物和不滥施手术。

4. 公正原则　每一位患者在医疗服务中都享有被公平、正直对待的权利。医疗公平是公正原则的体现,基本医疗保健要求绝对的公平,特殊医疗保健要求相对的公平,公正的医疗行为有利于构建和谐的医患关系。

(三)安宁疗护中常见的伦理问题

1. 知情同意　是指医护遵循医疗告知义务,患者享有知道自己病情并对最终的诊疗措施有决定权的权利。在安宁疗护服务中,是指临终患者或家属与医护人员之间对患者的病情进展及预后情况、姑息治疗方案、放弃治疗以及不予急救等方面进行真实充分的信息沟通,在患者或家属充分知情的情况下选择确定实施方案。知情同意是患者自主权的具体表现形式,是安宁疗护服务中医护人员处理与患者及其亲人关系的基本伦理原则之一。

2. 隐私　隐私是一种基本的人格权,是个人不愿告知他人或公开的秘密。在安宁疗护服务中包括两个方面:一是患者因医疗需要向医方透露的个人生活方面的信息;二是与患者的诊疗相关的一些信息,如疾病诊断信息、治疗信息、身体器官遗传学信息、就诊经历等。而患者隐私权就是患者隐私要求被保护和不受侵犯的权利,包括未经患者本人同意不得透露有关他的信息以及不得透露不准确的或歪曲的信息。在安宁疗护活动中维护患者的隐私权是每一个医务人员的义务,保护患者隐私与为患者保密是一致的。

3. 保密　即保守医密或医疗保密,通常是指医务人员不随意向他人泄露患者信托于自己而一旦泄露可能造成不良后果的有关信息的医德准则。在安宁疗护活动中保守医密的意义在于:①体现了对患者权利、人格的尊重和维护;②为形成和谐医患关系提供了重要的基础和条件;③作为保护性医疗的具体措施可以防范某些意外伤害和不良后果的发生。

4. 放弃治疗　广义的放弃治疗是因各种原因放弃对患者的继续治疗,包括可治愈疾病和不可治愈疾病;狭义的放弃治疗,是对无法治愈疾病的患者放弃治疗措施,遵行疾病的自然规律,接受自然死亡。安宁疗护实践中,放弃无效的治疗干预,是符合医学伦理道德,不仅减轻了患者和家属的心理负担及经济负担,更是让患者选择尊严死的表现。

(四)安宁疗护的法律保障

安宁疗护从人本主义出发,重新审视临终患者的医疗服务,合理规划有限的医疗资源,给予临终患者最大限度的尊重和理解,减缓临终患者及家属身体、心理、社会层面的痛苦。为了保障全体公民能够公平地享有安宁疗护的权益,各国的安宁疗护均由政府统筹主导,进行了有益的探索。英国于 1990 年颁布了《国家卫生服务及社区关怀法》,首次将安宁疗护纳入国民的医疗保险。2006 年,英国政府出台《慈善法案》,制定了安宁疗护相关慈善机构的注册标准。

1986 年出台《安宁疗护保险津贴》(The Medicare Hospice Benefit),医生认定的末期病患享有免费安宁疗护服务。

日本厚生劳动省于 1990 年实施"安宁疗护医院住院费"的保险制度,第二年又制定了安宁疗护医疗机构的设置标准。2003 年,日本政府出台了《安宁疗护实施基准》,并经多次修订。

德国政府于 2005 年 6 月出台了第一部《临终关怀法》,该法案由 7 个部分组成,在医生对临终患者的资格认定和病情判断、临终患者的自我支配权、患者清醒时的最终决定权以及住院费用的支付补偿等方面做了详细的规定。

2012 年 9 月,我国上海市卫生局率先制定了《上海市社区卫生服务中心临终关怀科设置标准》。2019 年 12 月 28 日,第十三届全国人民代表大会常务委员会第十五次会议通过《中华人民共和国基本医疗卫生与健康促进法》,明确规定了为公民提供的全方位全周期医疗服务,从根源上保障我国安宁疗护的健康可持续发展。

四、安宁疗护与全科医学

全科医学注重全生命周期,提供"由生到死"的全程医疗保健服务。安宁疗护提供的是生命末端的服务,是全科医学的重要组成部分。世界上大部分国家的安宁疗护采取家庭 - 社区 - 医院的模式,全科医生是安宁疗护团队的主导力量。

(一)当代中国安宁疗护的背景

1. 人口老龄化　2019 年,我国 60 周岁及以上老年人占人口比重的 18.1%,而 65 周岁及以上人口占总人口的 12.6%,预计至 2030 年之后,中国将进入重度老龄化社会,65 周岁及以上人口占总人口的比重或超过 20%。在快速老龄化的同时,我国失能、半失能老人高达 5 000 万,如何来保障这些老年人生命历程最后阶段的质量? 这对我国的安宁疗护事业提出了新的挑战。

2. 疾病谱改变　2010 年我国疾病谱的前三位分别是高血压、吸烟与空气污染引发的疾病,而目前疾病风险逐渐转向慢性非传染性疾病,脑卒中、缺血性心脏病和慢性阻塞性肺疾病占据国人死因的前三位,恶性肿瘤中的肺癌、肝癌也是主要的死亡原因,艾滋病(AIDS)的患病率和死亡率也逐年上升。这些慢性非传染性疾病的终末期、恶性肿瘤晚期患者、终末期艾滋病患者均需安宁疗护服务。

3. 家庭结构改变　随着社会经济、文化的发展,当代社会的家庭结构正由 20 世纪以多代直系家庭为主逐渐向核心家庭转变。同时在人口老龄化、生育率下降的宏观背景之下,子女数量急剧减少,空巢家庭剧增,独居老人增加,引起家庭结构的微型化,并直接影响了家庭养老和临终方式,即子女无力或无暇照料临终者,亟需专业化和社会化的安宁疗护。

4. 死亡质量不高　中国在《2015 年度死亡质量指数》排名中位列全球第 71 位。这是一份由英国《经济学人智库》于 2015 年 10 月发布的关于全球 80 个国家和地区的缓和医疗质量。它从缓和医疗的环境、人力资源、医疗护理的可负担程度、护理质量和公众参与程度五个方面,通过 20 项定性和定量指标,评估成人缓和医疗的质量和供应情况。根据 2022 年 1 月最新排名,我国的排名提升到了 53 位,这既是对我国安宁缓和医学的认可,也说明我国现有的安宁疗护现状与人口、经济、社会发展之间的差距。

(二)社区安宁疗护服务的优势

自 20 世纪 70 年代开始,英国、美国、德国、日本等许多国家都相继开展了社区安宁疗护服务工作,形成了多层面、多学科、多方位、多元化、全科医生参与的社区安宁疗护服务模式。英国作为世界上最早开展社区居家安宁疗护的国家之一,经过半个多世纪的探索与建设,已经呈现出民众参与度高、服务组织数量多、覆盖面广、服务专业水准高的良性态势。澳大利亚的健康临终项目(Healthy End of Life Project,HELP)旨在改造社区化,以形成和维持一个富有同情心的社区,这样的社区将有助于护理人员、家人、朋友和邻居合作,支持希望在家中或其他社区环境中接受临终关怀的居民。美国的安宁疗护由家庭医生或安宁疗护专业医生和护理人员组成的团队进行,主要是以居家安宁疗护的模式展开,采取按床日收费的形式。至 2017 年,常规居家安宁疗护占所有按床日费用的 97%。2004 年加拿大政府意识到社区居家安宁疗护的需求,于 2006 年提出“加拿大居家安宁疗护黄金标准”。

我国的社区安宁疗护主要为终末期患者提供机构住院、门诊及居家相结合的安宁疗护服务,是在社区层面选择适宜的基层医疗、养老机构,以镇痛、镇静、营养、心理疏导等措施为主要手段开展的医疗、护理、人文关怀和支持性服务。这对于改善临终人群生命末期的生存质量、充分维护患者的生命价值和人格尊严、缓解近亲属生理和心理的照护压力等方面都能发挥重要作用。

截至 2018 年,全国安宁疗护机构共服务患者约 28.3 万人,较国家统计局报告的年均 960 万~990 万的死亡人数,享受安宁疗护服务的人数仅占了 3%。根据全国安宁疗护试点工作报告显示,社区卫生服务中心安宁疗护床位数仅占安宁疗护总床位数的 10.34%,社区安宁疗护的缺失以及分布不均衡,降低了安宁疗护可及性。截至 2021 年底,我国社区卫生服务中心数目为 3.5 万个,乡镇卫生院 3.6 万余个,超过各级医院的数量。社区医院数量庞大,分布范围广,发展社区安宁疗护服务更加容易快速扩大安宁疗护覆盖范围,提高安宁疗护服务的可及性。

(三) 全科医学的模式和理念

全科医学作为一门综合性的学科,整合了生物医学、心理学以及社会学的内容和模式,强调以人为中心、以家庭为单位,为社区内的所有家庭及个人提供连续性、综合性、协调性的医疗保健服务。全科医学是科学精神和医学人文精神的统一,以生物-心理-社会的医学模式,对社区健康问题进行评估,分析并制订处理计划。在评估居民健康问题时,从生物、心理、社会适应三方面同步进行分析;制订处理计划时,在生物学手段介入的同时,全方位考虑患者的心理调适,实施对社会不良因素的干预。全科医学提供的是“全社区、全人群、全方位、全生命周期”的服务,强调以人为本,在解除患者身体疾病的同时,也注重患者的心理需求,促进人的全面健康。

临终期作为全生命周期的最后一站,同样是全科医学的服务范畴。安宁疗护以终末期患者及家属为服务对象,与全科医学以家庭为单位的服务形式相契合,为临终患者缓解身体、心理、社会和精神的痛苦,满足患者在社区或家中接受照护及离世的愿望,帮助其安详、自然地度过人生的最后阶段,有尊严地辞世。同时,帮助家属减缓失去亲人的痛苦,积极面对生活,顺利度过哀伤期,最终提高患者和家属在各个阶段(从疾病诊断到居丧整个过程)的生活质量。

安宁疗护为患者及家属提供医学及人文关怀,正是全科医学服务理念的完美诠释。在全科医学的视角下,进一步优化整合家庭、社区、医院的资源,以全科医生为纽带,推进社区安宁疗护模式的良性发展。

（四）全科医生在安宁疗护多学科团队中的作用

安宁疗护是由多学科协作模式组成的特色团队所提供的服务。安宁疗护团队是由全科医生、社区护士、心理咨询师、营养师、社会工作者和志愿者等个体为实现安宁疗护目标而相互协同作用、组合而成的集合体。全科医生在整个安宁疗护团队中担当主要的医疗角色,解决常见的临终症状。

安宁疗护为临终患者提供全人、全家、全程、全队、全社区的"五全"服务,与全科医学为社区居民提供全面、连续、人文、全程的医疗保障服务完全重合。全科医生与社区居民签订契约式的家庭医生服务协议,成为社区居民的家庭医生,为社区居民建立个人健康档案,从一个人出生开始,就为其构建预防卫生保健的框架,为其提供由生到死的社区卫生服务,而安宁疗护则正是从生到死的最后一个重要环节,通过家庭签约,让与患者维持多年关系的全科医生和社区护士共同为患者提供安宁疗护服务。全科医生作为社区居民的家庭医生,是社区居民健康的守门人,能就近、方便地接触这类患者,了解患者及其家庭相关情况,并能把握其相关的社会心理影响因素,减轻临终患者及其家属的心理负担。同时全科医生掌握周边医疗资源,能够第一时间为患者提供综合性医疗机构—社区卫生服务中心—居家三种安宁疗护服务形式的转介。

纵观国内外,家庭医生参与的社区安宁疗护或居家安宁疗护已经成为主要的安宁疗护形式。家庭医生或全科医生在整个多学科团队中,担当执业医生,为患者提供症状评估和控制,转介服务以及患者死后家属的哀伤辅导等工作。对于安宁疗护的掌握,是一名合格的全科医生所应具备的基本技能。

当前,在安宁疗护试点时期,国家以及地方关于安宁疗护政策的相继出台,都为社区安宁疗护服务的发展注入了动力,同时也表明全科医生在安宁疗护发展中起到了主力军的作用。现代医学的进步推动了安宁疗护的发展,丰富了安宁疗护的医学内容,要不断探索安宁疗护的学科前沿,并不断将科学技术转化成为临床实践指南,指导全科医生开展安宁疗护工作,把安宁疗护作为全科医生的亚专长得以发展,提高全科医生的岗位胜任力。

（五）安宁疗护中的生存状态评估及癌痛评估

KPS 评分是 Karnofsky 功能状态评分标准。得分越高,健康状况越好（表 3-36、表 3-37）。

表 3-36　功能状态分级

Karnofsky 得分	功能状态等级
80 分以上	非依赖级（independent）,即生活自理
50~70 分	半依赖级（semi-independent）,即生活半自理
50 分以下	依赖级（dependent）,即生活需要别人帮助

表 3-37 生存状态评估（KPS 评分）

体力状况	评分
正常,无症状和体征	100 分
能进行正常活动,有轻微症状和体征	90 分
勉强进行正常活动,有一些症状和体征	80 分
生活能处理,但不能维持正常生活和工作	70 分
生活能大部分自理,但偶尔需要别人帮助	60 分
常需要人照料	50 分
生活不能自理,需要特别照顾和帮助	40 分
生活严重不能自理	30 分
病重,需要住院和积极的支持治疗	20 分
重危,临近死亡	10 分
死亡	0 分

安宁疗护中常用的疼痛评定方法包括数字评分法（NRS 评分）（表 3-38）、面部表情评分法（见图 2-13）、FLACC 评分。

表 3-38 疼痛的数字评分法（NRS 评分）

疼痛分值	疼痛程度	疼痛分值	疼痛程度
0 分	无痛	5~7 分	中度疼痛,无法入睡
1~4 分	轻微疼痛,不影响睡眠	8~10 分	重度疼痛,剧痛

FLACC 评分:通过观察患者的面部表情,躯体活动、情绪变化等对疼痛进行评分。评分对象主要为婴幼儿或意识障碍的患者,观察时间至少为 5min。（表 3-39）

表 3-39 FLACC 评分量表

评分内容	评分分值		
	0 分	1 分	2 分
面部表情（F）	无特定表情或笑容	偶尔面部扭曲或皱眉	持续颤抖下巴,紧缩下颚,紧皱眉头
腿部活动（L）	正常体位或放松状态	不适,无法休息,肌肉或神经紧张,肢体间断弯曲 / 伸展	踢或拉直腿,高张力,扩大肢体弯曲 / 伸展,发抖
体位（A）	安静平躺,正常体位,可顺利移动	急促不安,来回移动,紧张,移动犹豫	卷曲或痉挛,来回摆动,头部左右摇动,揉搓身体某部分
哭闹（C）	不哭不闹	呻吟或啜泣,偶尔哭泣,叹息	不断哭泣,尖叫或抽泣,呻吟
可安慰程度（C）	平静的,满足的,放松,不要求安慰	可通过偶尔身体接触消除疑虑、分散注意	安慰有困难

注:0 分:放松,舒适。1~3 分:轻微不适。4~6 分:中度疼痛,7~10 分:严重疼痛,不适或两者兼有。

【案例 3-14 分析】

患者入住安宁疗护病房的主要诉求是改变强迫体位,能够有尊严地离世。入院后,经过问诊,评估,团队讨论,为患者制订了个体化的止痛方案。不断地进行癌痛宣教,心理疏导,最终控制了患者的疼痛,让患者改变了强迫体位,顺利平卧。

给予人文关怀,患者在病房内度过了人生中最后一个生日,第二天平静而安详地离开。

哀伤辅导,指导患者家属在患者离世时,握着患者的手一一向他告别,让家属没有遗憾。

（张　静）

第四章

全科医学与行为医学

全科医学是一门整合临床医学、预防医学、康复医学以及人文社会科学相关内容于一体的综合性医学专业学科。其以现代生物学、行为科学和社会科学为理论指导，面向社区和家庭进行长期综合性照护，维护与促进人群整体健康。而行为医学是以行为科学中与健康、疾病有关的知识和技术为理论基础，通过生活方式行为、社会心理行为、功能康复干预等手段防治疾病的发生发展。行为医学是全科医学实施的理论基础和手段之一，全科医学的发展也将促进行为医学的纵深发展。在全科医疗中充分运用行为医学的手段，对于个人和整体的健康促进、疾病防治有着非常重要的作用。

04章

第一节 生活方式与健康

1. 生活方式评估的重点。
2. 生活方式干预的重点。
3. 生活方式干预的方法和技巧。
4. 全科医疗与生活方式管理。

······ **重要知识点** ···

1. 生活方式评估的重点包括膳食、身体活动、吸烟、饮酒、心理和睡眠。

2. 生活方式干预不仅包括培养健康生活方式,如合理膳食、戒烟限酒、适量身体活动、心理平衡、良好睡眠等,还包括使其拥有健康生活方式所应具备的健康知识、行为和技能。

3. 生活方式干预的方法包括健康教育、健康咨询、"互联网+"健康促进、以患者为中心的"5A"管理模式、心理促进。

4. 生活方式干预的技巧包括目标设定、动机性访谈、工具干预和共同决策。

5. 全科医疗秉承预防为主、主动健康的理念,适合于全人群生活方式管理;基层医疗机构是生活方式管理的主战场,基层医务人员是生活方式管理的主力军。

···

【案例 4-1】

女,35 岁。"月经不规则半年"。

伴面部痤疮、声音变粗,无腹痛,无阴道异常分泌物及出血。结婚 5 年,未孕。从事 IT 工作,经常加班熬夜,工作压力大,基本无锻炼。

查体:血压 135/85mmHg,心率 80 次 /min,BMI 34kg/m²,腰围 100.2cm。上唇毳毛增多,双侧面颊密集分布丘疹、脓疱,部分区域有色素沉着和小凹坑状瘢痕。

辅助检查:空腹血糖 7.2mmol/L,糖化血红蛋白 7.0%,总胆固醇 5.89mmol/L,甘油三酯 4.6mmol/L,低密度脂蛋白胆固醇 4.23mmol/L,高密度脂蛋白胆固醇 0.92mmol/L,尿酸 420μmol/L,彩超提示脂肪肝。

案例思考:结合案例 4-1,生活方式管理是此患者的治疗基础。如何对患者进行生活方式评估和干预? 干预的方法有哪些?

生活方式(lifestyle)是指人们在日常生活中的活动习惯与行为特征,包括饮食起居习惯、日常生活和社会活动等。生活方式是人类健康的主要影响因素。健康生活方式包括合理膳食、适量运动、戒烟限酒、心理平衡等,不良生活方式包括高盐高脂肪饮食、静坐习惯、烟草使用、有害饮酒等。不良生活方式是疾病发生发展的主要危险因素,严重危害人类的生命和健康。积极推进改变不良生活方式和行为习惯,普及健康生活方式,开展生活方式健康教育,推广生活方式评估与干预等健康促进技术,对于预防疾病、维护民众健康起着至关重要的作用。

一、生活方式评估

生活方式评估是指通过特定的方法或工具(问卷等)识别生活方式不同领域中可改变并能产生有益作用的部分,即识别生活中不健康的行为方式,并提出改善建议。生活方式评估的重点包括膳食、身体活动、吸烟、饮酒、心理和睡眠。不同领域的评估方法不同。

(一) 膳食评估

膳食评估是指通过问卷和/或访谈形式收集当前膳食信息,确定其中可提高或降低健康风险的膳食成分和膳食行为。膳食评估内容包括膳食调查和膳食相关的行为评估。一般人群可以在基层医疗机构进行评估。存在复杂健康问题的患者需要由专业营养师全面评估,包括咀嚼和吞咽的能力、消化吸收能力、食物不耐受、非故意性体重减轻或增加以及患者对膳食改变的理解力和执行力等。本书着重阐述一般人群的膳食评估。

1. 膳食调查　常用的膳食调查方法包括快速方法、24h 膳食回顾、食物日记、食物频率问卷等。

(1) 快速方法:通过简单的询问了解患者对自己膳食的评价和愿意改变的方面,迅速掌握患者膳食薄弱环节,从而缩短评估时间。比如,"您觉得自己的膳食习惯合理吗?""您能做什么来改变您的膳食?"此外,通过具体的食物举例可以快速识别膳食中的健康饮食和不良饮食,进而膳食干预。

(2) 24h 膳食回顾:常用膳食评估工具之一。大多数人的膳食模式相对稳定,尤其在热量摄入和食物选择方面基本始终如一。通过 24h 膳食回顾,以最小的偏倚来确定患者的日常膳食情况。

(3) 食物日记:让患者完整记录 3~4d 内食物摄入情况,然后通过阅读患者的食物日记,发现需要改变或长期坚持的食物。这种方法不但高效,而且可以增强患者对自身饮食习惯、摄入食物的认识,增加患者膳食改变的依从性。

(4) 食物频率问卷:通过对患者一段时间内典型食物摄入频率的调查,简要评估患者膳食情况。此种方法有利于识别健康食物,对不健康食物的识别能力欠佳。因为前者可以归类,而后者却广泛存在于其他食物类别中,如反式脂肪酸常非独立存在,而是广泛存在于焙烤食品、油炸食品中,食物频率问卷很难将其单独列出。

2. 膳食相关的行为评估　膳食相关的行为评估内容包括患者食物选择的行为影响因素、改变膳食的行为,此外还应询问患者膳食环境。具体包括以下内容。

(1) 工作限制或其他时间限制。

(2) 健康食品获取途径。

(3) 进食时间特点。

(4) 外卖／餐厅用餐、食用加工／预制食品和旅行的频率。

(5) 孩子的年龄和数量。

(6) 家庭成员的膳食行为分工。

(7) 家庭成员健康状况。

(8) 运动习惯。

(9) 文化和宗教习俗。

(10) 个人精神状态和压力。

(11) 个人健康目标及积极性。

(二) 身体活动评估

身体活动(physical activity, PA),也称体力活动,是指任何可以引起骨骼肌收缩并导致机体能量消耗增加的活动。体适能(physical fitness, PF)是指个体拥有或获得的、与完成身体活动相关的一组要素或特征,反映了机体骨骼肌系统与心血管系统协调持续工作的能力。体适能是身体活动的基础,也是身体活动的健康效应。身体活动评估即对机体运动能力相关体适能指标的全面测试和评价,以便科学地制订个性化身体活动方案,避免运动风险。身体活动评估通常采用美国运动医学会提出的运动前健康筛查评估,包括自我评估和专业评估。

1. 自我评估　身体活动准备问卷(physical activity readiness questionnaire, PAR-Q)是自我评估的常用方法(表 4-1)。通过问卷填写,可帮助个体初步自我判断是否可以开始运动锻炼。如果指定的问题答案均为"否",可以安全地开始中低强度的身体活动,但要缓慢开始并循序渐进,遵循世界卫生组织身体活动与久坐行为指南对各个年龄阶段的身体活动建议;如果有一个或更多问题回答"是",可进一步完成身体活动准备的健康问题细节调查或咨询专科医生。

表 4-1　身体活动准备问卷(2014PAR-Q)

请认真阅读下列 7 个问题并如实回答:选择"是"或"否"	是	否
1. 医生是否曾经说过你患有心脏病或高血压?		
2. 你休息时、日常活动时或运动时是否感觉胸痛?		
3. 你是否因头晕而跌倒或者近 12 个月内出现意识障碍? 如果是因为过度通气导致的头晕请选择"否"(包括剧烈运动时的过度通气)		
4. 你是否诊断过其他需要药物治疗的慢性病(除外心脏病和高血压)? 若有,请列出＿＿＿＿＿＿＿		
5. 你是否规律服用慢性病的药物? 若有,请列出疾病和药物＿＿＿＿＿＿＿		
6. 你最近(或近 12 个月内)是否存在骨、关节或软组织(肌肉、韧带、肌腱)的问题,活动多久会加重? 如果曾经有过但不影响现在身体活动,请选择"否"。请列出相关问题＿＿＿＿＿＿＿		
7. 医生是否说过你应该在医疗监督下活动?		

2. 专业评估 专业评估是由医疗专业人员对个体当前身体活动水平、CMR 疾病（心血管疾病、代谢性疾病和肾脏疾病）及其症状体征进行评估，并将其与期望的运动强度结合，进而决定个体身体活动是否需要必要的医学检查和监督。规律身体活动带来的收益显著高于运动风险，因此医疗专业人员不应过度评价运动风险。具体评估流程见图 4-1。

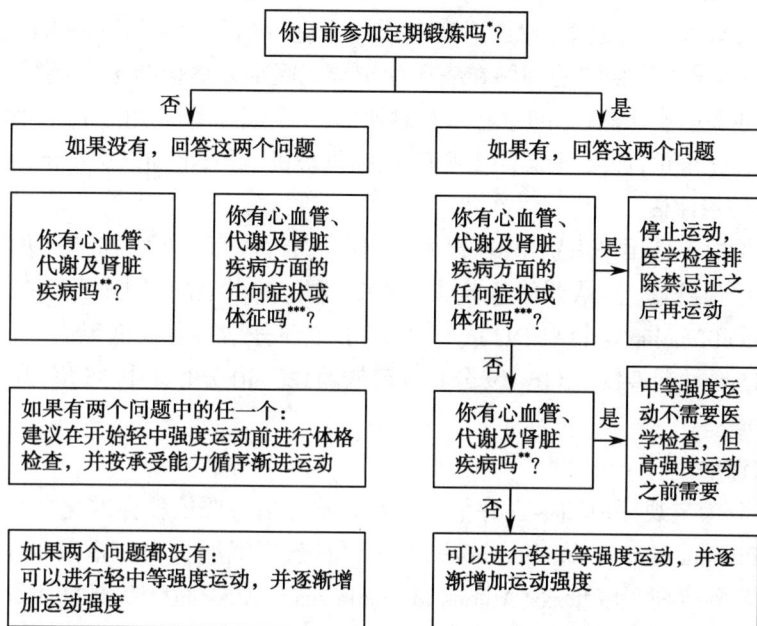

图 4-1 运动前专业筛查评估流程图

* 定期锻炼指有计划、有组织的身体活动，每天中等强度身体活动至少 30min，每周至少 3d，持续 3 个月以上。** 心血管、代谢及肾脏疾病包括心脏、外周血管或脑血管疾病；1 型或 2 型糖尿病；肾脏疾病。*** 症状和体征问题包括休息或活动期间的疼痛：疼痛或不适感出现在胸部、颈部、下颌、手臂或其他可能由心肌缺血累及的部位（心脏供氧受损）；休息时呼吸短促或轻度劳累；头晕或晕厥；端坐呼吸或夜间阵发性呼吸困难；踝关节水肿；心悸或心动过速；间歇性跛行；已知的心脏杂音；与平常活动不同的疲劳或气短。

（三）心理评估

心理评估是采用心理学理论和方法，对个体的心理状态、人格特征和行为进行评估，识别出对健康有影响的心理因素，为心理健康促进和干预提供依据。心理评估的内容包括认知水平、情绪情感状态、个性、压力与应对等。心理健康是一个动态、开放的过程，因此心理评估应该从整体上根据经常性行为方式做综合性评估。心理评估的常用方法包括观察法、访谈法和心理测验法。

1. 观察法 通过对评估者的行为直接或间接观察进而心理评估，分为自然情境的观察和特定情境下的观察。

2. 访谈法 其基本形式是与被评估者进行面对面的语言交流，是心理评估中最常用的方法。访谈形式分为自由式会谈和结构式会谈。

3. 心理测验法 心理测验法在心理评估中占有非常重要的地位,通过心理测验可对心理现象进行系统评定。为避免主观因素影响,心理测验常采用标准化、量化的方法。临床常用评定量表进行评估,如汉密尔顿焦虑/抑郁量表、焦虑/抑郁自评量表、90项症状清单、一般健康问卷等。

(四)吸烟评估

任何剂量烟草均有害健康,建议对所有成年人进行烟草接触的询问和评估,特别是孕妇,建议将吸烟状况作为特定的问题在病历中记录。吸烟评估包括是否吸烟、吸烟的程度、是否有与吸烟相关的疾病、戒烟的意愿以及对烟草、二手烟和电子烟的评估。如果愿意戒烟,则提供戒烟的强化干预;如果目前不想戒烟,则提供动机干预,增加以后戒烟的可能性。

(五)酒精使用评估

酒精使用情况评估用来识别出低(高)风险饮酒、有害饮酒或酒精依赖,进而根据评估结果实施个体化干预措施。酒精评估通常采用 WHO 制定的《酒精使用障碍筛查问卷》(alcohol use disorders identification test, AUDIT)。依据 AUDIT 评分结果分为低风险饮酒(0~7分)、高风险饮酒(8~15分)、有害饮酒(16~19分)、酒精依赖(20~40分),其中65岁以上饮酒者7分即为高风险饮酒。

(六)睡眠评估

睡眠评估分为主观评估和客观评估。主观睡眠评估主要依赖标准化量表,如匹兹堡睡眠质量指数(Pittsburgh sleep quality index, PSQI)量表、失眠严重程度指数(insomnia severity index, ISI)量表、阿森斯失眠量表(Athens insomnia scale, AIS)、睡眠状况自评量表(self-rating scale of sleep, SRSS)等;客观睡眠评价主要依赖睡眠监测手段,如多导睡眠监测、"QUISI"睡眠监测技术、心肺耦合睡眠分析技术等。对睡眠障碍的初步评估可采用标准化量表,分别对一般睡眠/失眠情况、睡眠质量、睡眠相关的情绪状态、睡眠卫生、与睡眠相关的工作能力和生命质量等进行评估。

二、生活方式干预

生活方式干预是基于生活方式与疾病发生发展的关系以及生活方式的可塑性,采取降低或消除健康危险因素的措施,改善人群健康的行为,适宜于疾病高风险和患病人群。有效的生活方式干预不仅可以预防疾病发生、延缓疾病进展、改善健康,还有利于塑造人们健康的生活方式,营造和谐、健康的社会环境。

(一)生活方式干预的重点内容

生活方式干预主要包括膳食、身体活动、烟酒、心理、睡眠等领域。其目标不仅包括培养健康生活方式,如合理膳食、戒烟限酒、适量身体活动、心理平衡、良好睡眠等,还包括使其拥有健康生活方式所应具备的健康知识、行为和技能。

1. 合理膳食 合理膳食是生活方式干预的重要内容。西方国家多推荐地中海膳食或降压饮食(dietary approaches to stop hypertension, DASH)膳食,提倡多摄入新鲜蔬菜、水果、全谷物、鱼类,避免摄入高脂乳制品,减少高盐、高糖,推荐食用橄榄油和坚果。此类模式有助于控制体重,预防和管理高血压、血脂异常和糖尿病。我国居民平衡膳食模式综合考虑了我国居民基本营养与健康状况、膳食营养素推荐量、饮食习惯和食物来源等因素,提倡食物多样,谷类为主,建议增加全谷物、杂粮和薯类的摄入,碳水化合物供能占总能量的 50% 以上;建议多吃蔬菜水果、奶类、大豆及其制品;适量吃鱼、禽、蛋、瘦肉、豆制品、乳制品,减少加工肉类、饱和脂肪酸的摄入,控制膳食胆固醇摄入;减少钠盐和含糖饮料的摄入;适量饮茶。65岁以上人群同样适合上述膳食模式。考虑老年人器官功能不同程度减退,建议老年人群清淡饮食、少量多餐,进食宜细软,食物选择应多样化、营养充足,不宜过于消瘦,同时需积极进行户外活动。对于代谢异常人群,适宜低能量,低脂低盐低糖,适量摄入优质蛋白质和谷类,增加新鲜蔬菜和水果的在膳食中的比重。

2. **适量身体活动**　身体活动不足是 21 世纪最重要的公共卫生问题。随着我国经济的发展,我国成年居民身体活动量呈下降趋势,尤其职业活动下降最为明显,静态行为时间逐渐增加。身体活动不足成为多种慢性病发生的常见危险因素。定期适量的身体活动有益健康,即使少量增加身体活动也有健康获益。减少静坐适用于所有人群。

根据身体活动的特点、生理功能、运动方式和健康效应,身体活动类型可分为有氧运动、增强肌肉型身体活动、增强骨骼型身体活动、平衡型运动。身体活动是维持人体能量代谢平衡的关键,不同身体活动强度提示不同能量代谢水平。依据单位时间内能量消耗的水平及个人生理承受能力,身体活动强度通常采用绝对强度和相对强度来评价。绝对强度常用代谢当量(metabolic equivalent,MET)来表示,1MET 相当于每千克体重每小时消耗 1kcal 能量;相对强度更多考虑个体生理条件,常采用最大心率百分比或自我感知运动强度(ratings of perceived exertion,RPE)来表示。RPE 是通过个体主观用力和疲劳感的程度来判断身体活动的强度,通过 0~10 级 RPE 量表测量,数值越高,提示身体活动强度越大。不同身体活动强度等级见表 4-2。

表 4-2　身体活动强度分级

运动强度	绝对强度	相对强度	
	代谢当量(MET)	最大心率百分比 /%	自我感知强度(RPF)(10 级)
低强度	<3	40~59.9	较轻,能说或唱,<5
中强度	3~5.9	60~74.9	稍累,能说,不能唱,5~6
高强度	≥6.0	≥75	累,不能说话,≥7

对于健康成年人而言,推荐身体活动如下:①增加运动,减少久坐,包括静坐、倚靠和平躺。②每周进行至少 150min 中等强度或至少 75min 高强度有氧运动;在身体情况允许的情况下,可逐渐提高到每周 300min 中等强度或 150min 高强度有氧身体活动,或相当量的两种强度活动的组合。③每周至少 2d 进行针对主要肌肉群的增强肌肉型身体活动,如俯卧撑、仰卧起坐、深蹲起立等;建议每组动作重复 8~12 次,每次 2~3 组,循序渐进,逐渐增加肌肉强度。④适量进行其他类型身体活动,如增强骨骼型运动、平衡型运动。平衡型运动有利于提高平衡能力和灵活性,降低跌倒风险,尤其适合年长者。

针对健康成年人的身体活动推荐,同样适用于老年人、慢性病患者和残障人士。然而,由于这部分人群的特殊身体情况,建议通过咨询医疗专业人员制订适合自身状况的身体活动计划。即使不能达到健康成人的身体活动量,也应根据自己身体状况坚持身体活动,避免久坐不动。

3. 限制饮酒　虽有研究支持适量饮酒可以降低缺血性心脏病的发生风险,但多数研究提示饮酒增加多系统疾病发生风险,如心房颤动、心力衰竭、肝硬化、神经精神障碍疾病、痛风、急慢性胰腺炎和脑卒中、癌症等,而且饮酒即显著增加血压水平,呈剂量反应关系。所以,饮酒导致的综合健康风险明显大于潜在的心血管获益,因此不建议不饮酒者通过少量饮酒预防心血管病。

WHO 提出安全饮酒界限为男性每天不超过 40g 酒精,女性不超过 20g 酒精。我国营养学会推荐安全饮酒量为成年男性每天不超过 25g 酒精,成年女性不超过 15g 酒精。儿童少年、孕妇、哺乳期妇女不应饮酒。如果患某些疾病(肝肾功能不良、高血压、心房颤动等)、所服药物与酒精相互作用,或从事某些特殊工种(如驾驶汽车、高空作业等),应禁酒。摄入酒精可能引发低血糖,因此避免空腹饮酒。酒精摄入量计算公式:饮酒量(ml)× 酒精含量(%,V/V)/100 × 0.8(g/ml)。例如,饮用 52 度(即 52%,V/V)白酒 1 两(即 50ml),酒精实际摄入量为 50(ml)× 52/100 × 0.8(g/ml)=20.8(g)。

4. 戒烟　吸烟严重危害人民健康。无论是主动吸烟还是被动吸入二手烟都会增加慢性阻塞性肺疾病、肺癌、冠心病、脑卒中等疾病的发病和死亡风险,且无最低安全吸烟剂量。电子烟产生的气溶胶也含有多种有毒有害物质,且电子烟的使用容易诱导青少年尝试吸传统卷烟。

因此,不管任何时候,鼓励各年龄阶段吸烟者停止吸烟(或无烟烟草)或吸入二手烟。戒烟时间越长,收益越大,甚至减少烟草的使用和接触也是有益的。社会应加大宣传力度,为公众创造无烟环境;医疗机构应根据吸烟者既往病史和个人情况提供专业的戒烟指导。

5. 心理健康　心理健康是一种持续的心理状态,在这种状态下个体拥有良好的适应能力、旺盛的生命活力,从而能充分发挥心身潜能。良好的心理状态、乐观的情绪有助于降低心血管病发病和死亡风险。

目前尚无全面而确定的心理健康的标准,应用最多的是美国心理学家马斯洛和米特尔曼的十条标准:①充分的自我安全感;②能充分地了解自己,并能对自己的能力做适当的评价;③生活目标切合实际;④不脱离周围现实环境;⑤保持人格的完整与和谐;⑥具有从经验中学习的能力;⑦能保持良好的人际关系;⑧能适度地宣泄和控制情绪;⑨在符合集体要求的前提下,能适度地发挥个性;⑩在不违背社会规范的前提下,能适当地表达个人基本需求。保持心理健康,培养积极向上的行为、生活方式,有利于健康促进。

6. 健康睡眠　睡眠障碍易导致心血管疾病、精神心理疾病等,而规律良好的睡眠则与人的精神情绪、工作效率、健康状态息息相关。健康睡眠包括充足的睡眠时间和良好的睡眠质量。睡眠时间是否充足的判断标准是睡眠质量,能够白天不困倦、精力充沛就说明睡眠时间足够。一般而言,随着年龄增加,每日所需睡眠时间逐渐减少,成年人每日需睡眠 7~9h,60 岁以上老年人每日需 5.5~7h。优质睡眠标准有:①入睡快,一般 10~20min 入睡;②睡眠深,不易惊醒,无起夜或很少起夜;③无惊梦,醒后很快忘记梦境;④起床快,起床后精神好;⑤白天头脑清晰，工作效率高，不困倦。

（二）生活方式干预的方法

1. 健康教育　健康教育是生活方式干预的基础。借助媒体、网络、书籍、宣传册等途径开展系列健康教育课程，使人们充分了解健康生活方式的内容、不良生活方式及健康危险因素与疾病的关系、生活方式干预技巧和管理技能等，同时要注重健康生活方式的心理教育。将健康生活方式的教育融入生活方式干预的各个环节中，将健康生活方式相关的资料，如海报、宣传册、短片、网页链接、二维码等置于触手可及的位置。

2. 健康咨询　健康咨询是生活方式干预的必要方法。在生活方式干预前后，提供以患者为中心的咨询，包括面对面咨询、电话咨询、互联网咨询等。咨询时告知生活方式干预益处、识别个人在生活方式干预中的困难、制订个体化策略和解决问题的技巧等。长疗程咨询可以明显提高戒烟率；咨询干预频率增加可明显减少酒精摄入量；为超重/肥胖并有心血管疾病风险因素的成人提供强化行为的咨询，可促进健康饮食和身体活动。

3. "互联网+"健康促进　充分利用"互联网+"移动医疗，实现全方位、全生命周期健康信息的连续动态采集、疾病预防、健康风险评估、健康自主管理、不良生活方式干预等，促进公共健康管理均等化、普惠化、便捷化，进而提高全民健康素养，防控慢性病。

4. "5A"管理模式　以患者为中心的健康生活方式"5A"管理模式是健康管理的有效工具。其常需要结合以患者为中心的各种讨论，如动机访谈、共同决策、求变意愿等，同时需要配套的多学科支持团队。

（1）评估（assess）：定期评估生活行为方式，如身体活动、烟酒、膳食、睡眠等。评估应简要、标准化，提供反馈并跟踪。

（2）建议（advise）：根据患者的价值观、所处环境等，阐明健康生活方式和行为的益处。

（3）同意（agree）：基于患者的兴趣和个人能力，通过共同决策的方式与患者一起制订可实现的、个体化的目标。

（4）帮助（assist）：结合社会和环境条件，提供有循证依据的干预措施，识别生活方式干预中的困难，制订解决问题的策略。

（5）安排（arrange）：根据患者的喜好和时间制订后续的随访计划，如拜访、电话、邮件等。

5. 心理促进　医务人员应具备对心理问题和常见精神障碍的筛查、识别能力，关注空巢老人、残障人员、经历突发事件人员等重点人群，及时提供心理咨询和疏导服务。给存在心理问题的患者进行常规健康教育和心理支持治疗，使其形成良好的生活习惯和积极的生活态度。针对性给予患者心理支持，定期评估患者的自我效能感、乐观程度、动机、意志、对改变的承诺以及对改变重要性的看法，以此促进健康生活方式的形成和健康行为的延续。

（三）生活方式干预的流程

生活方式干预遵循的流程见图4-2，对特殊类型的不良生活方式，需要由训练有素的临床医生进行干预或转诊至专科。

（四）生活方式干预的技巧

1. 目标设定　通过共同决策的方式，协助患者设定合适的改变生活方式的目标。目标设定应符合"SMART"原则，以助患者能更有效地实施生活方式改变的计划。

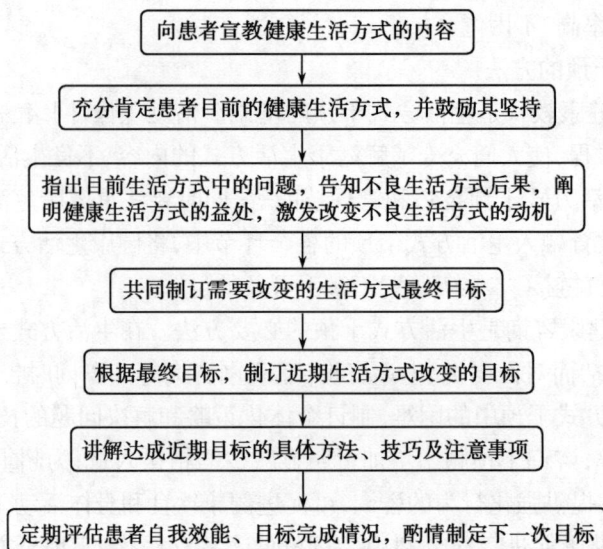

图 4-2 生活方式干预流程图

(1) 目标必须具体(specific):明确目的的具体内容。谁来做,做什么,什么时候做,为什么做,怎么做。

(2) 目标必须是可衡量的(measurable):需要做多少,怎样才知道目标已经完成。

(3) 目标必须是可达成的(attainable):要从小事做起。

(4) 目标必须是现实的(realistic):既愿意又能实现的。

(5) 目标必须有明确的截止期限(timely):要在规定的时间内完成。

【案例 4-1 分析与目标设定】

女,35 岁,存在月经失调、不孕,雄激素增多表现(多毛、声音变粗)、腹型肥胖、代谢异常等表现,初步诊断多囊卵巢综合征。生活方式干预是多囊卵巢综合征的基础治疗,体重管理尤为重要。

常规目标设定:减重。

SMART 目标设定:我准备在接下来的半年通过控制饮食和锻炼减重 15kg。计划从今天开始实施,更换小餐盘、不吃零食,每日下午健身房跑步 3km。

2. 动机性访谈 动机性访谈(motivational interviewing,MI)有利于加强患者自身改变的动机,帮助患者消除行为改变的矛盾意向,从而塑造健康生活方式。可采用"OARS"方法对患者进行有重点的动机性访谈。

(1) 提出开放式问题(open ended questions),让患者表达自己的想法。如,您对自己当前的生活方式感觉如何。

(2) 肯定积极的行为(affirmative statement),让患者认识到自己生活方式中合理部分并不断扩大化。如,您坚持锻炼的习惯很好。

（3）给予反馈（reflection），让患者感觉到有人理解自己。通过反馈，对患者进行专业的生活方式指导。如，您一直在为健康生活方式努力，但是膳食选择方面还需要加强，您可以这样的方式来做。

（4）总结陈述（summary），以肯定的语气结束谈话。肯定患者的优点，强调"改变"的总结。如，我知道您做好了改变不良生活方式的准备，放弃夜宵，更换更小的碗碟，制订了身体活动的计划，希望在接下来的时间您能克服困难，取得阶段性进步。

3. 工具干预　借助各种工具进行生活方式干预，往往起到意想不到的效果。比如，向准备运动的个体发放计步器，向准备减重的个体提供体重计，对代谢紊乱患者提供盐勺、计量油壶等，能明显促进健康生活方式的达成。此外，移动医疗是传统干预方式的有效补充，如可穿戴设备、手机 APP 干预能够有效管理体重和高血压等，甚至能够促进人群的生活干预由被动迈向主动健康。

4. 共同决策　与患者合作，阐明个人价值观和优先事项，使患者和家属有机会了解各种干预措施的风险和收益，以便确定自己的目标和具体干预措施。通过临床医生耐心细致的观察，对患者感受和想法的倾听，并就改变生活方式以改善健康同患者达成尊重和平衡的讨论，可以提高患者对健康生活方式的认知，提高生活方式干预的成功率。

三、全科医疗与生活方式管理

随着我国城镇化、人口老龄化进程加快，生活方式危险因素广泛流行且未得到有效遏制，与此相关的心血管疾病、代谢性疾病等慢性病高发，患病人群基数庞大。只有加强对民众健康教育和生活方式管理、动员民众积极参与主动健康，才能培养人们健康的生活方式，有效降低或消除健康危险因素，实现对慢性病的有效防控，达到预防为主、关口前移的目的。

生活方式管理内容广泛，涵盖膳食、身体活动、心理、睡眠等，不同类型生活方式评估干预的方法、技巧、要求不同。对个体而言，整体性生活方式评估和综合性生活方式干预更利于健康生活方式促进。这就要求管理实施者既要有较强的医学综合能力、解决问题能力、全人理念和敏锐的观察力，又要求其工作能够覆盖更多的人群。由此可见，基层医疗机构是生活方式管理的主战场，基层医务人员是生活方式管理的主力军。

全科医疗秉承预防为主、主动健康的理念，为所管辖社区居民生命周期不同阶段可能存在的健康危险因素、健康问题提供预防及干预服务，尤其适合健康时期、由健康向疾病转化过程时以及疾病发生早期、稳定期的生活方式管理。全科医生是全科医疗服务的提供者，是居民健康的"守门人"，具有综合的医疗管理能力和全人理念，承担基层健康管理、慢性病防治等一体化服务。

因此，全科医生为主导的生活方式管理可以涵盖整个生命周期，人群覆盖面广，干预内容全面、综合。其从全人的理念出发，以人为本、以健康为中心，结合个人的喜好、所处环境，提供个体化的生活方式干预策略。在提高公众健康素养水平和主动健康意识、普及健康生活方式的基础上，积极推进"关口前移"，落实"预防为主"，控制疾病的生活方式高危因素，切实改善我国居民慢性病的健康状况，减少慢性病的发生和疾病负担，推动健康中国行动的具体实施。

（方力争　吴丽红）

第二节　全科医学与心理疾病

主要内容

1. 常见心理问题的识别方法。
2. 常见心理疾病的临床表现及注意事项。
3. 运用全科思维对常见心理问题进行诊断和干预。

...... **重要知识点** ....

1. 心理问题的诊断缺乏标准化的客观评价指标，要采集可靠的病史、仔细的精神检查及必要的辅助检查和心理测量来确立。

2. 抗抑郁药物、心理治疗和物理治疗是治疗抑郁障碍的主要方式，标准药物治疗 6 周且日益加重者要及时转诊。在自伤和自杀行为等出现时给予危机干预，并及时转诊。

3. 对即将发生的事情感到不安是焦虑的核心表现，一定数量的躯体症状提示可能存在焦虑障碍。药物与心理治疗结合是改善焦虑障碍最有效的方法。

4. 睡眠障碍是一种非特异性主诉，睡眠障碍的临床评估需要全方位收集病史，借助主观测评工具和客观测评工具来确定病因。

....

一、常见心理问题的识别与评估

【案例 4-2】

女，22 岁。"睡眠差 2 年余，加重 3 周"。

患者 2 年多前在无明显诱因下出现入睡困难、早醒等症状，自行服用中药后睡眠有所改善，但睡眠时好时坏，生活觉得无趣，积极性、主动性不好。3 周前患者工作任务变多，睡眠差较前加重，常晚上 12 点多才能入睡，凌晨 3 点多醒来后再也睡不着；白天头晕乏力，心悸胸闷，东痛西痛，说不清哪里不舒服；吃不下饭，没有饿的感觉，体重下降 2kg；为此苦恼烦闷，坐立不安，认为自己没有能力完成任务，偶有不想活的念头。

查体：体温 36.7℃，脉搏 75 次 /min，血压 115/85mmHg，呼吸 19 次 /min。神清，精神萎靡，心律齐，各心瓣膜区未闻及病理性杂音，两肺呼吸音清，未闻及明显干湿啰音。腹软，无明显压痛，无反跳痛，肝脾肋下未及。四肢肌力Ⅴ级，病理征未引出。

既往史：无特殊。

家族史：无特殊。

个人史：本科学历，性格悲观敏感，与家人关系欠佳，无烟酒嗜好。

辅助检查：头颅 MRI、甲状腺功能、性激素、生化全套等检查未见明显异常。

案例提示:通过学习常见的心理问题的识别和评估,结合案例 4-2,在全科门诊中,应如何运用病史采集、精神检查等手段诊断处理心理问题。

人类的心理活动是一个协调统一的过程,正常的心理活动具有三大功能:①保障人作为生物体顺利地适应环境,健康地生存发展;②保障人作为社会实体正常地进行人际交往,在家庭、社会中正常地承担责任、履行义务,使社会组织正常运转;③使人正确地反映和认识客观世界的本质及其规律,并创造性地改造世界,创造更适合人类生存的条件。

人类心理活动的正常和异常是相对的,正常的心理活动是在应对千变万化的体内外环境时,围绕社会认可的常模,在一定范围内上下波动的、相对平衡的过程,即正常的心理活动是一个常态范围,在这个范围内允许不同程度的差异存在。人的心理活动及行为的正常与异常之间并无绝对的界线,病态是异常的,但异常不一定是病态的,要结合纵向、横向和当时情况综合分析比较来决定。①纵向比较,即与其过去的一贯表现进行比较,最近一段时间的心理活动是否有明显改变;②横向比较,即与大多数正常人的心理活动进行比较,是否具有明显差异,某种心理状态的持续时间是否超过了一般限度;③是否与现实环境相符,应注意结合当事人的心理背景和生活环境、文化背景等进行具体分析和判断。精神症状是异常心理活动的表现,其共同特点是:不受意识控制,难以通过转移使其消失,与周围环境不相称,有社会功能损害。异常的心理活动还包括精神痛苦,对环境知觉的歪曲,不合理或无法理解的思维、情感及行为,行为的不可预测性和失控,脱离社会文化的“自由”,不被大多数人接受,违背道德和行为标准,适应不良。涉及以上这些因素越多,就越被认为是异常心理活动。

心理问题识别时,通常要注意学习或工作效率无原因地急剧下降,如学习成绩突然下降,学习兴趣消失,不能按时完成作业,千方百计躲避上学;工作一向认真的人突然不能正常完成任务,对工作无缘无故地产生抵触情绪,甚至厌恶上班等;生活习惯和生活规律突然改变,如睡眠障碍,常常深夜做一些完全可以在白天做的事情,半夜醒后辗转难眠,白天则无精打采等;饮食习惯发生突变,时而暴饮暴食,或不加选择地乱吃;个性发生明显变化,性格上原有的缺点更加突出,如孤僻、多疑、胆小害羞、性情暴躁或多愁善感等;一些原本良好的性格特点也有所改变,如本来活泼的人变得沉默、有礼貌的人变得粗野等;出现不合逻辑的错误言行,短时间内常说错话,或做出毫无道理、毫无益处的错事。

(一)心理问题识别的方法

1. 病史采集　主要采用会谈法(interview method),询问患者本人及与患者关系密切的人。会谈法的基本形式是评估者与被评估者面对面的语言交流。会谈的形式包括自由式会谈和结构式会谈两种。自由式会谈的谈话是开放式的,气氛比较轻松。结构式会谈是根据评估目的预先设定的结构和程序,一般可编制一个评估大纲或评估表,在会谈时逐项提问,再根据受试者的回答进行评定。结构式会谈是心理问题识别中最常用的一种基本方法。

会谈过程中要注意搜集被评估者的情绪状态、行为举止、思维表达、逻辑性等方面的情况,综合地分析和判断,重点询问患者心理问题的内容、症状、发作特点、持续时间和严重程度等,为识别心理问题提供依据。

除此之外,还应尽可能收集被评估者在发病前后的书写材料、通信情况、网络文字,往往会反映被评估者的心理特征、情感体验及思维方面的异常等。

2. 体格检查和辅助检查 根据患者的症状考虑需要排除的器质性疾病,进行相关检查。体格检查中应特别注意神经系统的检查。

3. 精神检查 主要通过观察法来进行精神检查。观察法是通过对被评估者的行为表现直接或间接的观察而进行心理评估。观察法的依据之一是人的行为是由其基本心理特征所决定的,因此是稳定的,在不同的情况下也会有大致相同的反应。在观察下得到的行为表现和印象可以推测被观察者的人格特征及存在的问题。主要观察以下几个方面。

(1) 观察患者的意识状况:检查被观察者的意识是否清楚,清晰度如何,是否存在意识障碍。

(2) 观察患者的仪态及动作:患者仪表是否整洁;姿势是久卧或呆立,自然或拘泥,固定或常变,被置于不舒适姿势时有何反应。肌张力是否增加,有无蜡样屈曲、空气枕头或违拗表现。面色、身材、体质状况及体形,如明显消瘦应考虑各种导致营养、代谢异常的躯体疾病,还应排除神经性厌食、抑郁发作等。仪态和动作还可以反映患者的心境状态,典型的抑郁症患者坐下时两肩耸起、头下垂、双眼凝视地面,而刻板、违拗、怪异行为常见于精神分裂症患者。

(3) 观察患者的面部表情:机警、注意、茫然、呆板、愤怒、惶惑、厌烦或痛苦;表情固定或多变;外界动因能否使其改变。面部表情常反映患者的心境,愁眉苦脸提示焦虑或抑郁,恐惧紧张可能与幻觉妄想或急性惊恐发作有关,而情感淡漠患者的面部表情缺乏变化。

(4) 观察患者的接触情况:如接触主动性、合作程度、对周围环境的态度、注意力是否集中及社交行为等。躁狂患者常表现得与人过于热情。

(5) 观察患者的日常生活:观察患者的饮食起居、个人生活能否自理等。

(6) 观察患者言语:有无自发言语或说话意图,如动唇、喃喃自语或摇头、摆手示意动作。

4. 心理测量 心理测量(psychological measurement)是指应用标准化的心理测验或心理量表,在标准情境下,对个体的外显行为进行客观的观察,并将观察结果按数量或类别的形式对个体内在心理特征加以描述的过程,是心理评估最重要的手段之一。心理测量可对心理现象的某些特定方面进行系统评定,测验一般采用标准化、数量化的原则,所得到的结果可以参照常模进行比较,避免一些主观因素的影响,使结果更为客观。在医学领域内,心理测验所涉及的内容主要包括器质和功能性疾病的诊断中与心理学有关的各方面问题,如智力、人格、特殊能力、症状评定等。

(二) 常用的心理评估量表

心理量表(mental scale)是经过精心选择,能较正确、可靠地反映人的某些心理特点的问题或操作任务所组成。常用的临床评定量表有自评量表和他评量表,患者健康问卷(patient health questionnaire 9,PHQ-9)、90 项症状自评量表(symptom check list 90,SCL-90)、汉密尔顿抑郁量表(Hamilton depression scale,HAMD)、汉密尔顿焦虑量表(Hamilton anxiety scale,HAMA)等。

1. 自评量表 测试者自己可以独立测试并根据标准进行评价。

(1) 患者健康问卷(PHQ-9):PHQ-9 是临床常用的抑郁筛查量表,简单易用,敏感可靠。此量表 9 个条目涵盖了 DSM-5 抑郁障碍诊断标准,使得该量表既可用于评估抑郁严重度,也具有潜在的诊断效力。PHQ-9 对轻度、中度、重度抑郁的分界值为 5 分、10 分、15 分。

(2) 90 项症状自评量表(SCL-90):本测验适用对象为成人(16 岁以上)。对有心理症状的人有良好的区分能力。不适合于躁狂症和精神分裂症。本测验不仅可以自我测查,也可以对他人进行核查,如得分较高,则应进一步评估。每一个项目均采取 1~5 级评分,总分反映其病情严重程度,各因子分反映受检者症状分布特点:躯体化、强迫症状、人际关系敏感、抑郁、焦虑、敌对、恐怖、偏执及精神病性。按全国常模结果,总分超过 160 分,或阳性项目数超过 43 项,或任一因子分超过 2 分,考虑筛选阳性,需进一步检查。

(3) 抑郁自评量表(self-rating depression scale,SDS):SDS 能直观反映抑郁患者的主观感受,主要适用于具有抑郁症状的成年人。本量表含有 20 个反映抑郁主观感受的项目,每个项目按症状出现的频度分为四级评分,其中 10 个为正向评分,10 个为反向评分。SDS 不仅可以帮助筛查是否有抑郁症状,还可以判定抑郁程度的轻重;按照中国常模结果,SDS 标准分的分界值为 53 分,其中 53~62 分为轻度抑郁,63~72 分为中度抑郁,73 分以上为重度抑郁。可以用来作为辅助诊断的工具,也可以用来观察在治疗过程中抑郁的病情变化,作为疗效的判定指标。

(4) 焦虑自评量表(self-rating anxiety scale,SAS):SAS 适用于具有焦虑症状的成年人。含有 20 个项目,分为 4 级评分的自评量表,主要评定症状出现的频度。标准分总分低于 50 分为正常;50~60 分为轻度、61~70 分为中度、71 分以上为重度焦虑。SAS 能够较好地反映有焦虑倾向的求助者的主观感受。

(5) 心境障碍问卷(mood disorder questionnaire,MDQ):为目前最常用的双相障碍筛查量表。采用自我报告的形式,报告包含 13 个是 / 非形式的问题,以 7 分作为分界值对可疑的心境障碍患者使用时,特异性 90%,敏感性 73%。

2. 他评量表 专业心理评估师对评估者进行的测试。

(1) 汉密尔顿抑郁量表:是临床上评定抑郁状态时应用最为普遍的量表。HAMD 可归纳为 7 类因子结构:①焦虑 / 躯体化由精神性焦虑,躯体性焦虑,胃肠道症状,疑病和自知力等 5 项组成;②体重即体重减轻 1 项;③认识障碍由自罪感、自杀、激越、人格解体和现实解体、偏执症状、强迫症状等 6 项组成;④日夜变化仅日夜变化 1 项;⑤迟滞由抑郁情绪、工作和兴趣、迟滞、性症状等 4 项组成;⑥睡眠障碍由入睡困难、睡眠不深和早醒等 3 项组成;⑦绝望感由能力减退感、绝望感和自卑感等 3 项组成。HAMD 可以作为评价病情的严重程度及治疗效果的工具。HAMD17 项版本对重度、中度、轻度的分界值分别为 24 分、17 分和 7 分。

(2) 汉密尔顿焦虑量表:HAMA 分为精神性和躯体性两大类。精神性焦虑包括 1~6 项和 14 项,躯体性焦虑包括 7~13 项。HAMA 总分能较好地反映焦虑症状的严重程度。29 分以上为严重焦虑,21 分以上为明显焦虑,14 分以上肯定存在焦虑,小于 7 分为没有焦虑。HAMA 可以用来评价焦虑症状严重程度和各种治疗效果的评估。

【案例 4-2 分析】

患者以睡眠障碍、躯体不适为主诉症状,查体未见异常,头颅 MRI、甲状腺功能、性激素等检查未见明显异常。考虑为心理问题。

考虑心理问题后进一步采集病史,患者情绪以低落为主,对周围事情提不起兴趣,愉悦感下降,有无能感,存在自杀想法,病程持续超过两周。考虑为抑郁障碍。

进一步精神检查,患者意识清,对时间、地点、人物、自我定向准确,交流配合。思维联想正常,未见思维逻辑障碍,未引出幻觉、妄想,情绪低落,无情绪高涨,情感反应与内心体验协调,与描述心境一致。存在消极想法,无冲动、伤人等行为。意志活动下降。与其他心理问题鉴别后确诊为抑郁障碍。

◉ 全科医生在诊疗过程中的关注点

1. 心理问题在社区中十分常见,但患者常以一种或多种轻微的躯体症状反复就诊,全科医生需要树立"全人"的概念,面对患者时,既要充分考虑器质性疾病,也要想到患者是有思想和感情的人;如果患者的症状无法用医学知识进行解释,找不到客观证据,一般的对症治疗无法缓解患者的症状时,需考虑为心理问题。

2. 全科医生需具备综合人文素质,运用生物-社会-心理模式开展医疗活动,以患者为中心,运用良好的沟通问诊技巧,搜集患者的情绪状态、行为举止、思维表达、逻辑性等方面的情况,通过了解疾病背后的精神症状识别心理问题。

3. 除了与患者会谈采集病史、进行精神检查等,全科医生还可以使用调查法调查患者身边的人或事物来获取资料,或验证患者本人提供的资料的可信度。

4. 当患者有严重的精神障碍时,建议转诊到精神科专业机构进行诊治,以免造成意外。

二、抑郁障碍

(一) 概述

抑郁障碍(depressive disorder)是以心境低落为主要表现的一组疾病,伴有不同程度的认知和行为改变,以及躯体不适。DSM-5 主要包括以下分类:抑郁症、持续性抑郁障碍、破坏性心境失调障碍、经前期烦躁障碍、物质/药物/躯体情况所致抑郁障碍等。全科医生要掌握抑郁障碍的诊治方法,及时发现疾病并加以干预。

抑郁障碍的病因和发病机制尚不清楚,可能涉及遗传因素、神经生化因素和神经内分泌因素及社会心理因素等共同作用的结果。

(二) 临床表现

抑郁障碍的临床表现可分为情感症状群、躯体症状与认知症状三个方面。

1. 情感症状

(1) 心境低落:心境低落是指自我感受或他人观察到的显著而持久的情绪低落和悲观。患者低落的心境时间长,外界环境的变化可影响症状的严重程度。

(2) 兴趣减退:患者对过去喜爱的活动或事物丧失兴趣或兴趣下降,做任何事都提不起劲,即便勉强去做,也体会不到以前愉快的感觉,生活乏味、被动,回避社交,行为缓慢。

(3) 精力丧失:整天无精打采,头昏,做事力不从心,反应迟钝,容易疲劳,无法集中精力工作、思考。

上述三种症状相互联系、互为因果,在不同的患者身上表现并不完全一致,可以同时出现,也可能以其中某一两种症状为突出表现。

此外,患者还可能存在焦虑不安、心烦紧张,易激惹;自我评价低,如无用感、无望感、无助感、无价值感,自责甚至达到认为自己犯了不可饶恕的罪行的状态。自杀行为是抑郁障碍最严重的症状和最危险的后果之一,全科医生应对曾经有过自杀观念或自杀企图的患者保持高度警惕,并认真做好自杀风险的评估和预防。

2. 躯体症状　躯体症状可以掩盖主观的情感体验而成为临床的主诉。患者可以有多种多样的躯体不适,如食欲减退;胸闷,需要叹气或者深呼吸才感到舒服;虽然心跳不快,但感到心慌;睡眠障碍,尿频、便秘、出汗;性欲减退、体重下降;身体各部位的不固定疼痛感等。少数患者出现食欲增加、睡眠增多、体重增加等。需要注意的是当患者的激越或迟滞症状十分明显时,患者可能不愿或不能描述其症状。

3. 认知症状　表现为近事记忆力下降,注意力不集中、容易分心。抽象思维能力差、学习困难,空间知觉、眼手协调及思维灵活性等能力减退。思维迟缓,决断能力降低,主动言语减少,语速明显减慢,声音低沉,对答困难,严重者无法顺利与他人交流。信息加工能力减退、对自我和周围环境不关心。

(三)诊断

在诊断抑郁障碍时应结合病史特点、临床症状、体格检查和实验室检查、心理评价量表结果等进行综合考虑。目前临床依据的抑郁障碍诊断标准来自《国际疾病与分类第 10 版》(ICD-10,1992)以及《美国精神障碍诊断统计手册第 5 版》(DSM-5,2013)。(表 4-3)

表 4-3　抑郁障碍诊断标准

一般标准
A. 在同一个 2 周时期内,出现 5 个以上的下列症状,表现出与先前相比不同的变化,其中至少 1 项是心境抑郁或丧失兴趣或愉悦感。注:不包括那些能够明确归因于其他躯体疾病的症状
1. 几乎每天大部分时间都心境抑郁,既可以是主观的体验(如感到悲伤、空虚、无望),也可以是他人的观察(如流泪)(注:儿童和青少年,可能表现为心境易激惹)
2. 几乎每天或每天的大部分时间,对于所有或几乎所有活动的兴趣或乐趣都明显减少(既可以是主观体验,也可以是观察所见)
3. 在未节食的情况下体重明显减轻,或体重增加(例如,一个月内体重变化超过原体重的 5%),或几乎每天食欲都减退或增加(注:儿童则可表现为未达到应增体重)
4. 几乎每天都失眠或睡眠过多
5. 几乎每天都精神运动性激越或迟滞(由他人观察所见,而不仅仅是主观体验到的坐立不安或迟钝)
6. 几乎每天都疲劳或精力不足
7. 几乎每天都感到自己毫无价值,或过分地、不适当地感到内疚(可以达到妄想的程度,并不仅仅是因为患病而自责或内疚)
8. 几乎每天都存在思考或注意力集中的能力减退或犹豫不决(既可以是主观的体验,也可以是他人的观察)
9. 反复出现死亡的想法(而不仅仅是恐惧死亡),反复出现没有特定计划的自杀意念,或有某种自杀未遂,或有某种实施自杀的特定计划
B. 这些症状引起有临床意义的痛苦,或导致社交、职业或其他重要功能方面的损害
C. 这些症状不能归因于某种物质的生理效应,或其他躯体疾病
D. 这种抑郁发作的出现不能用分裂情感性障碍、精神分裂症、精神分裂症样障碍、妄想障碍或其他特定的或未特定的精神分裂症谱系及其他精神病性障碍来更好地解释
E. 从无躁狂发作或轻躁狂发作

　　抑郁发作根据其严重程度分为轻度、中度和重度三种类型,此外重度抑郁发作分为伴有精神病性症状和不伴有精神病性症状两种诊断。

　　1. 轻度抑郁　具有至少 2 条核心症状和至少 2 条附加症状,且患者的日常工作和社交活动有一定困难,对患者的社会功能有轻度影响。

　　2. 中度抑郁　具有至少 2 条核心症状和至少 3 条附加症状,且患者的工作、社交或生活存在相当困难。

　　3. 重度抑郁　3 条核心症状都存在和具备至少 4 条附加症状,且患者的社会、工作和生活功能严重受损。

　　4. 伴有精神病性症状　符合中、重度抑郁发作的诊断标准,并存在妄想、幻觉或抑郁性木僵等症状。妄想一般涉及自罪、贫穷或灾难迫在眉睫的观念;幻觉多为听幻觉和嗅幻觉。

　　诊断抑郁发作时,一般要求症状每天大部分时间都存在,病程持续至少 2 周,并且存在具有临床意义的痛苦或社会功能的受损。

(四) 鉴别诊断

　　1. 继发性抑郁障碍　躯体疾病、脑器质性疾病、某些药物和精神活性物质等均可引起继发性抑郁障碍。

　　2. 痴呆　尤其是发生于老年的抑郁症可伴随明显的认知功能障碍,类似于痴呆,有人称为假性痴呆(pseudodementia)。老年抑郁障碍与原发的痴呆仍有不同之处。前者通常起病较急,除了记忆力下降和反应慢等症状外,还有情绪低落、焦虑、躯体不适主诉较为突出。后者早期主要以近期记忆下降为主,伴有一些行为上的改变,抑郁情绪不突出。线索回忆测验(给予提示,是否能回忆)可帮助鉴别。

　　3. 精神分裂症　精神分裂症患者主要表现为以思维障碍和情感平淡为原发症状,内容荒诞离奇,多种妄想同时存在而相互矛盾,评论性、争论性的幻听内容等。抑郁障碍在重度抑郁发作时会出现精神病性症状,一般来说是与抑郁心境相协调的一些幻觉妄想,持续时间不长。

　　4. 双相抑郁　双相抑郁属于双相情感障碍的范畴,其临床表现是在抑郁发作的基础上,存在一次及以上的符合躁狂的发作史。

　　5. 居丧反应　居丧反应是指对亲属死亡这一应激事件的反应而导致的悲伤或抑郁状态。一般持续时间不超过 2 个月(DMS-5 要求持续时间不超过 2 周)。如果患者持续存在行为症状或功能损害,则可以适当使用抗抑郁药治疗。

(五) 治疗原则

　　全科医生对识别出的抑郁障碍患者应尽早给予药物治疗。治疗原则:①全病程治疗原则:为改善高复发性疾病的预后,防止复发,倡导全病程治疗,包括急性期(6~8 周)、巩固期(至少 4 个月)和维持期(至少 6 个月)三个阶段。②足量足疗程原则:以临床治愈和康复为近、远目标,根据评估结果确定是否足量。③单一用药原则:由于抗抑郁药合用会导致 5-HT 综合征等严重不良反应的风险增加,故强调单一用药。④个体化用药原则:应根据临床因素对抗抑郁药物进行个体化选择,重点按照 "STEPS" 原则,即安全性(safety)、耐受性(tolerability)、疗效(efficacy)、费用(payment)、使用简便性(simplicity)。⑤出现以下现象,应及时转诊至专科治疗:有自杀企图者,症状迁延超过6周且日益加重者,躯体疾病已稳定且好转而抑郁症状仍然不好转者,有抑郁症状同时家族史中有自杀或精神病者,以往曾经有过发作且程度较重者,存在严重的妄想或长时间的抑郁,抑郁障碍对标准的抗抑郁药治疗效果差,虽然抑郁障碍较轻但患者的社会功能严重受损。

⊙ 全科医生在诊疗过程中的关注点

运用全科医学的临床诊疗思维对抑郁障碍进行详细评估。

1. 详细的问诊及系统检查可了解患者的病情,及时判断患者的病情状况。

2. 根据患者的临床症状、病史特点,结合抑郁障碍的诊断标准,关注症状存在的时间,是否每天大部分时间都存在,病程持续至少2周;关注核心症状是否存在;判断患者是否为具有危及生命的行为及想法。当患者表现出自伤或自杀倾向时,需要采取措施进行防范或住院治疗,包括危机干预、请会诊或转诊。

3. 使用药物治疗时,要注意药物的使用原则,尽量达到临床治愈,帮助患者回归社会。

4. 转诊

(1) 对于重症抑郁障碍患者,尤其是有严重自杀念头的或有过自杀未遂者建议转至精神科专业机构进行诊治,同时向家属交代病情的严重性,在转院过程中要防止意外发生。

(2) 对于有严重躯体疾病伴发的抑郁障碍应转诊至相应的专科进行治疗,同时治疗抑郁,不要顾此失彼。

三、焦虑障碍

(一) 概述

焦虑障碍(anxiety disorder)是以过度的恐惧和焦虑以及相关的行为障碍为主要临床表现的精神障碍,包括精神症状和躯体症状。精神症状表现为提心吊胆、恐惧和忧虑的内心体验伴有紧张不安;躯体症状是在精神症状基础上伴随有自主神经系统功能亢进,如心慌、胸闷、气短、口干、出汗、紧张性震颤等。焦虑是指对即将发生的事情感到恐惧和不安,具有两个特点:一是无明确的对象;二是无具体内容的担心、恐惧、不安和害怕。焦虑是人类最普遍的情绪,只有当焦虑情绪过分强烈,并且与刺激不相称,在危险过后仍存在;或者在公认无害的处境中诱发,或根本没有原因时,才考虑是异常的焦虑。遗传因素、个性特征及心理社会因素在焦虑障碍的发病中有重要作用。

(二) 临床表现

焦虑障碍是临床中最常见的精神障碍之一,主要包括广泛性焦虑、惊恐障碍与恐怖障碍,这一组精神障碍具有许多共同之处,具体包括以下方面。

1. 起病常与心理社会因素有关。病前多有一定的易感因素和人格基础。

2. 症状主要表现为以下方面。

(1) 生理方面:①增高的中枢神经系统警觉水平,可伴有睡眠障碍;②增高的机体交感神经系统的反应,心悸、出汗、口干、肌肉紧张、震颤等;③可有内脏器官功能失调及多系统的躯体症状。

（2）心理方面：①对危险的过高评价和防御反应；②持续的精神紧张、不安、痛苦的情绪；③注意力不集中，思维效率下降。

（3）行为方面：①无目的的行为、动作增多，行为效能下降，运动性不安；②难以采取现实目标指向的行为；③缓解焦虑的行为，如回避、退缩、寻求刺激、物质依赖。

3. 没有可以证实的器质性疾病。

4. 对疾病有一定的自知力，疾病痛苦感明显，有求治要求。

5. 社会功能相对完好，行为一般保持在社会规范允许的范围内。

6. 病程大多持续迁延。

（三）诊断

焦虑障碍主要包括以下分类：惊恐障碍、广泛性焦虑障碍、恐怖症。

1. 惊恐障碍的诊断标准（DSM-5）

（1）反复出现不可预期的惊恐发作。一次惊恐发作是突然发生的害怕或不适感，并在几分钟内达到高峰，发作期间出现下列4项及以上症状（这种突然发生的惊恐可以出现在平静状态或焦虑状态）：①心悸、心慌或心率加快；②出汗；③震颤或发抖；④气短或窒息感；⑤哽咽感；⑥胸痛或胸部不适；⑦恶心或腹部不适；⑧感到头昏、脚步不稳；⑨发冷或发热感；⑩感觉异常（麻木或针刺感）；⑪现实解体（感觉不真实）或人格解体（感觉脱离了自己）；⑫害怕失去控制或"发疯"；⑬濒死感。注意：可能观察到与特定文化相关的症状（例如，耳鸣、颈部酸痛、无法控制的尖叫或哭喊），此类症状不可作为诊断所需的4个症状之一。

（2）至少在1次发作之后，出现以下症状中的1~2种，且持续1个月（或更长）时间：①持续地担忧或担心再次的惊恐发作或及其结果（例如，失去控制、心脏病发作、发疯）；②在惊恐发作相关的行为方面出现明显的不良变化（例如，设计某些行为以回避惊恐发作，如回避不熟悉的情境）。

（3）这种障碍不能归因于某种物质（例如，滥用毒品、药物）的生理效应或其他躯体疾病（例如，甲状腺功能亢进、心肺疾病）。

（4）这种障碍不能用其他精神障碍来解释。

2. 广泛性焦虑障碍诊断标准（DSM-5）

（1）在大多数时间里对许多事件和活动（例如工作或学习），呈现过分的焦虑和担心（预期性焦虑），持续6个月以上。

（2）患者发现对自己的担心难以控制。

（3）这种焦虑和担心都伴有下列6种症状中3项或3项以上（在过去的6个月中，至少有一些症状在大多数天里存在），儿童只需要1项：①感到紧张或坐立不安；②容易疲倦；③注意力难以集中或头脑变得空白；④易激惹；⑤肌肉紧张；⑥睡眠紊乱（难以入睡或持续睡眠，睡眠质量不满意）。

（4）这种焦虑和担心或者躯体症状给患者造成巨大的痛苦或者社交、职业以及其他重要社会功能的损害。

（5）此障碍并非某种物质（例如某种滥用药物、治疗药品）的生理效应，或由于其他躯体情况所致（例如甲亢）。

（6）过度焦虑和担心不能被另一种精神障碍更好地解释。

3. 恐怖症的诊断标准（DSM-5）

（1）以恐惧为主，同时符合以下4项症状：①对某些客体或处境有强烈的恐惧，恐惧的程度与实际危险不相称；②发作时有焦虑和自主神经紊乱的症状；③出现反复或持续的回避行为；④明知恐惧是过分的、不合理的、没必要的，但仍无法控制。

（2）对恐惧的客体和处境的回避行为必须是或曾经是突出症状。

（3）病程持续1个月以上。

（4）导致个人痛苦及社会功能损害。

（5）排除广泛性焦虑障碍、疑病症、抑郁障碍、精神分裂症；排除躯体疾病如内分泌疾病等。

（四）鉴别诊断

1. 惊恐障碍　需要与心血管疾病、甲状腺功能亢进、癫痫、短暂性脑缺血发作、嗜铬细胞瘤、低血糖、狂犬病等均可出现惊恐发作症状相鉴别，应详细询问相关病史并及时进行相应的实验室和功能检查以便鉴别。

2. 广泛性焦虑障碍　需要与抑郁障碍，精神分裂症患者有时表现出明显的焦虑症状，痴呆伴有焦虑症状时相鉴别。

3. 恐怖症　需要与伴广场恐惧的惊恐障碍、分离性焦虑疑病症相鉴别。

（五）治疗

焦虑障碍的治疗主要采用心理治疗与药物治疗结合的方式。

1. 药物治疗

（1）抗抑郁药：5-羟色胺再摄取抑制剂（SSRIs）、5-羟色胺和去甲肾上腺素再摄取抑制剂（SNRIs）治疗焦虑障碍有效，是目前指南推荐的一线药物；药物通常需要1~2周起效，无滥用和依赖倾向。

（2）抗焦虑药：丁螺环酮、坦度螺酮是5-HT1A受体的部分激动剂，无依赖性，因此常用于广泛性焦虑障碍的治疗，但起效慢。

（3）苯二氮䓬类药物（BZDs）：治疗焦虑症状起效快，且对躯体性焦虑症状效果佳，但容易成瘾。临床应从小剂量开始，逐渐加大到最佳治疗量；维持2~4周左右逐渐减量至停用。停药不宜过快，以防症状反跳。

临床上常常是BZDs联合SSRIs治疗，因SSRIs起效慢，在急性期需要使用BZDs来减轻患者的焦虑症状，3~4周左右逐渐减量BZDs至停用，应避免长期使用BZDs，以防药物滥用或依赖。在严密的监测下，BZDs可作为GAD患者的长期基础治疗。

2. 心理治疗

（1）行为疗法：是治疗恐惧症的首选方法，对恐惧环境的系统脱敏疗法或暴露疗法对恐惧症效果良好。环境可以是现实的，随着计算机技术的进步，虚拟现实的脱敏暴露也开始应用。

（2）认知行为治疗：是非常有效的治疗焦虑障碍的方法。焦虑障碍患者对事物的一些歪曲认知，可造成疾病迁延不愈，治疗者要帮助患者改变不良认知或进行认知重建。

⦿ 全科医生在诊疗过程中的关注点

运用全科医学的临床诊疗思维对焦虑障碍进行详细评估。

1. 系统的病史采集，尽可能了解患者焦虑障碍的相关因素，包括生活环境、家庭情况、儿时经历等情况。

2. 问诊时关注患者的精神状态，体现人文关怀。让家属理解焦虑障碍是一种疾病，患者的焦虑症状并非现实生活中有让患者焦虑的事情才出现。

3. 根据系统的体格检查及相关的检验结果，判断患者是否存在器质性疾病并进行诊断及鉴别诊断。

4. 排除器质性疾病后，根据焦虑障碍的诊断标准，进一步确诊分类，进行心理干预及药物治疗。苯二氮䓬类药物（BZDs）、5- 羟色胺再摄取抑制剂（SSRIs）及去甲肾上腺素再摄取抑制剂（SNRIs）对治疗焦虑障碍有效；BZDs 具有成瘾性，使用时逐渐减量至停用，应避免长期使用 BZDs。

5. 转诊

(1) 当患者有严重的焦虑障碍时，建议转诊至精神科专业机构进行诊治，以免造成意外，焦虑障碍者也可出现自杀。

(2) 当焦虑障碍继发于躯体疾病或脑器质性疾病时，则需将患者转诊至各专科进行及时诊治，治疗是以其他专科治疗为主，精神科的治疗为辅。当器质性疾病解除后，焦虑也随之消失。

四、睡眠障碍

(一) 概述

睡眠障碍是指所有与睡眠 - 觉醒有关的障碍。睡眠障碍一般包括两个方面：①睡眠本身失调的疾病，如失眠、睡眠过多和昼夜节律紊乱；②睡眠过程中诱发或发生的疾病，如睡眠呼吸暂停综合征、不安腿综合征、发作性睡病、梦游、夜惊、梦魇和遗尿等。失眠障碍（insomnia disorder）是最常见的睡眠障碍，是全科医生最常遇到的是睡眠障碍疾病之一，国际睡眠疾病分类第三版（International Classification of sleep disorders，ICSD-3）、国际疾病分类第十一次修订本（ICD-11）对失眠障碍的定义为：尽管有足够的睡眠机会和环境，但仍有持续的睡眠起始、睡眠时间、睡眠连续性或质量问题，且对日间功能有所损害。白天的症状通常包括疲劳、情绪低落或易怒、全身不适和认知障碍等。在没有日间功能受损的情况下报告睡眠相关症状的人不被视为患有失眠障碍。

失眠障碍按病程分为慢性失眠障碍（病程≥3 个月且频次≥3 次 / 周）和急性失眠障碍（病程 <3 个月）。在本章节中将介绍慢性失眠障碍。

失眠的病因和发病机制尚未完全明确，动物和人类的研究结果提示遗传机制、促进觉醒 / 抑制睡眠或促进睡眠 / 抑制觉醒的内源性分子物质的紊乱、负责觉醒和睡眠的神经网络失调、心理因素等可能和失眠的发生有关。

（二）临床表现

慢性失眠障碍的临床症状主要包括睡眠起始障碍和睡眠维持障碍。

1. 睡眠起始障碍主要是入睡困难。睡眠维持障碍包括多醒、觉醒后再次入睡困难和早醒。慢性睡眠障碍可以单独表现为睡眠起始或睡眠维持障碍，但是两种症状共存更为常见。

2. 日间症状包括疲劳、躯体不适、积极性下降、注意力不集中、记忆力下降、烦躁不安和情绪低落。

（三）诊断

根据 ICSD-3，慢性失眠障碍必须满足以下 1~6 每一条的诊断标准。

1. 患者主诉有以下 1 项或更多症状：①睡眠维持障碍；②入睡困难；③早醒；④在恰当的时间抵制上床就寝；⑤在没有父母或看护者的情况下睡眠困难。

2. 患者主诉以下 1 项或更多和夜间睡眠困难相关的症状：①疲劳或不适；②注意力、集中力或记忆力受损；③不良情绪或烦躁不安；④日间嗜睡；⑤行为障碍；⑥积极性下降或体能下降或主动性下降；⑦社会、家庭、职业或学习成绩受损；⑧容易犯错或发生事故；⑨对睡眠担忧或不满。

3. 对于睡眠或觉醒的主诉不能单纯由睡眠的不恰当时机或不恰当的环境来解释。

4. 睡眠困难和相关的白天症状至少每周出现 3 次。

5. 睡眠困难和相关的白天症状至少已经存在 3 个月。

6. 睡眠困难不能由其他睡眠障碍更好地解释。

（四）鉴别诊断

1. 躯体疾病导致的失眠　包括神经系统疾病、内分泌疾病、心血管疾病、呼吸系统疾病、消化系统疾病等，以及物质、药物所致的失眠症状。

2. 睡眠时相延迟综合征　表现为入睡困难的慢性失眠需要与睡眠时相延迟障碍鉴别。睡眠时相障碍表现为睡眠起始时间一贯比预定的睡眠时间延迟，但该患者在延迟就寝时间和起床时间以达到与内源性生物节律一致时，他们的入睡困难程度减轻，睡眠总量能够达到正常水平。

3. 其他睡眠障碍　失眠症状可能和其他睡眠障碍并存。只有当符合以下情况时，慢性失眠障碍的诊断才能成立：①失眠症状在起病阶段表现出独立性；②与失眠共存的睡眠障碍经过恰当的治疗明显好转后，失眠的症状仍然持续。

（五）治疗

失眠的治疗目标有两个：①建立对睡眠的正确认识。包括对失眠的认识、态度、正确的治疗方法、治疗的途径等；②重建较"正常"的睡眠模式。任何一种失眠，归根结底是睡眠模式的紊乱，只有使紊乱的睡眠结构恢复，才能远离失眠的困扰。

失眠的治疗原则有：①应尽量确定失眠的原因，必须进行详细的体格检查、精神检查与实验室检查；②完成 2 周的记录或日记，以评估睡眠问题（包括就寝时间、起床时间、就餐时间及数量、饮酒、锻炼、用药情况，每天的睡眠持续时间和质量等）；③填写睡眠量表，以评估失眠的性质和种类；④治疗失眠的原发疾病、精神疾病和其他原因，重视睡眠卫生、心理行为的改善；⑤如果应用药物治疗，除非希望维持镇静状态，否则应选择中、短效的药物，并从小剂量开始;⑥催眠药只能帮助睡眠的改善,而不能治疗引起失眠的疾病,如果在 2~3 周催眠药治疗后,短期失眠仍存在,则应对患者重新作出诊断分类。

目前最常用的失眠障碍治疗方法有:①认知行为治疗:主要是针对纠正失眠的维持因素中的不良行为和信念,被认为是失眠障碍的一线治疗方案,主要包括睡眠限制、刺激控制、认知治疗、放松治疗和睡眠卫生 5 个部分;②药物治疗:临床治疗失眠的药物主要包括苯二氮䓬类受体激动剂、非苯二氮䓬类受体激动剂、褪黑素受体激动剂、具有催眠效果的抗抑郁药,以及其他如褪黑素、中药、经颅磁刺激治疗等。

⦿ 全科医生在诊疗过程中的关注点

1. 在问诊中需要关注睡眠问题具体特点、日间症状及持续时间等,如是以入睡困难为主还是以睡眠维持困难为主。

2. 评估患者入睡前的行为模式、心理活动、情绪状况及睡眠环境,睡眠 - 觉醒节律,夜间症状以及日间活动或功能。

3. 鼓励患者回家后坚持写睡眠日记,并评估白天状态。这对于睡眠障碍的诊断和进一步的治疗很有帮助。

4. 排除和治疗任何潜在的问题,包括:①识别不良睡眠习惯:不规律的作息时间、白天频繁小睡、在床上工作、睡眠环境不适宜等。②药物影响:常见的影响睡眠的药物包括咖啡因、β- 受体阻断剂、尼古丁、抗组胺药、抗抑郁药、皮质类固醇、一些抗生素、激素等。③精神问题:焦虑、抑郁、精神分裂症、人格障碍、创伤后应激障碍等。④原发睡眠障碍:睡眠呼吸暂停及不安腿综合征,一旦发现要及时转诊给专科医生治疗。⑤躯体疾病:疼痛、充血性心力衰竭、慢性阻塞性肺疾病、胃食管反流病、肾脏疾病终末期、卒中、甲状腺功能亢进、前列腺肥大导致的夜尿增多、关节炎、围绝经期综合征等。

5. 提出健康睡眠习惯建议,尽量为患者找出帮助睡眠的最佳方法:①只有在想睡觉或过性生活时才上床;②如果在床上躺下超过半小时还没有入睡,就要做一些让自己放松的活动,等想睡时再回到床上来;③创造一个适宜的睡眠环境;④避免在床上阅读或看电视,晚上避免兴奋刺激;⑤白天多做户外运动。

(沈悦娣)

第三节　全科医学与功能康复

主要内容

1. 功能康复的定义和服务范围。
2. 常用的康复治疗技术。
3. 常见疾病的功能康复。

······ **重要知识点** ······

1. 功能康复是指综合应用医学各种方法,使病、伤、残者(包括先天性残疾)已经丧失的功能得到最大程度的恢复和重塑,使他们的生活及工作能力得到尽可能的恢复。

2. 常用康复治疗技术包括物理治疗、作业治疗、言语和吞咽治疗、心理和认知治疗、康复辅具、注射治疗等。

3. 心脏康复的分期及各期的心脏康复的目标、方案。

4. 卒中患者常见的临床问题及康复治疗技术。

5. 骨关节病常用的功能康复治疗技术。

【案例 4-3】

男,79 岁。因"脑外伤术后 1 月余"入院。

患者 1 个多月前行走时被电动车撞伤,右侧头部着地,当时神志不清,急诊查颅脑 CT 提示"蛛网膜下腔出血,左侧额颞顶枕部硬膜下血肿",急诊予"止血、护胃、降血压"等治疗,神志不清较前加重,脑外科会诊考虑血肿增大,进展为"脑疝",予当日急诊行"开颅血肿清除术 + 去骨瓣减压术 + 硬脑膜修补术",术程顺利,术后收住 ICU,予"气管插管、抗感染、抗凝、对症支持"治疗,治疗后症状逐渐好转。目前患者神志清,卧床,气管造口状态,咳嗽咳痰多,四肢活动不利,鼻饲流汁,为行进一步康复治疗,拟"脑外伤术后,功能障碍"收住康复科。

查体:体温 36.8℃,脉搏 82 次 /min,血压 131/80mmHg,呼吸 18 次 /min。神志清,认知功能下降,部分查体不配合,气管造口状态,双肺呼吸音低,可闻及湿啰音,心脏听诊未闻及明显异常,四肢肌力粗测Ⅱ级,感觉查体不配合,四肢肌张力增高,深浅感觉不配合,四肢腱反射(+),双侧巴宾斯基征未引出,留置胃管在位通畅。ADL 10 分。

案例提示:根据案例 4-3 特点,思考患者存在哪些功能障碍,如何合理有效开展功能康复,功能康复过程中需注意哪些事项?

一、功能康复概述

(一) 功能康复的定义

功能康复是指综合地、协调地应用医学的、教育的、社会的、职业的各种方法,使病、伤、残者(包括先天性残疾)已经丧失的功能尽快地、尽最大可能地得到恢复和重塑,使他们在体格上、精神上、社会上和经济上的能力得到尽可能的恢复,使他们重新走向生活、重新走向工作、重新走向社会。

功能康复不仅针对疾病而且着眼于整个人,从生理上、心理上、社会上及经济能力上进行全面康复。功能康复包括针对患者的功能状态及功能障碍,从不同层面进行单项或整体功能评定后再进行全面、系统的综合分析,确立恰当的康复目标,制订正确的治疗计划,取得良好康复疗效,需要康复医生、物理治疗师、作业治疗师、言语治疗师、康复工程师、康复护士、临床心理医生、社会工作者等共同参与,由多专业人员分工合作完成。

（二）功能康复的过程

功能康复的实施过程由康复相关专业人员分工合作来完成,包括以下几方面。

1. 精准康复评定　康复评定是一项基本的专业技能,通过康复评定,掌握患者功能障碍的具体情况,如障碍的部位、范围,并寻找引起功能障碍的器官组织缺陷,以及功能障碍对患者个人生活活动和社会生活的参与所造成的影响,康复评估是康复治疗的基础。

2. 设定康复目标　通过对障碍情况的正确判断,有助于制定康复治疗的远期目标以及近期目标。远期目标,是康复治疗结束或出院时预期达到的最佳状态。近期目标,是实现远期目标过程中的阶段性目标,是实现远期目标的基础和具体步骤。切合实际的康复目标来源于客观准确的康复评定。

3. 制订康复治疗计划　寻找及分析导致患者功能障碍的原因及活动、参与受限的具体因素后,可根据需要选择适宜的治疗措施和方法。如选择适当的训练方法促进功能恢复,考虑如何进行自身功能代偿和研究,应用轮椅、支具或其他辅助器具等进行功能补偿或替代的方法。

4. 评价治疗效果　康复治疗方案实施一定时间后,应及时评估治疗效果,判断治疗方法正确与否,根据结果决定下一阶段是维持前期治疗方案还是修订或重新制定康复治疗方案,反复评估,直至达到既定康复目标或治疗结束。此外,还可通过评定比较不同治疗方案的疗效从而探索更有效的康复治疗方法。

5. 判断预后　由于患者功能障碍部位、范围、性质与程度存在差异,不同患者的康复进程和结局有所不同。通过评定,治疗师可以判断患者的预后,嘱患者及家属以恰当的预期和必要的心理准备,充分发挥患者的主观能动性,加强医患合作,提高康复疗效。如评定患者Barthel 指数有助于判断患者的日常生活独立能力及康复结局。

（三）功能康复的范围

1. 神经功能康复

（1）脑卒中的功能康复:主要采用临床神经功能缺损程度评定、运动功能与感觉功能评定、日常生活活动能力与社会生活功能评定、言语与吞咽功能评定,以及与脑卒中相关的特殊功能评定等。临床上根据脑卒中发病后不同时期(急性期、恢复早期、恢复中期、恢复后期和后遗症期)的功能状况,选择相应的综合康复治疗。常用的治疗技术有神经营养治疗、运动疗法、偏瘫肢体综合训练、物理因子治疗、作业治疗、言语与吞咽治疗、肉毒毒素注射治疗、支具与矫形器、传统康复治疗、心理治疗和康复护理等。

（2）脑外伤的功能康复:主要采用脑损伤严重程度评定、运动功能与感觉功能评定、认知功能评定、日常生活活动能力与社会生活功能评定、言语与吞咽功能评定,以及与脑外伤相关的特殊功能评定等。临床上根据脑外伤后不同时期(急性期、恢复期、后遗症期)的功能状况,选择相应的综合康复治疗。常用的治疗技术有对应于该病的神经营养治疗、运动疗法、偏瘫肢体综合训练、物理因子治疗、作业治疗、认知功能训练、言语与吞咽治疗、肉毒毒素注射治疗、支具与矫形器、传统康复治疗、心理治疗和康复护理等。

（3）脊髓损伤功能康复:主要采用脊髓损伤神经平面与程度评定、运动功能与感觉功能评定、日常生活活动能力与社会生活功能评定以及功能恢复预测等特殊功能评定。根据脊髓损伤后不同时期(急性期、恢复期)的功能状况,选择相应的综合康复治疗。常用的治疗技术有对应于该病的神经营养治疗、运动疗法、截瘫肢体综合训练、神经源性膀胱功能训练、物理因子治疗、作业治疗、支具与矫形器、传统康复治疗、心理治疗和康复护理等。

(4) 其他神经系统疾病的功能康复:主要采用对应于其他神经系统疾病,如帕金森病、外周神经损伤等的运动功能与感觉功能评定、日常生活活动能力与社会生活功能评定,以及其他相关特殊功能评定。常用的治疗技术有对应的运动疗法、物理因子治疗、作业治疗、矫形器、心理治疗和康复护理等。

2. 肌肉骨骼功能康复

(1) 骨折与关节功能障碍的功能康复:主要采用运动功能与感觉功能评定、日常生活活动能力与社会生活功能评定,以及其他相关的特殊功能评定等。根据骨折与关节功能障碍后不同时期(急性期、恢复期)的功能状况,选择相应的综合康复治疗。常用的治疗技术有对应于该病的运动疗法、物理因子治疗、作业治疗、支具与矫形器、传统康复治疗等。

(2) 关节置换术后的功能康复:主要采用运动功能评定、日常生活活动能力评定,以及与关节置换相关的特殊功能评定等。根据关节置换术后不同时期(急性期、恢复期)的功能状况,选择相应的综合康复治疗。常用的治疗技术有对应于该病的运动疗法、物理因子治疗、支具与矫形器、传统康复治疗等。

(3) 软组织损伤的功能康复:主要采用运动功能与感觉功能评定、日常生活活动能力评定,以及与软组织损伤相关的特殊功能评定等。根据软组织损伤后不同时期(急性期、恢复期)的功能状况,选择相应的康复治疗。常用的治疗技术有对应于该病的物理治疗、运动疗法、作业治疗、支具与矫形器等。

(4) 颈肩腰腿痛的功能康复:主要指颈椎病、肩周炎及腰痛等疾病的康复。可以采用运动功能与感觉功能评定、日常生活活动能力评定以及相关的特殊功能评定。常用的治疗技术有对应于该病的物理因子治疗、运动疗法(改善核心肌群功能)、支具、传统康复治疗等。

3. 心肺功能康复

(1) 冠心病的功能康复:根据冠心病发病后不同时期的功能状况,选择相应的综合康复治疗。常用的治疗技术有对应于该病的运动疗法(如床上活动与呼吸训练、坐位活动、床边活动、家务与室内活动、步行活动、上楼梯活动等)、心理治疗、传统康复治疗和健康教育等。

(2) 慢性阻塞性肺疾病的功能康复:主要采用肺功能检测、运动能力评定、日常生活活动能力评定以及与慢性阻塞性肺疾病相关的特殊功能评定等。常用的治疗技术有对应于该病的运动疗法(如呼吸训练与排痰训练、肌力训练与耐力训练等)、物理因子治疗、心理治疗、传统康复治疗和健康教育等。

二、常用康复技术

(一) 常用康复技术介绍

常用康复治疗技术包括物理治疗、作业治疗、言语和吞咽治疗、心理和认知治疗、康复辅具、注射治疗等。其中,物理治疗包括了运动治疗或功能训练、物理因子治疗和手法治疗。康复辅具包括了假肢、矫形器、助行器、轮椅和生活辅具。注射治疗包括了激痛点注射、神经阻滞、交感神经阻滞、肉毒素注射和关节腔内注射等。

(二)常用康复技术临床应用

康复的治疗技术涵盖物理治疗、作业治疗、言语和吞咽治疗、心理和认知治疗、康复辅具、注射治疗等技术手段。

1. 物理治疗　物理治疗(physical therapy,PT)包括运动治疗、物理因子治疗和手法治疗。

(1) 运动治疗:运动治疗以功能训练为手段,以手法和器具为载体,着眼于躯体功能恢复、改善或重建,主要有关节活动技术、软组织牵伸技术、肌力训练技术、神经发育疗法、限制性使用运动治疗等。专科医生经充分评估后可为患者开具运动治疗处方,包括运动项目、运动量和注意事项等方面。

关节活动技术包括了主动运动、主动助力运动(悬吊训练、滑轮训练和器械训练)、被动运动和机器人引导的运动,可改善患者的关节活动功能。软组织牵伸技术包括了手法牵伸、器械牵伸和自我牵伸,可改善关节周围软组织伸展性、降低肌张力、增加关节活动范围并缓解肌肉的紧张。肌力训练通过肌肉的主动收缩来改善或增强肌肉的力量,分为等长收缩、等张收缩和等速收缩,根据肌力大小可采用徒手助力肌力训练、抗重力和抗阻训练。神经发育疗法(neurodevelopmental treatment,NDT)主要有 Bobath 技术、Brunnstrom 技术、Rood 技术、本体感觉神经肌肉促进疗法、运动再学习疗法等,将神经发育学、神经生理学等原理应用到中枢神经系统损伤后运动障碍的康复治疗中。限制性使用运动治疗(constraint-induced movement therapy,CIMT)针对脑损伤患者限制健侧上肢使用并强化患侧上肢使用,从而促进患者肢体的功能恢复。

(2) 物理因子治疗:物理因子治疗简称理疗,包括了电疗、光疗、超声波、磁疗、水疗、冷疗、压力、石蜡、冲击波和经颅磁刺激等治疗手段。

(3) 手法治疗:手法治疗是通过手法活动以提高软组织延展性、增加活动范围、松动软组织和关节、改善组织的疼痛、肿胀、炎症或活动受限,主要为关节松动术。关节松动术以关节生理运动和附属运动为着眼点,通过凹凸定律等生物力学原理,用以缓解疼痛、增大关节活动范围、增加本体感觉。此外,还包括传统治疗的按摩推拿,通过推揉、摩擦、拿按、叩击、振动和摇动等手法进行治疗。

2. 作业治疗　作业治疗(occupational therapy,OT)是通过选择性的作业活动去治疗身体及精神疾患或伤残的人士,使患者在生活的各方面可达到最高程度的功能水平和独立性。作业治疗按照功能分类可分为功能性作业治疗、职业作业治疗、娱乐活动、作业宣教和咨询、环境干预、辅助技术。

躯体功能的作业治疗内容主要是通过肌力耐力训练促进机体功能恢复、通过神经发育疗法促进脑的学习和肢体的功能恢复、通过假肢装配训练促进参与功能最大限度地发挥、改善患者精神状况和工作能力,并最终提高患者的日常生活能力。近年来,通过虚拟现实技术、上肢机器人技术和远程认知康复技术的应用,作业治疗改善日常生活活动能力、脑损伤后偏瘫和认知功能的手段越加丰富。

3. 言语与吞咽障碍治疗

(1) 言语治疗:言语治疗(speech therapy,ST)是指通过各种手段对有言语障碍的患者进行针对性治疗,其目的是改善言语功能,使患者重新获得最大的沟通与交流能力,可分为失语症的言语治疗、构音障碍治疗、非言语交流方式的利用与训练等。

(2) 吞咽障碍治疗:吞咽障碍治疗是指通过各种手段对有吞咽功能障碍的患者进行针对性治疗,主要目的是恢复或提高患者的吞咽功能,改善身体的营养状况,改善因不能经口进食所致的心理恐惧和抑郁、增加进食安全并减少误吸风险。吞咽障碍治疗的主要方法包括应用方式的改变、摄食训练、吞咽器官运动和感觉训练、气道保护手法、电刺激和生物反馈训练、球囊扩张术、通气吞咽说话瓣膜、辅助器具口内矫治和手术治疗。吞咽障碍的治疗除了康复以外,还包括营养管理、康复护理、外科手术等方面。

4. 心理与认知康复 心理治疗(psychotherapy)是应用心理学的原则和方法,通过治疗者与被治疗者的相互作用,医治患者心理、情绪、认知行为等方面的问题。心理治疗可利用语言和非语言的交流方式通过解释、说服、支持、同情、相互理解来改变对方的认知、信念、情感、态度、行为,从而达到排忧解难、降低痛苦的目的。认知康复是针对认知缺陷的患者,为改善和提高其认知功能和日常生活能力而进行的综合管理。认知康复的治疗手段包括改善特殊认知缺陷的治疗、补充策略等,主要进行记忆障碍、注意障碍和知觉障碍的康复。

5. 康复辅具 康复辅具是采用专门的器具来加强患者减弱的功能或代偿其丧失的功能,主要包括了技术性辅助装置和自助器具。假肢常用于弥补截肢者肢体缺损、代偿其失去的肢体功能,可分为装饰性假肢、功能性假肢和特殊作业假肢,常结合机械原理和肌电技术进行假肢的改良。矫形器主要可预防或矫正四肢、躯干的畸形,治疗或补偿肌骨或神经系统疾病的缺损,主要作用为稳定与支持、固定与矫正、保护与免负荷、代偿与助动等。助行器具包括拐杖、助行器、行走器、单关节或多关节矫形器、轮椅等。生活辅具可为不能完成独立日常生活、学习或工作的人群设计,包括进食类、梳洗类、排尿排便类、通信类等类别,可根据情况按需选择。

6. 注射治疗 注射治疗(injection therapy)是在肌肉、神经和骨骼结构(滑囊、关节、肌腱)注射特定的药物以减轻疼痛、改善功能的方法。常用的注射治疗药物包括局麻药、神经溶解药、糖皮质激素、肉毒毒素。通过注射技术可进行激痛点注射、神经阻滞、交感神经阻滞和关节腔内注射。苯酚和无水乙醇(注射级)可对靶神经进行溶解,从而阻断神经传导、调节神经肌肉功能。糖皮质激素可用于关节与软组织的炎症消除,常用于软组织、滑膜、关节腔的注射,但一年内同一部位注射次数不宜超过 3 次。肉毒素可阻断神经肌肉接头且疗效可持续达半年,广泛应用于局灶性肌张力障碍、痉挛和疼痛的治疗。

7. 传统康复治疗 传统的康复治疗手段包括针灸、推拿、中药熏蒸、按摩和导引等手段,主要通过中医理论对不同的疾病进行辨证论治,从而达到治疗的目的。

三、常见疾病的社区康复(心脏康复、卒中后康复、骨关节康复)

(一) 心脏康复

1. 医学与心脏康复评估 世界卫生组织把心脏康复定义为:"要保证使心脏病患者获

得最佳的体力、精神及社会状况的活动总和,从而使其通过自己的努力能在社会上重新恢复尽可能正常的位置,并能自主生活。"

运动负荷试验是心脏康复最重要的评估。运动负荷试验可以定量地评价心肺储备功能和运动耐力。临床上,根据患者的病史、心功能分级及危险因素,选择不同的运动负荷方案,包括低水平、亚极量和症状限制性运动负荷试验等,后者是临床上最常用的运动心电图试验。

2. 心脏康复的分期目标与方法 运动康复需遵守"循序渐进"的原则,避免发生意外事件。具体来说,心脏运动康复的过程可以分为以下四期。

(1) Ⅰ期康复:急性心脏疾病住院期康复。康复适应证包括:过去 8h 内没有新发或再发胸痛;心肌损伤标志物水平即肌酸激酶同工酶和肌钙蛋白没有进一步升高;无明显心力衰竭失代偿征兆(即静息时呼吸困难伴湿啰音);过去 8h 内没有新发严重心律失常或心电图改变。

此阶段的康复目标包括:①早期开始身体活动,以保持现有的功能水平、防止"失用"出现,解除焦虑和抑郁,以安全过渡到 ADL 自理,避免卧床带来的不利影响(如运动耐量减退、低血容量、血栓栓塞性并发症);②评估心脏和身体对活动和运动的反应;③对患者和家属进行宣教并接受咨询,为出院后的康复打好基础。

此阶段康复方案包括:①早期运动康复计划因人而异:病情重、预后差的患者运动康复的进展宜缓慢,反之,可适度加快进程。一般来说,患者一旦脱离急性危险期,病情处于稳定状态,即可开始运动康复。通常康复干预于入院 24h 内开始,如果病情不稳定,应延迟至稳定后进行。②运动康复应循序渐进:从卧床休息开始,逐步过渡到坐位、床旁站立、床旁行走、病室内步行以及上一层楼梯或固定踏车训练。③Ⅰ期患者运动康复和恢复日常活动的指导必须在心电、血压监护下进行,运动量宜控制在静息心率增加 <20 次 /min,同时患者感觉不大费力(自觉疲劳程度分级为中等,评分 <12 分)。如出现不良反应(表现与禁忌证相同)则要终止当前所进行的项目。

(2) Ⅱ期康复:Ⅱ期康复是指从患者出院开始,至病情完全稳定为止的时期,即 2~12 周。此阶段康复的适应证是患者病情稳定,运动能力达到 3METs(梅托)以上,家庭活动时无明显不适症状和体征。

此阶段康复目标是逐步恢复一般日常生活活动能力,包括轻度家务劳动、娱乐活动等;运动能力达到 4~6METs;提高生活质量;防止心脏功能衰退,保持和进一步改善出院时心脏功能水平,维持和巩固急性期康复效果。

此阶段康复方案包括:①回家后的第 1~2 周内,保持出院前相同的运动水平:即保持每日的步行和出院计划中的身体活动。②确认无任何不适后,逐渐增加活动内容、延长活动时间、增加活动频率:除了患者评估、教育、日常活动指导、心理支持外,Ⅱ期康复计划增加了每周 3~5 次中等强度的有氧运动、抗阻运动、柔韧性训练等。每次 30~90min,共持续 3 个月左右。推荐这 3 个月中运动康复次数为 36 次,不低于 25 次。活动强度建议控制在 40%~50%最大心率,自感疲劳程度评分不超过 13~15 分。③同时需要主动控制危险因素,改变不良生活习惯,建立良好生活方式:并提醒患者注意:所有上肢超过心脏平面的活动均为高强度运动。

Ⅱ期康复为康复的核心阶段,既是Ⅰ期康复的延续,也是Ⅲ期康复的基础。

(3) Ⅲ期康复:Ⅲ期康复是指出院后 6~12 周开始,一般持续 3~6 个月为止的时期。此阶段的康复的适应证包括:陈旧性心肌梗死;稳定型心绞痛;冠状动脉分流术和腔内成形术后、瓣膜病变术后、心脏移植术后、安装起搏器后等。

此阶段康复目标包括:巩固Ⅱ期康复成果,控制危险因素,终身保持良好生活方式;最大限度地提高患者的生活质量,使其有信心、有能力、有活力参与社会生活的各个方面。

此阶段患者的康复训练可以在医学监护下进行,并继续接受营养、生活方式和控制体重的健康教育。常规运动康复程序:根据患者的评估及危险分层,给予有指导性的运动方案。尤其是每个心脏疾病患者的运动康复方案都必须根据其实际情况量身定制,即个体化原则。运动训练方法可以包括有氧运动、抗阻运动、柔韧性训练和中医传统康复方法等。

一般而言,低危患者进行运动康复时无须监护,中危患者可以间断监护,高危患者必须在医院于严格连续监护下进行运动训练。对于部分低、中危患者,可以酌情使用心率表监护心率。同时应密切观察患者运动中的表现,在患者出现不适反应时能正确判断并及时处理,并教会患者识别可能的危险信号。

运动中有如下症状时,应马上停止运动,如胸痛,放射至臂部、耳部、颌部、背部的疼痛,头昏目眩,过度劳累,气短,出汗过多,恶心、呕吐,脉搏不规则。如果停止运动,上述症状依然存在,特别是停止运动后 5~6min,心率仍然增加,应进一步观察和处理。如果感觉到有任何关节或肌肉的不寻常疼痛,可能存在骨骼及肌肉的损伤,也应立即停止运动。

(4) Ⅳ期康复:Ⅳ期康复也称社区或家庭康复期。为心血管事件 1 年后的院外患者提供预防和康复服务,为Ⅲ期康复的延续,需要终生维持。

康复适应证包括所有病情稳定的心脏疾病患者。禁忌证为未控制的心力衰竭或急性心力衰竭,严重左心功能障碍,血流动力学不稳定的严重的心律失常,不稳定型心绞痛、增剧型心绞痛、近期心梗后的非稳定期。

此期的康复目标包括维持已形成的健康生活方式和运动习惯。另外运动的指导应注意因人而异,中危甚至高危患者的运动康复中仍需要医学监护。因此对患者的评估十分重要,纠正危险因素和心理社会支持仍需要继续。

心脏康复的治疗方案通常强调个体化、循序渐进、坚持系统性和长期性,特别注意培养兴趣,使患者能长期遵从医生的运动处方坚持下去,这是取得良好效果的关键。

(二) 卒中后康复

1. 概述　脑血管意外(cerebrovascular accident,CVA) 又称脑卒中(stroke),是指脑动脉系统病变引起的血管痉挛、闭塞或破裂,造成急性发展的脑局部循环障碍和以偏瘫(hemiplegia)为主的肢体功能损害。偏瘫是脑卒中后最常见的运动功能障碍,是由病侧锥体束及锥体外系损害引起的对侧上下肢体瘫痪,病变部位损害的严重程度决定偏瘫的严重程度。

2. 卒中后主要功能障碍　运动障碍是脑卒中后最常见的功能障碍,主要特点为粗大异常的运动模式,包括联合反应和共同运动。肌张力异常在脑血管意外的不同时期表现不同,随着病情的自然恢复,肌张力也在发生变化,可能表现为以下几种结局与状态:肌张力低下,然后过渡到肌张力正常;肌张力低下发展为肌张力增高,以后逐渐恢复正常;肌张力低下发展为肌张力增高,持续处于肌痉挛状态;持续处于低肌张力状态。患者的肌痉挛使肢体各肌群之间失去了相互协调控制,尤其手的精细、协调、分离运动被痉挛模式所取代。

脑卒中后常见的其他功能障碍还包括反射调节异常、平衡功能异常、感知觉障碍、认知障碍、言语障碍(失语症和构音障碍)、吞咽障碍、心理情绪障碍(抑郁症或焦虑症)等。

3. 卒中的主要康复评估和康复措施

(1)常用康复评估措施

1)肌张力及痉挛:用改良 Ashworth 痉挛量表评定。肌张力是指肌肉组织在松弛状态下的紧张度,可表现为静止性肌张力、姿势性肌张力和运动性肌张力三种形式。异常肌张力包括肌张力增高、肌张力减低和肌张力障碍三种形式。检查者可根据被动运动、摆动检查、关节伸展、变换姿势以及生物力学和电生理检查来进行肌张力评估。临床上根据改良 Ashworth 量表进行痉挛评估并将其分为 6 个等级。

2)肌力:用徒手肌力检查法;有条件也可以在等速练习器上检测。

3)平衡:平衡是人体保持一种姿势以及在运动或受外力作用时自动调整并维持姿势的能力。平衡的评定主要包括了主观观察和量表评估。最常用的量表为 Berg 平衡量表和站起 - 走计时测试(time up go test)。

4)步行能力:主要通过临床观察患者在步态周期中不同时相的表现,也可以用"站起 - 走"计时测试,6min 步行测试评定;有条件可以用步态分析系统测试。

5)整体运动功能:如 Brunnstrom 肢体功能恢复分期、Fugl-Meyer 运动功能评定。Brunnstrom 肢体功能是卒中后最常用的肢体运动功能评估方法。

一般认为运动恢复可在发病后数日开始,1~3 个月内可达最大程度恢复。因此发病后 3 个月内进行康复训练效果最好。手功能恢复的预测,发病当天或发病后 1 个月之内,手指能完成接近全关节活动范围屈伸运动,几乎可以全部恢复或大部分恢复为实用手;发病后 1~3 个月内能完成,小部分恢复为实用手,多数为失用手;发病后 3 个月仍不能完成,全部为失用手。步行功能恢复的预测,发病 1 个月内仰卧位瘫痪侧下肢伸直抬离床面,以后 90% 可恢复步行(独立步行 45%~55%,辅助步行 35%~45%)。

6)言语功能评定:言语功能评定包括语言障碍评定(主要为失语症)和言语障碍评定(主要为构音障碍)。根据评定,失语症可分为 Broca 失语、Wernicke 失语等。构音障碍可分为器质性构音障碍和功能性构音障碍,可通过观察患者说话声音、面部表情和运动、呼吸状态等进行评估,国内常见使用 Frenchay 量表进行可观察检查评估。

7)吞咽障碍评定:吞咽障碍是患者不能安全将食物从口输送到胃的功能障碍。临床上,可采用反复唾液吞咽试验、饮水试验或洼田饮水试验、进食评估问卷调查进行吞咽功能初步评估。吞咽造影检查是吞咽障碍评估的"金标准"。

8)认知功能评定:认知功能包括感知、学习、记忆、思考等过程,即与脑功能有关的任何过程。对认知功能进行评定可了解脑损伤的部位、性质、范围和对心理功能的影响。认知功能可采用蒙特利尔认知评估(MoCA)和简易精神状态检查(MMSE)进行筛查。

9)日常生活活动能力评估:日常生活活动能力(activity of daily living,ADL)反映人们在家庭和社区生活的最基本能力,是照顾自己衣食住行和个人卫生所必需的一系列基本活动,包括了运动、自理、交流和家务活动。日常生活活动能力评定分为基础技能为主的躯体 ADL 和高级技能相关的工具性 ADL。主要采用的量表包括 Barthel 指数评定。

(2) 卒中后常用康复治疗技术:康复的治疗技术涵盖物理治疗、作业治疗、言语和吞咽治疗、心理和认知治疗、康复辅具、注射治疗等技术手段。

治疗原则包括:①早期开始:对生命体征稳定、症状无进展的患者,发病 48h 后即可开始治疗;对昏迷患者或住在重症监护病房的患者,只要没有发热、瘫痪没有进展、血压稳定,也可以开始肢体的被动活动或通过物理因子干预。②综合治疗:除了药物治疗之外,主要采取物理治疗(包括运动疗法)、作业治疗、言语训练、心理咨询、康复护理、康复生物工程,以及中医治疗(包括针灸、中药)。③循序渐进:治疗项目由少到多,治疗时间逐渐增加,治疗强度逐渐加大;治疗中外界给予患者的帮助逐渐减少,患者的主动参与逐渐增多。④持之以恒:从发病开始,康复即介入,直至患者的功能完全恢复。

具体治疗技术可参见本节"二、常用康复技术"。

(三) 骨关节康复

1. 概述　骨关节康复的主要目的是恢复和重建由于肌肉、骨骼系统疾病和损伤造成的运动功能障碍。骨关节运动损伤包括骨折,肌腱、韧带的拉伤或断裂等,以肩关节、腕关节、膝关节、踝关节等关节多见。肌骨系统慢性退行性改变引起的疼痛和功能障碍也是骨关节康复的重要内容。

2. 社区常见骨关节病的功能康复

(1) 颈肩腰腿痛:以颈肩腰腿痛为主诉的患者是社区康复门诊的主要诊治对象,临床表现常为相应部位疼痛、肢体麻痛、活动障碍等,均可影响日常工作与生活。此类患者的治疗大多以非手术疗法为主。

颈椎病是中老年人常见病,与年龄增长,反复劳损致韧带钙化,骨质增生等有关。肩部疼痛、活动受限者多为肩袖损伤或者局部软组织、韧带、关节囊粘连引起的粘连性肩关节囊炎。单纯腰痛多发于青壮年及老年人,主要原因为腰部的软组织受到各种急、慢性损伤,劳损所致。腰腿痛患者中以腰椎退变、腰部肌筋膜炎最为常见,大多数以腰骶部酸痛为主,伴或不伴臀部疼痛。有学者研究发现真正由于腰椎间盘突出造成的腰痛,在所有腰痛患者中不足 15%。

在康复治疗上应根据不同类型、不同时期的症状与体征选择治疗方法。早期给予理疗、牵引、手法,后期应以运动疗法为主。选择适当的物理治疗,可以降低神经的兴奋性,缓解肌肉痉挛,促进局部血液循环,改善组织代谢和营养,加速局部代谢产物的排除,软化瘢痕松解粘连等。经皮神经电刺激、低频脉冲电疗、中频电疗立体动态干扰电疗等通过兴奋粗纤维提高痛阈,对颈肩腰腿痛有很好的治疗作用。

通过主动运动的方式来改善人体局部或整体的功能非常重要。颈腰背部大肌群的收缩,对于改善局部代谢非常重要。因此在早期症状获得缓解之后,必须对患者生活中不良的姿势进行纠正。对于椎间盘突出症状缓解期及术后恢复的患者,通过对腰背肌及腹肌的锻炼促进背伸肌和韧带力量的增加非常重要。腰背肌的核心肌群训练可以改善脊柱的支持作用,维持腰椎的稳定性,减弱和消除腰痛的发生。对于颈椎病患者,颈部深层肌群尤其是后伸肌群的激活,可以增强颈部肌肉的力量,增加颈椎的稳定性,减少椎体异常活动对神经的刺激从而改善颈部症状。对于急性颈痛或者腰痛患者,还可用颈围、腰围等辅助运用加以保护,给予日常生活活动方面指导,避免不良姿势或不正确用力。使用颈围或者腰围一般不超过3d,长期佩戴颈围或者腰围反而不利于颈部、腰部核心肌群的激活,从而加重椎体失稳。

(2) 退行性骨关节疾病:退行性骨关节疾病是一种常见的、缓慢发展的退行性关节病,病变主要是发生在关节囊、滑膜的炎症与退行性变,症状表现为关节痛、僵硬、活动受限,严重者能影响患者日常生活。急性炎症发作时关节红、肿、痛较明显,部分患者放射线照片表现为骨质增生,关节间隙变窄,又称增生性退行性骨关节病。一般好发于负重、多动关节如膝、髋、脊柱等。

骨关节病的治疗包括电、光、声、热、磁等理疗和运动疗法。对急性期具有明显症状的用高频电疗如短波或超短波、微波电疗等,起消炎、消肿作用。慢性期以疼痛、功能障碍为主,除以上可加大剂量和延长治疗时间外,可使用石蜡疗法、水疗法、低中频电疗法、超声波疗法等。

近年来对于退行性骨关节疾病,再生医学(regenerative medicine)治疗是一项非常有前景的治疗方式。已有临床研究发现干细胞、富血小板血浆等物质,可以有效改善关节代谢,促进关节软骨的再生从而改善症状。利用12.5%~50%的葡萄糖关节腔注射的增生疗法(prolotherapy)也是一项有前景的治疗方式。增生疗法治疗的原理是把可以刺激人体组织再生的物质(如高浓度的葡萄糖)注射到患处,使受损组织通过再生来达到修复和愈合的目的,增生治疗对很多慢性痛症,如慢性腰背痛、颈椎挥鞭式创伤所致的持续性颈痛、重复的足踝扭伤、严重骨关节炎导致的致残性疼痛、网球肘或腱鞘炎所致的持续疼痛均有良好疗效。

(3) 其他骨折和关节软组织损伤:骨关节和软组织损伤在日常生活中是常见病与多发病,尤以四肢骨折及脊柱骨折常见,急性期多在骨科病房先处理。围绕着最终以恢复功能为主的原则,正确的处理是固定与活动相结合,医疗措施与患者主观能动性密切结合。

复位固定是治疗的基础,功能训练是治疗的核心,并辅以物理治疗,可缩短康复进程。功能训练是受伤肢体肌肉和关节活动功能的训练,包括被固定肢体远端及近端肌肉和关节的训练。常用的功能训练有被动活动、主动辅助活动、主动活动和抗阻活动。主动活动是根本,需按骨折愈合的不同时期,循序渐进地进行功能训练。如对于股骨干骨折的患者,无论内固定还是牵引治疗,均应尽早进行股四头肌肌力练习和膝关节的功能练习。从术后三、四天开始做股四头肌的等长收缩,逐渐过渡到小范围的主动伸膝。行牵引者需在骨折初步稳定后开始,而对于远端的距小腿关节可次日行主动活动及髌骨被动活动。临床上常采取持续性被动关节运动(CPM)仪对患者进行训练,即在坚固内固定术后可将患肢置于CPM仪上,有限度有节律地进行持续性的关节被动运动,并逐渐增加活动范围。如患者不受卧床限制,应鼓励尽早下床活动,负重应根据骨折固定的坚固性和骨折愈合程度而从部分逐渐过渡到完全,适当的应力可以促进骨折的愈合,而长期卧床制动只会加重骨质疏松,延缓骨折的愈合。

骨关节损伤术后的康复时机把握非常重要,如人工髋关节置换术后过早活动或负重不当可以导致假体移动、移植骨移位等,过迟又可导致功能恢复不良。这需要骨科医生和康复科医生多相互交流,制订一个合理的康复方案。对于脊柱骨折,早期需卧床,避免脊柱前屈及旋转,翻身时要保持伸展位,肩与骨盆同时翻转,注意保持脊柱的稳定性。如合并脊髓的损伤,需根据损伤的平面制订相应的康复措施。通过长期的刻苦训练,包括站立训练、肌肉代偿模式练习、日常生活活动的训练、轮椅的使用、行走的训练等,能使患者学会残存的肌力代偿和一些运动技巧完成身体的移位、生活自理及适应周围环境。

对于各种手外伤及术后的功能障碍,应用作业疗法在改善肌力与关节活动度,恢复手的实用功能等方面有着良好的作用。此疗法是从日常生活活动、手工操作的工艺或劳动、文体活动等选出一些针对性强的,能恢复患者功能和技巧的作业,包括有增强肌力,改善关节活动度的功能训练,感觉、认知、改善心理状态方面的训练,日常生活活动能力训练和指导,职业技能训练和指导等。

3. 骨关节康复的注意事项

(1) 疼痛:在进行关节松动及运动训练时会引起疼痛,尤其是关节僵硬患者。一般该类患者治疗时疼痛程度不重,无尖锐性疼痛,并且在练习停止半小时内自行缓解,或者消退到练习开始前的水平。但如果疼痛剧烈不能忍受或者持续很久不能消退,说明可能发生新的组织损伤,须马上停止练习,并进一步评估及时处理。

(2) 疲劳:根据肌力训练的超量恢复原则,在进行肌力训练时,需感到肌肉有酸胀疲劳感。且练习中应集中精神,专注于动作及肌肉收缩的感觉,使神经能够动员更多的肌纤维参与运动达到更好的练习效果,同时避免注意力分散造成的危险。一般来说,疲劳感应适度,以患者次日晨起时不感觉明显疲劳为度,过分追求疲劳感会过度消耗患者体能。

(3) 动静结合:除手术或病损肢体根据情况应该适当地制动和保护外,身体的其他部位应该尽可能多地活动和练习,才能确保身体的基础素质不会下降太多太快,并且能提高整个身体的循环和代谢水平,促进手术或病损局部的恢复。

(4) 练习强度:关节及关节附近手术后,通常在术后 1 周内不宜过多活动关节,更不应该以反复活动的方式作为练习来提高活动度和灵活性。否则极易造成关节肿胀积液,影响组织愈合及功能恢复。同时可能由于过度的刺激使创伤和炎症积累,造成异位骨化等非常严重的后果。灵活性可随着被动关节活动度的改善,以及关节周围相关组织延展性的恢复而逐渐提高。

【案例 4-3 分析】

1. 本例患者存在哪些功能障碍?

肢体运动功能障碍、心肺功能障碍、吞咽功能障碍、认知功能障碍。

2. 简述针对该患者开展功能康复的过程。

(1) 通过康复评定掌握患者功能障碍的情况:该患者脑外伤术后 1 年余,现遗留肢体运动、心肺、吞咽、认知功能障碍。

(2) 制订康复计划、设立康复目标:患者脑外伤术后长期卧床,气管造口状态,咳嗽咳痰多,计划通过心肺功能训练改善呼吸及排痰,争取早日封管;四肢活动不利,不能自主抬离床面,计划通过肢体运动功能锻炼增强肌力,预防肌肉萎缩及下肢血栓形成;鼻饲流质,计划通过吞咽功能训练改善吞咽,争取拔除胃管;患者脑外伤术后 1 月余,计算力、记忆力、判断力均有下降,认知障碍影响康复,计划通过认知功能训练改善认知,提高康复效率。

(3) 评价治疗效果:该康复方案实施初期拟每周进行一次康复疗效评估,如疗效改善不明显适当修订下一阶段治疗方案,后期可延长至每两周一次康复疗效评估。

(4) 判断预后:患者脑外伤术后长期卧床状态,积极康复治疗可以改善患者预后。

3. 简述该患者功能康复的注意事项。

将患者病情及方案预后等告知患者家属,取得家属配合。因患者基础情况差,在康复过程中,应密切关注患者生命体征及胸闷气急等临床变化,如出现不适症状,应及时终止康复,予以对症处理,待患者病情稳定后再行康复治疗。

◉ **全科医生在诊疗过程中的关注点**

1. 康复评定是一项基本的专业技能,只有通过全面的系统的康复评定,才有可能明确患者的具体问题,制订相应的康复计划,所以需充分重视康复评定的作用。

2. 康复治疗是康复医学的主要组成部分,以团队方式进行工作,涵盖运动治疗、作业治疗、言语治疗、心理治疗和辅助器具的应用等,需根据社区条件及患者具体情况选择合适的治疗方案,满足社区广大群众的康复需求。

3. 全科医生应不断提高康复理念、康复基本知识、康复诊断和治疗水平,掌握常见康复治疗技术的禁忌证和注意事项,安全有效地进行康复训练,避免康复意外不良事件发生。

4. 社区康复以普及为主,医院康复以提高为主,提高与普及相结合;社区康复是医院康复的延伸,医院康复是社区康复的后盾。社区康复与医院康复两者关系密切,互相依赖。

(李建华 吴 涛)

第五章

全科医学与社区医学

儿童、青少年、妇女、老年人有着特殊的生理状况，需要提供更多的预防、保健、医疗服务，是全科医生服务重点关注的人群。全科医生只有充分掌握上述特殊人群的特点及经常遇到的医疗保健问题，才能更好地、更全面地开展社区卫生服务，从而达到提高居民健康的目的。

05章

第一节　妇　女　保　健

1. 各生殖阶段分期及特点。
2. 生育期保健内容。
3. 更年期保健内容。
4. 妇女疾病普查技术与预防。

········ **重要知识点** ········

1. 满足妇女一生各阶段和特殊生理时期的保健需求,并对疾病进行筛查和早期诊治,注重临床和保健相结合。

2. 孕产期内实施对母子统一管理的围生保健,加强孕期生活方式等指导,产褥期的产后访视以及产褥期卫生等相关宣教,加强产后抑郁症筛检。

3. 生育期持续30年左右,妇女要经历结婚、妊娠、分娩、产褥、哺乳和生育调节等特殊生理过程。在这一系列过程中,如忽视妇女保健,不仅会导致妇女伤残,而且会影响胎婴儿的健康和生命安全。

4. 更年期除涉及生殖系统和生殖功能,心理和社会适应能力也发生巨变,要重视保健。

5. 社区保健措施。

【案例 5-1】

女,30岁。孕10周,本次妊娠末次月经为2019年11月19日,无阴道流血等不适。至社区卫生服务中心围生期保健科就诊建卡。平素体健,无烟酒,月经周期规律,初潮12岁,月经周期7/30,生育史1-0-0-1,顺产,前次妊娠无并发症。其母亲有糖尿病史。

查体:体温36.9℃,脉搏82次/min,血压116/78mmHg,呼吸17次/min。身高162cm,体重50kg,BMI 19.05kg/m^2。神志清,精神可,心肺无殊。外阴(−),阴道畅,阴道少许白色分泌物,宫颈光,子宫前位,扪及子宫孕2月余,无压痛。

案例提示:通过学习妇女保健的内容,如何做好该名孕妇的全程管理? 不同阶段该做哪些筛查和保健?

一、妇女健康状况

(一) 概述

妇女是指15岁以上的女性。妇女保健(women health care)是妇幼卫生工作重要组成部分,妇女的一生保健大致包含女童期、青春期、生育期、更年期保健。针对女性一生不同时期的生殖生理和心理特点,以预防保健为中心,保健和临床相结合,采取相应对策,降低妇女因生育、节育或生殖功能紊乱等引起的发病率、伤残率和死亡率,从而提高妇女的身心健康。

(二) 妇女各生殖阶段分期

1. 女童期　新生儿期到青春期(通常为婴儿期至 10 岁)的阶段,女童期一般包括婴儿期(出生至 1 周岁前)、幼儿期(1~2 岁)、学龄前期(3~5 岁)、学龄期(6~10 岁)。

2. 青春期　青春期的年龄范围从 10 岁开始到 19 岁末。女孩的青春期比男孩早 1~2 年,一般可分为早、中、晚三期,每期约持续 2~4 年。青春期是由儿童发育到成人的过渡期。

3. 生育期　是指 15~49 岁时期,也称为育龄期。此期绝大多数女性要经历结婚、妊娠、分娩、哺乳和生育调节等事件。

4. 围绝经期　一般将 40~60 岁定为围绝经期,又称为更年期。通常围绝经期的全过程约为 8~12 年。一般可以分为绝经前期、绝经期以及绝经后期。

二、妇女保健服务

本节内容主要阐述生育期和更年期保健,该内容是社区妇女保健重要内容。妇女保健服务的内容还包括有关妇女预防保健知识的宣传教育和健康咨询、定期健康检查、妇女疾病的防治,健全社区妇幼保健网等。

(一) 生育期保健

生育期保健包括婚前保健、孕产期保健、哺乳期保健和节育期保健。

1. 婚前保健　婚前保健(premarital health)是对即将婚配的男女双方在结婚登记前进行健康检查和保健指导。目的在于保障男女青年健康婚配,防止各种疾病,特别是遗传性疾病的延续和传染性疾病的传播,避免有血缘关系和遗传病之间的人结婚和生育。通过婚前医学检查,帮助受检对象在知情的基础上作出适宜的决定:不宜结婚、暂缓结婚、可以结婚但不宜生育、可以结婚生育但需控制后代性别。

2. 孕产期保健　孕产期保健(pregnancy and childbirth care)是从生命的准备阶段即受孕前的准备阶段,到新生儿的早期,包括孕前、孕期、分娩期和产褥期的全程保健。

(1) 孕前保健:孕前保健(preconception care)是通过评估和改善计划妊娠夫妇的健康状况,减少或消除导致出生缺陷等不良妊娠结局的风险因素,预防出生缺陷发生,提高出生人口素质,是孕期保健的前移。内容包含对计划妊娠的夫妇行孕前健康教育、指导,以及常规评估和检查。

对计划妊娠的夫妇行孕前健康教育及指导,遵循普遍性指导和个体化指导相结合的原则,主要内容包括:①有准备、有计划地妊娠,适宜的生育年龄男 25~35 岁、女 24~29 岁。②合理营养,保持适宜体重,建议 BMI 在 $18.5\sim24kg/m^2$。孕前三个月服用叶酸或含叶酸的复合维生素。③疫苗接种,没有感染过风疹病毒和乙肝病毒表面抗体阴性者,应在怀孕前 3 个月至半年接种风疹疫苗和乙肝疫苗。④合理用药,避免使用可能影响胎儿正常发育的药物。⑤避免接触生活及职业环境中的有毒有害物质(如放射线、铅、汞、苯、砷、农药、高温等),避免密切接触宠物。⑥进行口腔保健,孕前进行一次口腔检查。⑦改变不良的生活习惯(如吸烟、酗酒、吸毒等)及生活方式;避免高强度的工作、高噪音环境和家庭暴力。合理选择运动方式,建议每天进行累计相当于 6 000 步以上的身体活动。⑧保持心理健康,解除精神压力。⑨有遗传病、慢性病和传染病而准备妊娠的妇女,应接受专科评估并指导。

对拟妊娠夫妇常规评估包括:①评估孕前高危因素:拟妊娠夫妇的健康状况;既往慢性病史、家族史和遗传病史,不宜妊娠者应及时告知;详细了解不良孕产史和前次分娩史,是否为瘢痕子宫;询问生活方式、饮食营养、职业状况及工作环境、运动(劳动)情况、家庭暴力、人际关系等。②全面的体格检查:包括一般状况、体重指数、第二性征检查及生殖器官检查。③必要及选择性的辅助检查:必查项目包含血常规、尿常规、血型(ABO 和 Rh 血型)、肝功能、肾功能、空腹血糖水平、乙肝表面抗原(hepatitis B surface antigen,HBsAg)筛查、梅毒血清抗体筛查、人类免疫缺陷病毒(human immunodeficiency virus,HIV)筛查、地中海贫血筛查(广东、广西、海南、湖南、湖北、四川、重庆等地区)。

(2) 孕期保健:孕期保健(prenatal care)是指从确定妊娠之日开始至临产前为孕妇及胎儿提供的一系列保健服务,包括定期孕期检查、综合评估、健康教育及咨询指导。

根据目前我国孕期保健的现状和产前检查项目的需要,推荐的产前检查孕周分别为:妊娠 6~13 周$^{+6}$,14~19 周$^{+6}$,20~24 周,25~28 周,29~32 周,33~36 周,37~41 周,共 7~11 次。有高危因素者,酌情增加次数。

产前检查的健康教育和检查内容,不同孕周会有差异(表 5-1)。

高危妊娠是指妊娠期间某种病理或致病因素可能危害孕妇、胎儿、新生儿或导致难产,要对该妊娠人群进行筛查和管理,包括:孕妇年龄小于 16 岁或大于 35 岁;有异常妊娠病史者;各种妊娠并发症及合并症;可能发生分娩异常;胎盘功能不全;盆腔肿瘤或曾有手术史等。其间,需要做一些筛查检查以明确是否存在高危妊娠。

如明确为高危妊娠则需纳入管理,包括信息登记,孕产妇保健手册、门诊病历上做出标记,每次检查做好记录,填写高危妊娠随访登记卡,并做好全程的随访记录直至转归;对不能处理的高危孕产妇,应当转诊至上级医疗机构或者专科医院进一步检查、确诊,对转回的孕产妇应当按照上级医疗机构的处理意见进行观察、治疗与随访。

(3) 分娩期保健:分娩期保健是围生保健中的重要环节。分娩是指妊娠满 28 周及以后,从临产发动至胎儿及其附属物排出母体的过程。分娩期保健重点是防出血、防感染、防滞产、防产伤、防窒息,加强产时监护及处理。

(4) 产褥期保健:产褥期(puerperium)是指从胎盘娩出至产妇全身各器官除乳腺外逐渐恢复到未孕状态所需的一段时期,一般为 6 周。产褥期保健分为住院期间保健、产后访视、产后 42d 检查及产褥期疾病的识别和处理。

1) 住院期间保健:正常分娩产妇于分娩后至少应住院观察 24h,严密观察并记录产妇的生命体征(血压脉搏)、阴道出血和宫缩等情况,对产妇出血量进行收集、测量和记录。进行新生儿体格检查、疾病筛查、预防接种,给予保健指导及相应的处理。

2) 产后访视:乡镇卫生院、村卫生室和社区卫生服务中心(站)在收到分娩医院转来的产妇分娩信息后,应于产后 3~7d、产后 28d 分别到产妇家中进行产后访视 1 次,对产妇及新生儿同时访视,出现母婴异常情况适当增加访视次数或指导及时就医。

表 5-1 孕期不同孕周产前检查内容

孕周	健康教育内容	常规保健	必查项目
孕 6~13 周 [+6]	流产的认识和预防 营养和生活方式的指导，根据孕前 BMI，提出孕期体质量增加建议 继续补充叶酸 4~8mg/d 至孕 3 个月 避免接触有毒有害物质，避免密切接触宠物 慎用药物，避免使用可能影响胎儿正常发育的药物 改变不良的生活习惯及生活方式；避免高强度的工作、高噪音环境和家庭暴力 保持心理健康	建立孕期保健手册 仔细询问月经情况，确定孕周，推算预产期 评估孕期高危因素 全面体格检查，包括心肺听诊、测量血压、体重，计算 BMI；常规妇科检查（孕前 3 个月未查者）；胎心率测定（多普勒听诊，妊娠 12 周左右）	血常规，尿常规，血型（ABO 和 Rh 血型），肝功能，肾功能，空腹血糖水平，HBsAg 筛查，梅毒血清抗体筛查，HIV 筛查，地中海贫血筛查（广东、广西、海南、湖南、湖北、四川、重庆等地区）；超声检查
孕 14~19 周 [+6]	流产的认识和预防 妊娠生理知识 营养和生活方式的指导 中孕期胎儿染色体非整倍体筛查的意义 孕妇铁剂的补充指导 开始常规补钙剂 0.6~1.5g/d	分析首次产前检查的结果 询问阴道出血、饮食、运动情况 体格检查，包括血压、体重，评估孕妇体质量增加是否合理；子宫底高度；胎心率测定	血常规，尿常规
孕 20~24 周	早产的认识和预防 营养和生活方式的指导 胎儿系统超声筛查的意义	询问胎动、阴道出血、饮食、运动情况 体格检查同妊娠 14~19 周 [+6] 产前检查	胎儿系统超声筛查（妊娠 20~24 周，筛查胎儿的严重畸形） 血常规，尿常规
孕 25~28 周	早产的认识和预防 妊娠糖尿病（gestational diabetes mellitus, GDM）筛查的意义	询问胎动、阴道出血、宫缩、饮食、运动情况 体格检查同妊娠 14~19 周 [+6] 产前检查	GDM 筛查 血常规，尿常规
孕 29~32 周	分娩方式指导 开始注意胎动或计数胎动 母乳喂养指导 新生儿护理指导	询问胎动、阴道出血、宫缩、饮食、运动情况 体格检查同妊娠 14~19 周 [+6] 产前检查；胎位检查	血常规，尿常规 超声检查：胎儿生长发育情况、羊水量、胎位、胎盘位置等

续表

孕周	健康教育内容	常规保健	必查项目
孕 33~36 周	分娩前生活方式的指导 分娩相关知识 新生儿疾病筛查 抑郁症的预防	询问胎动、阴道出血、宫缩、皮肤瘙痒、饮食、运动、分娩前准备情况 体格检查同妊娠 30~32 周产前检查	尿常规
孕 37~41 周	分娩相关知识 新生儿免疫接种指导 产褥期指导 胎儿宫内情况的监护 妊娠≥41 周,住院并引产	询问胎动、宫缩、见红等 体格检查同妊娠 30~32 周产前检查	超声检查 无应激试验(每周 1 次) 血常规、尿常规

3）产后 42d 检查：产后 42d 时，母婴应到相应的医疗保健机构进行全面检查，包括复查妊娠期或分娩期的合并症是否治愈，并接受计划生育指导。

（5）节育期保健：节育期是生育年龄妇女无生育要求的时期，是妇女一生最重要的时期，应做好这一时期的保健工作。节育期保健是指应用现代科学知识和技术为节育期妇女提供的旨在保护和促进节育期妇女生殖健康的一系列保健服务。

在节育期保健服务中，医疗保健人员要帮助育龄夫妇了解常用避孕方法的避孕原理、适应证、禁忌证、正确使用方法、常见副作用及其防治方法，从而选择满意的、适合的避孕方法。

（二）更年期保健

更年期是妇女从成年进入老年期所必须经历的一个生理阶段，是妇女从生殖功能旺盛状态过渡到非生殖期的年龄阶段。伴随着卵巢衰老的进程，更年期妇女可能会出现由性激素变化引起的月经紊乱、血管舒缩功能障碍、神经精神症状等更年期表现。更年期也是老年女性慢性病如骨质疏松、心血管疾病和老年痴呆等的起始阶段。更年期保健服务应立足综合性、多学科、全方位的医疗服务，开展相关内容的健康教育活动，提供定期、适时、有效的疾病筛查服务等。

1. 生活方式指导

（1）饮食与营养：应适当减少碳水化合物的摄入量，总热量的摄入应较年轻妇女减少。饮食特点应为低热量、低脂肪、低盐、低糖。

（2）吸烟与饮酒：戒烟，包括主动吸烟及被动吸烟，吸烟对女性的影响包括绝经提前或月经周期改变；限酒，45~59 岁中老年人，酒精摄入量应掌握在 5~10g/d 为宜。

（3）运动：适宜的运动有益健康。更年期妇女在运动锻炼中应尽量避免肌肉 - 关节 - 骨骼系统损伤，每周至少 3 次，30min/ 次，运动心率一般应达到 150 次 /min。

（4）体重管理：更年期妇女正常的体重指数应保持 18.5~23.9kg/m^2。BMI≥24kg/m^2 为超重，BMI≥28kg/m^2 为肥胖，女性腰围≥80cm 为腹部脂肪蓄积的界限。

（5）睡眠：更年期妇女需要 7~8h/d 睡眠时间，午睡为 15~20min。对于围绝经期和绝经后的失眠妇女，应首先排除此年龄组中影响睡眠的常见疾病，如抑郁障碍、焦虑障碍和睡眠呼吸暂停综合征等。若存在上述疾病应同时治疗原发病。对于由于低雌激素造成的失眠，伴有血管舒缩症状、焦虑、抑郁等患者，可同时采用补充女性激素的治疗方案。

（6）性生活：结合患者的个体情况及当前需求，选择合适的性激素疗法、非激素疗法、性心理治疗等，制订有针对性的治疗方案。

2. 性激素治疗（HT）　需明确 HT 是维持围绝经期和绝经后妇女健康全部策略（包括饮食、运动、戒烟和限酒等生活方式建议）中的一部分；HT 是医疗措施，须在有治疗的适应证（性激素缺乏的临床症状和体征），并且没有禁忌证的情况下方可使用；治疗应采用个体化方案，根据症状、患者要求解决的临床问题和预防需求；结合相关检查结果、个人史、家族史等综合因素，评估并拟定治疗方案；HT 的女性应该至少每年进行一次临床监测，包括体格检查、常规妇科检查；阴道超声检查子宫内膜的厚度；乳腺超声、乳腺钼靶检查；血脂、肝肾功能、胆囊、凝血指标等；更新病史和家族史。

（三）妇女疾病普查与预防

妇女疾病普查普治在保护我国妇女生殖健康,降低妇女疾病负担方面起着重要的作用。定期开展妇科病普查普治,不仅可以及时发现和治疗妇科常见病、多发病,而且可以对广大妇女进行卫生保健知识和计划生育的宣传和指导,提高防治疾病的效果。

1. 宫颈癌及癌前病变　宫颈癌筛查建议在开始性生活后进行。30~65 岁的妇女 HPV和细胞学联合筛查,两项均正常者每 5 年查一次;单独细胞学筛查或者 HPV 筛查,正常者每3 年查一次。>65 岁的妇女既往接受了规范的筛查,并且无宫颈癌高危因素,结果阴性者可终止筛查,如果既往有≥CINⅡ及以上病史者至少进行 20 年的常规筛查。宫颈细胞学检查出现异常或者(及)HPV 阳性者均需及时到医院就诊。

2. 乳腺疾病

(1) 开始筛查年龄、时间间隔:筛查一般建议 40 岁开始,每年一次。有明显乳腺癌遗传倾向者、*BRCA1/2* 基因突变携带者以及乳腺不典型增生和小叶原位癌患者可提前参加乳腺筛查。鼓励基层医务工作者向妇女传授每月 1 次乳腺自我检查的方法,建议选择月经来潮后 7~10d 进行,可以提高妇女的防癌意识。

(2) 分类管理方法:0~49 岁每年 1 次乳腺超声或乳腺 X 线检查,推荐与临床体检联合,尤其对致密型乳腺推荐 X 线与 B 超检查联合;50~69 岁上述方法每 1~2 年 1 次;70 岁或以上上述方法每 2 年 1 次。

（四）妇女社区保健措施

1. 建立和健全社区妇幼保健网　妇幼保健网是指由妇幼保健专业机构形成的组织系统,是进行社区妇幼保健工作的组织保障,是开展社区妇幼保健工作的组织基础。开展孕产妇健康管理的社区卫生服务中心和乡镇卫生院应当具备服务所需的基本设备和条件,从事孕产妇健康管理服务工作的人员应取得相应的执业资格,并接受过孕产妇保健专业技术培训。

2. 开展社区调查　加强与村(居)委会、妇联相关部门的联系,通过社区调查了解所在社区妇女的人口数、年龄构成、健康状况、主要危险因素及卫生保健需求,以便制订社区妇女保健工作计划,有针对性地开展社区妇女保健工作。

3. 提供社区妇女保健服务　根据社区调查的结果,针对社区妇女的健康状况和卫生问题以及卫生保健的需求,提供相应的服务。服务的内容应该包括有关妇女预防保健知识的宣传教育和健康咨询,开展青春期性教育与咨询,婚前检查与咨询,计划生育咨询与技术服务,计划免疫,定期健康检查,妇女疾病的防治等。也包括对妇女开展系统健康管理。

4. 建立非政府支持组织　社区保健强调社区群众的有效参与,可以在社区中成立一些非政府组织,如妇女小组等,以促进社区妇女的有效参与。

5. 在全科诊疗中注重妇女健康　全科医生应强化妇女保健意识,提高对于妇女不同生理时期常见疾患的诊疗能力;并熟悉必要的筛检咨询项目与内容,清楚特定的疾病状况。积极运用中医药方法(如饮食起居、情志调摄、食疗药膳、产后康复等),开展孕期、产褥期、哺乳期、更年期保健服务。

【案例 5-1 分析】

该孕妇孕 10 周在社区卫生中心围生期保健科建卡并建立孕产妇档案,进行规范的系统管理和评估,完成孕 12 周、孕 16 周、孕 20 周、孕 24 周孕期检查、综合评估、健康教育及咨询指导,期间无明显异常,于 24 周后转诊至有产科的综合性医院专科检查。

在孕 25 周时体重 62kg,BMI 23.62kg/m²,结合有糖尿病家族史,给予 OGTT 试验,可见空腹 5.4mmol/L、餐后 1h 9.5mmol/L、餐后 2h 8.8mmol/L。诊断为妊娠糖尿病,予以营养、运动、生活方式干预后,血糖控制在目标值范围内(空腹血糖 4.5~5.0mmol/L,餐后 2h 5.4~7.7mmol/L)。

孕 32 周始反复多次出现咳嗽、打喷嚏漏尿,未特殊处理。

分娩前体重 68kg,于孕 39 周 $^{+5}$ 顺产一活女婴,新生儿体重 3 700g,产后漏尿症状有所缓解。产后 42d 回到社区卫生服务中心围产保健科检查:体重 63kg,BMI 24.01kg/m²;OGTT 试验可见空腹 4.1mmol/L,餐后 1h 7.2mmol/L,餐后 2h 6.6mmol/L;妇科检查可见阴道前壁Ⅰ度脱垂,子宫Ⅰ度脱垂。予以盆底肌肉锻炼(凯格尔锻炼)和物理治疗(盆底电刺激)两个疗程,漏尿症状消失。嘱其体重管理,饮食指导,每年 1~2 次血糖监测,日常凯格尔锻炼。

⊙ **全科医生在诊疗过程中的关注点**

利用全科理念,对妇女人群做好保健管理。

1. 认识不同生理时期的特点,熟悉筛查内容,做出正确评估。

2. 针对不同阶段,不仅要关注生理上的变化,还要关注心理上改变,以及家庭 - 社会支持情况,在青春期、孕产期及更年期,容易出现精神疾病,要早发现早诊断。

3. 孕产妇容易受诸多因素影响,要协调专科加强管理,及时转诊,做好全程管理。

4. 注重女性宫颈和乳腺疾病的筛查和管理,针对不同时期,给出恰当的筛查方法。

5. 转诊指征

(1) 无性生活史者禁做阴道窥器检查,必要时专科就诊。

(2) 怀疑有精神疾病的患者。

(3) 妊娠期女性且未曾到围生期保健科就诊者。

(4) 更年期女性需要激素替代治疗者。

(5) 女性疾病筛查中发现乳腺可疑肿块、宫颈细胞学检查和 / 或高危型 HPV 检测异常者。

(胡 芳)

第二节 儿童保健

主要内容

1. 各年龄段儿童的特点。
2. 各年龄段儿童的保健重点。
3. 特殊儿童的保健重点。
4. 儿童保健适宜技术。
5. 儿童保健系统管理。

······ **重要知识点** ······

1. 儿童时期是一生中发育最快的阶段，不同年龄段儿童在形体、生理和心理上表现各异。

2. 儿童体格生长指标的测量、母乳喂养、食物转换、早产儿护理、免疫接种是儿童保健医生必须掌握的技术。

3. 儿童作为社区重点人群，必须通过全面系统的保健工作，才能保障他们的身心健康，提高健康水平。

【案例 5-2】

女，矫正 1 月龄，早产低体重儿常规健康体检。

该儿童 1 个月前于市妇保医院经剖宫产娩出。系第 3 胎第 2 产，胎龄 32 周，单胎。母亲孕期无合并症。出生时无窒息，体重 1 880g，脐带、胎盘无明显异常。生后纯母乳喂养，母乳量充足，食欲佳，睡眠可，无明显哭吵或夜惊，大便约 4 次 /d，性状可。今来儿童保健科行常规健康检查。

查体：体温 36.8℃，呼吸 28 次 /min，脉搏 121 次 /min，头围 36cm，体重 4kg，身长 55.8cm。前囟平，约 1.5cm×1.5cm，面色红润，口唇无发绀，双侧瞳孔等圆等大，对光反射存，追视可，外耳道未见异常，口腔黏膜完整无白斑、舌系带正常。刺激后反应哭声可，全身皮肤巩膜无黄染，未见出血点及瘀斑。双侧颈部未及明显淋巴结及肿块，胸廓无饱满，两侧乳房未及肿块。心肺听诊无特殊。腹软，肝脾未及，肠鸣音正常。脊柱、四肢未见异常，双下肢皮纹对称，髋关节外展不受限，肛门及外生殖器未见畸形。

案例提示：通过学习本章，结合案例 5-2，在社区儿童保健中，应如何针对早产儿做保健？如何管理？

一、儿童健康状况

（一）概述

根据第七次人口普查数据显示,我国 0~14 岁儿童超过 2.5 亿,约占人口总数的 17.95%。儿童是家庭中的重要成员,他们的身心健康关系到家庭乃至社会的稳定和全民素质的提高。社区儿童保健的开展为儿童保健工作的提升提供了有利的平台。

儿童从胎儿、新生儿、婴儿、幼儿、学龄前儿童发展到学龄儿童、青少年,不论是形体、生理和心理上都不断发生着变化。儿童时期是一生中生长发育最快的阶段,也是奠定他们身心健康的基础阶段。儿童作为社区的重点人群,必须通过全面系统的保健工作,才能保障他们的身心健康,提高健康水平。

（二）各年龄期儿童的特点

不同年龄段儿童的特点不同,保健内容亦不同。

1. 胎儿期的特点　胎儿期是指自受精卵形成至胎儿娩出之前,共 40 周。按胎龄分 3 个阶段:胚胎和胎儿早期、胎儿中期、胎儿后期。胎儿期完全依靠母体生存,此期以组织与器官的迅速生长和功能渐趋成熟为主要生理特点,尤其妊娠早期是机体各器官形成的关键时期,此时如果受各种不利因素的影响,可影响胎儿的正常分化,从而造成流产或各种畸形。因此孕期保健必须从妊娠早期开始。

2. 新生儿期的特点　新生儿期是指自胎儿娩出后从脐带结扎开始,至出生后 28d。新生儿时期是小儿开始独立适应外界环境的阶段。新生儿出生后前几天,大部分时间呈睡眠状态。出生后两周,在醒着和舒适的时候,自发的整体性动作会开始活跃,并能产生明显的条件反射。新生儿开始直接与外界环境接触,能独立进行各种生理活动,如饮食、防御、抓握、眨眼、吞咽、喷嚏等非条件反射,以保证对外部条件的适应。新生儿期的保健工作,除注重保温、营养、防止感染等身体保护外,还应注意给予适度的环境刺激,以利于生理和心理的发展。

3. 婴儿期的特点　自出生后至 1 周岁为婴儿期。婴儿期是小儿生长发育最迅速的时期,需要摄入的热量和营养素非常高,但由于婴儿大脑皮质功能的不成熟,全身各器官系统功能还不完善,对高热、毒素及其他有害因素的抵抗力较弱,很容易发生抽搐、呕吐、腹泻、呼吸道感染、营养不良等问题。此期是整个儿童期死亡率较高的时期。

4. 幼儿期的特点　自满 1 周岁至 3 周岁为幼儿期。此期幼儿活动范围大,对危险事物识别能力差,在做好生长发育监测的同时,更应要注意防止意外创伤和中毒的发生;断乳和食物转换应在幼儿早期完成,因此要注意保证幼儿充足的营养,防止营养不良;预防感染仍是这个时期的重点保健内容之一。同时,教育幼儿家长注意弱视、斜视的早期症状,及时就医。

5. 学龄前期的特点　学龄前期是指儿童自满 3 周岁至 6 岁。此期儿童生长速度减慢,但智能发育更趋完善;抵抗力虽然比幼儿期有所增强,且仍易发生传染病和寄生虫病、意外事故;此期儿童教养尤为重要,如果教养不当可能会出现行为异常。

6. 学龄期的特点　学龄期是指自 6 岁至青春期前。此期儿童身体的生长发育趋向稳步增长,除了生殖系统外其他器官的发育到本期末已接近成人水平;智能发育更加成熟,是接受文化科学教育的重要时期。此期发病率较前有所降低,但近视和龋齿发病率较高。

二、儿童保健服务

(一) 各年龄期儿童的保健重点

1. 胎儿期的保健内容　胎儿期保健实施大致可分为 2 个阶段。

(1) 胚胎期与胎儿早期是预防畸形、先天性发育不全的关键时期。

(2) 胎儿中后期保健主要是保证胎儿组织器官的生长发育、生理功能的成熟,预防胎儿宫内发育迟缓或营养不均衡,预防感染和胎儿组织器官受损;防治妊娠并发症导致的胎儿缺氧、窒息、营养代谢障碍等。

2. 新生儿期的保健内容

(1) 喂养及营养补充:母乳是婴儿时期最好的食物,尤其是初乳,含有丰富的免疫活性物质。所有新生儿均应鼓励纯母乳喂养至生后 6 个月,指导母亲使用正确的哺乳方法以维持良好的乳汁分泌,昼夜按需哺乳(>8 次 /24h)。

(2) 保暖:新生儿居室的温度与湿度应该随气候温度变化调节,有条件的家庭最好在冬季使室内温度保持在 22~24℃,湿度在 55%~60% 为宜;鼓励采用袋鼠式护理,特别是对早产儿和低出生体重儿。要随着气温的高低,调节环境温度和衣被包裹。新生儿若有不明原因的哭闹或不安,应考虑室内温度过高、衣服过多、空气不流通所引起的不适。

(3) 护理:任何护理前均应洗净双手。衣服要宽松,易穿易脱,干燥清洁。注意保持脐带残端清洁和干燥,如有脐轮红、脓性分泌物或硬结,应及时就诊。新生儿最好每日洗澡,保持皮肤清洁,脐带脱落前应保护好脐带残端,如有脓疱、大疱或皮肤有波动性肿胀,应及时就诊。注意保持口腔清洁,不宜擦洗口腔黏膜,如有黏膜白斑或破损,应及时就诊。新生儿痤疮、"马牙"、"上皮珠"、乳房肿大、"假月经"、红斑、粟粒疹均属特殊生理现象,不需要特别处理,切不可擦拭、针挑或挤压,以免感染。

(4) 常见问题针对性指导

1) 卡介苗接种反应:卡介苗接种后 2 周左右,局部可能出现红肿,若随后有化脓,或形成小溃疡,不需要特殊处理,一般在 8~12 周后可自行结痂,但要注意局部清洁防止继发感染。

2) 溢奶:新生儿溢奶多数由新生儿特殊的胃肠道结构所致,频繁溢奶者多伴有不当的喂养方式,如喂奶过多过快、奶嘴孔过大、喂完奶后过多翻动新生儿等均易致溢奶。在喂奶后竖抱婴儿,轻轻拍背就可以减轻或避免。溢奶时要及时清理,不要让溢出物流到耳道里,以免耳部感染。

3) 打嗝:新生儿由于神经系统发育不完善,腹部皮下脂肪少,如遇有不当刺激,尤其是冷刺激易出现打嗝(膈肌痉挛)。随着婴儿月龄增长,神经系统发育逐渐完善,打嗝现象逐渐减少。为避免打嗝,在给新生儿更衣、换尿布时,应注意保暖,特别是对那些有脐疝的婴儿更应重点护理。

4）鼻塞：新生儿若是由于鼻痂导致通气不畅，应注意室温并调节湿度在合适的范围，尤其是冬季室内湿度不宜过低。若是症状仍不改善，有可能是呼吸道感染所致鼻塞，应及时就医。

5）黄疸：生理性黄疸一般在出生后 2~3d 出现皮肤黏膜发黄，如果吃奶好，精神好，无异常表现，10d 左右会自然消退，不需要特殊处理。母乳喂养的新生儿可能出现母乳性黄疸，多在 40d 左右消退。如黄疸进行性加重，并累及四肢，或退而复现，或伴有其他症状时，可能为病理性黄疸，建议转诊。

6）臀部糜烂：平时应注意保持新生儿臀部清洁，大便后注意清洗，最好涂护臀霜。一旦发现臀红，应及时处理。

7）湿疹：人工喂养的新生儿更容易患湿疹。应避免用香皂洗脸、洗澡，洗澡时水温不宜过热，一般有少许湿疹，不影响新生儿吃、睡等日常生活时，不需要处理，否则及时就诊。

8）头皮血肿：头皮血肿通常需数周才可吸收，部分较大血肿机化后在局部形成硬块甚至持续数年，一般不需要特殊处理。切不可在血肿处揉搓或针刺抽血，以避免继发感染。

9）疾病预防：新生儿居室保持空气新鲜，严禁吸烟，减少探视，护理新生儿前要洗手，家人患呼吸道感染时接触新生儿应戴口罩，以避免交叉感染。

10）伤害预防：应注意喂哺姿势和体位，预防乳汁误吸入气道引起窒息。保暖时应避免烫伤，预防意外伤害的发生。

11）促进感知觉、运动发育：母亲及家人多与新生儿说话、微笑和皮肤接触，用颜色鲜艳的玩具吸引新生儿目光追随，促进新生儿感知觉发展，多给新生儿做被动操，促进运动发育。

3. 婴儿期的保健内容

（1）定期健康检查，监测体格生长和神经、心理行为发育：在3、6、8、12月龄时开展健康检查，了解婴儿生长发育与健康状况。发现生长迟缓、发育偏异、先天缺陷或疾病，应早期诊断、干预、治疗，并增加检查频次。

（2）均衡营养和合理喂养：除需补充的少量营养增补剂，如维生素 D、维生素 K 以外，纯母乳喂养能满足 6 月龄以内婴儿所需要的全部液体、能量和营养素。6 月龄后指导父母或养育人及时进行食物转换（引入固体食物），按照固体食物引入的原则和顺序逐步添加。

（3）早期发展促进和预见性指导：按月龄结合婴儿的实际能力鼓励父母与婴儿玩耍和交流，以促进婴儿的运动、感知觉、语言和社会交往能力的发展。

（4）按计划免疫程序：定期完成卡介苗和脊髓灰质炎、百白破、麻疹、乙型肝炎等疫苗接种。

（5）疾病防治和伤害预防：营养缺乏性疾病（如营养性缺铁性贫血、维生素 D 缺乏性佝偻病）和感染性疾病（如呼吸道感染、腹泻等）是婴儿期的常见病，影响其生长发育，也是导致该时期发病率高、死亡率高的主要原因。在儿童保健常规检查中应定期筛查营养缺乏性疾病并进行专门管理。应注意环境危险因素的识别，为婴儿及时提供帮助，保护其成长。提醒父母注意伤害预防，如避免给婴儿进食坚果类食物，以免噎塞或误吸入气道，小物件应放在婴儿够不到的地方,床或楼梯口最好安装防护栏等。

4. 幼儿期的保健内容

(1) 均衡营养,合理膳食:有条件的可继续给予母乳喂养至 2 周岁(24 月龄)及以上,不能母乳喂养或母乳不足时,需要以配方奶作为母乳的补充剂。幼儿的均衡膳食主要应包含乳类(维持在 500ml 左右),米、面等碳水化合物类,鱼、肉、禽、蛋类(蛋白质),蔬菜和水果类,不仅要提供足够数量的能量和各种营养素,还要以满足机体正常的生理需要为基础,保持各种营养素之间的互补平衡,以利于营养素的吸收和利用。

(2) 定期健康体检,监测体格生长和心理行为发育:了解幼儿的营养、体格生长、语言、认知、交流和情绪的发育情况,体检间隔时间可较婴儿期延长,每半年一次。体检中应注意检查双眼共轭眼球运动,口腔乳牙萌出及其发育情况,神经系统观察运动、语言认知和交流能力。

(3) 促进动作、语言、认知和社会能力的发展:培养幼儿良好的行为习惯。

(4) 预防接种:每种菌苗或疫苗接种后所产生的免疫力只能持续一定的年限,故要根据每种疫苗接种后的免疫持续时间,按期进行加强免疫。

(5) 疾病防治和传染病管理:幼儿的免疫功能尚未发育完善,随着活动范围增加,急性传染病在幼儿期疾病中仍占很大比例,并威胁着儿童的健康水平。此期应按照预防为主的卫生方针,积极采取综合措施,做到防治结合,控制传染病流行。

5. 学龄前期的保健内容

(1) 保证充足营养和均衡膳食:此期儿童生长发育需要的膳食包括谷类食物,鱼、禽、蛋、瘦肉,蔬菜水果和乳类、豆制品。

(2) 培养良好的道德品质和生活习惯:为入学做好准备。

(3) 定期健康体检,监测体格生长和心理行为发育:每年 1 次,记录结果,并了解营养状况和生长速度:①如每年体重增长 <2kg,身高增长 <5cm,为体重增长不良或生长缓慢;②如体重/身高或体质指数/年龄(BMI/age)>M+1SD 或 >M+2SD(M 表示平均值,SD 表示标准差),为超重或肥胖,应寻找原因,指导膳食营养和干预进食行为,或转诊;③如可疑有心理行为发育问题,应及时采用相应的标准筛查方法进行筛查,并指导早期干预,如筛查发现异常应及时转诊进行评估和诊治。注意儿童的正确坐、走姿势,预防脊柱畸形。

(4) 视力保健:因为幼儿不能用言语表达其视力的情况,家长不易发现,应筛检视敏度,包括弱视和斜视检查。弱视的危害极大,如在 4 周岁以前能及时发现,就能达到较满意的疗效。

(5) 加强免疫接种、传染病管理、常见病防治等:与幼儿期保健要点大致相同。

(6) 安全教育:结合日常生活对学龄前期儿童进行安全教育,如要遵守交通规则,不要在马路上玩耍;不玩弄电器和电器开关,以防触电;避免到河边或池塘边玩耍,以防溺水等。

新生儿期到学龄前期的年龄段,随访管理和流程,也有各自的体检评估重点(图 5-1,表 5-2)。

```
┌─────────────┐
│  出院一周内   │──┐   ┌────────────────────────────────┐
└─────────────┘  │   │ •询问一般情况及预防接种情况和先天性疾病筛查情况 │
┌─────────────┐  │   │ •观察家居环境、进行体格检查            │
│   满月        │──┤   │ •指导新生儿护理和母乳喂养             │
└─────────────┘  │   └────────────────────────────────┘
┌─────────────┐  │
│   3月龄       │──┤
└─────────────┘  │
┌─────────────┐  │                    ┌──────────────────┐
│   6月龄       │──┤              ┌─正常─│•不需要疫苗接种告知下次健 │
└─────────────┘  │              │     │ 康管理或疫苗接种时间    │
┌─────────────┐  │              │     └──────────────────┘
│   8月龄       │──┤  ┌────────┐ │
└─────────────┘  │  │•询问两次随访│ │     ┌──────────────────┐
┌─────────────┐  │  │ 间发育和患病情│ │     │•需疫苗接种:若无禁忌证,│
│  12月龄       │──┤  │ 况        │ │     │ 按照免疫程序进行预防接种。│
└─────────────┘  │  │•体格检查和生│─┤     │ 接种后观察30min,无异常 │
┌─────────────┐  │  │ 长发育评估  │ │     │ 可回家           │
│  18月龄       │──┤  │•健康指导,包括│ │     │•填写预防接种记录      │
└─────────────┘  │  │ 科学喂养、合理膳│ │     └──────────────────┘
┌─────────────┐  │  │ 食、生长发育、疾│ │
│  24月龄       │──┤  │ 病预防、预防意外│ │
└─────────────┘  │  │ 伤害和口腔保健等│ │
┌─────────────┐  │  └────────┘ │     ┌──────────────────┐
│  30月龄       │──┤              └可疑或─│分析原因,进行针对性健康指 │
└─────────────┘  │                异常  │ 导或及时转诊        │
┌─────────────┐  │                    └──────────────────┘
│   3岁        │──┤
└─────────────┘  │
┌─────────────┐  │
│   4岁        │──┤
└─────────────┘  │
┌─────────────┐  │
│   5岁        │──┤
└─────────────┘  │
┌─────────────┐  │
│   6岁        │──┘
└─────────────┘
```

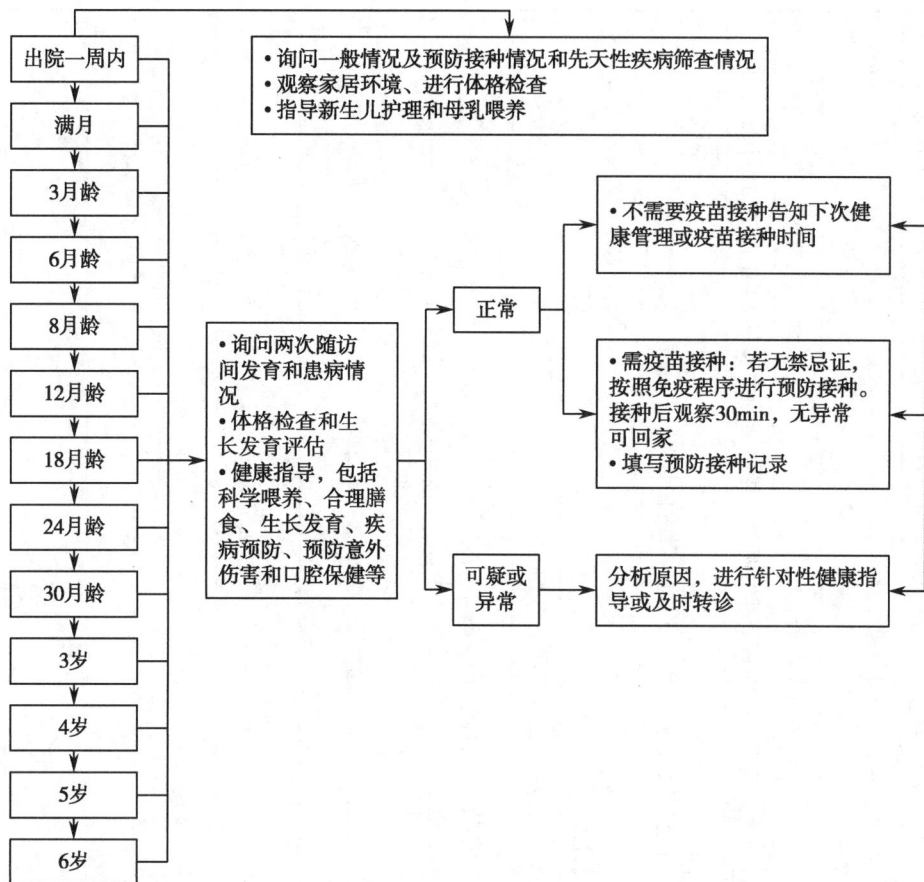

图 5-1　0~6 岁儿童健康管理流程图

6. 学龄期的保健内容

(1) 充足的营养和平衡膳食:该期儿童的体格增长速度稳定,骨骼处于成长发育阶段,因此,仍应要注意合理营养和平衡膳食。小学生在课间加餐,有益于儿童学习注意力集中,每日摄入的优质蛋白质应占总蛋白的 1/2;多食富含钙的食物,如牛乳,加强体育锻炼,使骨骼发育达到最佳状态,以减少成年期骨质疏松、骨折的发生;预防缺铁性贫血、营养不足等常见病;当 BMI 接近或超过正常上限时,应该调整食谱,改善进食行为,加强体格锻炼,以避免发展为肥胖症。

(2) 定期健康体检监测生长发育指标:此期对儿童和家长开展学龄期儿童发育特点及保健知识的宣传教育,提高儿童对机体生长发育的了解和自我保健意识,家长需关注第二性征发育时间,如女孩 8 岁前乳房发育,男孩 9 岁前睾丸容积变大均属于性早熟,要及时至生长发育门诊评估。

(3) 养成良好的生活和学习习惯:学龄期儿童要养成正确的坐、立、行走和阅读姿势,加强体育锻炼,预防疾病和意外伤害,特别要注意树立健康人格。

(4) 法制和性知识教育:增加儿童的法律知识,认识家庭与自己遵纪守法的重要性。按不同的年龄进行性教育,包括对自身的保护,正确认识性发育对儿童心理、生理的影响,学习有关性病、艾滋病危险因素的科普知识。

表5-2　0~6岁儿童健康检查要点流程表

项目	出院7d内	满月	3个月	6个月	8个月	12个月	18个月	24个月	30个月	36个月	48个月	60个月	72个月
皮肤	是否有胎记,色素沉着,黄疸,苍白,皮疹,湿疹,增大淋巴结				面色是否红润,每年一次血常规检查								
四肢	检查上下肢活动是否良好且对称					观察步态是否正常							
头部	检查头围,囟门及颅缝			12个月内要测量头围。佝偻病的乒乓颅可在5~6个月出现,方颅在7~8个月多见。囟门多在18个月内闭合									
口腔	是否有唇腭裂,高腭弓,诞生牙和新生牙,口腔炎症和鹅口疮		查口腔炎症,进行口腔卫生教育		查口腔炎症,出牙数,进行口腔卫生教育								
眼睛	是否流泪,分泌物,充血		是否流泪,有分泌物,发炎,斜视								视力筛查		
听觉	新生儿听力筛查及复查		6个月,12个月,24个月,36个月各做一次听力筛查										
胸部	畸形,心音,心率异常及心脏杂音		畸形,佝偻病体征(肋骨串珠,肋软骨沟,鸡胸,漏斗胸等),心音异常及心脏杂音										
脐部	脐带是否脱落,是否有感染,脐疝		是否脐疝										
腹部	是否有肝脾大,包块												
外生殖器及肛门	畸形,小阴唇粘连,阴囊水肿,隐睾症,腹股沟疝等即转诊												
手及足部	检查手指,足趾数目,是否有赘肉;畸形足		是否有佝偻病征(手镯征、"O"形腿及"X"形腿)										
脊柱	是否有脊柱膨出		是否有脊柱侧弯										
体格发育评估	体格发育评估为"下"者,进行干预或转诊												
大运动发育评估			抬头	翻身坐	坐好	站	走上楼梯	上楼梯	跑	双脚跳			

注：体格检查与评估

（二）特殊儿童的保健重点

特殊儿童在不同的国家和地区以及不同的领域理解和界定不一,通用的界定划分为广义和狭义两种理解。广义的特殊儿童是指与正常儿童在各方面有显著差异的各类儿童,包括高危儿和体弱儿两种。

1. 高危儿

（1）高危新生儿:是指在母亲妊娠及分娩期、新生儿期存在对胎儿、婴儿生长发育不利的各种危险因素的特殊新生儿。包括早产儿(胎龄 <37 周)或低出生体重儿(出生体重 <2 500g);宫内、产时或产后窒息儿,缺氧缺血性脑病及颅内出血者;高胆红素血症;新生儿肺炎、败血症等严重感染;新生儿患有各种影响生活能力的出生缺陷(如唇裂、腭裂、先天性心脏病等)以及遗传代谢性疾病;母亲有异常妊娠及分娩史、高龄分娩(≥35 岁)、患有残疾(视、听、智力、肢体、精神)并影响养育能力者等。

（2）高危儿的随访和管理要点:在高危儿随访监测过程中发现的特殊医学问题、体格生长异常、神经、心理行为发育落后或可疑异常,均应记录。高危儿的随访和管理见表 5-3。

表 5-3　高危儿随访和管理

项目	要点
与疾病相关的问题	是否需要家庭氧疗、药物治疗等
喂养和体格生长问题	有无喂养困难,指导喂养、营养强化或营养素补充,或转诊至专科医生诊治:定期监测体格生长,包括身长、体重和头围,描绘生长曲线图
视、听感觉系统	定期进行听力、视力筛查,如为早产儿、极低出生体重儿,应进行视网膜病筛查,转诊至专科医生
发育问题	定期进行神经运动检查和心理行为发育监测与筛查
家庭环境问题	了解家庭经济情况和养育环境,对改善家庭养育环境提出建设性意见;给予家长心理支持,提高父母养育技能
社区教育	开展社区健康教育,提高高危儿家庭对高危儿随访重要性的认识,普及相关知识
转诊问题	如需转诊至专科医生或上级医院,应提出转诊意见,以便进一步诊断、治疗,并进行转诊后的回访,协助治疗
干预问题	针对高危儿情况,提出干预意见并指导干预;了解专业治疗师的干预治疗方案,配合专业治疗师治疗,反馈干预效果

（3）高危儿的转诊指征:若新生儿出现下列情况之一,应立即转诊至上级医疗保健机构。①体温≥37.5℃或≤35.5℃;②反应差伴面色发灰、吸吮无力;③呼吸频率 <20 次 /min 或 >60 次 /min,呼吸困难(鼻翼扇动、呼气性呻吟、胸凹陷),呼吸暂停伴发绀;④心率 <100 次 /min 或 >160 次 /min,有明显的心律不齐;⑤皮肤严重黄染(手掌或足跖),苍白,发绀和厥冷,有出血点和瘀斑,皮肤硬肿,皮肤脓疱达到 5 个或很严重;⑥惊厥如反复眨眼、凝视、面部肌肉抽动、四肢痉挛性抽动或强直、角弓反张、牙关紧闭等,囟门张力高;⑦四肢无自主运动,双下肢 /双上肢活动不对称,肌张力消失或无法引出握持反射等原始反射;⑧眼窝或前囟凹陷、皮肤弹性差、尿少等脱水征象;⑨眼睑高度肿胀,结膜重度充血,有大量脓性分泌物;耳部有脓性

分泌物;⑩腹胀明显伴呕吐;⑪脐部脓性分泌物多,有肉芽或黏膜样物,脐轮周围皮肤发红和肿胀。

2. 体弱儿

(1) 体弱儿的定义:是指由于先天不足或后天反复疾病困扰而使生长明显受到影响的儿童。

(2) 体弱儿的范围:包括蛋白质 - 能量营养不良(生长迟缓、体重低下、消瘦)、营养性缺铁性贫血、维生素 D 缺乏性佝偻病、微量元素缺乏症、超重 / 单纯性肥胖、营养性发育偏离者、出生缺陷、先天性心脏病、疑似肺发育不良、疑似髋关节发育不良、反复呼吸道感染史、新生儿听力筛查(诊断)异常者。

(3) 体弱儿的随访时间:①先天性心脏病,遗传代谢病、听力异常、髋关节发育不良儿童已在上级医院治疗的,按常规体检时间随访;②蛋白质 - 能量营养不良(生长迟缓、体重低下、消瘦)、营养性缺铁性贫血、维生素 D 缺乏性佝偻病、微量元素缺乏症、营养性发育偏离者每月随访、肥胖、超重每 3 个月随访;③转出者 1 个月内采用电话等方法随访,了解上转管理情况,对未及时上转管理者督促家长及时就诊管理;对已在上级医院管理的儿童,按常规体检时间进行随访。

(4) 体弱儿的转诊指征:①中、重度营养不良儿童,活动性佝偻病治疗 1 个月无效者;②轻度贫血治疗 1 个月复查血红蛋白不升或加重者;③微量元素缺乏治疗 1 个月无效者;④中、重度肥胖儿童;⑤体格发育曲线连续二次偏离正常发育趋势者;⑥心理行为发育落后 2 个月以上者。

(三) 儿童保健适宜技术

1. 体重、身长(身高)、头围

(1) 体重

1) 测量前准备:每次测量体重前需校正体重秤零点。儿童脱去外衣、鞋、袜、帽,排空大小便,婴儿去掉尿布。冬季注意保持室内温暖,让儿童仅穿单衣裤,准确称量并除去衣服重量。

2) 测量方法:测量时儿童不能接触其他物体。使用电子体重秤称重时,待数据稳定后读数。记录时需除去衣服重量。体重记录以千克(kg)为单位,至小数点后 1 位。

(2) 身长(身高)

1) 测量前准备:3 岁及以下儿童测量身长,3 岁以上儿童测量身高。儿童测量身长(身高)前应脱去外衣、鞋、袜、帽。

2) 测量方法:测量身长时,儿童仰卧于测量床中央,助手将头扶正,头顶接触头板,两耳在同一水平。测量者立于儿童右侧,左手握住儿童两膝使两腿伸直,右手移动足板使其接触双脚跟部,注意测量床两侧的读数应保持一致,然后读数,儿童身长(身高)记录以厘米(cm)为单位,至小数点后 1 位。

(3) 头围:儿童取坐位或仰卧位,测量者位于儿童右侧或前方,用左手拇指将软尺零点固定于头部右侧眉弓上缘处,经枕骨粗隆及左侧眉弓上缘回至零点,使软尺紧贴头皮,女童应松开发辫。儿童头围记录以厘米(cm)为单位,至小数点后 1 位。

2. 母乳喂养

(1) 喂养方式的种类:①母乳喂养:指婴儿只吃母乳,不加任何其他食品,但允许在有医学指征的情况下,加喂药物维生素和矿物质。②混合喂养:指婴儿在喂母乳同时,喂其他乳类及乳制品。③人工喂养:指无母乳喂养,完全喂其他乳类和代乳品。

(2) 母乳喂养的优点:①母乳营养丰富,蛋白质、脂肪、碳水化合物比例适宜(1:3:6),含较丰富的维生素、矿物质,吸收好,适合婴儿生长发育的需要;②母乳易消化、吸收和利用,消化不良发生率低;③母乳含多种免疫成分,可增强婴儿机体的免疫力;④母乳量随小儿的生长而增加,温度及泌乳速度适宜,直接喂哺简单易行,经济、卫生、方便、省时省力,并可通过哺乳刺激母亲子宫收缩,减少产后出血,推迟月经复潮,有利于计划生育;⑤促进母婴间的情感交流,有利于婴儿的心理和社会适应性的发育。

(3) 母乳喂养指导:喂养的时间和次数以婴儿需要为准,一昼夜不应少于 8 次。根据婴儿的体重增长和小便次数客观地判断其哺乳量是否充足。

1) 判断哺乳充足的条件:体重每周增长 150g 及以上,或每月增长 600g 及以上;每日排尿 6~8 次以上,尿液呈无色或淡黄色,且无味。

2) 母乳不足的指导:①让婴儿勤吸吮,每次应吸空一侧乳房后,再吸另一侧,保证婴儿吸到富含脂肪的后奶,利于体重增长。②分析母乳不足的原因,鼓励母亲尽量以母乳喂养婴儿。确实无法以母乳喂养者,尽量使用婴儿配方奶。③亲自观察一次母亲哺乳全过程,注意哺喂时是否孩子的胸贴着妈妈的胸腹,鼻子对着妈妈的乳房,纠正其错误和不适宜的姿势,发现母亲乳头异常(乳头凹陷、平坦、皲裂等),并给予妥善处理。

3) 母亲哺乳和饮食的注意事项:①母亲喂奶前应先洗手,清洁乳房,内衣要舒适并勤换洗,母亲哺乳期需要充足的营养和睡眠,家庭成员多关心和支持母乳喂养,母亲保持心情舒畅,以保证乳汁分泌充足。不要给婴儿吸吮橡皮奶头或安慰奶嘴。②凡是母亲患有慢性消耗性疾病(如慢性肾炎、糖尿病、恶性肿瘤、心功能不全等),及患有精神病、癫痫等均应该停止哺乳。乳母患急性传染病时,可将乳汁挤出,经消毒后方可哺喂。乙型肝炎病毒携带者并非哺乳禁忌。母亲患病需要服用药物时,一定要在医生指导下使用。③母亲饮食要讲究营养均衡,禁忌过荤饮食,戒烟、戒酒。

3. 早产儿护理 社区医生应增加对早产儿和低出生体重儿的访视次数,并给予特殊指导。

(1) 喂养指导:最好母乳喂养。对吸吮力弱的孩子,可将母亲的奶汁挤在杯中,用滴管喂养,逐步增加喂奶次数,观察体重的增长。对 32 周以内的早产儿,每次滴管喂养前,母亲可将小手指放入早产儿口中,刺激和促进吸吮反射的建立,以使新生儿主动吸吮乳头。

(2) 保温指导:①定时测体温:每 4~6h 测一次,并做好记录(每日体温正常波动应在 36~37℃)。②室温应保持在 24~26℃,新生儿的衣物注意保暖。体重≥2kg 的婴儿,脐带脱落后可每日洗澡,此时室温最好在 28℃左右,盆浴水温应按体温调在 38~40℃为宜。③新生儿以手足温和为适宜,如果新生儿体温低可将其直接贴近成人身体保温。

(3) 护理指导:①观察早产儿吃奶、精神、面色、呼吸、哭声、皮肤(注意有无黄疸和硬肿)及大小便的性质和次数,并嘱其家长如发现异常应及时与社区医生联系或到医院检查;必要时转诊至上级医院。②每次换尿布或做其他护理时,动作要轻柔迅速,以免婴儿受凉,注意更换婴儿的体位,给婴儿定时翻身。吃奶后应将婴儿头部侧向右边,以免吐奶或吐奶后吸入呼吸道中。③新生儿满两周及 28d 时各测一次体重,测体重时要注意保暖。对满月体重增长不足 600g 者应分析原因,进行指导,必要时转诊。

4. 婴儿食物转换

(1) 食物转换的原则:在婴儿 180ml/次奶量的基础上开始加非乳类食物。由一种到多种、由少量到多量、由稀到稠、由细到粗。由不易产生过敏的谷类食物开始到动物性食物的引入(表 5-4)。

表 5-4　婴儿食物转换原则

项目	6 月龄	7~9 月龄	10~12 月龄
食物	泥状食物	末状食物	碎状、丁块状、指状食物
餐次	尝试,逐渐增加至 1 餐	4~5 次奶,1~2 餐其他食物	2~3 次奶,2~3 餐其他食物
乳类	纯母乳、部分母乳或配方奶;定时(3~4h)哺乳,5~6 次/d,奶量 800~1 000ml/d;逐渐减少夜间哺乳	母乳、部分母乳或配方奶 4~5 次/d,奶量 800ml/d 左右	部分母乳或配方奶;约 2~3 次/d,奶量 600~800ml/d
谷类	选择强化铁的米粉,用水或奶调配;开始少量(1 勺)尝试,逐渐增加到每天 1 餐。	强化铁的米粉、稠粥或面条,每日约 30~50g	软饭或面食,每日约 50~75g
蔬菜水果	开始尝试蔬菜泥(瓜类、根茎类、豆荚类)1~2 勺,然后尝试水果泥 1~2 勺,每日 2 次	每日碎菜 25~50g,水果 20~30g	每日碎菜 50~100g,水果 50g
肉类	尝试添加	开始添加肉泥、肝泥、动物血等动物性食品	添加动物肝脏、动物血、鱼虾、鸡鸭肉、红肉(猪肉、牛肉、羊肉等),每日 25~50g
蛋类	暂不添加	开始添加蛋黄,每日自 1/4 个逐渐增加至 1 个	1 个鸡蛋
喂养技术	用勺喂食	可坐在一高椅子上与成人共进餐,开始学习用手自我喂食。可让婴儿手拿"条状"或"指状"食物,学习咀嚼	学习自己用勺进食;用杯子喝奶;每日和成人同桌进餐 1~2 次

(2) 食物转换的注意事项:①食物的添加不应影响原有乳类的摄入量。②婴儿接受一种新食物一般需尝试 8~10 次,大约 3~5d。食物转换时如果婴儿大便出现改变,应暂停添加食物,待大便恢复正常后继续添加。菜泥中无须加盐、油,水果泥不加糖或水。

5. 免疫接种　计划免疫是指国家根据传染病的疫情监测及人群免疫水平的调查分析,有计划地为应免疫人群按年龄进行常规预防接种,以提高人群免疫水平,达到控制乃至最终消灭相应传染病的目的。

(1) 免疫接种的程序(表 5-5)

表5-5 国家免疫规划疫苗儿童免疫程序表（2016版）

疫苗种类 名称	缩写	接种年（月）龄 出生时	1月	2月	3月	4月	5月	6月	8月	9月	18月	2岁	3岁	4岁	5岁	6岁
乙肝疫苗	HepB	1	2					3								
卡介苗	BCG	1														
脊髓灰质炎灭活疫苗	IPV			1												
脊髓灰质炎减毒活疫苗	OPV				1	2								3		
百白破疫苗	DTaP				1	2	3				4					
白破疫苗	DT															1
麻风疫苗	MR								1							
麻腮风疫苗	MMR										1					
乙脑减毒活疫苗或灭活疫苗※	JE-L								1			2				
乙脑减毒活疫苗或灭活疫苗※	JE-I								1,2			3				4
A群流脑多糖疫苗	MPSV-A							1		2						
A群C群流脑多糖疫苗	MPSV-AC												1			2
甲肝减毒活疫苗或灭活疫苗※※	HepA-L										1					
甲肝减毒活疫苗或灭活疫苗※※	HepA-I										1	2				

注：表中空格表示无接种。

※选择乙脑减毒活疫苗接种时，采用2剂次接种程序。选择乙脑灭活疫苗接种时，采用4剂次接种程序；乙脑灭活疫苗第1、2剂间隔7~10d。

※※选择甲肝减毒活疫苗接种时，采用1剂次接种程序。选择甲肝灭活疫苗接种时，采用2剂次接种程序。

（2）免疫接种反应处理

1）局部反应及处理：局部红肿、硬结、疼痛一般不需任何处理，大多数儿童经过适当休息，就可恢复正常。较重的可以隔一块干净的毛巾进行干热敷，每日 3~5 次，每次 15min，能帮助消肿、减轻疼痛。表皮温度高者可用冷敷，但此法不适用于卡介苗引起的局部反应。

2）全身反应及处理：①发热：一般体温在 6~24h 升高，温度在 38.5℃左右，持续不超过 24h。单纯发热并且体温不高，以加强观察，适当休息，多喝开水，温水擦浴等物理降温为主。若高热不退请到上级医院就诊，及时排除其他原因。②腹泻：一般在接种口服疫苗后出现较多，可使用婴幼儿止泻药物，多喝水，严重者建议到上级医院就诊。③情绪变化、食欲减退，可自行转好，对症处理即可。

6. 儿童伤害的预防

（1）预防窒息：凡带尖、有棱角的物品和塑料袋都不适合 1 岁以内的婴儿玩耍。经常检查婴幼儿的周围是否有遗落的纽扣、硬币、棋子等物品。不给婴幼儿吃整个的坚果，以防造成气管异物和窒息。

（2）预防药物中毒和危险物品伤害：不要把可能会对孩子造成伤害的物品（如药物、洗涤用品、杀虫剂、刀剪等利器、火柴等易燃品）放在婴幼儿能接触到的地方，以防误食误伤或中毒。

（3）预防溺水和烫伤：习惯用浴缸的家庭，要及时将浴缸里的水放干，浴室门要关好，以防婴幼儿掉进装满水的浴缸。在部分农村地区，如果家庭中有水缸或水井，一定要加盖；如果屋外有水沟、池塘等，要装栅栏，以免其落水。给婴幼儿洗澡时，先在盆里加入凉水，后放热水。小儿会爬会走后，要注意将热的水、汤、粥等放在远离儿童的地方，饭菜晾凉后再喂，不能放在有桌布的桌子上，以免被儿童碰翻烫伤自己。

（4）预防坠地：当婴幼儿独自躺在床上时，一定要有床栏。住楼房的家庭，窗户应该安装护栏。

（5）预防忽视和虐待：儿童虐待与忽视包括一系列的虐待、失职或犯罪行为，这些行为会导致儿童患病或死亡。儿童身体虐待的许多病例是可以预防的，对高危家庭提供"家庭访视"可有效地预防儿童身体受到虐待。

（6）预防其他伤害：①乘坐小型汽车时，要给幼儿准备好专用汽车安全座椅。任何时候都不能将婴幼儿单独留在车里。②饲养宠物的家庭不能让猫、狗等宠物单独与婴幼儿在一起，要消灭老鼠，防止被其咬伤或传染疾病。③经常检查婴儿的手指和脚趾是否被手套或被子上的丝线物缠绕，以免因血流不畅造成组织坏死。经常给婴儿修剪指甲，把指甲尖修圆，以免抓破皮肤。④要选有扇叶保护的电风扇，以防止婴幼儿把手指伸进去。电源插座应该有一定高度，电源插孔要用专用绝缘片保护好。⑤严禁婴幼儿拿小匙或筷子等长形物体玩耍，防止跌倒时受伤。

（四）儿童保健系统管理

为了更好地保证儿童的健康，需要对儿童进行主动的系统管理。在国内开展了主要针对 0~6 岁的儿童、重点是新生儿和 3 岁以下婴幼儿的儿童保健系统管理。

　　儿童保健系统管理的运行程序,在城市是以街道或居委会为单位,由所在辖区的医疗保健机构承担工作,并根据其能力的大小实行网格化包干责任制。在农村依靠三级妇幼保健网络,以乡为单位,实行分级分工负责制,乡村配合,共同做好儿童保健系统管理工作,疑难病儿转诊至县(市)级以上医疗保健机构处理。

　　1. 社区儿童保健系统管理措施

　　(1) 开展新生儿访视:新生儿返家后 3~7d 内,由妇幼保健人员到其家中随访并做好记录,填写系统保健卡(册)。在新生儿期要求至少应访视 2 次(初访、满月访),初访地点是新生儿家中,对高危儿应酌情增加随访次数,并专案管理。访视中,除了解和观察一般情况外,还需测量体重并进行全身检查,指导合理喂养和护理。

　　(2) 建立儿童档案:新生儿满月后在社区儿童保健科建立儿童保健卡(手册)做到一人一卡(册),并建立电子健康档案,并了解和观察一般情况,对新生儿进行全身检查,测量体重和身长,指导合理喂养和护理,此次随访也称之为满月访。

　　(3) 定期健康体检:儿童保健系统管理要求对 0~6 岁儿童,重点是 3 岁以下婴幼儿进行定期的健康体检。时间为 1 岁以内体检时间是 3 月龄、6 月龄、8 月龄、12 月龄,1~2 岁每半年 1 次,3 岁以下属于散居儿童,保健地点在社区卫生服务中心儿童保健科,体检时将体检内容填写在儿童电子健康档案中;3~6 岁每年 1 次,此阶段儿童属于集居儿童,体检在幼儿园集中进行,体检时将体检内容填写在保健册中。有条件的地方可适当增加体检次数和项目。体弱儿应专案管理。

　　(4) 生长发育监测:为了及早发现生长缓慢现象,适时采取干预措施,保证儿童的健康成长,儿童保健应根据实际情况,使用小儿生长发育监测图来进行生长发育监测。这种方法指标单一,简便易行,只需连续测量小儿体重、身长,绘制出体重、身长曲线,可动态地观察婴幼儿生长发育趋势。要求每次体检时测身高和体重。除了生长发育趋势的监测外,心理行为能力发育的评价和干预也是重中之重。

　　(5) 体弱儿的管理:对在儿童保健门诊和系统管理中发现和筛选出的体弱儿要进行专案管理。3 岁以下体弱儿由儿童保健医生管理,3~6 岁体弱儿由幼儿园保健老师管理,儿童保健科医生定期去幼儿园进行检查并给予指导。对体弱儿要求采取针对性措施,增加随访次数,指导家长正确护理喂养,注意保暖,防治感染等。要督促患儿就医,建立专案病历,制订治疗方案,定期复诊治疗。待恢复正常情况和疾病治愈后,转入健康儿童系统管理。

　　(6) 健康教育:在儿童保健系统管理中健康教育是必不可少的,可采取多种形式,利用各种媒介大力宣传优生、新生儿护理、科学喂养、营养、疾病防治、健康行为等儿童保健知识和儿童优教知识,提高广大群众的保健意识,养成良好的卫生习惯,适时利用医疗保健服务,促进儿童健康成长。

　　2. 社区儿童保健考核指标

　　(1) 新生儿访视率 = 年度辖区内接受 1 次及以上访视的新生儿人数 / 年度辖区内活产数 ×100%

　　(2) 儿童健康管理率 = 年度辖区内接受 1 次及以上随访的 0~6 岁儿童数 / 年度辖区内应管理的 0~6 岁儿童数 ×100%

（3）儿童系统管理率 = 年度辖区中按相应频次要求管理的 0~6 岁儿童数 / 年度辖区内应管理的 0~6 岁儿童数 × 100%

（4）高危儿及营养性疾病儿童管理率 = 年度辖区中按高危儿及营养性疾病管理的儿童数 / 年度辖区内应管理的 0~6 岁高危儿及营养性疾病儿童数 × 100%

【案例 5-2 分析】

该儿童出生孕周 32 周,体重 1 880g,属于早产低出生体重儿,属于体弱儿,建立体弱儿档案,专案管理。

1. 喂养　母乳喂养,加母乳添加剂或早产儿奶粉;体重达矫正胎龄第 25 百分位,母乳喂养或用普通婴儿配方奶粉。

2. 补充营养　出生第二周补充维生素 A 600~1 000IU;维生素 D 800IU,3 个月后改为 400IU;DHA 100mg/d;2 个月后补充铁剂 1~2mg/kg,叶酸 2.5mg 每周 2 次;6 个月后补充锌 3mg/d,极低出生体重儿可补充维生素 E 10~15mg/d,共 3 个月。

3. 预防感染　养护人员洗手,注意室内空气流通、新鲜,注意婴儿皮肤护理。

4. 保持呼吸道通畅　右侧卧位,防止呕吐物吸入,不用枕头。

5. 视网膜筛查:<2 000g 的早产儿在出生后 3~4 周,矫正胎龄 31~32 周时进行视网膜筛查。

6. 心理发育行为监测。

7. 随访时间　6 月龄以内每月 1 次,6~12 月龄每 2 个月 1 次,12~24 月龄每季度 1 次随访,2 岁以后行为发育追赶上正常胎龄儿童,予结案,按正常儿童随访管理。

⊙ **全科医生在诊疗过程中的关注点**

1. 儿童体检时间安排、体检内容、方法。
2. 体弱儿筛查方法与管理。
3. 儿童健康评价和宣教。
4. 保健网络管理系统以及操作。

（胡　芳　徐连邦）

第三节　老年人保健

主要内容

1. 人口老龄化及健康老龄化。
2. 老年人生理、心理和社会特征。
3. 老年患病的临床特点。
4. 老年人常见的健康问题及保健措施。

······· 重要知识点 ·······

1. 老年人健康问题往往是长期的、复杂的,但其中又有很多规律和特征,全科医生需要掌握老年人的生理、心理特征。

2. 掌握老年人健康管理的内容。

3. 全科门诊特别是基层医疗机构的全科门诊就诊人群中老年人占多数,全科医生要掌握老年人常见的健康问题及保健措施。

·······

【案例 5-3】

女,75 岁,反复腹胀、恶心呕吐 2 周。2 周前无明显诱因下出现腹胀,恶心呕吐,呕吐物为胃内容物,伴上腹隐痛,无畏寒发热,无腹泻。在社区医院行泮托拉唑、抗生素等静脉输液治疗,未见明显改善,仍有恶心呕吐等症状。既往有高血压 20 多年,糖尿病 1 年。

查体:体温 36.7℃,脉搏 45 次 /min,血压 145/98mmHg,呼吸 19 次 /min。双侧瞳孔等大等圆,直径 3mm,心率 45 次 /min,律齐,心音低钝,各瓣膜区未及明显杂音,两侧呼吸音粗,未及明显干湿啰音;腹软,上腹轻压痛,肠鸣音弱。双下肢有轻度水肿。

案例提示:通过学习老年人的特征和患病特点,关注哪些问题有助于诊断? 全科医生如何提供协调性服务? 如何对老年人进行综合管理?

一、老年人健康状况

(一) 概述

1. 老年人年龄的划分　衰老是指随着年龄的增长,在形态和功能上发生的进行性、衰退性的变化,又称老化。人体衰老是一个渐进的过程,很多因素影响衰老,而且人体器官的个体差异性很大。

世界卫生组织(WHO)对老年人年龄划分的标准:发达国家将 65 岁以上人群定义为老年人,而在发展中国家(特别是亚太地区)则将 60 岁以上人群称为老年人。其中 44 岁以下为青年人,45~59(64)岁为中年人,60(65)~74 岁为年轻老人,75~84 岁为老年人,85~90 岁为高龄老人,90 岁以上为长寿老人。2012 年我国的国家基本公共卫生服务技术规范参照国际通行标准,将老年人年龄设定为 65 岁及以上。

2. 人口老龄化　人口老龄化是人口年龄结构的老龄化。它是指老年人口占总人口的比例不断上升的一种动态过程。世界人口趋向老龄化的直接原因是出生率和死亡率的下降、平均预期寿命的延长。

我国人口老龄化与其他国家特别是经济发达国家相比具有以下特征:①老年人口规模巨大,老龄化发展迅速。2020 年年底第七次人口普查,我国 60 岁及以上人口为 2.64 亿人,占总人口的 18.70%,2026 年将达 3 亿,2037 年超过 4 亿,2051 年达到最大值,之后一直维持在 3 亿~4 亿的规模。②地区发展不平衡,城乡倒置。东部沿海经济发达地区明显快于西部经济欠发达地区。③女性老年人口数量多于男性,女性比男性多出 4.4%。④人口老龄化速度大于社会经济发展速度。

3. 健康老龄化和积极老龄化　世界卫生组织(WHO)对老人健康的标准提出了多维评价,具体包括五个方面——精神健康、躯体健康、日常生活的能力、社会健康和经济状况。积极老化(active aging)是指老年人的健康、参与、和保障达到最佳的过程,老年人维持自主和独立能力,保持社会参与的最佳状态,有助于提高老年人生活质量。

《中国健康老年人标准2013》中提出的健康老年人标准:①重要脏器的增龄性改变未导致功能异常;无重大疾病;相关高危因素控制在与其年龄相适应的达标范围内;具有一定的抗病能力。②认知功能基本正常;能适应环境;处事乐观积极;自我满意或自我评价好。③能恰当处理家庭和社会人际关系;积极参与家庭和社会活动。④日常生活活动正常,生活自理或基本自理。⑤营养状况良好,体重适中,保持良好生活方式。

(二)老年人生理、心理特征

疾病和健康并无明显界限。老年人健康问题往往是长期的、复杂的,但其中又有很多规律和特征。全科医生只有对老年人的生理、心理特征有充分的了解才能为这一重点人群提供更好的医疗保健服务。

1. 老年人生理特征　老年期身体的各个生理系统逐渐失去自我更新的能力,解决问题、理解、学习以及在常态和应激下的情绪反应等能力下降,对来自社会各方面的压力和对环境的适应能力均减退。

(1) 外貌及体形上的改变:毛发变白、脱发,皮肤皱纹增多、弹性减弱等体表外形改变;出现老年斑等局部色素性改变;头颅骨变薄,牙龈与牙齿萎缩、牙齿脱落;身高变矮,有弯腰驼背体征;体重逐渐减轻,消瘦;肌肉松弛、运动能力下降。其变化与遗传、性别、职业、环境、生活方式、行为等有关。

(2) 器官和组织的改变:老年人内脏器官和组织细胞数减少,发生萎缩,重量减轻,器官功能减退。新陈代谢降低,胰岛素的反应不敏感,易导致糖尿病;胃肠道消化酶活力下降,肠蠕动减慢易导致便秘;肝内糖原、抗坏血酸及核糖核酸减少,蛋白质合成下降,酶活力降低,脂肪聚积,容易导致脂肪肝;肾单位萎缩,酶活力降低,肾小管滤过率及肾小管重吸收能力下降,夜尿增多,肾功能不全;过量的水分会增加心脏负担,导致电解质失衡;造血功能降低导致贫血;性激素分泌逐渐减少,性功能减退;老年男性前列腺增生、肥大导致排尿困难;感觉器官退化如视力和听力下降及近期记忆力减退。

2. 老年人心理特征　老年人的心理健康状况随着生理功能的衰弱、生活环境和社会角色的变化而变化。由于个体的家庭环境、教育背景、经济状况和健康状况的差异,表现出比生理健康更为复杂多样的变化。一般表现为感知觉下降、智力衰退、记忆思维能力下降、人格特征和情感的改变、精神行为障碍等,如孤独、多疑、自卑、抑郁以及情绪不稳、脾气暴躁等,构成老年人的社会和家庭问题。

(三)老年期患病特点

老年期个体差异很大,整体患病特点具有以下特征:①多种疾病共存:老年人一体多病非常常见,甚至一个脏器同时存在多种病变并存。②临床症状体征不典型:老年人整体反应力低下,常表现为全身不适,乏力,表情淡漠,甚至昏迷等。主观感觉与客观体征不一致,易发生误诊、漏诊。虽发病隐匿,病情却发展迅速。③易出现多脏器衰竭:老年人尤其是高龄老人各脏器功能均处于边缘状态,稍有应激就会出现脏器功能失代偿,出现危象。④治愈率低:各脏器功能衰退,神经内分泌调节机制减弱,应激能力下降,疾病的治愈率明显降低,不易恢复。

二、老年人保健服务

老年人的健康问题主要集中在常见慢性病及其急性合并症,所患疾病涉及全身各个系统。此外,跌倒、药物不良反应、功能老化、高龄等情况,均可导致急慢性病况的发生。全科医生应做好老年人的健康管理和疾病的评估、治疗、适当转诊、随访等工作。

（一）身体常见健康问题及保健

1. 跌倒　跌倒是指在平地行走时或从稍高处摔倒。老年人髋关节、骨盆、前臂等部位的骨折有90%由跌倒引起。老年人跌倒后发生骨折往往造成不能行走,生活不能自理,甚至要长期卧床,导致多种并发症,如压疮、栓塞等,严重时可导致突发瘫痪、意识丧失等,不仅影响躯体健康,还可影响心理和社会健康,甚至危及生命。因此,积极预防老年人跌倒是维护老年人健康、保证老年人生活质量的重要保健措施。

（1）发生原因

1）主观因素:随着身体的老化和多种疾病的影响,老年人保持身体姿势平衡和步履稳定的能力逐渐变差,以及一些影响脑血流灌注及氧供应的全身性疾病,视觉、听觉、触觉、前庭及本位感觉等功能的损害及减退,药物和酒精的影响,以及坠床等,均是跌倒的常见原因。

2）客观因素:湿滑的地面,光线影响,楼梯缺少扶手、卧室里家具摆放不当等,均是构成老年人跌倒的潜在危险因素。

（2）保健措施:对有跌倒风险的老年人,要帮助分析可能的诱发因素,提出有效的预防措施。①指导老年人用助行器。②选用适合老年人特点并结合个人兴趣及活动能力的运动形式,如散步、慢跑、各种形式的体操及太极拳等,有规律的锻炼。③预防药物不良反应。老年人的内服药和外用药分开,药物标签清晰明显,分发药物时要讲解清楚;对服用镇静、安眠药的老年人,最好上床后服用,以防药物在老年人上床前起作用而引起跌倒;应用降糖、降压及利尿药物的老年人,注意其用药后的反应;指导老年人不乱用药,尽量减少服用药物的种类和剂量。④对意识障碍的老年人应加床档;睡眠中翻身幅度较大或身材高大的老年人,应在床旁用椅子挡护。⑤建立适合老年特点的居家环境及社区环境。通道地板要平整,不要有障碍物;要保证楼梯、浴室、卧室等有足够的亮度;要有楼梯扶手,并有方便照明的开关;在浴室里靠近手盆、浴缸、便器的地板要铺防滑砖或防滑胶布;浴室、洗手间、便器应有结实的扶手方便进出;睡床高低要适当,床垫不宜太松软。⑥健康教育及生活指导,使老年人掌握自身的健康状况和活动能力,量力而行;衣着上要避免穿衣摆过长会绊脚的长裤、睡衣或者衣衫,走动时穿合脚的鞋,尽量不穿拖鞋。

2. 便秘

（1）发生原因:随着年龄增长导致各器官功能退化的生理性原因,也有因疾病、药物等因素导致的病理性原因:①饮食因素:老年人咀嚼能力下降、消化功能减退、食物摄入量减少、饮食精细、食物中纤维素含量不足是老年人便秘的主要原因。②饮水不足:老年人对体内高渗状态调节反应下降,口渴感觉较差,饮水不足导致便秘。③体力活动减少:老年人活动能力下降,肠蠕动功能变差,肠内容物长时间停留在肠腔内,水分被过度吸收,造成粪质干结,排便困难。④药物作用:许多药物可抑制肠蠕动而引起便秘。含铝、钙离子的制酸药物以及铋制剂有收敛作用,使肠内容物水分被过度吸收也可引起便秘。⑤中枢神经病变:如脊髓损伤、帕金森病、脑血管病变等这些疾病可使排便反射迟缓,肠蠕动减慢,大便干燥不易排出。⑥精神因素:精神过度紧张或抑郁抑制自然排便反射,可发生或发展成严重便秘。⑦直肠对膨胀感觉迟钝,缺乏便意,粪块镶嵌的容积可变多,老人易出现粪块嵌塞现象。⑧功能性肠蠕动减慢,腹肌、直肠肌肉萎缩,张力减退,排便无力。⑨不习惯于床上排便及缺乏隐蔽的排便环境。

(2) 临床表现:①排便次数减少,排便间隔时间延长,便量减少,大便干结、坚硬,满腹胀痛。②由于肠蠕动减弱,肠内蛋白质分解,腐败发酵加重,其终末产物如酚类、吲哚等有害物质的吸收,可引起腹胀、腹痛、头晕、乏力、口苦、精神淡漠、食欲减退等中毒症状发生。③便秘时精神压力较大,对便秘产生恐惧感而惧怕排便,久之形成恶性循环。④便秘老年人排便时费力,易出现大汗淋漓、虚脱,甚至发生脑出血、心肌梗死、猝死现象。

(3) 保健措施:综合评估制订适合老年人的保健措施:①膳食指导:多食膳食纤维丰富的食物,丰富的膳食纤维可以增加粪便量,达到刺激肠蠕动的目的。鼓励老年人多饮水,减少粪块干结。避免大量饮酒和过多饮用咖啡饮品。②排便习惯指导:指导老年人每天定时主动排便,建立良好的排便反射。一般在早上起床或早餐后进行排便,因为此时结肠活动较活跃。③腹部按摩:加强腹部肌肉的锻炼,可每日顺时针方向按摩腹部数次,增加肠蠕动,促进排便。④适当运动:适当增加运动量,有利于增加肠蠕动,增进食欲,预防便秘,促使老年人保持最佳的生理功能和心理状态。⑤心理指导:保持乐观的精神状态,消除紧张因素,克服焦虑。为其提供适宜、隐蔽的排便环境,给予心理安慰,消除老年人的排便顾虑。⑥预防意外:有高血压、心脑血管疾病的老年人要避免用力排便,以防发生意外。⑦药物导泻:严重的便秘经饮食和行为疗法无效时,可在医生指导下,采取药物导泻。⑧手指取便:当粪便嵌塞于肛门直肠,用泻药无效时,可让老年人左侧卧位,用戴手套的示指将干结粪便粉碎取出,或用油剂保留灌肠,将粪块软化后再粉碎取出。

3. 大便失禁　大便失禁是指肛门括约肌不受意识的控制而不自主地排便。大便失禁易造成多种并发症,严重影响患者的生活质量,不仅给患者带来极大的痛苦,也给护理工作带来诸多困难。

(1) 发生原因:多为局部肌肉、骨骼、神经退化、损伤引起:①肛门直肠肌肉松弛或反射功能不良引起失禁。②肛管直肠脱垂、内痔脱出等机械性障碍引起失禁。③手术损伤或分娩时外阴破裂引起的括约肌局部缺陷,肛门直肠环和括约肌局部缺损被黏膜代替脱出肛外者,直肠癌术后无肛门括约肌功能引起失禁。④骨盆底部肌肉组织损伤引起盆底肌功能障碍。

(2) 保健措施:①饮食指导:进食营养丰富、容易消化吸收、少渣少油的食物,以减轻胃肠道负担。②卧床休息:适当休息,减少热量消耗,必要时观察血压和皮肤弹性,检查有无脱水及电解质失衡现象。③清洁卫生:掌握卧床老年人的排便规律,及时给予便盆,及时更换被单。定时开窗通气,保持室内空气清新。肛门周围的皮肤常因频繁的稀便刺激而发红,每次便后用温水洗净肛门周围及臀部皮肤。必要时,肛门周围可涂擦软膏,保持皮肤干燥。稀便常流不止者,可暂时用纱球堵塞肛门以防大便流出。④教会患者进行肛门括约肌及盆底肌肉收缩锻炼:指导患者取立、坐或卧位,试做排便动作,先慢慢收缩肌肉,然后再慢慢放松,每次10s左右,连续10次,每次锻炼20~30min,每日数次,以患者感觉不疲乏为宜。⑤心理指导:排便失禁的老年人常因不能控制排便而感到窘迫、自卑和焦虑,期望得到理解和帮助。应尊重理解排便失禁患者,给予心理安慰与支持,帮助其树立信心。

4. 尿失禁　尿失禁是指个体不能控制膀胱排尿功能,使尿液不自主外流的现象。尿失禁是老年人泌尿系统最常见的症状之一,老年妇女中尤为多见。尿失禁不仅易损伤老年人的皮肤,增加尿路感染的危险,而且还易使老年人产生心理压力,影响老年人正常社交、家庭和睦,加速老年人老化。

(1) 发生原因:引起老年人尿失禁的病因比较复杂,可由局部或全身因素引起。发生原因主要为:①老年人对膀胱的控制能力下降,膀胱容量减少。②急性尿失禁常由急性意识障碍、急性泌尿系统感染、使用某些镇静剂或利尿剂、抑郁症、环境因素等引起,一旦去除病因后急性尿失禁症状即可消失,多见于功能性尿失禁。③慢性尿失禁:A. 压力性尿失禁:与盆底肌肉松弛,膀胱、尿道括约肌张力减弱有关;B. 急迫性尿失禁:与膀胱肿瘤、膀胱炎、尿道炎刺激逼尿肌有关;C. 充溢性尿失禁:与脊髓损伤所致的排尿冲动传导障碍及下尿路梗阻有关。④老年人因疾病导致意识障碍而引起的尿失禁最为常见。

(2) 临床表现:①压力性尿失禁:咳嗽、喷嚏、大笑等短暂腹压升高导致尿液不自主溢出。常见于老年妇女。②急迫性尿失禁:尿意产生的同时,尿液已经从尿道口流出,几乎没有预兆。多伴有尿频、尿急等症状。③充溢性尿失禁:膀胱内尿液充盈达到一定压力时,有少量尿液不自主溢出。④功能性尿失禁:能感觉到膀胱充盈,由于精神因素、运动障碍或药物作用,不能及时排出的暂时性症状。⑤生活质量明显下降,加速老化;使老年人产生自卑、害羞、自我厌恶、忧郁心理,害怕别人嫌弃,影响正常交往;产生压疮。

(3) 保健措施:原发疾病针对性治疗,功能退化进行盆底肌肉锻炼,并结合生活方式指导:①加强营养,锻炼身体,锻炼盆底肌力,关心安慰老年尿失禁患者。②老年妇女雌激素减少所致的尿失禁,可谨慎补充雌激素;感染所致的尿失禁,需抗感染治疗;肿瘤、结石所致的尿失禁,可进行手术治疗。③保持会阴清洁,注意老年人会阴局部有无红肿、破溃。④排尿功能训练是尿失禁老年人重要的康复措施。⑤进行盆底肌肉锻炼。⑥对于压力性尿失禁,可综合采用盆底肌肉锻炼、排尿功能训练等方法缓解症状。

5. 皮肤瘙痒　皮肤瘙痒是位于表皮、真皮之间或毛囊周围游离神经末梢受到刺激所致。

(1) 发生原因:①局部皮肤病变:皮肤干燥是最常见的原因,除此之外还可见于多数皮疹、皮炎以及皮肤感染等病症。②全身性疾病:慢性肾衰竭或肾功能减退的患者有80%~90%伴有瘙痒;肝胆疾病引起胆汁淤积时,可在黄疸出现前或伴黄疸的同时出现瘙痒;甲状腺功能减退、糖尿病、某些恶性肿瘤以及药物过敏均可引起全身瘙痒。③心理因素:较少见。老年人搔抓可导致局部皮肤损伤,损伤加重了瘙痒,恶性循环。

(2) 保健措施:主要为对症治疗和个人护理:①一般护理:停止洗澡过频;忌用碱性肥皂;适当使用护肤用品,使皮肤保留水分,防止机械性刺激;避免毛衣类衣服直接接触皮肤。②病因筛查:对引起瘙痒的原发疾病进行治疗。③对症处理:使用低浓度类固醇霜剂擦皮肤,应用抗组胺药及温和的镇静剂可减轻瘙痒,防止皮肤继发性损害。④心理护理:找出可能的心理原因加以疏导,或针对瘙痒而引起的心理异常进行开解。

(二) 心理健康问题及保健

不良应激原能引起老年人痛苦的情绪,是影响心理健康、导致精神症状的主要因素。常见不良应激原为夫妻关系危机、代沟矛盾、离退休、负性生活事件、居住环境、不良生活方式、迷信等。常见负性生活事件有丧偶、经济拮据、体弱多病、子女意外等。

1. 常见的心理综合征

(1) 脑衰弱综合征:是指由多种因素,如长期压抑、寂寞、大脑接受信息刺激不足、脑外伤、慢性酒精中毒以及各种原因的脑缺氧引起的脑力和体力疲惫、注意力不集中、记忆不良、睡眠改变、情绪不稳等。

(2) 离退休综合征:是一种不良的焦虑抑郁反应,是由于离退休后一时难以适应社会角色、地位和生活方式的突然改变而出现的心理反应,表现为情绪改变,如牢骚、易激惹、失望、悲观等。离退休综合征易转化为抑郁症。

(3) 空巢综合征:是指由多种原因造成的子女不能或不愿意与父母同住,使老年人晚年的理想落空表现出来的一组症状,表现为失落、空虚、寂寞、伤感等。

(4) 套间综合征:是由于居住在高层楼房的老年人与邻居互不来往,楼高不便活动,整日闲居室内等,导致老年人出现无聊、抑郁、恐惧等心理反应,表现为虚弱、失眠、头痛、感冒、腰背痛等症状。

2. 心理问题及保健

(1) 焦虑:积极帮助老年人及其家属认识焦虑的表现,分析出现焦虑的原因,指导老年人保持良好的心态,学会自我疏导和自我放松,建立规律的活动和睡眠习惯,帮助老年人的子女学会谦让和尊重老年人,理解老年人的焦虑心理,鼓励和倾听老年人的内心宣泄,真正从身心上去关心和体贴老年人。重度焦虑可应用抗焦虑药物治疗。

(2) 抑郁:抑郁症是老年期最常见的功能性精神障碍之一,高发年龄为 50~60 岁。抑郁情绪在老年人中更常见。老年人的自杀通常与抑郁障碍有关。主要措施包括严防自杀,避免促发因素,采用认知心理治疗、药物治疗,对药物无效或不能耐受和自杀企图者应转诊治疗。

(3) 孤独:孤独是一种被疏远、被抛弃和不被他人接纳的情绪体验。孤独感在老年人中常见,是不容忽视的社会问题。一方面,需要子女和社会的共同努力,充分认识到空巢老人在心理上可能遭遇的危机,注重对父母的精神赡养,尽量常回家看看,或经常与父母通电话等进行情感和思想的交流。另一方面,鼓励老年人参与社会活动,积极而适量地参加各种力所能及的有益于社会和家人的活动,在活动中扩大社会交往,做到老有所为,既可消除孤独和寂寞,从心理上获得生活价值感的满足,又增添生活乐趣。

(4) 自卑:即自我评价偏低,是一种消极的情绪体验。当人的自尊需要得不到满足,又不能恰如其分、实事求是地分析自己时,就容易产生自卑心理。应为老年人创建良好、健康的社会心理环境,尊老敬老;鼓励老年人参与社会活动,做力所能及的事情、挖掘潜能,得到一些自我实现,增加生活的价值感和自尊;对生活完全不能自理的老年人,应注意保护,在不影响健康的前提下,尊重他们原来的生活习惯,使老年人被尊重的需要得到满足。

（三）老年人健康管理

该部分内容特指纳入国家基本公共卫生服务项目中的老年人周期性健康体检。该健康管理服务每年为老年人免费提供 1 次,包括生活方式和健康状况评估、体格检查、辅助检查和健康指导。

1. 生活方式和健康状况评估　通过问诊及老年人健康状态自评了解其基本健康状况、体育锻炼、饮食、吸烟、饮酒、慢性病常见症状、既往所患疾病、治疗及目前用药和生活自理能力等情况。

2. 体格检查　包括体温、脉搏、呼吸、血压、身高、体重、腰围、皮肤浅表淋巴结、乳腺、肺部、心脏、腹部、肛门指检、下肢水肿、足背动脉搏动等常规体格检查,并对口腔、视力、听力和运动功能等进行粗测。

3. 辅助检查　包括血常规、尿常规、肝功能(血清谷草转氨酶、血清谷丙转氨酶和总胆红素)、肾功能(血清肌酐和血尿素)、空腹血糖、血脂(总胆固醇、甘油三酯、低密度脂蛋白、高密度脂蛋白)、心电图、腹部 B 超(肝胆胰脾)检查。

4. 评估指导　①对发现的高血压、糖尿病患者应纳入慢性病管理;对发现的其他疾病患者应及时治疗或转诊;不论是体检还是辅助检查所发现的异常结果,需定期复查或建议转诊。②对危险因素控制方面的健康指导,包括对生活方式的指导,如适度运动、合理膳食、戒烟减酒、控制体重等,也包括针对老年人特点进行有针对性的指导,如防跌倒、疫苗接种、防骨质疏松、意外伤害以及认知情感指导。③健康指导的对象不仅要对老年人本人,也应让老年人亲属知晓,保证健康指导效果。④对体检的所有老年人告知 / 预约下次体检时间。

（四）社区老年人保健服务

老年期的生理、心理和社会特点,决定了老年人群复杂多样的医疗保健需求,既包括预防保健、医疗、护理和康复需求,也包含了心理服务需求,给社区老年卫生保健工作提出了挑战。全科医生应该在对社区老年人群科学评估的基础上,充分利用社区资源和相关医疗卫生资源,做好老年保健工作。

1. 开展社区老年综合健康功能评估　综合健康功能评估(comprehensive functional assessment,CFA)是从躯体、精神、社会心理、自理能力等多个维度测量老年人整体健康功能水平的一种健康测量方法。它能鉴定出老年人医疗、社会心理、自理能力丧失等多方面的问题,反映出老年人的保健需求。

2. 健康教育　老年人的适应能力、抗病能力和代谢能力都有明显的降低,有必要接受有关专业人员的指导。通过健康教育,使老年人自己能制订合理的生活方式,如保持适量的活动。生活要有规律;保持充分的睡眠;平衡膳食,注意营养素的搭配;适量饮茶;保持心情舒畅平静,不宜过于激动等。

3. 健康体检　老年人每年至少体检一次。包括健康相关信息采集、健康状况评估、健康指导。发现问题及时采取保健措施及相应的治疗,必要时转诊上级医院。

4. 日常活动管理　对老年人的日常生活给予必要的指导。如饮食、运动、排便、排尿、控制体重等各方面进行指导。

5. 医疗服务　熟悉老年患者的特点,掌握识别疾病和疾病的严重程度,根据病情提供适当及针对性的诊疗服务。

6. 护理与康复服务　在疾病或失能的情况下需要得到清洁卫生、饮食、起居、药物护理等,促进疾病的早期康复;对疾病等引起的机体病残与失能,需要提供有效的康复服务和指导。

7. 心理健康服务　提供心理健康咨询服务,以及人际关系和人际交往、社会适应方面的心理辅导,在疾病状态下则需要提供心理服务等。

8. 临终关怀服务　临终关怀服务不仅强调支持性和缓解性的治疗和照护,还包括心理咨询、死亡教育、社会支援和居丧照顾等多层面的综合性服务;另外对临终患者的家属进行的心理咨询和安慰也是临终关怀服务的重要内容。

【案例 5-3 分析】

该老年女性独居,既往有高血压、糖尿病病史。平时在服用多种药物,对于药名具体不详。

个人背景:患者出身于农民家庭,文盲,性情孤僻,对自身疾病不太了解,不能说清自己服药的药名。信佛教,有医疗保险。

家庭背景:21 岁结婚,育有 3 个儿子 2 个女儿,8 年前患者丈夫因脑肿瘤去世,独居,与子女相距不远,患者与两个儿子在同一小区居住。与子女关系欠佳,少有来往。生活支出由子女共同承担。据子女反映,近半年多来,记忆力有所下降。1 个月前更换了新的病历本,旧的病历本遗失。

社区背景:拆迁后回迁 2 年,尚能与邻居和睦相处。可用的社会资源较少,有时会去寺庙礼佛。通过查询健康档案,得知患者有慢性心力衰竭、高血压、2 型糖尿病。长期每日一次服用缬沙坦 80mg、格列齐特缓释片 30mg、地高辛片 0.125mg、美托洛尔缓释片 47.5mg。血压及空腹血糖控制可。

老人口述每天及时服用药,不能认清药名,但是每种药物每日服用至少 1 次,每次每种 1 片,有时候忘记是否服用了,会再次服用。据患者回忆每日并无服用半片的药物,很可能地高辛每日口服了至少 1 片。

检查血尿常规、电解质、肝肾功能、血糖之外,立即给予急查地高辛血药浓度,结果提示地高辛中毒。给予补液对症治疗。

结论:老人高龄、独居,多种疾病共存,多种药物联合使用,导致药物服用过量中毒,其表现的症状不典型。需要家庭给予照顾和支持,监督规范用药。全科医生要针对老年人的心理和生理特点,既往疾病及用药,以及个人背景、家庭背景及社会背景,全面综合评估可能存在的问题及风险,争取患者家庭支持。在管理过程中,可以增加随访次数。

⊙ 全科医生在诊疗过程中的关注点

利用全科理念,对老年人做好健康管理。

1. 老年人的生理和心理特征决定了疾病和健康并无明显界限,全科医生要对老年人的生理、心理特征有充分的了解才能为这一重点人群提供更好的医疗保健工作。

2. 老年人群复杂多样的医疗保健需求,既包括预防保健、医疗、护理和康复需求,也包含了心理服务需求。

3. 老年人多病共存、多重用药、病情复杂、症状不典型,容易出现漏诊和误诊。

4. 家庭、亲属以及社区支持是老年人健康维护与促进的关键因素,要充分利用老年人的家庭资源和社区资源。

5. 最终目的是提高或恢复衰弱老年患者的功能状态,最大程度地保持其生活自理能力,提高其生活质量。

6. 转诊指标

(1) 器官功能急剧衰退者。

(2) 常规治疗无效或不能确诊的疑难复杂病例。

(3) 怀疑有精神疾病的老年患者。

(4) 无法综合权衡治疗获益与治疗风险,需要专科意见或多科会诊的病例。

（胡　芳）

第四节　青少年保健

主要内容

1. 青少年时期的特点。
2. 青少年保健内容。
3. 青少年特殊问题。

········ **重要知识点** ···

1. 青少年期是人生理、心理、社会快速发展的时期,表现出其特有的阶段性生理、心理以及社会特征。

2. 青少年生理、认知、情感心理等方面的发展,决定了青少年时期的保健形式。

3. 青少年时期心理发展呈现出过渡性、不稳定和矛盾性等特点,存在很多特殊的问题。

···

【案例 5-4】

女,14 岁。初二学生,情绪低落,睡眠差 2 年余。

患者 2 年前由于生活、学业(当班长做的事情较多,学习效率低下)多方面原因逐渐开始出现情绪低落,睡眠质量差,白天精力欠佳,总感乏力,不想做事,食欲较差。上课注意力不集中。严重时觉生活没有希望,有过自杀的想法,未付出相关行动。上述情况断断续续存在,最长时间持续 20 天左右,患者情绪稍有缓解,但并未恢复至正常水平。缓解一段时间后,患者情绪又再次低落。否认持续性的心境高涨、精力充沛。近 1 周精神状态异常,在征求其意见的情况下,陪同至心理门诊。

　　个人史:家中有一妹妹,父母体健,1岁时父母离婚,自幼跟外婆一起生活。性格偏内向,朋友较少,但有好朋友。

　　其他病史:足月顺产,无重大内科、外科、传染性、神经系统疾病史。

　　精神检查:意识清,对时间、地点、人物、自我定向准确,交流配合,可配合医护完成相关检查。思维联想正常,未见思维逻辑障碍,未引出幻觉、妄想。语量少,语速可,语音、语调正常。情绪低落,容易哭泣。内心体验对情绪体验不足。近2周有消极想法,无冲动、伤人等行为。意志活动减退,自知力存在,有求治欲望。

　　案例提示:通过学习青少年保健,结合案例5-4,如何针对青少年进行心理保健? 如何预防青少年心理疾病?

一、青少年健康状况

(一)概述

　　青春期是童年向成年过渡的时期,从不成熟到成熟转变的关键阶段。世界卫生组织(WHO)专家建议的年龄范围是10~20岁。判断一位少年是否正处于青春期,以下列表现作为标志:①正经历从第二性征出现到性成熟的生理发展过程;②正经历从儿童认知方式向成人认知方式的心理转变过程;③正从社会经济依赖性向相对的独立状态过渡。由此,各国学者根据女性发育也早、结束也早于男性的特点,将青春期的时间跨度定为女孩10~18岁,男孩12~20岁。

(二)青少年时期的特点

　　1. 生理特征　青少年时期身体变化主要包括外部身体的快速变化、性的发育与成熟、脑与神经的发育及高能量的代谢。青春期有以下几个方面的特征。

　　(1)身体的发育:外部身体特征的变化是青少年生理发展的最显著特点,身高、体重、体形是青少年外部身体变化的主要表现,身体内部功能也迅速地发生改变,尤其是心血管系统、呼吸系统的逐渐发育健全。

　　(2)脑和神经系统高度发达:青春期是神经系统功能最充沛、生长力最强的时期,主要表现为记忆力强、理解力快、想象力丰富等特征。

　　(3)器官的发育与第二性征:随着性激素的分泌,男、女生殖系统以及第二特征体现出不同的特点:①男性在13岁以后性器官发展进入到活跃期,逐渐向性成熟发展,出现遗精是男性走向性成熟的标志性特征。女性在11~12岁外生殖器快速发育,其成熟的重要标志是月经初潮。②第二性征的特点是男性的声音变粗,喉结变大,腋毛、阴毛和胡须先后出现;女性声音变尖,乳房开始发育,身型呈现曲线。

　　2. 心理特征　随着生理发育成熟,社会体验的增加,心理也日渐成长,呈现出过渡性、不稳定和矛盾性等特点。过渡性是指青少年心理发育迅速但不够稳定,是一个半幼稚和半成熟的时期,从弱小向成年的成熟和稳定过渡。不稳定是指其成人的模式尚未展现出来。矛盾性是指心理上的独立性与依赖性、封闭性与开放性、成就感与挫败感交织。

　　3. 社会特征　青少年在生理、认知、情感心理等方面的发展决定了其社会性方面的发展。开始独立、自我认同的价值观的确立,追求良好的自我评价。这个时期的人际关系也变得复杂多样。

（1）自我意识的发展：具有自我评价、自我体验和自我控制等特点。伴随着青少年的社会化发展走向成熟，会渴望摆脱对成人的依赖，走向自主和独立，具有强烈的自尊感和自卑感。

（2）人际关系的发展：在青少年时期特别想建立自己的人际关系，希望被他人接受，喜欢和朋友们交往，获得他人的认同，在家庭中不希望被父母束缚。

二、青少年保健服务

（一）青少年常见问题及保健

1. 饮食及保健

（1）能量：青少年期对能量需要与生长速度成正比，生长发育需要能量为总能量的25%~30%，超过从事轻体力劳动成人，推荐能量供给为2 290~2 796kcal/d。

（2）蛋白质：青少年期体重增加约30kg，蛋白质约占16%。每天蛋白质供能应占总能量供给13%~15%，约为75~90g。此外，生长发育期，机体对必需氨基酸要求较高，动物和大豆可作为主要的蛋白质来源，应占50%，以提供较丰富必需氨基酸，满足生长发育需要。

（3）矿物质及维生素：青少年时期体格迅速生长发育，维生素及其他矿物质补充不容忽视。

（4）无机盐：青少年时期为满足骨骼迅速生长发育需要，对钙，磷，铁的需要量相对较高，约需储备钙200mg/d左右，故推荐供给量为1 000~1 200mg/d。伴随第二性征的发育，女性饮食铁推荐量为20mg/d，男性15mg/d；锌推荐供给量为15mg/d。女性青少年月经初潮，铁供给不足可致青春期缺铁性贫血。

2. 常见眼病问题及保健

（1）近视：是指眼睛辨认远处（5m以上）目标的视觉能力低于正常。青少年近视主要分为两类：①屈光性近视，此类近视眼睛长轴正常，但晶状体曲折力过强。②轴性近视，此类近视晶状体曲折力正常，但眼轴前后轴过长。

近视发生的影响因素：①遗传因素：不同种族之间近视的发病率差别很大，日本、中国等东亚民族比其他民族更易发生近视。一级亲属中有高度近视者的青少年是近视的易感人群。②环境因素：不良的看书姿势对近视的发生影响很大。环境因素是直接导致后天高度近视的发生。③营养和健康因素：青少年在生长快速增长阶段眼轴会有一定幅度延长，因而在学习负担较重和不良看书环境的影响下，不仅容易发生近视，还会引起近视程度的加重。

近视的预防措施有：①定期体检，及时发现近视眼是关键。②及时治疗有明显的效果。③养成良好的用眼卫生习惯：正确的写字、读书姿势，看书时长不宜过久（30~45min较为合适），光线适当，晚间看书时的灯光亮度一般为节能灯9~13W最佳。保证课间10min休息，减轻视力疲劳。积极开展体育锻炼，保证学生每天有1h体育活动，认真做好眼保健操。④饮食多样化，不偏食。补充含蛋白质、钙、磷丰富的食物，少吃糖果、高糖食品及碳酸饮料。

（2）沙眼：沙眼是由沙眼衣原体引起的慢性传染性结膜炎，是致盲常见眼病之一。因其在睑结膜表面形成粗糙不平的外观，形似沙粒，故名沙眼。

沙眼临床表现：多为急性发病，有异物感、畏光、流泪等不适，黏液或黏液性分泌物较多。数周后急性症状消退进入慢性期，此时可无任何不适或仅觉眼易疲劳。如此时治愈或自愈，可以不留瘢痕。如重复感染，病情也会加重。角膜上有活动性血管翳时，刺激症状比较显著，视力减退。晚期常会因后遗症,如睑内翻、倒睫、角膜溃疡及眼球干燥等,严重影响视力,甚至失明。

沙眼的诊断依据:①上穹窿和上睑结膜血管模糊充血,乳头增生或滤泡形成,或二者兼有;②用放大镜或裂隙灯角膜显微镜检查可见角膜血管翳,上穹窿和上睑结膜出现瘢痕;③结膜刮片找到沙眼包涵体。在第①项的基础上,兼有其他三项中之一者可以诊断为沙眼。

沙眼的分期:沙眼按照病变程度可以分为三期(表5-6)。Ⅰ期为早期,传染性最强,但及时治疗后痊愈希望也大。从Ⅰ期到Ⅱ期活动程度缩小,瘢痕出现,传染性减退。进入Ⅲ期后,活动病变消失,基本上无传染性,但不可能愈合。

表 5-6 沙眼的临床分期

分期	依据	分级	活动病变面积占上睑结膜面积
Ⅰ期	结膜有轻度充血,并有少量乳头增生和滤泡出现	轻(+)	<1/3
		中(++)	1/3~2/3
		重(+++)	>2/3
Ⅱ期	有乳头增生和滤泡出现,同时出现少量瘢痕	轻(+)	<1/3
		中(++)	1/3~2/3
		重(+++)	>2/3
Ⅲ期	瘢痕多,但没有活动病变		

沙眼是一种慢性传染性疾病,感染常在春夏季交替季节,年龄越小,感染可能性越大,应以防止接触感染为核心,采取以下措施:①注意个人卫生,尤其是保持洗漱用具的清洁,一人一巾,保护眼部清洁,手和脸要勤洗,手帕和毛巾要经常烫洗,洗后阳光下暴晒,枕头单独使用,枕套经常换洗;②保持环境卫生,粪便应无害化处理,彻底消除苍蝇滋生;③要定期检查眼睛,发现沙眼时及早确诊治疗。

3. 青春期贫血问题及保健

(1) 青春期贫血的原因:①生长过快:青少年生长快速,身体发育所需各种营养素增加,铁需要量增多。②营养不良:青少年如果偏食、挑食或为保持苗条身材进食过少,不吃肉、蛋、奶等食物,或者因为慢性胃肠道疾病引起铁铁摄入量减少,容易出现贫血。③月经来潮损失血量:此期少女因月经量初潮损失血量,增加了铁消耗与丢失,若有月经过多将加重贫血。

(2) 贫血的发展过程:青春期贫血多为缺铁性贫血,分为三期。①储铁减少期(ID):血清铁蛋白减少,提示体内铁能勉强满足生理需求,储备开始下降,血红蛋白(Hb)正常,无明显贫血的症状。②红细胞生成减少期(IDE):体内铁储备已下降,血清铁浓度下降,但Hb还未下降。③缺铁性贫血期(IDA):此期明显标志是Hb下降,贫血症状明显。可以根据Hb浓度将贫血分为三度,90~120g/L为轻度,60~89g/L为中度,<60g/L为重度。

(3) 青春期贫血的症状:皮肤、黏膜苍白,以面、唇、舌、指甲和眼结膜处最明显,严重者会出现心慌、气短、心前区胀闷不适,活动后症状加重,并伴有头晕、头痛、眼花、耳鸣、乏力、记忆力减退,以及食欲缺乏、恶心等症状。

(4) 贫血的危害:①影响生长发育:缺铁会引起各种含铁酶、铁依赖酶活力下降,影响氧化和合成等新陈代谢过程,从而使青少年缺少热能-蛋白质营养,引起生长发育水平下降。

缺铁导致胃肠道症状,如厌食、异食癖、肠吸收不良综合征等或引起萎缩性胃炎、舌炎,影响营养素的吸收,不利于生长发育。②活动能力下降:铁缺乏影响含铁酶或铁依赖酶的新陈代谢,使酶的功能减退,从而使青少年的爆发力、肌耐力减退,影响体力活动能力。③影响认知行为:与脑功能密切相关的各种神经递质都在铁依赖酶调节下发挥作用,缺铁会干扰神经递质代谢,出现一系列性中枢神经活动紊乱。对外界环境反应淡漠,注意力不集中,记忆力差,烦躁易怒,认识行为异常。④免疫功能下降:贫血使得身体抵抗力下降,抗感染能力普遍较弱,较正常青少年更易发呼吸道感染、腹泻等各种疾病。

(5) 青春期贫血的预防:①开展健康教育:普及营养、合理膳食的知识,对有贫血高危因素的家长加强贫血知识的宣传及指导。②加强营养:增加营养,补充含高铁、高蛋白的食物,如肝、瘦肉、鱼类等。饮食要多样化,不偏食或盲目节食。③定期健康检查:每年测定一次血红蛋白,早期发现贫血,及时治疗。

4. 青少年常见的心理问题及保健　青少年时期是孩子身心快速成长、自我意识和人格飞跃发展的关键阶段,容易出现各种心理、情绪问题。常见心理问题分为以下几类:学习问题、人际关系问题、情绪问题、人格障碍问题、青春期性心理问题。

(1) 青少年心理问题的常见原因:家庭教育失当、家庭关系不和睦、学校教育失误、校园暴力、社会竞争压力、自身心理矛盾如认知失调产生的认知矛盾、波动、消极的负性情绪等,均易导致出现心理问题。

(2) 青少年常见心理问题的预防:①家庭教育方面:宜疏不宜堵,根据孩子年龄特点、理解能力,采取疏导的办法,通过说服、引导的方法进行疏导;宜褒不宜贬,孩子在遇到困难时,家长不通过讽刺的话语贬低孩子的信心,家长要关注孩子的点滴进步,抓住时机,适当、适度地给予肯定、鼓励和赞许;宜静不宜动,遇到孩子违反纪律或与父母"顶嘴"时,家长要冷静;宜尊不宜刺,尊重和关心孩子,引起孩子的心理共鸣,激发其上进心。②学校教育方面:全面评价,努力挖掘"闪光点",有了进步立即表扬,帮学生树立信心;加强感情投入,融洽师生关系;针对不同的个性,采取不同的教育手段,讲究教育艺术;想办法让学生对教师说心里话,了解学生真实内心世界,帮助学生解决一些心理矛盾;利用主题班会,设法让学生认识自我。重视心理辅导和咨询,加强心理健康教育。

5. 青春期常见的性问题及保健

(1) 青春期常见性问题:①月经问题:女性青春期的重要发育特点是月经初潮,但此时卵巢功能还不稳定、不成熟,月经周期欠规律,可能出现无排卵性功能失调性子宫出血、闭经等现象,需至专科就诊。②遗精问题:遗精是男孩进入青春期后的正常现象,常常是在晚上睡眠时发生。发生间隔时间个体差异很大,大部分为每月 1~2 次,只要不是过于频繁,并且对身体和精神没有明显的不良影响,都属正常现象。如果过于频繁,2~3d 一次,甚至更多,应引起重视,需至专科就诊并查找原因。③手淫问题:手淫是指用手或其他器具抚摸自己的性器官,以获取性快感的性行为。手淫是一种自慰行为,是青少年最初的性体验,不应该视为耻辱行为,从而使青少年陷入不安和恐惧之中,应该正确引导和教育。引导青少年参加各项体育活动,并且将注意力转移到规律、健康的学习生活当中。过度的手淫可导致精神疲惫、注意力不集中、失眠等不良后果。

(2) 青春期性保健内容:①男性外阴保健:注意外阴部卫生,每晚睡前清洗会阴部。内裤不宜紧身,紧身裤束缚阴囊活动,使局部温度增高、影响睾丸发育和精子形成,且散热不良,还易引起股癣和湿疹。②女性外阴部保健:每日清洗外阴,清洗时应由前往后,由内向外,最后清洗肛门。内衣要宽松,内裤要勤换勤洗、日光下晒干。③女童乳房保健:女童发育成熟的乳房左右两侧基本对称,乳房内肌纤维少,支持能力较差,故应注意乳房的保护,如保持正确的身体姿势,及时佩戴胸罩等。胸罩大小要适当,晚间睡眠时,应解开胸罩,以免影响呼吸。④女性经期保健:女性月经量的个体差异很大,一般为 30~50ml,应详细记录月经来潮时间、持续时间、经量的多少和白带的变化,以便及时发现月经周期、月经期和月经量的异常。月经期应注意卫生,保持外阴部的清洁,月经期间禁坐浴。卫生巾等卫生用品应柔软、清洁、勤换。青春期女童不宜用阴道棉塞。月经期要保持精神愉快,情绪乐观和睡眠应充足,可以参加适当的体育活动,避免重体力劳动和剧烈运动,不宜游泳。⑤树立正确的性爱观:传播科学的性知识和性道德,纠正有关性的认识和行为上的偏差,帮助青少年建立健康的性意识,确立正确的性爱观。

(二) 青少年时期的特殊问题及保健

青少年期生理上很快成熟进入成年期,而心理、行为和社会学方面的发育成熟相对延迟,造成心理、行为和社会适应方面易出现一些特殊问题,如物质滥用、性传播疾病、暴力、网络使用不当等。

1. 青少年暴力　暴力是指一种威胁身体力量对某人或一群人造成伤害或死亡的行为。WHO 的暴力定义是对自我、他人、某个群体或某个社会有意地威胁使用或实际使用的体力或武力。其结果是造成或可能造成伤害死亡、心理创伤、畸形或剥夺。青少年不仅是暴力的受害者,也往往是暴力行为的实施者。

(1) 青少年暴力的原因:①个人因素:青少年任性、万事以自我为中心,在学习和日常生活中,遇到冲突不良的心理易酿成暴力。②家庭因素:青少年暴力行为与家庭的暴力、父母道德品质败坏、父母管教过严、过于溺爱、或疏于管教等有关。③学校因素:学校教育偏重于知识,师生关系紧张,内心不平衡等易出现攻击性。④社会因素:社会不良影响在青少年的心灵深处留下不良印象。

(2) 青少年暴力的特征:①施暴者霸道、易冲动,以暴力欺压他人,对受害者缺少同情心。②受暴者性格内向,多有身体或智力障碍,性格或行为上有异于他人。

(3) 青少年暴力的预防:家长和学校除了要重视青少年的生活问题,也要关心青少年的心理问题。既要改善家庭环境,也要改善社区乃至全社会的整体环境。对有暴力的青少年,要识别其原因,针对性干预。

2. 青少年成瘾性物质滥用　是指反复、大量使用改变自己精神状态,而与医疗目的无关且具有依赖性的有害物质,包括烟草、酒精、某些镇静药、镇痛药、阿片类物质、大麻、可卡因、致幻剂,以及有同化作用的激素类药物等。一旦物质滥用产生依赖性即成瘾,便会不断地使用,以感受其产生的精神效果和避免停药产生的"戒断症状"。

(1) 青少年成瘾性物质滥用的原因:①满足自己的好奇心,消遣和体验;②尝试"成人"的角色,认为用药象征着自身的成熟;③认为可以提高学习效率。

(2) 成瘾性物质滥用的危害:成瘾性药物对身体多个系统都有明显危害。长期使用大多伴有免疫功能下降,严重营养不良,静脉药物滥用导致感染,如艾滋病、乙型肝炎,严重者可导致死亡。停止使用毒品可产生戒断症状,其临床表现与毒品的药理作用相反。

(3) 成瘾性物质滥用有效的预防方法:加强宣传和教育,对青少年进行积极的心理疏导和精神帮助。培养青少年良好的心理素质和抗挫折能力,良好的行为和生活习惯。

3. 网络使用不当

(1) 网络使用不当的原因:①网络本身的特点:青少年可以在网络上展示出的全新虚拟社会环境中实现自身需求,在网络游戏中宣泄自我、实现自我或在网上聊天时找到了倾诉的空间和对象。②青少年自身的特点:青少年心理成熟水平低、自我控制能力偏弱和强烈的好奇心、强烈欲望产生矛盾。认知能力有局限性,自我保护意识缺乏。③社会因素的影响:家长教育不当,只注重学习成绩,缺乏亲情,反面激起青少年的叛逆情绪,从而走进网络中寻求心理安慰。学校教育的失当,只注重升学率,缺乏真正有效的素质教育。长时间的枯燥学习使学生产生厌烦情绪,很容易沉溺在网络上的游戏和不健康的信息来缓解自身压力。社会对网络管理的法律法规不健全,使许多学生容易沉迷于网络而无人监管。

(2) 网络使用不当的预防:①青少年自身的预防:学会学习目标和时间管理;积极应对生活挫折,遇到困难和挫折时向家长、老师和其他人请教解决办法,而不是选择在网络中逃避。②家庭和学校的预防:学校和家长要构建全面的评价标准,促进青少年的身心平衡协调发展。注重培养多方面的兴趣,支持青少年之间建立多种互动、应开展有利于身心发展的课余活动;家长应当关注和陪伴青少年成长,帮助他们在现实世界与网络环境中保持适当的人际距离、建立稳定的安全感和亲密关系。③社会方面的预防:开展宣传和健康教育,指导青少年及其家长科学如何使用网络;加强多部门协作,通过管理和技术手段、制约不当的、无节制的网络游戏。依靠群体组织及社会支持,提供更多形式的成长途径,避免他们过多依赖互联网。

4. 抑郁障碍 属于青少年情感障碍范畴,是心境障碍的极端形式。此病是持久的情绪高涨或低落为基本症状的一种精神疾病,在青少年精神疾病中占重要的比例。

(1) 青少年抑郁障碍的原因:①遗传因素:家族内发生抑郁的概率是正常家庭的8~20倍,血缘关系越近,发病概率就越高。②生物化学因素:有研究证明患抑郁症的青少年血浆中皮质醇含量较高,提示可能有下丘脑-垂体-肾上腺轴功能障碍。③社会心理因素:有研究发现,患抑郁症的少年精神刺激时间比对照组多3倍。在家中受父母批评和惩罚次数较多,亲子沟通差,父母干涉多。当青少年失败负荷过频过强时,形成绝望感进而出现抑郁障碍。

(2) 青少年抑郁的临床表现:①情绪低沉:表现为不愉快,悲伤,自我评价低,不愿意上学,想死或企图自杀。也有的表现为易发脾气,执拗等。②行为迟缓:表现为动作迟缓,退缩萎靡,严重者可能出现类木僵状态。有些青少年可能出现反向症状,比如:不听管教,冲动、易攻击或违纪不良行为等。③躯体症状:患儿常出现身体不适,如头痛、头晕、疲乏、睡眠障碍等。

(3) 青少年抑郁的诊断:依据详细的病史,体格检查,精神科检查及临床观察,精神科量表的应用有助于诊断。

(4) 青少年抑郁的治疗:①支持管理和心理教育:对症状较轻者给予支持性管理。比如改善睡眠、加强锻炼。通过家庭干预改善家庭系统功能,建议父母增加对其关心及重视,多陪伴以及鼓励患者。②心理行为治疗:是轻症患儿首选的治疗方式。给患儿关爱,让其感受到自身的存在及未被意识到的能力。③药物治疗：以 5- 羟色胺再摄取抑制剂(SSRI)为首选，其抗抑郁的有效率为 60%~75%。

5. 性传播疾病　是由性接触而传播的传染病。常见有淋病、梅毒、尖锐湿疣、沙眼衣原体感染、软下疳、生殖器疱疹、滴虫病和艾滋病等。

(1) 青少年性传播疾病的原因：大多由不洁性行为所致。

(2) 性传播疾病的预防：把有关传染病的已知危险因素的知识传递给青少年。洁身自爱，反对性乱；不从事卖淫、嫖娼等高危活动。不以任何方式吸毒。发现患性传播疾病后应及早进行治疗等。

6. 青少年妊娠

(1) 青少年妊娠的危害：青少年由于缺乏避孕知识，过早的性行为可能导致少女怀孕。过早妊娠对正处在生长发育阶段的少女是一个沉重负担，由于各种原因不能获得产前保健和指导，妊娠并发症和难产发生率明显增加，死亡率高。

(2) 青少年妊娠的预防：①预防少女妊娠是维护少女生殖健康的重要内容之一，应引起全社会的重视和关心。②要重视青春期的保健和性教育工作，培养社会主义道德观，掌握与异性交往的行为准则。③培养和提高她们辨别是非和自我防范的能力，使她们懂得对异性的性冲动、性要求应受社会准则、法律和道德规范的约束。④应该予以正确引导，教导正确的避孕方法和预防性传播性疾病的方法。加强正确对待性行为和婚前性关系危害的教育，讲解有关生育知识和避孕的方法。

【案例 5-4 分析】

病情分析：

1. 患者为女性，14 岁初二学生。

2. 有明显诱因，学业压力大、父母离婚，对其关心少。

3. 主要症状为情绪低落，愉悦感减退，注意力不集中，存在无望，有过自杀想法，睡眠差(入睡困难，早醒)，食欲下降，持续时间超过 2 周。严重影响患者日常生活。

依据上述 3 点，该患儿诊断为抑郁发作。

治疗意见：

1. 支持管理和心理教育，比如改善睡眠、加强锻炼。通过家庭干预改善家庭系统功能，建议父母增加对其关心及重视，多陪伴以及鼓励患者，多与患者进行交流互动。

2. 心理治疗。

3. 抗抑郁药物治疗。

◉ 全科医生在诊疗过程中的关注点

1. 青少年的生理心理特点。

2. 青少年常见问题及干预。

(胡　芳　徐连邦)

第六章

全科医学与传染病防控

　　纵观人类文明的发展史,人类与传染病的斗争从未停歇。传染病由于其传染性,可在人群中引发不同强度的流行,不仅危害个人健康,更涉及家庭和社会。历史上天花、鼠疫、霍乱等烈性传染病的流行给人类带来巨大的灾难。目前虽然人类文明极大发展、科技取得了前所未有的进步,但人类在传染病面前仍然非常脆弱,传染病仍然是非常重要的公共卫生问题。当今世界面临着新发传染病不断出现,而某些已得到控制的传染病死灰复燃的局面,整体形势异常严峻。20 世纪 70 年代以来,全球共发现了约 40 多种新发传染病,在我国出现的约有 20 种,如肠出血大肠埃希菌 O157:H7、艾滋病、人感染高致病性禽流感等。21 世纪以来,更是出现了严重急性呼吸综合征(severe acute respiratory syndrome,SARS)的大流行、甲型 H1N1 流感的大流行,至今尚未结束的新型冠状病毒肺炎(corona virus disease 2019,COVID-19)对人类社会造成了巨大的冲击。全科医生不但承担医疗任务,也承担着公共卫生职责,在传染病的早识别、早报告、早治疗以及预防和管理环节发挥着重要作用。

第一节　社区传染病基本知识及监测

主要内容

1. 传染病的基本知识。
2. 传染病监测。

...... **重要知识点** ......

1. 掌握传染病的概念、流行特点和影响因素。
2. 掌握传染病监测的概念,认识开展传染病监测的意义。
3. 了解传染病监测的现况及方法。

【案例 6-1】

2019 年底,发现一种以严重呼吸系统感染为主的疾病,该疾病被命名为新型冠状病毒肺炎(corona virus disease 2019,COVID-19)。根据 WHO 公布的数据,截至 2022 年 3 月 8 日,全球已报告确诊病例 446 511 318 例,死亡 6 004 421 例。全球很多国家采取了史无前例严格的非药物干预措施,疫苗研发、上市、推进人群接种也都在争分夺秒的进行,但目前大流行仍在持续,疫情何时结束,最终感染人数会有多少,目前并不能准确回答。

案例提示:对于这样一个新发传染病,我们有哪些初步认识,可以开展哪些监测? 结合下文讲述的传染病的流行特征、影响因素、防控措施以及传染病监测等进行思考。

一、传染病的基本知识

(一) 传染病的定义和分类

传染病是由各种病原体如病毒、细菌、衣原体、支原体、立克次体、真菌、朊粒、螺旋体和寄生虫等引起的能在人与人、动物与动物或人与动物之间相互传播的一类疾病。

根据病原体类型分,一般可分为病毒性传染病、细菌性传染病、立克次体病、螺旋体病、深部真菌病、原虫病、蠕虫病和朊粒病。常见的病毒性传染病如病毒性肝炎、流行性感冒、麻疹、水痘、登革热等;常见的细菌性传染病如细菌性痢疾、猩红热、结核病等;立克次体病如流行性斑疹伤寒、地方性斑疹伤寒、恙虫病;深部真菌病如新型隐球菌病、肺孢子菌病;螺旋体病如钩端螺旋体病、梅毒、莱姆病;原虫病如阿米巴病、疟疾、黑热病等;蠕虫病如血吸虫病、丝虫病、棘球蚴病;朊粒病如克 - 雅病、新变异型克 - 雅病。

(二) 传染病的基本特征

与其他疾病相区别,传染病有四个基本特征。

1. **每种传染病都由特异性病原体引起**　传染病病原体主要为微生物,也有一少部分为寄生虫。引起传染病的常见微生物有病毒、细菌、支原体、衣原体、立克次体等,寄生虫如疟原虫、蠕虫等。

2. **传染性是传染病有别于一般感染性疾病的重要特征**　传染病可以通过空气传播、直接或间接接触传播、食物和水传播、血液传播和垂直传播。病原体从宿主排出体外,通过某种方式,使新的易感染者感染。传染病患者或者无症状感染者可以感染他人的时期,叫作传染期。

3. **具有流行病学特征**　受自然因素和社会因素的影响,传染病的发生、发展过程具有以下几个流行病学特征:

(1) 流行性:传染病可由个体扩散到社区人群中,从而引起流行。依据某传染病在某时间段、某地区、某人群中发病数量的变化及病例间联系程度,将流行强度分为散发、暴发、流行和大流行。发病率呈现历年一般水平,病例之间无明显的流行病学关联,这样的流行强度叫散发(sporadic);而某局部地区或集体单位较短时间突然出现异常增多的症状相同的病例,这样的流行强度叫暴发(outbreak),如流行性感冒、手足口病、流行性腮腺炎、水痘、诺如病毒引起的感染性腹泻等经常会在学校引起暴发;当某病发病率显著超过该病历年散发水平时,称为流行(epidemic);而当疾病迅速蔓延,流行范围扩大到其他国家甚至跨越州界时,称为大流行(epidemic)。

(2) 季节性:不少传染病在特定的季节呈现发病率升高的特征,如呼吸道传染病经常会呈现冬、春季高发的特征,而肠道传染病则容易在夏、秋季高发,蚊媒传染病也好发于蚊虫容易滋生的夏、秋季。

(3) 地方性:有些传染病只发生在特定的地区,这个特征的呈现和传染病中间宿主、地理条件、气温条件、经济水平、生活习惯等因素有关,如疟疾目前主要在非洲和东南亚流行,血吸虫病只在有钉螺的地区发生。

4. **感染后免疫**　指人体经过显性或者隐性感染某种传染病病原体后,产生针对该病原体的特异性免疫。感染后的免疫力持续时间在不同传染病中差异很大,有些传染病如麻疹、流行性乙型脑炎、甲型病毒性肝炎等,感染后可获得持续的免疫力,甚至保持终生;但一些传染病感染后免疫力持续时间较短,如流行性感冒、百日咳等,保护力仅持续数月到数年。感染后免疫持续时间短的传染病,可能会在感染痊愈后经过一段时间再次发生感染,这种现象称之为再感染(reinfection)。某些传染病的病原可有多种亚型/类型,不同亚型/类型之间交叉保护作用较弱或者无交叉保护,感染者可在感染某种亚型/类型之后再次感染其他亚型/类型。

(三) 传染病的流行过程

传染病在人群中发生、传播及终止的过程即流行过程。流行过程的发生需要三个基本条件,也叫流行过程三环节,即传染源、传播途径和易感人群。如果采取措施,切断其中任一环节,流行过程即可停止。

1. **传染源**　传染源(source of infection)指体内有病原体生存、繁殖并能将病原体排出体外的人和动物。患者、隐性感染者、病原携带者和受感染的动物均可以作为传染源。

（1）传染病患者：患者是重要的传染源。随着病程的变化，患者传染性强弱可发生变化，一般以发病早期传染性最强，一些传染病在潜伏期末即有传染性。某些传染病如麻疹、水痘，患者是唯一传染源。

（2）隐性感染者：一些传染病的感染者，在整个感染过程未出现明显的症状，仅能通过实验室检查的方法确诊，但可排出病原体，这类感染者也可作为传染源。如流行性脑脊髓膜炎、脊髓灰质炎等。

（3）病原携带者感染：某些传染病已恢复，但可长期排出病原体，如伤寒、细菌性痢疾的健康带菌者可以成为传染源。

（4）受感染的动物：一些受感染的动物可以作为人传染病的传染源，此类传染病称为动物源性传染病。作为传染源的动物可以是野生动物，也可以是家禽或家畜。受感染的动物本身会发病，如鼠疫、狂犬病；受感染的动物不发病，如猪感染乙脑病毒后并不发病，但可作流行性乙型脑炎的主要传染源。

2. 传播途径　病原体从一个传染源排出，经过一定的方式和渠道，侵入新个体的途径称为传播途径。每种传染病有固定的一种或多种传播途径。传播途径主要分为以下几种。

（1）呼吸道传播：易感者经由呼吸道吸入携带有病原体的飞沫、飞沫核、尘埃，从而引起感染。常见的呼吸道传染病有流感、麻疹、结核病、SARS 等。

（2）消化道传播：易感者进食被病原体污染的食物和水时获得感染，如霍乱、伤寒、细菌性痢疾、诺如病毒引起的感染性腹泻等。

（3）接触传播：可以通过生活中的直接或者间接接触造成感染，直接接触传播如性病；间接接触传播指接触了被病原体污染的物品，通过物体表面—手—黏膜这样的方式获得感染，如流感、呼吸道腺病毒感染等呼吸道传染病。此外，易感者接触被病原体污染的水或者土壤也可获得感染，如血吸虫病、钩端螺旋体病。

（4）虫媒传播：主要通过媒介节肢动物引起易感者感染，主要分为机械性传播和生物性传播。机械性传播指媒介节肢动物仅起携带、输送作用，病原体在其体内或体表并不发育或繁殖，如蝇传播霍乱；生物性传播指病原体在媒介节肢动物体内经过生长、发育，达到一定数量或发育至感染阶段后才具备传播给新宿主的能力，如蚊传播疟疾、登革热。

（5）经血液、体液、血液制品传播：患者或者携带者的体液、血液中存在病原体，易感者通过性、使用血液制品等方式传播，如乙型病毒性肝炎、丙型病毒性肝炎、艾滋病等。

（6）垂直传播：也叫母婴传播，指病原体经由母体直接传播给子代，传播的方式主要有经胎盘传播、经分娩传播和上行性传播。

3. 易感人群　对于某传染病无特异性免疫力的人群称为易感人群。社区中易感人群所占的比例决定了人群的易感性。如果某传染病易感人群所占比例高，在传染源和传播途径具备的条件下，则容易发生该疾病的流行。当流行发生之后，易感人群所占比例减少，其后一段时间可不再发生流行；而当免疫力减退，易感人群所占比例增加，则又可能发生流行，从而形成传染病发病的周期性。疫苗的广泛使用可以阻止流行周期性的发生，甚至可以消灭某些传染病，如天花、流行性脑脊髓膜炎等。

（四）影响传染病流行过程的因素

1. **自然因素** 任何可以影响传染病流行"三环节"的自然因素,均可对流行过程造成影响,如气象因素、地理条件和生态环境。病原体的生存、繁殖,均可受到自然因素的影响。例如血吸虫病,只有在水网密布、气候温和、雨量充足的地区,才适宜钉螺的生长,而钉螺是血吸虫必需的唯一中间宿主。媒介生物的地理分布、季节消长和活动能力均受自然条件的影响。

2. **社会因素** 社会因素包括社会制度、医疗卫生状况、教育水平、生活条件、居住环境、营养水平、人口迁移、宗教信仰、风俗习惯等。社会因素对传染病流行过程有决定性的影响。中华人民共和国成立前,我国贫困落后,加之战乱、灾荒,天花、鼠疫、霍乱、疟疾、血吸虫病、结核病等广泛流行。中华人民共和国成立后,随着经济发展,卫生条件改善,教育水平提高,传染病防制取得了巨大成就。例如我国实行计划免疫,消灭了天花、脊髓灰质炎、白喉。

（五）传染病预防控制的基本原则

对传染病流行过程的三个环节采取综合措施,是传染病预防控制的基本原则。

1. **管理传染源** 对传染病患者,应该做到"五早",即早发现、早诊断、早报告、早隔离、早治疗。只有做到"五早",才能控制传染源,防止传染病在人群中的传播蔓延。

早发现和早诊断依赖于稳定的传染病监测系统;广泛的卫生宣教工作;系统、全面地对医疗卫生人员开展培训,提高各级医疗卫生人员对传染病的识别能力。

责任报告单位和责任报告人发现和诊断的传染病病例要及时报告。根据《传染病信息报告管理规范(2015年版)》规定,甲类以及按照甲类管理的传染病需2小时内报告;其他乙类和丙类传染病24小时内报告;其他传染病须根据要求报告。医疗机构在诊疗过程中发现传染病患者应按照报告规定填报传染病报告卡。

对于发现的传染病患者要尽早隔离和治疗,以免造成传染病扩散。甲类以及按照甲类管理的传染病需要强制隔离;其他乙类或者丙类传染病患者,应当根据病情采取必要的治疗和控制传播措施。

对于病原携带者,应做好登记管理,进行治疗、健康教育并定期随访。特殊岗位从业人员,如食品、托幼机构等工作的病原携带者,需暂时调离岗位。

对动物传染源,应根据危害性及经济价值,选择消灭、捕杀或者隔离治疗。如禽类养殖场发生高致病性禽流感时,应予以捕杀、无害化处理;对人类危害大且无经济价值的动物应予以消灭,如灭鼠;而部分危害性不大且有重要经济价值的畜禽,应予以隔离治疗。

2. **切断传播途径** 消毒是切断传播途径环节的重要措施。消毒指用物理、化学、生物的方法杀灭或消除环境中的致病微生物,通常分为预防性消毒和疫源地消毒。不同传播途径的传染病,消毒方式也不尽相同。消化道传染病,主要是对传染源污染的物品和环境采取消毒措施;而呼吸道传染病主要通过飞沫等的吸入和物体表面的间接接触进行传播,所以空气消毒和物体表面消毒是切断传播途径的主要方式;虫媒传染病,重点是采取杀虫措施,控制媒介生物的密度,安装纱窗、纱门等。

此外,改善卫生条件也是针对传播途径的措施,如加强食品卫生,改善饮水可以减少肠道传染病的发生;开展爱国卫生运动,杀灭蚊、蝇等可以有效防止虫媒传染病的发生;合理对室内场所进行通风,保持良好的个人卫生习惯,有助于降低呼吸道传染病的发生风险。

3. 保护易感人群

(1) 免疫预防:包括特异性免疫和非特异性免疫。非特异性免疫包括均衡的营养、适度的体育锻炼等提高自身身体素质,改善免疫力。特异性免疫措施指通过接种疫苗、类毒素、抗毒素等进行免疫预防,包括自动免疫和被动免疫:自动免疫指接种病原体免疫原性强的成分而获得免疫力,如抗原、类毒素等。目前我国已经将许多传染病的预防接种纳入免疫规划项目中,如乙肝、麻疹、流行性腮腺炎、风疹等。在感染某些病原体之后,如果来不及进行自动免疫,也可使用被动免疫制剂进行紧急接种,如犬伤严重者可注射狂犬病免疫球蛋白,外伤者可以注射破伤风免疫球蛋白。

(2) 药物预防:某些传染病流行时,可以给予药物预防,如前往疟疾流行区前,对易感人员可给予药物进行预防。

(3) 个人防护:戴口罩、手套、防护服、使用蚊帐、使用安全套等都是有效的个人防护行为。如在呼吸道传染病流行期,在公共场所正确佩戴口罩,可以有效地保护易感者。

二、传染病监测

传染病监测是国家疾病预防控制工作的重要组成部分,也是传染病预防控制工作的基石。长期、连续、系统地收集传染病在人群中发生、发展、分布规律、变化趋势和影响因素,并对监测资料予以分析,形成报告,反馈给相关部门和人员,旨在合理地制订、调整和评价传染病防控策略和措施。随着计算机、统计学、微生物学、流行病学等学科的理论和技术的发展和渗透,传染病监测技术快速进步,监测内容和形式发生了巨大变化,在传染病预防和控制领域发挥着愈加重要的作用。

(一) 传染病监测的概念

传染病监测指有计划地、连续系统地收集传染病及其影响因素的资料,并定期对资料开展分析,并反馈给相关人员,以便采取干预措施并评价措施效果。监测是一个连续、动态的过程,它的定义包括了三个要素:①资料的收集需要系统和连续;②需要定期对收集到的数据加以分析,提取有用的信息;③监测的反馈机制。也即对收到的信息要反馈给相关的人员和机构,最终更加科学、高效地预防和控制疾病。

(二) 开展传染病监测的目的

开展传染病监测的最终目的是掌握疾病在人群中流行情况,为科学制定预防、控制策略提供依据,对已采取策略、措施做出评价。但针对某个具体的监测,监测目的要具体而明确。常见的传染病监测主要有以下一些目的。

1. 预警预测 监测传染病的流行强度,开展预警预测,以及早发现暴发或流行。

2. 病原学监测 监测某些传染病病原体变异情况,如病原微生物的型别变化,毒力、耐药性的变异情况。

3. 传染病相关的危险因子的监测 如媒介生物的密度、季节消长等变化情况。

4. 通过监测确定危险因素和高危人群 监测影响传染病发生、流行的危险因素,提示是否有环境或者行为因素导致某些人群的感染风险增加,以采取特异性干预措施。

5. 干预效果评价 通过对监测资料的分析,可对现有的控制措施进行评价,以便进行控制措施的调整。

6. 发现新发或再发传染病 通过一些综合征开展监测,发现新出现的有公共卫生意义的感染;监测国内已消除的某些重要传染病。

(三)传染病的监测类型

传染病监测可以分为主动监测和被动监测。主动监测指从事监测的公共卫生人员根据工作需要,主要从报告单位收集数据或者开展病例搜索等。例如疫苗上市后的安全性监测,即可采用主动监测的方式。而在暴发疫情发生后,对周边人群或者环境开展应急监测也属于主动监测。被动监测指责任报告单位按照程序和报告要求常规地报告传染病数据和资料,而报告接收单位被动收集、被动接收监测数据的监测方式,我国传染病法定报告即属于被动监测。

常见的传染病监测类型有以病例为基础的监测(case-based surveillance)、以事件为基础的监测(event-based surveillance)、以社区为基础的监测(community-based surveillance)、以医院为基础的监测(hospital-based surveillance)、以实验室为基础的监测(laboratory-based surveillance)、哨点监测(sentinel surveillance)、症状监测(symptom-based surveillance)。以下分别介绍不同类型的监测。

以病例为基础的监测指监测对象为特定的传染病病例,收集的信息为这些病例的相关信息。例如麻疹监测、AFP 监测、人感染 H7N9 禽流感监测等。

以事件为基础的监测指监测对象并非针对个体,而是以单个事件为单位开展的监测,如突发公共卫生事件监测。

以社区为基础的监测指所收集的传染病信息源自社区,而非来自其他某些特定机构。社区为基础的传染病监测通常在特殊情况下使用,如发生重大疾病暴发或者自然灾害发生时,即可启动以社区为基础的传染病应急监测。这种监测既可以是病例监测,也可以是症状监测。

以医院为基础的监测指监测系统收集和报告的病例均为到医疗机构就诊的病例。如法定传染病报告,是我国最大的以医院为基础的传染病监测系统。

以实验室为基础的监测指定期按照规范上报实验室监测数据和资料。如流感病原学监测,HIV 感染者监测。以实验室为基础的监测通常为某个特定传染病综合监测的一部分。

哨点监测指通过某种标准选取一定数量的报告单位或者人员作为哨点开展监测,如我国的流感监测、HIV 感染高危人群监测均属于哨点监测。哨点监测的优势在于花费较低,效率高,但前提是监测哨点布局合理,获得的监测数据代表性好。

目前,传染病监测中还经常使用的一种监测为症状监测,这种监测不是对某种疾病开展监测,而是对出现某种症状或出现某几个症状的人群进行的监测。如住院严重急性呼吸道感染病例监测,对于监测对象的定义即"住院病例,本次起病有发热史(体温≥38℃),伴有咳嗽,且发病不超过 10d";流感样病例监测也属于症状监测,其监测定义为"发热(体温≥38℃),伴咳嗽或咽痛之一者"。

（四）传染病监测资料的收集和使用

传染病监测资料的收集要有连续性、系统性，可以全年持续开展监测，也可以根据需求在某些特定的时间内开展，监测资料的内容则根据监测目的设置，并在监测方案中明确写出，监测过程中按照方案要求收集。对收集到的监测资料，可以通过监测系统平台或者其他方式报告。负责监测实施的人员按照监测的目的和要求，定期对资料分析、撰写监测报告并反馈和提交上级部门。各级监测单位均应该按照国家相关管理规定做好信息安全工作。

（五）我国目前的传染病监测系统及监测实例介绍

各国监测传染病的种类不尽相同，目前我国传染病监测病种包括《中华人民共和国传染病防治法》规定的甲类、乙类和丙类共40种传染病，以及其他传染病。

1. 我国目前的传染病监测系统　我国目前最大的传染病监测系统即传染病监测、报告和管理系统，该系统于2003年启动建设，次年即投入使用，至今已经过多次调整，目前全国已实现40种法定传染病及其他传染病网络直报。基于该系统的监测数据，还建立了传染病自动预警信息系统，对20余种法定传染病开展预警。此外，国家还建立了突发公共卫生事件报告和管理系统，传染病暴发事件以及其他类型的突发公共卫生事件均可通过该系统进行网络直报。我国还有多个专病监测系统，有国家建立的专病系统和地方建立的监测系统，例如麻疹监测系统、中国流感监测系统等。

2. 传染病监测实例　以中国流感监测为例介绍。中国流感监测是针对流感开展的综合性监测，包括流感样病例（influenza-like illness，ILI）监测、流感病原学监测和流感暴发疫情监测。流感样病例及病原学监测以哨点监测的形式开展，也是以医院和实验室为基础的监测；流感暴发疫情监测则是以事件为基础开展的监测。

中国流感监测系统是中国疾病预防控制信息系统内的子系统。与监测内容相对应，中国流感监测系统分为了流感样病例、病原学和暴发疫情三个模块，哨点医院和网络实验室可以通过相应模块填报监测信息。负责监测的人员可导出监测数据，定期开展分析和反馈。

【案例 6-1 分析】

1. 根据现有的认识，COVID-19主要通过呼吸道飞沫传播，直接或者间接的接触也可以造成传播，而在相对封闭的环境中长时间暴露于气溶胶情况下也存在传播的可能。

2. COVID-19在全球广泛流行，流行强度为大流行。

3. 预防和控制：与"三环节"相对应，可采取预防及控制措施，主要包括隔离治疗病例、隔离密切接触者等；对被病毒污染的场所、物品消毒；采取非药物干预措施，如保持社交距离、佩戴口罩、做好手卫生等；积极开展疫苗接种工作，以保护易感人群。

4. 自然因素和社会因素对该疾病的影响：由于COVID-19为新发传染病，自然因素对其造成的影响尚待进一步观察和研究，但社会因素对该疾病造成的影响是巨大的。我国便采取了史无前例的严格的疫情控制措施，封城、延长假期、严格执行非药物干预措施，有效遏制了疫情大面积蔓延；在本土疫情得到有效控制，疫情以输入为主时，采取了严格的入境筛查和管理制度，大幅降低境外疫情输入造成大规模传播的风险。在整个疫情防控中，社会制度的优越性得到充分展现。

5. 针对 COVID-19 疫情,目前可以开展症状监测、病原学监测,如门诊发热病例监测、急性呼吸道疾病标本的病原学监测、重点人群(如冷链从业人员、医务人员、中高风险区旅居史人员等)监测。

(杨旭辉 刘 艳)

第二节　社区传染病的预防与处置

主要内容
1. 传染病及暴发疫情的报告与处置。
2. 社区预防接种工作,了解社区预防接种工作的实施过程。

┈┈┈┈ **重要知识点** ┈┈┈

1. 传染病的登记与报告。
2. 传染病暴发疫情的处置。
3. 熟悉社区预防接种工作,了解社区预防接种工作的实施过程。

┈┈┈

社区是传染病防控工作的第一道防线,承担着传染病监测和预警、传染病疫情报告与管理、疫情调查、预防接种、社区健康教育等多方面工作,在预防和控制传染病中起着极为重要的作用。做好社区的公共卫生工作,是预防和控制传染病和突发公共卫生事件的基本保证。

一、传染病及暴发疫情的报告与处置

(一)传染病登记与报告

1. 传染病登记　各级医疗机构应建立健全传染病诊断、登记、报告制度,门诊日志、出入院、检验和影像科室登记管理制度,传染病报告培训制度,传染病信息保存和安全管理制度,自查和奖惩制度等管理制度,配备必要的传染病网络直报设备和软件(包括专用计算机、上网设备、疫情报告专用电话或传真机、操作系统、防病毒软件等),指定专门部门和专人负责传染病报告工作,保障本单位传染病报告工作规范、有效地进行。尤其要建立双休日、节假日传染病报告值班制度,以确保工作日以外时间传染病报告的及时性。

2. 传染病报告

(1)报告病种

1)法定传染病:①甲类传染病:鼠疫、霍乱。②乙类传染病:新型冠状病毒肺炎、严重急性呼吸综合征、艾滋病、病毒性肝炎、脊髓灰质炎、人感染高致病性禽流感、麻疹、流行性出血热、狂犬病、流行性乙型脑炎、登革热、炭疽、细菌性和阿米巴性痢疾、肺结核、伤寒和副伤寒、流行性脑脊髓膜炎、百日咳、白喉、新生儿破伤风、猩红热、布鲁菌病、淋病、梅毒、钩端螺旋体病、血吸虫病、疟疾。③丙类传染病:流行性感冒、流行性腮腺炎、风疹、急性出血性结膜炎、麻风病、流行性和地方性斑疹伤寒、黑热病、包虫病、丝虫病,除霍乱、细菌性和阿米巴性痢疾、伤寒和副伤寒以外的感染性腹泻病。④国家卫生健康委决定列入乙类、丙类传染病管理的其他传染病和按照甲类管理开展应急监测报告的其他传染病。

2) 其他传染病:省级人民政府决定按照乙类、丙类管理的其他地方性传染病和其他暴发、流行或原因不明的传染病。

3) 不明原因肺炎病例和不明原因死亡病例等重点监测疾病。

(2) 报告方式和时限:传染病报告卡按照国家要求统一格式,纸质报卡和电子形式填报均可。必填字段包括患者姓名、身份证号、性别、年龄、人群分类、患者属地、现住详细地址、疾病名称、疾病分类、发病日期、诊断日期、死亡日期(死亡病例填写)、填卡日期、报告单位和报告医生;如果为 14 周岁以下儿童,须填写监护人姓名和身份证号;如患者为幼托儿童、学生、干部、工人、民工、教师和医务人员,则工作单位为必填项,患者为学生或幼托儿童须填报其所在学校 / 托幼机构全称和班级名称。传染病报告实行首诊负责制,首诊医生要及时、准确、完整填写《传染病报告卡》,医疗机构影像、检验科室等辅助科室应及时向临床医生和传染病报告管理科室反馈检查、检测阳性结果。

传染病的报告时限如下:①2 小时内报告:责任报告单位和责任疫情报告人发现甲类传染病和非典型肺炎、炭疽中的肺炭疽、人感染高致病性禽流感、新型冠状病毒肺炎等按照甲类管理的传染病患者或疑似患者时,或发现其他传染病和不明原因疾病暴发时,应于2 小时内将传染病报告卡通过网络报告。②24 小时内报告:对未参照甲类管理的乙类传染病和丙类传染病患者、疑似患者和规定报告的传染病病原携带者在诊断后,应于 24 小时内进行网络报告。不具备网络直报条件的医疗机构及时向属地乡镇卫生院、城市社区卫生服务中心或县级疾病预防控制机构报告,并于 24 小时内寄送出传染病报告卡至代报单位。③其他情况:如国家下发新的文件或者法规对报告时间做出调整,则按照最新标准执行。

(二) 突发公共卫生事件报告

当初步判定符合突发公共卫生事件报告标准的事件后,责任报告单位和责任报告人,应当在 2 小时内以电话或传真等方式向属地卫生行政部门指定的专业机构报告,具备网络直报条件的要同时进行网络直报,直报的信息由指定的专业机构审核后进入国家数据库。不具备网络直报条件的责任报告单位和责任报告人,应采用最快的通信方式将《突发公共卫生事件相关信息报告卡》报送属地卫生行政部门指定的专业机构,接到《突发公共卫生事件相关信息报告卡》的专业机构,应对信息进行审核,确定真实性,2 小时内进行网络直报,同时以电话或传真等方式报告同级卫生行政部门。接到突发公共卫生事件相关信息报告的卫生行政部门应当尽快组织有关专家进行现场调查,如确认为实际发生突发公共卫生事件,应根据不同的级别,及时组织采取相应的措施,并在 2 小时内向本级人民政府报告,同时向上一级人民政府卫生行政部门报告。如尚未达到突发公共卫生事件标准的,由专业防治机构密切跟踪事态发展,随时报告事态变化情况。完整的突发公共卫生事件报告应包括:初次报告、进程报告和结案报告。

（三）传染病与突发公共卫生事件信息管理

医疗机构应建立传染病相关记录保存制度。纸质《传染病报告卡》及传染病相关的记录保存3年；实现传染病报告卡电子化，具备电子签名和时间戳视为与纸质文本具有同等法律效力，须做好备份工作，备份保存时间至少与纸质报告卡保持一致；实现直接数据交换的医疗机构，电子交换文档应做好备份，备份保存时间至少与纸质报告卡保持一致。不具备网络直报条件的医疗机构，其传染病报告卡由代报单位保存，原报告单位必须进行登记备案。

用于网络直报工作的计算机须保证安全，各类用户均须实名制认证，先经使用者申请，经单位分管领导签字批准后，向所在辖区县（区）级疾病预防控制中心提交申请。信息系统使用人员不得转让或泄露信息系统操作账号和密码。发现账号、密码已泄露或被盗用时，应立即采取措施，更改密码，同时向上级疾病预防控制机构报告。

（四）传染病暴发疫情与突发公共卫生事件的处置

【案例6-2】

学校/托幼机构是传染病暴发疫情的高发场所，由于人群聚集，流动性大，饮食、饮水的安全性，教室、宿舍的环境卫生状况、通风情况，消毒是否规范等，每个环节出现问题，都容易引起传染病的暴发。常见的学校传染病如流行性感冒、水痘、流行性腮腺炎、麻疹、肺结核、感染性腹泻、手足口病等。部分传染病暴发疫情具有季节性特征，例如流行性感冒等呼吸道传染病就好发于冬春季节。

某年5月10日9时，A区疾控接到该区B乡卫生院电话报告：B乡中心小学近一周内，有多名学生陆续出现发热、咳嗽、咽痛等症状，体温均较高，部分生病学生去医院就诊，有个别学生住院治疗。

案例提示：对于这样的事件，该如何进行调查和处置，需要关注哪些要点？结合下文讲述进行思考并设计调查提纲。

暴发疫情可通过多种途径发现，如全科医生在诊疗过程中发现辖区某集体单位同类疾病患者数明显增加，也可能通过群众举报、舆情监测、媒体信息等途径发现。当接到事件的报告时，我们需要迅速行动开展现场调查，进行事件处置。如何开展现场工作？通常遵循以下十个步骤进行。

1. 调查前准备　调查前准备包括人员和物资两方面。在明确了调查目的和具体的调查任务之后，应迅速组建现场调查组开展现场调查工作。通常情况下，现场调查组应包括流行病学、实验室和临床医学等专业人员，必要时可增加其他卫生专业人员和管理人员。现场调查组应设立负责人，在整个调查过程中负责组织协调现场调查工作，组内人员职责分工也应明确。

赶赴现场前，应做好必需的物资准备。根据初步获得的信息，准备必要的调查工具，如可能用到的调查表、现场联系资料、电脑、照相机、录音笔等；另外还须准备个人防护物品、采样器材、快速诊断试剂、标本运输设备、消杀物资等。此外，合适的交通工具也是现场调查必不可少的。

2. 核实诊断　核实诊断的目的在于排除医务人员的误诊和实验室检测错误。核实诊断可以通过详细地检查病例、询问病史、查阅病历、核实实验室检测结果来进行。需要收集的资料首先为病例的基本情况,如年龄、性别、地址、职业以及发病日期;其次需要收集病例本次疾病的症状、体征,并尽可能收集之前做过的辅助检查资料;另外还需要收集与疾病传播可能相关的信息。如临床诊断过程中已经有初步鉴别诊断的病例,如霍乱或者考虑食物中毒等情况,调查人员必须要明确采集样本的种类、采集的时间范围和采集规范,和对样本进行检测的实验室充分沟通确定采样规范,检测方法及实验室操作可靠。通过对收集到的信息综合分析做出判断。

3. 确认暴发的存在　暴发指局部地区或集体单位较短时间出现异常增多的症状相同的病例。确认暴发需要通过比较当前和历史监测的流行强度相比较来实现。通过比较,如果发现当前观察到的病例数明显超过既往监测的一般水平,并且这种改变不是由诊断标准改变、报告方式调整、监测系统发生变化等原因引起的,则可认为有暴发存在。在确认暴发的过程中,务必要和负责诊疗的医生、负责监测的工作人员进行访谈,也可查阅相应的诊疗方案,通知文件等,以获取正确、可靠的信息,避免错误判断。

4. 建立病例定义　建立病例定义在现场调查工作中至关重要,只有建立了恰当的病例定义,才可以尽快开展病例搜索,对事件进行较为全面准确的描述。现场调查的病例定义包括四个要素:时间、地点 / 位置信息、患病者的分布特征及临床表现和 / 或实验室信息。病例定义要易用,最好使用简单、客观的标准,如发热、皮疹、腹泻等。根据调查的需要,可以对病例定义分等级,比如疑似病例、可能病例(或临床诊断病例)和确诊病例。在现场调查早期建议使用"宽松"的病例定义,提高敏感度,以尽可能地搜索病例,避免漏诊,以利于疫情的控制;而在现场调查的中期,进入验证假设的阶段,则建议使用较为严格的病例定义,提高特异度,以利于病因研究。而当现场调查的后期,开展应急监测时,则可根据监测需要,建立监测病例定义。

5. 开展病例搜索工作　建立病例定义后,要开展病例核实和搜索工作。在进行此项工作时,要保证对所有调查对象均应用同一种病例诊断标准并要尽量避免偏倚。搜索的方式可以选择面对面调查、电话调查、入户调查,也可以通过查阅临床诊疗记录,学校因病缺勤登记获取。搜索病例并不简单只统计病例数,也需要详细收集并记录病例基本情况,如性别、年龄、现住址、职业等,另外还要收集发病日期、是否就诊、就诊日期、临床症状、检查结果、近期活动史、疫苗接种史等。搜索并核实之后,将收集到的病例的信息做成一览表以备开展下一步工作。

6. 描述性分析　描述性分析是现场工作最重要的任务之一,其目的是阐述疾病在何时、何地、何种人群中流行,也即时间、地点和人群的分布情况(三间分布)。

时间分布通常通过"流行曲线"来表示。流行曲线是以适当的时间间隔作为 X 轴,发生的病例数作为 Y 轴绘制的直方图。流行曲线可以描述可能的暴发方式,流行的大致时间。通过观察流行曲线的形状,还可以利用潜伏期后推可能的暴露时间,区分暴露的类型,甚至可以预测病例的数量。

地点分布也即空间分布,可以描述事件发生的空间聚集性。在调查中,需要收集的地点资料包括居住地、工作地点、学校、班级、近期活动地点等。可以通过文字描述地点分布,也可以通过标点地图,或者利用地图软件展示。描述病例的空间分布特点,可有助于发现可疑的暴露因素的来源和途径,如供水系统、某个食堂等。

人群分布主要通过对病例的年龄、性别、职业、种族等特征的描述,来发现可能的高危人群的线索,比如某些特殊的职业人群,某些特定的年龄段,从而进一步寻找主要的危险因素。

7. 建立假设并验证假设　利用上述步骤里获取的信息来说明或推测暴发可能的来源,通常需要考虑多种假设。假设中需要考虑的因素包括:①可疑危险因素的来源;②传播途径和载体;③引起疾病的特殊暴露因素;④高危人群。假设应具备以下特征:①具有合理性;②调查中的事实可以支持该假设;③假设可以解释事件中的大多数病例。在建立假设的过程中要注意对现场的观察,始终保持开放的思维,也可请教相关领域的专家。

假设建立之后,通过分析流行病学设计,如回顾性队列研究、病例对照研究等方法,以验证假设是否成立。

8. 采取控制措施　理论上只有清晰地了解造成暴发的传染源和传播途径等流行病学特征,才可能采取针对性控制措施。但现场调查的最终目的是尽早控制疫情蔓延,所以调查和控制应该是同时进行的。在调查开始阶段,根据早期的调查结果,甚至经验和常规知识即可采取一些控制和预防措施,随着调查工作的深入,可以增加或改变控制措施,也即边调查边控制,再调查再控制。

9. 完善现场调查　在前一阶段工作完成后,可以做一些补充调查工作,以弥补之前的缺漏,从而使现场调查更为完善,结果更加翔实。例如,可以开展血清学调查来发现人群中的隐性感染者,可以跟踪病例的病情进展及转归描述其病情严重程度,也可以再次对确诊病例进行更加详细的调查,如对接触暴露因子程度进行量化,计算剂量 - 反应关系。

10. 撰写调查报告、信息交流和反馈　根据事件发生的过程,现场调查报告一般分为初次报告、进程报告和结案报告。通常在疫情控制的不同阶段,均应该撰写报告。

初次调查结束后撰写的报告即为初次报告,主要针对事件的发生、发现过程及事件的特征作简明扼要的描述,介绍初步的调查结果和实验室检测情况,简要分析事件可能的发展趋势及初步的病因假设,介绍已采取的措施,提出下一步工作建议。

在调查过程中,根据疫情的进展情况,结合调查工作的进程,应及时撰写进程报告。进程报告动态反映了事件调查中的主要进展、控制措施效果,调查过程中是否存在问题,后期如何改进等。进程报告可以是一个也可以是多个。

在事件调查结束后,应对整个调查处置工作做全面回顾和总结,撰写结案报告。结案报告应尽可能详尽,包括事件的发现,病例救治,调查工作开展情况及调查结果、结论,对于引起暴发的原因的分析,控制效果评价,调查过程中是否存在不足,总结经验教训,并对日后的类似工作提出建议。

在事件的调查过程中或调查完成后,根据需要,也可能要撰写行政报告、新闻通稿。而在整个事件结束之后,也可以将整个事件撰写为学术报告或者科学论文。

　　综上所述,开展现场调查通常包括上述 10 个步骤,但这并不意味着在每次现场调查中这些步骤都必须具备,而且在开展现场调查时,也并不是按部就班地完全按照上述步骤顺序进行,根据现场工作实际情况,这些步骤可以同时进行,也可以做适当调整。总之,现场工作应该遵循实事求是的原则,科学、严谨地开展,但也要根据现场情况进行灵活调整。

【案例 6-2 分析】

　　1. 首先是事件的发现。全科医生也承担着公共卫生任务,所以应具备发现暴发疫情/公共卫生事件苗头的能力。在诊疗过程以及之后的随访中,或者对辖区学校、托幼机构、养老院等集体单位的日常监测过程中,将流行病学思维与临床相结合,重视对病例流行病学史的询问,对于短时间内大量出现的、症状类似的病例应有足够的敏感性,及时调查初步情况并报告辖区疾控中心。

　　2. 在事件的调查中,全科医生往往也要参与其中,尤其是核实诊断、病例搜索、描述性分析阶段及采取控制措施阶段。熟知现场工作的内容和步骤,有自己独立的思考及判断能力非常重要。例如在此案例中,短时间在学校内出现大量的发热、咽痛、结膜炎等症状的学生,首先要了解首发病例出现在什么时候,患病经过以及就诊情况,是否可以做出初步诊断;收集典型病例的症状、就诊、活动史及免疫史等情况;对现有病例的时间、空间和人群的特征进行描述;如有可能,参阅近期该地是否有类似的暴发疫情出现。根据以上信息,能否做出初步判断,后续需要开展哪些工作等。

　　3. 在疫情处置过程中,疑似病例和确诊病例需要接受隔离、治疗,接受流行病学调查等义务,恢复后可能需要医生判断是否可以复学。全科医生要协助疾病预防控制机构开展病例调查,病例的随访,辖区居民的健康教育等工作。

　　4. 整个事件结束后,全科医生也对事件的过程全面分析,总结经验教训,分析对辖区传染病防控工作有何启示和借鉴。

二、社区预防接种

(一) 疫苗与免疫程序

　　1. 疫苗的定义与分类　疫苗是生物制品,是应用传统方法或基因工程等生物技术,由获得的微生物和微生物的蛋白、多糖或核酸等生物材料制成,用于人类疾病的预防和治疗。疫苗的防病效果已为世人公认,是预防、控制疾病和保护健康最经济、最有效的手段。2019年 12 月 1 日,《中华人民共和国疫苗管理法》在我国开始施行,这是全球第一部针对疫苗管理的法律。《中华人民共和国疫苗管理法》中将疫苗定义为:为预防、控制疾病的发生、流行,用于人体免疫接种的预防性生物制品,包括免疫规划疫苗和非免疫规划疫苗。免疫规划疫苗是指政府免费向居民提供,居民应当按照政府的规定接种的疫苗,包括国家免疫规划确定的疫苗,省、自治区、直辖市人民政府在执行国家免疫规划时增加的疫苗,以及县级以上人民政府或者其卫生健康主管部门组织的应急接种或者群体性预防接种所使用的疫苗。非免疫规划疫苗是由居民自愿接种的其他疫苗,居民自费或通过保险等方式支付疫苗费用和接种服务费。

我国实行免疫规划制度。居住在中国境内的居民,依法享有接种免疫规划疫苗的权利,履行接种免疫规划疫苗的义务。政府免费向居民提供免疫规划疫苗。免疫规划疫苗包括三种:①国家免疫规划确定的疫苗。现阶段我国儿童接种的国家免疫规划疫苗包括乙型肝炎疫苗(乙肝疫苗,HepB)、卡介苗(BCG)、脊髓灰质炎灭活疫苗(IPV)、口服脊髓灰质炎减毒活疫苗(bOPV)、无细胞百日咳白喉破伤风联合疫苗(百白破疫苗,DTaP)、白喉破伤风联合疫苗(白破疫苗,DT)、麻疹风疹联合减毒活疫苗(麻风疫苗,MR)、麻疹腮腺炎风疹联合减毒活疫苗(麻腮风疫苗,MMR)、甲型肝炎减毒活疫苗(甲肝减毒活疫苗,HepA-L)或甲型肝炎灭活疫苗(甲肝灭活疫苗,HepA-I)、乙型脑炎减毒活疫苗(乙脑减毒活疫苗,JE-L)或乙型脑炎灭活疫苗(乙脑灭活疫苗,JE-I)、A 群脑膜炎球菌多糖疫苗(A 群流脑多糖疫苗,MPSV-A)、A 群 C 群脑膜炎球菌多糖疫苗(A 群 C 群流脑多糖疫苗,MPSV-AC)。除此之外,国家免疫规划疫苗还包括重点人群接种的疫苗,在重点地区对重点人群预防接种的双价肾综合征出血热灭活疫苗(出血热疫苗,EHF);发生炭疽和钩端螺旋体病疫情时,对重点人群应急接种的皮上划痕人用炭疽活疫苗(炭疽疫苗,Anth)和钩端螺旋体疫苗(钩体疫苗,Lep)。②省级人民政府增加的疫苗。省级人民政府在执行国家免疫规划时,根据辖区的传染病流行情况、人群免疫状况等增加免费向公民提供接种的疫苗种类或剂次。③县级以上人民政府或其卫生健康主管部门组织的应急接种或群体性预防接种所使用的疫苗也是免疫规划疫苗。

2. 免疫程序 无论是免疫规划疫苗还是非免疫规划疫苗,其作用都是通过预防接种,使机体获得针对某种疾病的特异性免疫力,以提高个体或群体免疫水平,预防疾病的发生和流行。预防接种的实施须按照免疫程序进行,免疫程序是指对特定人群(如儿童)预防相应疾病须接种的疫苗种类、接种的先后次序、接种剂次、接种起始月(周、年)龄、接种间隔、接种途径、接种部位剂量和加强免疫时间等相关规定。制定免疫程序时需考虑多种因素,如传染病的疾病负担、疫苗的安全性和有效性以及实施的条件等,免疫程序可根据各种因素的变化进行调整。我国儿童接种的国家免疫规划疫苗免疫程序对接种疫苗的种类、接种剂次、接种年龄、接种途径和剂量等做出明确的规定(表 6-1)。目前,成人可接种的疫苗种类也不断增多,大多为非免疫规划疫苗,如流感疫苗、乙肝疫苗、HPV 疫苗、23 价肺炎球菌多糖疫苗等,可根据使用指导原则、接种方案或说明书中的免疫程序接种。

(二)预防接种实施

1. 预防接种证、卡(簿)管理 预防接种证是疫苗接种信息的凭证,也是疫苗接种状况的证明。国家对儿童实行预防接种证制度。出生医院产科接种单位应在新生儿出生后为其办理预防接种证和建立个人预防接种电子档案。未办理预防接种证的,应告知监护人 1 个月内到儿童居住地承担预防接种工作的接种单位为其办理预防接种证和建立个人预防接种电子档案。青少年和成人接种非免疫规划疫苗,实行预防接种凭证制(或建立预防接种证),即接种后需打印接种疫苗相关记录,包括受种者、疫苗的品种、上市许可持有人、最小包装单位的识别信息、有效期、接种时间、实施接种的医疗卫生人员等信息。

接种单位对适龄儿童实施预防接种时,应当核对预防接种证,并按规定做好记录。预防接种证中的受种者档案基本信息和疫苗接种记录由接种单位的人员打印。预防接种证由儿童监护人或受种者长期保管。接种单位要为无预防接种证者或接种证遗失者补发预防接种

表6-1 国家免疫规划疫苗儿童免疫程序表(2020年版)

可预防疾病	疫苗种类	接种途径	剂量	英文缩写	出生时	1月	2月	3月	4月	5月	6月	8月	9月	18月	2岁	3岁	4岁	5岁	6岁
乙型病毒性肝炎	乙肝疫苗	肌内注射	10~20μg	HepB	1	2					3								
结核病[1]	卡介苗	皮内注射	0.1ml	BCG	1														
脊髓灰质炎	脊髓灰质炎灭活疫苗	肌内注射	0.5ml	IPV			1	2											
	脊髓灰质炎减毒活疫苗	口服	1粒或2滴	bOPV					3								4		
百日咳/白喉/破伤风	百白破疫苗	肌内注射	0.5ml	DTaP				1	2	3				4					
	白破疫苗	肌内注射	0.5ml	DT															5
麻疹/风疹/流行性腮腺炎[2]	麻腮风疫苗	皮下注射	0.5ml	MMR								1		2					
流行性乙型脑炎[3]	乙脑减毒活疫苗	皮下注射	0.5ml	JE-L								1			2				
	乙脑灭活疫苗	皮下注射	0.5ml	JE-I								1,2			3				4
流行性脑脊髓膜炎	A群流脑多糖疫苗	皮下注射	0.5ml	MPSV-A							1		2						
	A群C群流脑多糖疫苗	皮下注射	0.5ml	MPSV-AC												3			4
甲型病毒性肝炎[4]	甲肝减毒活疫苗	皮下注射	0.5/1.0ml	HepA-L										1					
	甲肝灭活疫苗	肌内注射	0.5ml	HepA-I										1	2				

注:1. 主要指结核性脑膜炎、粟粒性肺结核等。

2. 两剂次麻腮风疫苗免疫程序自2020年6月开始在全国范围内实施。

3. 选择乙脑减毒活疫苗接种时,采用两剂次接种程序。选择乙脑灭活疫苗接种时,采用四剂次接种程序;乙脑灭活疫苗第1、2剂间隔7~10d。

4. 选择甲肝减毒活疫苗接种时,采用一剂次接种程序。选择甲肝灭活疫苗接种时,采用两剂次接种程序。

证。受种者变更接种单位时,应携带预防接种证,由新管理接种单位下载并更新预防接种信息,核准预防接种档案和接种证一致后完成迁入。接种单位利用信息系统至少每月对辖区内儿童的预防接种档案进行 1 次未种通知和查漏分析,对失去联系和离开居住地 3 个月、死亡儿童,可以对其接种卡(簿)进行迁出标记,不再纳入查漏分析和未种通知范围。预防接种电子档案应在本地或平台进行备份。预防接种电子档案应长期保存,并要注意安全管理和隐私保护。

2. 预防接种前准备工作

(1) 确定受种对象:根据国家免疫规划疫苗的免疫程序、非免疫规划疫苗的使用指导原则、群体性预防接种方案、国家、省(自治区、直辖市)预防接种方案等,确定受种对象,包括本次受种对象、上次漏种者和流动人口等特殊人群中的未受种者。

(2) 通知儿童监护人或受种者:采取口头预约、书面预约、电话联系、手机短信(微信)告知、邮件通知、广播通知、公示告知等方式,通知儿童监护人或受种者,告知接种疫苗的种类、时间、地点和相关要求。

(3) 领取或购进疫苗:接种单位根据各种疫苗受种人数计算领取或购进疫苗数量,做好疫苗领发登记。运输疫苗的冷藏箱(包),应根据环境温度、运输条件、使用条件放置适当数量的冰排。冷藏箱(包)中疫苗的放置:①脊髓灰质炎减毒活疫苗、含麻疹成分疫苗、甲肝减毒活疫苗、乙脑减毒活疫苗等放在冷藏箱(包)的底层。②卡介苗放在中层,并有醒目标记。③百白破疫苗、白破疫苗、乙肝疫苗、脊髓灰质炎灭活疫苗等严禁冻结,要放在冷藏箱(包)的上层,不能直接接触冰排。④其他疫苗按照使用说明规定的温度,参照上述要求放置。

(4) 准备预防接种器材:按受种对象次数的 1.1 倍准备相应规格的注射器材。注射器使用前要检查包装是否完好并在有效期内使用。

(5) 准备相关药品和器械:消毒等耗材,包括 75% 乙醇、镊子、棉球杯、无菌干棉球或棉签、治疗盘等。体检器材,包括体温表、听诊器、压舌板、血压计。常用急救药械,包括 1∶1 000 肾上腺素、葡萄糖生理盐水、25%~50% 葡萄糖注射液、地塞米松、抗过敏药、输液器、止血带和吸氧等急救设备。肾上腺素等急救药械应加强保管,单独存放在接种室易取位置。接种安全器材:包括注射器、毁型装置或锐器盒、医疗废物桶等。

(6) 做好急救技能培训与演练:承担接种工作的医疗卫生人员需要接受预防接种不良反应救治的培训。

3. 预防接种时的工作

(1) 核实受种对象:预防接种工作人员应查验儿童预防接种证、卡(簿)或儿童预防接种个案信息,核对受种者姓名、出生日期及预防接种记录,确定本次受种对象、接种疫苗的品种。预防接种工作人员发现原始记录中受种者姓名、出生日期、联系方式等基本信息有误或变更的,应及时更新。对不符合本次预防接种的受种者,向儿童家长或其监护人做好解释工作。

(2) 询问健康状况和核查接种禁忌:询问健康状况。询问受种者的健康状况,询问内容包括是否有发热、咳嗽、腹泻、过敏、癫痫、神经系统疾病、慢性病、使用药物等情况,结合预检综合判断健康状况。在询问健康状况同时,核查接种禁忌并如实记录。建议承担预防接种工作的医疗机构、社区卫生服务中心、乡镇卫生院将预防接种与儿童保健相结合,在开展儿童体检的同时,询问健康状况和核查接种禁忌,由负责体检的医疗人员填写健康状况询问与接种禁忌核查表。未开展儿童体检的接种单位,由具有资格的医疗人员向受种者或其监护人提出医学建议,并如实记录提出医学建议的情况。

(3) 预防接种告知:接种单位可以通过妈妈课堂、视频、文字材料等方式进行接种疫苗和预防接种的宣传告知。在正式实施接种疫苗前,预防接种工作人员应采取面对面的方式进行告知。应当告知受种者或其监护人所接种疫苗的品种、作用、禁忌、可能出现的不良反应以及注意事项。受种者或其监护人自愿选择预防接种免疫规划疫苗同品种的非免疫规划疫苗时,接种单位应当告知费用承担、预防接种异常反应补偿方式及接种疫苗的品种、作用、禁忌、可能出现的不良反应以及注意事项。告知后应签字(或电子签名),确认所接种疫苗纸质或电子知情同意书。纸质签字存根由接种单位留底保存,电子知情同意书由接种单位备份,签字存根信息由接种单位留底保存不得少于 5 年。

(4) 现场疫苗准备和检查:预防接种前将疫苗从冷藏设备内取出,尽量减少开启冷藏设备的次数。核对接种疫苗的品种,检查疫苗外观质量。凡过期、变色、污染、发霉、有摇不散凝块或异物、无标签或标签不清、疫苗瓶有裂纹的疫苗一律不得使用。疫苗使用说明规定严禁冻结的疫苗,如百白破疫苗、乙肝疫苗、白破疫苗等,冻结后一律不得使用。检查含吸附剂疫苗是否冻结的方法:将被检和正常对照的疫苗瓶同时摇匀后静置竖立,如被检疫苗在短时间(5~10min)内与对照疫苗相比,出现分层现象且上层液体较清,即可判断被检疫苗曾被冻结。

(5) 接种前"三查七对一验证":实施接种时,医疗卫生人员要做到"三查七对一验证",做到受种者、预防接种证和疫苗信息相一致,确认无误后方可实施接种。接种时做到"三查"。三查包括:一是检查受种者健康状况和核查接种禁忌,核查受种者体温、接种部位皮肤等状况,核查受种者或其监护人报告的接种禁忌;二是查对预防接种证,查对预防接种证受种者和接种疫苗等信息,同时与预防接种个案信息系统、预防接种卡核对疫苗和接种相关信息;三是检查疫苗、注射器的包装和外观是否正常,检查疫苗批号,检查疫苗和注射器是否在有效期内。接种时做到"七对"。"七对"是指核对受种者的姓名、年龄和所接种疫苗的品名、规格、剂量、接种部位、接种途径。接种时做到"一验证"。接种前请监护人或受种者验证接种疫苗的种类和有效期。

4. 疫苗接种技术

(1) 口服法

1) 适用疫苗:口服脊髓灰质炎减毒活疫苗等。

2) 操作方法:液体剂型疫苗从冰箱取出放置室温(<30℃)复溶,待完全溶化,充分摇匀后,直接将规定剂量的疫苗滴入儿童口中。糖丸剂型疫苗用消毒药匙送入儿童口中,用凉开水送服。对于小月龄儿童,喂服糖丸剂型时可将糖丸放在消毒的小药袋中,用手碾碎后放入药匙内,加少许凉开水溶解成糊状服用,或将糖丸溶于约 5ml 凉开水中,使其完全溶化后口服。

（2）注射剂型疫苗的使用

1）疫苗吸取和使用要求：将疫苗瓶上部疫苗弹至底部，用75%酒精棉球消毒开启部位。在酒精挥发后将注射器针头斜面向下插入疫苗瓶的液面下吸取疫苗。吸取疫苗后，将注射器的针头向上，排空注射器内的气泡，直至针头上有一小滴疫苗出现为止。使用含有吸附剂的疫苗前，应当充分摇匀。使用冻干疫苗时，用一次性注射器抽取稀释液，沿疫苗瓶内壁缓慢注入，轻轻摇荡，使疫苗充分溶解，避免出现泡沫。开启减毒活疫苗的疫苗瓶和注射时，切勿使消毒剂接触疫苗。疫苗瓶开启后应尽快使用。如不能立即用完，应在瓶身上标注开启时间，并应盖上无菌干棉球冷藏。当疫苗瓶开启后，活疫苗超过半小时、灭活疫苗超过1h未用完，应将剩余疫苗废弃。

2）接种部位皮肤消毒：确定接种部位，接种部位要避开瘢痕、炎症、硬结和皮肤病变处。用灭菌镊子夹取75%酒精棉球或用无菌棉签蘸75%酒精，由内向外螺旋式对接种部位皮肤进行消毒，涂擦直径≥5cm，待晾干后立即预防接种。注射方式见图6-1、图6-2。

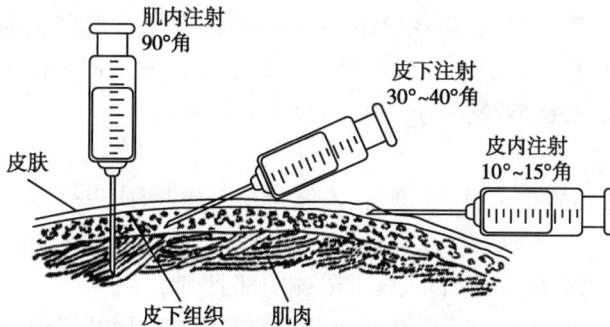

图6-1 各种疫苗注射术进针角度示意图

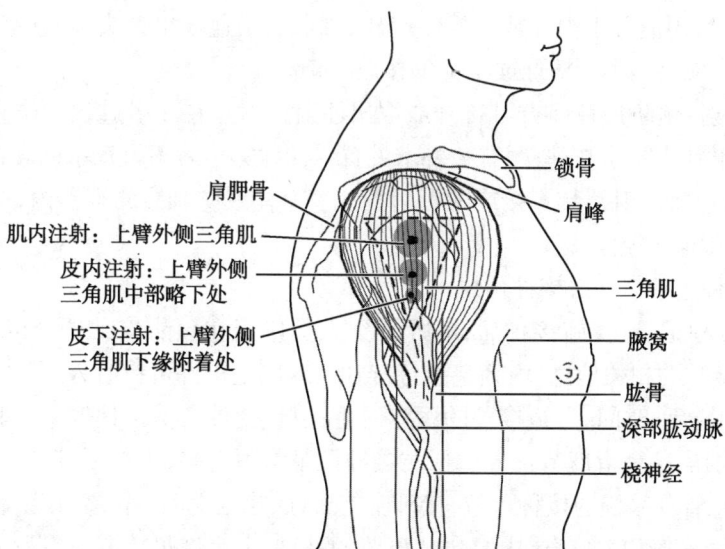

图6-2 皮下、皮内、肌内注射位置示意图

3）皮内注射法

A. 适用疫苗：卡介苗。

B. 接种部位：上臂外侧三角肌中部略下处。

C. 操作方法：①固定受种者，露出受种者接种部位。②用注射器吸取 1 人份疫苗，排尽注射器内空气，皮肤常规消毒，待乙醇干后，左手绷紧注射部位皮肤，右手以平执式持注射器，示指固定针管，针头斜面向上，与皮肤呈 10°~15°角刺入皮内。再用左手拇指固定针栓，然后注入疫苗，使注射部位形成一个圆形隆起的皮丘，皮肤变白，毛孔变大，注射完毕，针管顺时针方向旋转 180°后，迅速拔出针头。

4）皮下注射法

A. 适用疫苗：麻疹疫苗、麻风疫苗、麻腮风疫苗、乙脑疫苗、A 群流脑多糖疫苗、A 群 C 群流脑多糖疫苗、甲肝减毒活疫苗、钩体疫苗等。

B. 接种部位：上臂外侧三角肌下缘附着处。

C. 操作方法：①固定受种者，露出受种者接种部位。②用相应规格注射器吸取 1 人份疫苗后，排尽注射器内空气，皮肤常规消毒，左手绷紧皮肤，右手持注射器，针头斜面向上，与皮肤成 30°~40°角，快速刺入皮下，进针深度约 1/2~2/3，松左手，固定针管，缓慢推注疫苗，注射完毕后用消毒干棉球或干棉签轻压针刺处，快速拔出针头。

5）肌内注射法

A. 适用疫苗：百白破疫苗、白破疫苗、乙肝疫苗、脊髓灰质炎灭活疫苗、甲肝灭活疫苗、出血热疫苗等。

B. 接种部位：上臂外侧三角肌、大腿前外侧中部肌肉。

C. 操作方法：①固定受种者，露出受种者接种部位。②用相应规格注射器吸取 1 人份疫苗，排尽注射器内空气，皮肤常规消毒，左手将注射肌肉部位绷紧，右手持注射器，与皮肤呈 90°角，将针头快速垂直刺入肌肉，进针深度约为针头的 2/3，松左手，固定针管，缓慢推注疫苗，注射完毕后用消毒干棉球或干棉签轻压针刺处，快速拔出针头，观察有无渗血或药液渗出，若有渗出，应将消毒干棉球或干棉签按压片刻。

6）安全注射：预防接种前方可打开或取出注射器材。在注射过程中防止被针头误伤。如被污染的注射针头刺伤，应按照有关要求处置。注射完毕后不得双手回套针帽，或用手分离注射器针头，应将注射器具直接或毁形后投入安全盒或防刺穿的容器内，按照《医疗废物管理条例》统一回收销毁。

5. 预防接种记录与下次接种预约

（1）预防接种记录：实施接种后，医疗卫生人员应当在预防接种证上以及预防接种卡（簿）登记疫苗接种的相关信息，内容包括：疫苗的品种、上市许可持有人、最小包装单位的识别信息、有效期、接种时间、实施接种的医疗卫生人员、受种者等接种信息。其中，疫苗最小包装单位的识别信息是指疫苗批号。预防接种记录书写工整，不得用其他符号代替。已实现免疫规划信息管理系统的接种单位，接种实施后，医疗卫生人员需要在系统中录入或扫描疫苗追溯码自动采集相关信息，内容包括疫苗的品种、上市许可持有人、最小包装单位的识别信息、有效期、接种时间、实施接种的医疗卫生人员、受种者等接种信息。其中，疫苗最小包装单位的识别信息是指疫苗追溯码。为做到真实、准确、完整,以便于疫苗接种信息的查询和核对,鼓励接种单位通过扫描疫苗追溯码获取疫苗追溯信息,并实现计算机打印预防接种证。产科接种单位在为新生儿预防接种第 1 剂乙肝疫苗和卡介苗后,应填写"新生儿首剂乙肝疫苗和卡介苗疫苗预防接种记录单",告知儿童监护人在 1 个月内到居住地的接种单位办理预防接种证、卡(簿);产科接种单位也可直接在预防接种证记录首剂乙肝疫苗和卡介苗预防接种情况,建立信息化系统地区,通过扫描疫苗追溯码获取疫苗追溯信息,并实现计算机打印预防接种证。

(2) 下次接种预约:与儿童监护人预约下次接种疫苗的种类、时间和地点。

6. 接种后受种者的留观　告知儿童监护人,受种者在预防接种后留在预防接种现场观察 30min 方可离开。受种者在现场留观期间出现不良反应的,医疗卫生人员应当按照预防接种工作规范相关章节的要求,及时采取救治等措施。承担接种工作的医疗卫生人员需要接受预防接种不良反应救治的培训,在接种单位应当备有紧急救治的药物。出现严重异常反应的,必要时转院救治。

7. 预防接种后的工作

(1) 清理器材:清洁冷藏设备。使用后的自毁型注射器、一次性注射器及其他医疗废物严格按照《医疗废物管理条例》的规定处理,实行入户接种或临时接种时应将所有医疗废物带回集中处理。镊子、治疗盘等器械按要求灭菌或消毒后备用。

(2) 处理剩余疫苗:记录疫苗的使用及废弃数量,剩余疫苗按以下要求处理:废弃已开启疫苗瓶的疫苗。冷藏设备内未开启的疫苗做好标记,放冰箱保存,于有效期内在下次预防接种时首先使用。清理核对预防接种通知单,预防接种卡(簿)或儿童预防接种个案信息,确定需补种的人数和名单,下次预防接种前补发通知。统计本次预防接种情况和下次预防接种的疫苗使用计划,并按规定上报。

【案例 6-3】

某年 3 月 15 日—3 月 28 日,A 县社会福利中心共发生 3 例麻疹实验室确诊病例,均为收养的孤残儿童,且均无含麻疹成分疫苗免疫接种史。

案例提示:此起疫情除开展疫情调查和一般处置措施(病例管理、接触者管理、感染控制、加强监测、风险沟通等)外,是否需要实施相应的免疫措施? 如何实施?

麻疹疫苗可预防疾病,通过含麻疹成分疫苗的使用,麻疹发病率下降明显。同时麻疹疫苗的应急接种已成为控制麻疹疫情、阻断其传播的有效措施。

1. 常规免疫　应针对疫情所暴露出来的问题,加强常规免疫工作,及时开展适龄人群查漏补种工作,提高首针含麻疹成分疫苗及时接种率,使易感儿童及时得到保护,减少小年龄易感者的数量。

2. 应急接种　麻疹疫情发生后,结合疫情调查及风险评估结果,对重点人群开展麻疹疫苗应急接种(表 6-2)。

(1) 开展时间:应急接种应尽早开展。对密切接触者的接种尽量在首次暴露后的 72h 内完成,暴露时间超过72h者也可开展接种,接种疫苗不会加重麻疹的临床症状。实际工作中,个案调查时即应启动针对密切接触者的应急接种,并在个案调查开始后的24h内完成,不应等到实验室确诊后再开展。对社区内人群开展应急接种,应在尽可能短的时间(如一个最短潜伏期,即7d)内完成(争取3d内接种率达到95%以上)。

(2) 覆盖年龄组:目标人群的选择需要依据人群免疫状况评估、年龄别罹患率等资料综合分析确定。应特别关注常规免疫服务难以覆盖的人群、上次强化免疫未覆盖儿童、医务人员、教师等。应急接种的对象重点为8月龄~50岁人群。实际工作中可根据病例年龄分布特征,适当扩大年龄范围。

(3) 开展区域范围:应急接种开展的区域范围可根据疫情规模和风险评估结果综合确定。学校、托幼机构、建筑工地、厂矿等集体单位有疫情发生时,可对该单位全人群开展应急免疫。散发病例或发生在家庭内的暴发疫情时,应对病例接触者及病例周围的易感人群(自然村、小区为范围)开展应急接种,必要时考虑对周边的重点人群开展接种(如当流动人口发病时,可开展用工单位集体接种)。当以村、乡镇为单位发生暴发疫情,病例间无流行病学关联时,应以病例居住地的自然村、小区为范围开展应急接种,可考虑扩大对周边重点人群的接种;当病例间存在流行病学关联时,应开展人群免疫水平进行评估,考虑整个村、乡镇应急接种。疫情播散范围更广时,根据风险评估结果及公共卫生专家建议确定应急接种范围。

(4) 免疫制剂选择:应急接种时优先考虑使用联合疫苗。针对密切接触者的免疫接种,如因各种原因(妊娠期、免疫功能低下者、未到起始月龄等)不能接种疫苗者可应急接种免疫球蛋白。

(5) 接种人数:发生散发病例时,应设法保证易感的密切接触者全部得到接种;集体单位发生疫情时,应急接种后全人群有麻疹疫苗接种或患病史的比例应达95%以上;以村、乡镇为单位发生暴发疫情时,每个病例应急接种人数应不少于100人。

表6-2　暴露后应急接种分类处置建议

年龄组	暴露时间	
	≤72h	73~144h
<6个月	通常不作为应急接种对象,如该儿童母亲为麻疹患者或其母亲明确属易感者时可接种IG	
6个月~	可接种IG,隔3个月后接种MCV(当IG不能获得时,可接种1剂MCV,但不计入常规免疫剂次)	
8个月~	无MCV免疫史者接种MCV1剂(已完成1剂MCV者待18月龄时接种第2剂)	无MCV免疫史者先接种IG,隔3个月后接种MCV 1剂(已完成1剂MCV者待18月龄时接种第2剂)
18个月~	无MCV免疫史者接种MCV两剂,两剂间隔4周以上	无MCV免疫史者先接种IG,隔3个月后接种MCV 2剂,2剂间隔4周以上
	之前接种过1剂MCV者,接种第2剂MCV(与上剂间隔4周以上)	之前接种过1剂MCV者,接种第2剂MCV(与上剂间隔4周以上)
	已完成2剂次MCV者无须接种	已完成2剂次MCV者无须接种
成人	易感者接种MCV 1剂	易感者先接种IG,隔3个月后接种MCV 1剂

注:IG,免疫球蛋白;MCV,含麻疹成分疫苗。

（三）疑似预防接种异常反应（adverse event following immunization, AEFI）监测与处置

1. AEFI 定义　AEFI 是指受种者在预防接种过程中或接种后发生的怀疑与预防接种有关的反应或事件，包括相关症状、体征、疾病、异常实验室检查结果等医学相关事件。按照 AEFI 的发生原因，将 AEFI 分为五种类型：①不良反应：合格的疫苗在实施规范接种过程中或接种后，受种者发生的与预防接种目的无关或意外的有害反应，属于相关各方均无过错的药品不良反应。不良反应与疫苗本身固有的特性及受种者个体差异有关，包括一般反应和异常反应。一般反应：是指合格的疫苗在实施规范过程中或者实施规范接种后发生的，由疫苗本身所固有的特性引起，对机体只会造成一过性生理功能障碍的反应，主要有发热和接种局部疼痛、红肿，也可出现全身不适、倦怠、食欲缺乏、乏力或轻微的一过性皮疹等症状。异常反应：是指合格的疫苗在实施规范接种过程中或者实施规范接种后造成受种者机体组织器官、功能损害，相关各方均无过错的药品不良反应。②疫苗质量事故：由疫苗质量问题给受种者造成机体组织器官、功能损害。③接种事故：因接种单位违反预防接种工作规范、免疫程序、疫苗使用指导原则、接种方案，造成受种者机体组织器官、功能损害。④心因性反应：受种者在预防接种实施过程中或接种后，因心理因素导致发生的反应。⑤偶合症：受种者在接种时正处于某种疾病的潜伏期或者前驱期，接种后偶合发生的疾病。受种者如有疫苗说明书规定的接种禁忌，但在接种前受种者或者其监护人未如实提供受种者的健康状况和接种禁忌等情况，接种后受种者原有疾病急性复发或者病情加重的情况，以及其他与接种疫苗无因果关系的反应或事件，也属于偶合症。

2. 报告流程　接种单位、医疗机构、疫苗上市许可持有人、疾控机构、药品不良反应监测机构及其执行职务的人员为 AEFI 的责任报告单位和报告人。

责任报告单位和报告人发现（包括接到受种者或其监护人的报告）AEFI 后，应当做好相关信息记录，对符合报告范围或认为有必要报告的其他 AEFI，应当在发现后 48h 内通过中国免疫规划信息管理系统上报 AEFI 个案报告卡或将 AEFI 个案报告卡以电子版或传真等方式向接种单位所在地的县级疾控机构报告，县级疾控机构核实后，立即通过中国免疫规划信息管理系统进行网络直报。发现怀疑与预防接种有关的死亡、严重残疾，或群体性 AEFI 等对社会有重大影响的 AEFI 时，应在 2h 内以电话等最快方式逐级上报。

3. 调查诊断与补偿　县级疾控机构接到 AEFI 报告后，应核实 AEFI 的基本情况、发生时间和人数、主要临床表现、初步临床诊断、疫苗预防接种等，完善相关资料，做好深入调查的准备工作。除明确分类为一般反应外的其他 AEFI 均需调查。怀疑与预防接种有关的死亡、严重残疾，或者群体性 AEFI 等对社会有重大影响的 AEFI，由设区的市级以上人民政府卫生健康主管部门、药品监督管理部门在接到报告后立即按照各自职责组织开展调查、处理。

省、市和县级疾控机构应当建立预防接种异常反应调查诊断专家库，由临床、流行病学、医学检验、疫苗学、法医等专家组成，负责确定疾病的临床诊断，评估疾病与接种疫苗之间的因果关联程度。死亡、严重残疾，或群体性 AEFI 等对社会有重大影响的 AEFI，由市级或省级疾控机构组织预防接种异常反应调查诊断专家组进行评估。其他需要进行诊断的，由接种单位所在地的县级疾控机构组织专家组进行调查诊断。

国家实行预防接种异常反应补偿制度。实施接种过程中或者实施接种后出现受种者死亡、严重残疾、器官组织损伤等损害,属于预防接种异常反应或者不能排除的,应当给予补偿。接种免疫规划疫苗所需的补偿费用,由省、自治区、直辖市人民政府财政部门在预防接种经费中安排;接种非免疫规划疫苗所需的补偿费用,由相关疫苗上市许可持有人承担。

4. 常见反应的处置 医疗卫生人员对较为轻微的全身性一般反应和接种局部的一般反应,可给予一般的处理指导;对接种后现场留观期间出现的急性严重过敏反应等,应立即组织紧急抢救。对于其他较为严重的 AEFI,应建议及时到规范的医疗机构就诊。

(1) 全身性一般反应:少数受种者接种灭活疫苗后 24h 内可能出现发热,一般持续 1~2d,很少超过 3d;个别受种者在接种疫苗后 2~4h 即有发热,6~12h 达高峰;接种减毒活疫苗后,出现发热的时间比接种灭活疫苗稍晚,如接种麻疹疫苗后 6~10d 可能会出现发热,个别受种者可伴有轻型麻疹样症状。少数受种者接种疫苗后,除出现发热症状外,还可能出现头痛、头晕、乏力、全身不适等情况,一般持续 1~2d。个别受种者可出现恶心、呕吐、腹泻等胃肠道症状,一般以接种当天多见,很少超过 2~3d。对于出现全身性一般反应的受种者,若发热在 ≤37.5℃时,应加强观察,适当休息,多饮水,防止继发其他疾病;若发热 >37.5℃或 ≤37.5℃并伴有其他全身症状、异常哭闹等情况,应及时到医院诊治。

(2) 局部一般反应:少数受种者在接种疫苗后数小时至 24h 或稍后,局部出现红肿,伴疼痛。红肿范围一般不大,仅有少数人红肿直径 >30mm,一般在 24~48h 逐步消退。接种卡介苗 2 周左右,局部可出现红肿浸润,随后化脓,形成小溃疡,大多在 8~12 周后结痂,一般不需要处理,但要注意局部清洁,防止继发感染。部分受种者接种含吸附剂的疫苗,会出现因注射部位吸附剂未完全吸收,刺激结缔组织增生,而形成硬结。对于出现局部一般反应的受种者,红肿直径和硬结 <15mm 的局部反应,一般不需任何处理;红肿直径和硬结在 15~30mm 的局部反应,可用干净的毛巾先冷敷,出现硬结者可热敷,每日数次,每次 10~15min;肿和硬结直径 ≥30mm 的局部反应,应及时到医院就诊;接种卡介苗出现的局部红肿,不能热敷。

【案例 6-3 分析】

1. 找出病例无含麻疹成分疫苗免疫史的原因。我国对 8 月龄和 18 月龄儿童实施 2 剂次麻腮风疫苗接种,而该社会福利院 3 名儿童均未接种过含麻疹成分疫苗原因,查找是否存在免疫漏洞。

2. 针对 3 名病例的密切接触者做好麻腮风疫苗应急接种工作,注意及时性和开展的人群范围。

3. 对该社会福利院其他人群开展含麻疹成分疫苗接种率评估,判断是否需要开展查漏补种工作,提高人群免疫水平。

4. 针对该起疫情处置,全科医生应全面分析,总结经验教训,分析对辖区预防接种工作有何启示和借鉴。

(杨旭辉　刘 艳)

第七章

全科医学与预防医学

全科医学是面向社区与家庭，整合临床医学、预防医学、康复医学以及人文社会学科相关内容于一体的综合性医学专业学科。预防医学是全科医学的重要组成部分，对于全科医学以预防为先导的健康服务模式的实现，具有重要临床医学意义。

第一节　预防医学与健康促进

1. 预防医学概念及内容。
2. 健康促进策略及意义。

...... **重要知识点** ......

1. 明确预防医学及学科体系,它与基础医学和临床医学的关键差别。
2. 全科医学生学习掌握预防医学知识的现实意义。
3. 认识健康促进策略在预防医学甚或临床医学的重要性。

......

【案例 7-1】

在北婆罗洲(North Borneo),疟疾曾经感染了 90% 的居民。1955 年,世界卫生组织(WHO)开始向这个岛上喷洒狄氏剂(类似滴滴涕),以杀死携带疟原虫的蚊子。这个项目很成功,这种致死性疾病几乎灭绝了。然而,未预料的事情发生了,狄氏剂同样也杀死了其他昆虫,包括生活在屋内的苍蝇、蟑螂。岛上居民称赞这件事,但是生活在屋内的蜥蜴因过度食用狄氏剂污染的昆虫而死亡。接下来,食用蜥蜴的猫也出现了死亡。然而猫没了,老鼠大量繁殖。当鼠蚤携带的腺鼠疫对人们造成威胁的时候,WHO 投放健康猫到这个岛上,帮助控制老鼠数量。狄氏剂杀死黄蜂和其他昆虫,它们以某类毛虫为食,这种毛虫要么躲避要么不受这种农药影响。随着毛虫捕食者的消失,毛虫得以大量繁殖,嚼食茅草屋顶,造成屋顶塌陷。最后,这件事愉快地解决了,疟疾和喷药项目带来的未预料影响都得到了控制。然而,难预料的连锁事件强调了干预生态系统的不可预测性。它提醒我们,对自然状态进行干预时,我们需要问自己"接着会发生什么"。

案例提示:处理人群健康相关环境问题时,如何基于生态平衡法则而不顾此失彼? 否则即使某一环境问题得到了相应处理,对人群健康的新威胁却来临了。

一、预防医学的定义

预防医学(preventive medicine)是医学的重要组成部分,是应用环境与生物医学理论,宏观与微观相结合,从群体医学角度,研究疾病发生、发展规律及其影响因素,从而制订预防对策和措施、实现预防疾病和促进健康目标的科学。预防医学与基础医学、临床医学,尤其是其中的全科医学既有分工又有联系、相互渗透。2003 年我国将公共卫生(public health)定义为组织社会共同努力,改善环境卫生条件,预防控制传染病和其他疾病流行,培养良好卫生习惯和文明生活方式,提供医疗服务,达到预防疾病,促进人民身体健康的目的。全科医生需要在临床实践中应用预防医学基本理论和基本实践技能、确立预防为主的观念。根据实际情况向民众提供相应的健康咨询和指导,早发现、早诊治,参与和促进社区疾病控制与预防工作。

三级预防(preventions at three levels)是预防疾病的根本策略。①一级预防(primary prevention)或病因预防,指通过采取措施控制致病因素或提高机体抵抗力来预防疾病、促进健康。如清洁安全的饮用水和食品,针对空气、水源、土壤的环境保护措施,以及健康教育、合理营养、良好生活习惯等。另外,通过预防接种,提高人群免疫水平,预防疾病;婚前检查、妊娠和儿童期的卫生保健;疾病高危个体服用药物来预防疾病发生的化学预防,都是一级预防措施。②二级预防(secondary prevention)或“三早”预防,指疾病早期发现、早期诊断、早期治疗的“三早”预防措施,以控制疾病的发生发展。如普查、筛检、定期体检、高危人群专项检查及设立专科门诊等。③三级预防(tertiary prevention),指采取及时、有效治疗措施,防止患者疾病病情恶化、预防并发症和伤残或促进康复,使患者尽量恢复生活和劳动能力,延年益寿。针对某种疾病而言,三级预防措施相互关联,共同构成立体或三维的疾病预防体系。

预防医学具有三个典型特征:①系统性思维基于系统生物学理论,预防医学把人的健康及其影响因素作为一个整体来认识,系统分析影响健康的有利和有害的因素。因此,它要求医生不仅有诊断和治疗疾病的知识和技能,也要提供恰当的预防保健服务。通过临床预防服务和社区预防服务,达到促进健康、预防疾病、防治伤残和早逝。②针对性服务预防医学的工作对象,主要是组成群体的个体和特定的群体。提供预防服务前,对个体要进行个性化的评估,从而提供有针对性的预防服务。所谓的特定群体,可以是由地理区域来界定的群体或有其他特征的群体,如不同性别、年龄、职业、学历或不同经济、婚姻状况等群体。界定特定群体,有助于更精准地采取干预措施,提高预防效果。社区的群体服务,也属于公共卫生服务的重要部分。③主动健康(active health)采取积极主动的措施促进和维护健康,预防疾病、失能和早逝。一方面防患于未然,在整个生命过程中主动地预防疾病,促进健康老龄化,如积极老龄化(active ageing)。另一方面发挥主观能动性即赋权(empowerment),医务人员要帮助服务对象充分发挥他们的主观能动性,掌控自身健康的主动权,自主管理自身健康问题。

二、健康促进的策略

健康促进(health promotion)WHO提出健康促进是促进人们维护和提高他们自身健康的过程,是协调人类与环境之间的战略,规定个人与社会对健康各自所负的责任。美国健康教育学家劳伦斯·格林(Lawrence W. Green)认为健康促进是指一切能促使行为和生活条件向有益于健康改变的教育与环境支持的综合体。狭义的健康促进强调了在改变个人和群体行为过程中环境、政策支持的重要意义;广义的则是环境、政策等对健康的贡献,不仅表现为促进健康行为生活方式的形成,而且表现在环境条件改善本身对健康的贡献,政治承诺、相关政策对健康的直接影响。

　　健康促进活动领域包括:①政策制定:各级政府和组织的决策者应预先评估公共政策对健康的影响,使其能对健康产生积极的促进作用。②环境创建评估:环境对健康以及健康相关行为的影响,为有针对性改变行为的环境策略提供支持性环境,充分开发利用自然资源等。③社区行动:通过赋权(empowerment)激发社区居民的主人翁意识,让社区群众积极参与卫生保健计划的制订和执行,实现社区健康目标。④发展技能:通过健康信息教育并帮助人们提高健康选择能力,如健康知识、疾病预防与自我预防保护技能,支持个人和社会的发展。⑤调整服务:以人群的健康需求为向导,将健康促进和预防疾病作为卫生服务模式,以适应广大人民群众日益增长的公共卫生需求,使之公平受益。

　　健康促进三大策略:①倡导(advocacy):针对政策决策者,促进有利于健康的公共政策的制定和出台;②增能(enable):针对社区及居民,激发潜能,使社区、家庭和个人具备承担各自健康责任的能力,并付诸行动;③协调(mediation):针对政府、部门、社会团体、非政府组织、社区及居民,形成促进健康的强大联盟和支持体系,努力实现维护和增进全社会的健康目标。

　　健康促进具体要求主要包括以下内容。

　　1. 教育支撑策略(educational strategies)　通过教育的策略,提高个人健康素养、自我保健意识与能力,促使人们自觉遵循有益于健康的行为生活方式。同时,倡导先进的理念,使全人群、全社会关注健康问题,支持健康行为,主要包括:①电子媒介的大众传媒活动,如电视、广播、广告、网络等;②印刷媒介开展活动,如小册子、小折页、卡片、传单、挂图、招贴画、日历等;③人际交流活动,如讲座/讲课、讨论、咨询、示范、入户指导、观摩、同伴教育等;④社区活动,如标语、板报、墙报、展览、义诊、树立示范户、知识竞赛、各种俱乐部等;⑤新媒体,如随着新媒体的发展,如短信、微博、微信、APP等新媒体形式,也日益被运用于健康教育干预,且应用前景广泛。

　　2. 环境改善策略(environmental strategies)　改变健康行为的物质环境,使人们遵循健康行为。环境策略因不同的项目而有差异,如在青少年控烟项目中,学校周边没有售烟亭,学校内没有吸烟室,会议室不摆烟灰缸等都属于环境策略;而预防心脑血管病的健康教育中,企业食堂提供低脂、低盐的食物,在工作场所为职工提供一些锻炼设施等也属于环境策略。这些使得目标人群能够更加便捷从事健康干预活动,逐步形成积极主动的健康行为。

　　3. 制定政策策略(policy strategies)　包括两方面。一方面,支持并促使健康行为得以实现。例如,在控制新型冠状病毒肺炎(COVID-19)传播、降低其发病率和死亡率过程中,检测与治疗费用对防治效果会造成直接或间接影响,为此我国政府采取了全免费政策,增强了人们“群防群治、联防联控”的信心。这是疫情很快得到控制并取得重大战略成果的有效策略。另一方面,政策策略还可以影响资源配置、环境改善,从而促进健康。

(金永堂)

第二节　健康相关因素

主要内容
1. 自然、生活环境中与健康相关因素。
2. 工作、生产环境中与健康相关因素。
3. 环境因素的健康风险评价。

······ 重要知识点 ··

1. 空气、水、土壤、食物及衣食住行等组成的自然与生活环境中,影响人群健康的因素、防控其危害的措施。
2. 工作或生产过程中理化及生物等职业因素对健康的影响,以及相应的防护措施。
3. 认识和评价人群健康相关环境因素可能造成的健康风险。

···

【案例 7-2】

男,35 岁。胸闷、憋气近 11 年,无吸烟史,1991 年 4 月开始在某企业做金矿井下凿岩工,接触含游离二氧化硅粉尘 12 年 10 个月。2000 年 9 月患者开始感到胸闷、憋气,并逐渐加重,伴咳嗽、咳少量白色痰,易咳出,无痰中带血,无发热、盗汗。2004 年 3 月,经某地级市职业病诊断机构诊断为硅沉着病Ⅱ期;2008 年 5 月又诊断为硅沉着病Ⅲ期。自 2006 年 11 月—2008 年 9 月,该患者胸闷、憋气症状明显加重,双侧反复发生自发性气胸共 12 次,其中 5 次肺组织压缩达 70.2%,病情危急。随着病情加重,自发性气胸病程越来越长,发生间期越来越短,引流越来越困难,后期胸腔闭式引流常需 2 根插管,引流时间长达 3 个月。胸部 X 线检查显示,双肺野可见密集度 2 级的 q/p 型阴影,双上肺有大于 2cm×1cm 大阴影,双肺多发肺大疱。CT 显示双肺呈现弥漫性气肿,多发性大疱,许多小阴影和左上肺 3.3cm×3.5cm 大阴影。肺功能检查,用力肺活量占预计值的百分比为 36.7%;第 1 秒用力呼气量 17%,重度混合性肺通气功能障碍。该患者被诊断为硅沉着病Ⅲ期合并自发性气胸。

案例提示:如何认识在生产环境中长期接触有害因素引起的危害,如含有较高游离二氧化硅粉尘而引起的硅沉着病。这是一种严重的、目前不能治愈和不可逆转的职业病。如何通过流行病学、毒理学等方法,分析和确认职业环境中有害因素,如含不同游离二氧化硅粉尘所导致的硅沉着病乃至肺癌的危害性;阐明职业危害,如接触粉尘的剂量 - 效应关系与规律。

人类健康相关因素,不论是有利的还是有害的,取决于人类生存和发展的环境。环境是指围绕人群周围空间中可以直接或间接影响人类生存与发展的各种因素的总体,主要包括生活环境与生产环境或自然环境与社会环境。按属性可将环境因素分为物理性、化学性、生物性和社会性因素四大类。物理因素包括微小气候、震动、噪声、辐射等;化学因素指存在于空气、水、土壤、食物中种类繁多的各种化学成分;生物因素有细菌、真菌、病毒、寄生虫和各种变应原;社会因素主要有法律、经济、社会制度、文化因素、人际关系、工作应激等。环境与健康关系是辩证统一的关系。良好环境有利于人类的生存与发展,有益于预防疾病、促进健康;不良环境是不良健康状况的根源。人类即可适应环境或改善环境,避免和消除环境因素对人类健康的影响,也可破坏环境,给人类带来各种健康危害甚至环境灾难。环境与机体的相互作用对人类健康具有重要预防医学意义。

一、自然、生活环境与健康

针对环境因素对人体健康影响的特征,综合人类健康相关自然与生活环境因素的差异,自然、生活环境中与人体健康密切相关因素,主要来自空气、水、土壤、饮食等。

(一)空气与健康

空气理化性质随着距地面高度不同有很大的变化。自地面向上,空气层分为对流层(<20km)、平流层(20~50km)、中间层(50~80km)和热层(>80km)。自然状态下的空气由混合气体、水汽和气溶胶组成,无色、无臭和无味。各组成成分处于动态平衡之中,保持相对稳定状态,氮占 78%、氧占 21%,其他包括水蒸汽 0.01%~4%、氩(Ar)(<1%)、CO_2 占 0.037%,还有微量其他气体。

空气物理性状如太阳辐射、气象条件和空气离子等异常变化会对人体健康造成影响,如太阳辐射中的紫外线具有红斑、色素沉着、抗佝偻病、杀菌和免疫增强作用,过强可导致日光性皮炎、电光性眼炎及皮肤癌等,还可与空气中汽车尾气排放的碳氢化合物形成 O_3 等二次污染物。空气污染与健康的关系是环境医学研究的重点。

1. 空气污染的来源 空气污染(air pollution)包括自然污染(natural pollution)和人为污染(anthropogenic pollution)。相比之下,人为污染来源多且范围广,也是环境医学关注的重点。

大部分自然污染(起源于风暴和土壤的各种颗粒物、火山爆发产生的硫氧化物和颗粒物、森林大火产生的碳氧化物、氮氧化物和颗粒物、植物花粉、腐烂植物产生的甲醛和来处大海的盐颗粒)扩散快,除了森林大火与火山爆发,它们很少达到有害水平。城市室外空气污染物,大部分来源于使用化石燃料的火力发电厂、工业企业(稳定来源)和各种机动车(流动来源)。

2. 空气污染物(air pollutants)的种类 空气中常见的主要污染物种类见表 7-1。

表 7-1 主要空气污染物

种类	实例
碳氧化物	一氧化碳(CO)和二氧化碳(CO_2)
硫氧化物	二氧化硫(SO_2)和三氧化硫(SO_3)
氮氧化物	一氧化氮(NO)、二氧化氮(NO_2)、一氧化二氮(N_2O)(NO 与 NO_2 统称为 NO_x)
挥发性有机化合物(VOCs)	甲醛(CH_4)、丙烷(C_3H_8)及氟氯烃(CFCs)

续表

种类	实例
悬浮颗粒物(SPM)	固体颗粒(尘、灰、石棉、铅、硝酸盐和硫酸盐)、液体颗粒(硫酸、多氯联苯、二噁英和杀虫剂)
光化学氧化物	臭氧(O_3)、过氧乙酰硝酸酯(PANs)、过氧化氢水溶液(H_2O_2)和醛类
放射性物质	氡-222、碘-131、锶-90、钚-239
与癌症、出生缺陷和神经系统损害等健康效应有关的有害空气污染物(HAPs)	四氯化碳(CCl_4)、氯甲烷(CH_3Cl)、三氯甲烷($CHCl_3$)、苯(C_6H_6)、二溴乙烯($C_2H_2Br_2$)和甲醛(CH_2O_2)

3. 空气污染对人体健康的危害 ①急性危害:空气污染物在短时间内大量排空气环境,空气受到严重污染,暴露人群出现急性中毒甚至死亡,称为急性危害,主要由烟雾事件和生产事故引起。烟雾事件是空气污染造成急性中毒的主要类型,据其形成原因,又分为煤烟型烟雾事件和光化学烟雾事件。生产事故造成的空气污染急性中毒事件,危害十分严重。震惊世界的有博帕尔毒气泄漏事件和切尔诺贝利核电站爆炸事件。②慢性危害:空气污染物低浓度、长期、反复作用于人体所引起的危害称为慢性危害。包括影响呼吸道功能、机体免疫力下降、引起变态反应,以及多种有毒元素(如锌、铅、镉、铬、氟、砷和汞等)可能与肺癌、心血管疾病(心脏病、动脉粥样硬化、高血压)、中枢神经系统疾病、慢性肾炎等有关。③间接危害:空气污染引发的温室效应、臭氧层破坏和酸雨等可对人类造成间接危害。空气污染还可影响空气能见度和生活卫生条件。

4. 常见有害空气污染物及健康效应 ①一氧化碳(CO):无色、无味气体,危害人和吸氧动物,含碳燃料的不完全燃烧造成的。主要来源于吸烟和化石燃料不完全燃烧,约77%(城市95%)与机动车排放的尾气有关。健康效应:一氧化碳与红细胞中血红蛋白反应且降低血供氧给机体组织和细胞的能力,这会影响知觉和思维,引起头痛、嗜睡、头昏眼花、恶心,可能促发心脏病和心绞痛,影响胎儿、婴幼儿和青少生长发育,加重慢性支气管炎、肺气肿和贫血;高浓度一氧化碳引起衰竭、昏迷、脑细胞不可逆损伤、死亡。②二氧化氮(NO_2):红褐色刺激性气体,赋予光化学烟雾淡褐色。空气层中可转变成硝酸(HNO_3),成为酸雨的主要成分。主要来源于机动车(49%),以及火力发电和工业企业(49%)燃烧化石燃料。健康效应:肺刺激和损伤、加重哮喘和慢性支气管炎、增加呼吸道感染易感性如流感和着凉(感冒)。③二氧化硫(SO_2):无色刺激性气体。来源于含硫化石燃料如煤和油的燃烧,在空气中可转化成硫酸(H_2SO_4),这是酸雨的主要成分。主要来源是火力发电厂(88%)和工业企业(10%)燃煤。健康效应:健康人呼吸损伤,哮喘者气道收缩,慢性暴露引起永久性损伤如慢性支气管炎。④悬浮颗粒物(SPM):各种颗粒物和液滴(气溶胶),悬浮在空气中,大颗粒悬浮时间短而小颗粒悬浮时间长,导致烟雾、灰尘与雾霾。主要来源是火力发电厂和工业企业燃煤(40%),交通运输(17%),还有农业生产、铺路和各种建设过程。健康效应:鼻喉刺激,肺损伤和支气管炎,加重支气管炎和哮喘,缩短寿命。毒性颗粒物(如铅、镉、多氯联苯和二噁英)能够引起突变、生殖影响和癌症。⑤臭氧(O_3):活性高的刺激性气体,气味难闻,是对流层内光化学烟雾的主要成分。主要来源是汽车和工业产生的 VOCs 发生的化学反应,并与氮氧化物形成光化学烟雾。健康效应:导致呼吸困难,咳嗽,眼鼻喉刺激,加重慢性病如哮喘、支气管炎肺气肿和心脏病,对感冒和肺炎抵抗力下降,加速肺组织退化。⑥铅(Pb):有毒金属及其化合物,以颗粒物形式存在于空气中。主要来源是油漆(老房子)、金属冶炼、铅制造业、蓄电池、含铅汽油。健康效应:可在体内蓄积,造成大脑和神经系统损伤、精神迟钝(尤其是小孩)、消化系统紊乱,含铅化合物引起实验动物癌症。

5. 室内空气污染与健康 现代人类 70%~98% 的时间是在室内或汽车内度过的,尤其是老、幼、病、残等脆弱人群,暴露于室内空气污染的健康风险比室外空气污染大得多。重要的室内空气污染物见表 7-2。

表 7-2 室内空气中主要污染物的种类、来源及危害

污染物名称	主要来源	相关危害
CO	故障炉灶、不通风的煤气灶、电热油汀和烧木材灶	头痛、嗜睡、心律不齐甚至死亡
NOx	煤气灶、电热油汀和烧木材灶	肺刺激、小孩感冒和头痛
甲醛	家具、板材、碎木板和泡沫隔热材料	眼、喉、皮肤和肺刺激,恶心及眩晕
B(a)P	吸烟和烧木材灶	肺癌
石棉	管道绝缘材料、乙烯树脂天花板和地板砖	肺病和肺癌
吸烟	烟草	肺癌和心肺疾病
三氯甲烷	脱漆剂和稀释剂	神经系统紊乱和糖尿病
苯乙烯	地毯和塑料制品	肝肾损害
三氯乙烷	气雾剂喷雾	眩晕和不规则呼吸
四氯苯	衣服干洗液、空气清新剂和卫生球	神经系统紊乱、肝肾损害、可能与癌症有关
氯仿	氯化消毒水热淋浴	癌症
氡-222	地基和饮水中放射活性物质	肺癌

人在建筑物内出现眩晕、头痛、咳嗽、打喷嚏、恶心、眼刺激、慢性疲劳和流感样症状,这就是病态建筑综合征(sick-building syndrome,SBS)。新建筑比旧建筑引起的 SBS 更重。室内 3 个最危险的空气污染物是吸烟、甲醛和放射性活性氡-222。引起大部人健康问题的是甲醛,它是一种无色且具有刺激性的气体,广泛应用家具、装修材料和胶料中。许多人每天暴露于低水平室内甲醛,出现慢性呼吸性疾病、眩晕、出疹、头痛、咽喉痛、眼鼻刺激、喘鸣和恶心。

(二) 水与健康

水不仅是构成自然环境的基本要素,机体的重要成分,生命的摇篮,为各种生命活动所必需。尽管水占地球表面积约 70%,但可利用的淡水仅占总储水量的 0.2%,且分布不均。我国是一个贫水国家,约为世界人均水资源的 1/4。同时,工业废水和生活污染加剧了水资源紧缺的矛盾,已经成为我国经济发展与居民健康生活面临的严峻挑战。天然水源分为降

水、地面水和地下水,含有溶解性物质、胶体物质和悬浮物质,这些物质的混合相互作用决定了天然水的特性。

1. 水污染来源 水污染(water pollution)是指人类生产生活活动排放的污染物进入水体,使水质发生了物理、化学或生物学变化,危害人体健康、影响水的使用价值。尽管自然因素也能影响水质,但水污染主要是指人为污染。

2. 水污染物种类水体污染物种类繁多,按属性分为物理性、化学性和生物性污染物。表 7-3 列出了水体污染物的主要来源、种类和可能的危害。

表 7-3 主要水体污染物种类、来源及危害

种类	实例	主要来源	相关危害
需氧污染物	有机污染物如动物粪便及植物残留物,它们能够被需氧菌分解	城市污染、动物饲养场、纸厂、食品加工厂	通过消耗水中溶解氧从而使水质变差,使水生生命死亡
无机化学物	溶解入水的酸、有害金属复合物如铅、砷和硒,以及盐如海水中 $NaCl$ 及土壤中的氟化物	地面径流、工业和生活污水排放	水体不能用作饮用和灌溉,引起皮肤癌,损害脊髓,颈部损伤,神经系统、肝肾受损,危害鱼类及其他水生生命,降低农作物产量,加速金属腐蚀
有机化学物	石油、天然气、塑料、杀虫剂、清洁剂、消毒剂	工业污染排放,家用清洁剂,农田和庭院地面径流	神经系统损伤(一些农药),生殖损害(溶剂),癌症(天然气、石油和溶剂),危害鱼类和野生生命
植物营养素	含有氮(NO_3^-)、磷 PO_4^{3-} 和氨(NH_4^+)离子的水溶性化合物	城市污水、粪便、农业和城市化肥径流	藻类及水生植物大量生长、死亡、腐烂、消耗水中溶解氧,鱼类死亡,水中过量硝酸盐降低血液携氧能力,致死胎儿及婴儿("蓝婴综合征")
沉积物	土壤,泥沙、淤泥	土壤退化,水土流失	水变浑减少光合作用,危害水生食物网,携带杀虫剂、细菌和其他有害物质,破坏鱼类寻食及产卵生存环境,堵塞湖泊、河流和港口
放射性物质	碘、氢、铀、铯和钍的同位素	核电站,采矿,核武器生产,自然来源	遗传突变,流产,出生缺陷,癌症
热污染	过热的水	发电厂及其他工业企业的冷却水	降低溶解氧水平,使水中有机体对疾病、寄生虫和有毒化学物质更加易感,鱼类热休克

3. 水污染对人体健康的危害 当病原体污染水体后,可引起介水传染病(water-borne communicable diseases)。通过饮水污染传播的常见传染病有细菌引起的伤寒、霍乱、细菌性痢疾和肠炎;病毒引起的传染性肝炎;寄生虫原虫引起的阿米巴痢疾和贾第鞭毛虫病;寄生虫蠕虫导致的日本血吸虫病。水体富营养化(eutrophication)后,藻类产生的藻类毒素可引起人体中毒、甚至死亡。而水中化学污染物质能使人群发生急、慢性中毒、公害病(public nuisance disease)或诱发癌症。

4. 生活饮用水与健康 人体体温调节、营养物质运输、代谢产物排泄等生理生化活动都需要水参与才能够完成。据 WHO 报告,人类疾病 80% 与水相关。饮用水资源的缺乏和

污染也已经成为我国乃至世界面临的重要问题,也将严重影响居民的身体健康。

为去除水源水中各种杂质,保障饮用水安全,经过净化和消毒处理的水,能够达到生活饮用水卫生标准的要求。常规处理过程包括混凝沉淀→过滤→消毒,以去除原水中的悬浮物质、胶体物质和细菌等。当然,若原水中含有锰、铁、氟、藻、臭等,则需要对原水进行特殊深度处理,才能供居民使用。

我国使用含氯消毒剂对原水进行消毒过程中,所形成的消毒副产物,在动物实验中显示出"三致"毒性、生殖毒性和神经毒性作用。因此,饮用水氯化消毒副产物对人体健康的潜在危害,早就成为人们最关注的饮用水卫生问题。

(三) 土壤与健康

土壤(soil)陆地表面的疏松部分,由岩石风化和生物作用而成。土壤是人类生存和发展的物质基础,是无机界与有机界的枢纽。既是食物链的首端,又是处理和容纳许多有害废弃物的场所。一旦土壤污染,就会影响土壤中的动、植物,可通过空气、水,尤其食物链(网)进入人体、危害人类健康。土壤污染(soil pollution)指人类生产生活活动中产生的有害物质进入土壤中,如超过一定限量,就会直接或间接地危害人类健康。土壤污染比空气污染和水体污染复杂得多。土壤污染具有隐蔽性、累积性、不可逆转性和长期性。土壤对机体健康影响以慢性危害、间接危害为主。

1. 土壤污染来源与种类　土壤污染的来源复杂多样主要包括工业污染(如"三废")、农业污染(如农药、化肥)、生活污染(如生活垃圾、粪便和污水)、交通污染(如汽车尾气沉降)、自然灾害(如火山爆发)对土壤的污染和新型污染(如电子垃圾)。土壤污染物种类很多,有物理、化学和生物污染。污染物污染土壤的方式包括水型污染(主要是工业废水和生活污水)、气型污染(空气污染物沉降)和固体废弃物污染(主要工业废渣)。

2. 土壤污染对健康影响　重金属是土壤污染中比较突出的污染物,土壤污染中具有显著生物毒性的有汞、铊、镉、铅及类金属砷。含镉废水灌溉农田,致使土壤镉污染,从而造成稻米中镉含量增加,长期食用可致慢性镉中毒,发生在日本的痛痛病(itai-itai disease)就是如此。土壤中持久性的农药残留和农药滥用,通过食物链和生物浓缩作用(bio-concentration),可对人体健康造成影响,如急性、慢性中毒和"三致"作用等。近年来,电子垃圾增加快速,拆解区形成了以重金属和POPs高污染为主的暴露环境,包括土壤污染,进而水和食物污染。有研究显示,暴露区新生儿死亡率、低出生体重率和早产率明显增加,暴露区居民的生殖生育功能受到显著影响。尽管如此,生物性污染仍然是当前主要的土壤污染,对人体健康的影响主要有肠道传染病、寄生虫病、破伤风等。

3. 地质环境与健康　土壤形成过程中,由于各种因素作用,地球表面土壤中元素分布不均,一些地区的空气、水和土壤中某些或某种化学元素过多和过少。当地居民从环境中摄入的这些元素过多或过少,从而导致某些特异性疾病,称为生物地球化学性疾病(biogeochemical disease),又称地方病(endemic disease)。如地方性甲状腺、地方性砷中毒和地方性氟中毒等。此外,还有具有明显地区性的克山病和大骨节病。

(四) 饮食与健康

营养及食品卫生对于促进居民的健康水平、预防疾病尤其是防控慢性非传染性疾病,具有重大预防医学意义。

1. 食物营养　食物（foods）分为植物性食物（plant foods）和动物性食物（animal foods），是人体营养素和活性物质的主要来源。食物又分为 5 类：①谷、薯类：谷类包括米、面、杂粮等；薯类包括马铃薯、甘薯、木薯等；它们提供人体所需的糖类、蛋白质、膳食纤维及 B 族维生素。②动物性食品：如肉、鱼、奶、蛋等，为人体提供蛋白质、脂肪、矿物质、维生素 A、维生素 D 以及 B 族维生素。③豆类和坚果：如大豆、其他干豆及花生、核桃、杏仁等，对人体提供蛋白质、脂肪、膳食纤维、维生素 E 和 B 族维生素。④蔬菜、水果和菌藻类：含有丰富的膳食纤维、矿物质、维生素 C、胡萝卜素、维生素 K 及有益的植物化学物。⑤纯能量食物：如主要提供能量的动植物油、淀粉、食用糖和酒类。除了受到食物种类的影响外，食物的营养价值还受到食物加工、烹调以及贮藏方式的影响。除营养素外，还有食物活性成分，这类物质包括类胡萝卜素、植物固醇、蛋白酶抑制剂、辅酶、肉碱、半胱氨酸、牛磺酸等，对多种慢性病防治具有重要作用。

临床营养（clinical nutrition）关注于疾病发生的营养相关因素、疾病状态的营养素代谢规律、住院患者的营养评价、营养支持路径、提高患者对营养治疗的依从性、个体差异的影响、疾病负担、特殊医学用途膳食在疾病治疗和康复中的作用。营养相关性慢性病除由营养素摄入过量所导致，某些营养素摄入不足也会引起一些营养相关性慢性病。因此，合理调整膳食结构、平衡膳食，对防治营养相关慢性病有非常重要的作用。

2. 食品安全（food safety）　广义的食品安全指食品无毒、无害，符合营养要求，对人体健康不造成任何急性、亚急性或者慢性危害。

食品安全主要存在以下突出问题。

1. 微生物污染　微生物污染引起的食源性疾病，是影响食品安全的主要因素。病原微生物污染食品后，引起食品中细菌大量繁殖并产生菌毒素，导致食用者感染型中毒或毒素型中毒。其中最重要的是沙门菌、致病性大肠埃希菌、肉毒梭状芽孢杆菌、副溶血性弧菌等。

2. 化学污染　主要表现在三个方面：①农药残留：残留农药可直接通过植物果实、水、空气或食物链进入人畜体内。②动物性药物残留：主要原因是使用违禁药物、滥用抗菌药物和药物添加剂，不遵守休药期规定而引起的。残留药物中以抗菌类药物为主，如"瘦肉精"中毒事件。③重金属残留：土壤中有毒、有害物质超过土壤的自净能力，就会导致土壤理化性质发生改变，致使农作物质量变差，间接影响人体健康。

3. 食品添加剂（food additives）　食品添加剂使用不当，造成食品安全隐患，如食品添加剂的致癌性、遗传毒性及对人体新陈代谢影响等。

4. 新技术的潜在风险　如转基因食品的安全问题一直受到人们的高度重视。迄今为止，尚未发现转基因食品的不安全因素，但仍存有争议。

5. 其他　家用化学品（household chemicals）是指用于家庭日常生活和居住环境的化工产品，包括用于办公室和公共场所的化学制品。家用化学品在日常生活中已广泛渗透到人们的衣、食、住、行之中，遍及生活的方方面面。然而，家用化学品具有使用分散、需求量大、暴露人群广泛（包括各年龄段）和暴露时间长等特点。各种家用化学品因其使用的目的、方式、范围的不同，可通过不同途径与人体接触，使用卫生质量不合格的产品会对健康造成危害。

二、工作、生产环境与健康

不良的工作、生产环境不利于劳动者健康,甚至导致疾病和死亡。在生产工艺过程、劳动过程、生产环境中,从业者可能接触到各种物理、化学及生物有害因素等。

(一) 职业有害因素

生产工艺过程、劳动过程、生产环境中各种因素,尤其是危害职业人群健康和影响劳动能力的所有因素称之为职业性有害因素(occupational hazards or occupational harmful factors),按其来源可分为三大类。

1. 生产工艺过程中的有害因素　①化学因素:生产接触到的原料、中间产品及成品和生产过程中的废气、废水、废渣中化学毒物,以粉尘、雾、蒸气、烟尘、或气体的形态散布于车间空气中,主要经呼吸道进入人体,也可经皮肤、消化道进入体内。②物理因素:主要有:高温、低温、低气压、高湿、高气压、振动、噪声、X 射线、γ 射线、非电离辐射等。③生物因素:作业环境中存在的致病微生物或寄生虫,如炭疽杆菌、真菌孢子、森林脑炎病毒等。

2. 劳动过程中的有害因素　劳动过程产生的有害因素,如不合理的劳动组织和制度、劳动作息制度等、精神或心理性紧张、高强度劳动或生产定额不当、不良从业体位、姿势或使用不合理的工具等,还有不良的生活方式,如吸烟或饮酒、缺乏体育锻炼、违反安全操作规范,忽视自我保健等。

3. 生产环境中的有害因素　如太阳辐射、高原环境中低气压、深井里高温高湿等;布局不合理、不符合职业卫生标准,通风不良、采光不足、有毒与无毒工段安排在一个车间等,往往对职业人群的健康产生联合作用,加剧从业者的健康损害。

(二) 职业与健康的关系

预防和管理工作疏忽与技术局限,引起职业从事者的职业性病损:工伤、职业病、职业相关疾病和早期健康损害。

1. 工伤(injury suffered on the job)　属于工作中意外事故引起的伤害。如 2014 年江苏省昆山发生的铝粉尘爆炸事故,造成 97 人死亡、163 人受伤。

2. 职业病(occupational disease)《中华人民共和国职业病防治法》中,职业病定义为企业、事业单位和个体经济组织等用人单位的职业从事者在职业活动中,因接触粉尘、放射性物质和其他有毒、有害因素而引起的疾病。

(1) 发生职业病,取决于 3 个主要条件:①有害因素基本结构和理化性;②物理和化学有害因素浓度和强度;③从业个体的健康状况。

(2) 职业病具有下列 5 个特点:①病因特异性即只有在接触职业性有害因素后才可能患病。诊断时须有职业史、明确的有害因素接触史。②病因大多可以检测且能判定剂量 - 反应关系。③不同接触人群的发病特征各异。④早期诊断且及时合理处理,预后较好。⑤大多数职业病缺乏特效治疗,应加强预防措施。

(3) 职业病诊断原则:①职业史:诊断职业病的重要前提。②现场调查:是诊断职业病的重要依据。③症状与体征:职业病临床表现复杂,要注意不同职业病的共同点,也要考虑到各种特殊或非典型临床表现。④实验室检查:尽管职业病的诊断具有很强的政策性和科学性,但实验室检查对职业病诊断具有重要意义。

3. 职业相关疾病(occupational-related diseases) 一般所称职业相关疾病,与法定职业病有区别。指多因素相关的疾病,与工作有联系,但也见于非职业人群中,当这一类疾病发生于职业人群时,由于接触职业性有害因素,使原有疾病加剧、加速或复发,或者劳动能力明显减退。常见职业相关疾病包括行为(精神)和身心疾病、非特异性呼吸系统疾病、消化性溃疡、心脑血管疾病与代谢性疾病、腰背痛等疾病等。许多职业人群高发骨髓肌肉系统疾病,不仅严重降低职业生命质量和劳动效率,而且降低退休后的生活质量、增加了疾病负担。

4. 早期健康损害(early health impairment) 机体对职业性有害因素的反应,主要包括氧化应激、炎症反应和免疫应答反应,体现机体积极的、重要的防御反应。如果有害因素过强或机体反应异常,就会引发早期健康损害,如血压、血脂和血糖异常、遗传损伤(微核率、DNA损伤和基因突变等)、肺功能下降、动脉粥样硬化、心率变异等。因此,早期健康损害的定期检测和科学预防,具有战略意义和前瞻性。

三、健康风险评价

健康风险评价(health risk assessment,HRA)是按一定准则,对有害环境因素引发特定人群有害健康效应进行综合定性、定量评价过程。

健康风险评价的主要特征:①保健观念转变:在任何情况下没有绝对的安全,只有相对安全。有害健康的污染物只能逐步控制,使得健康影响处于可接受的危险水平。②健康影响定量化:环境污染对人体健康影响或危害既可用"有"或"无"来判别,也可定量阐明危害程度。如已知某化学污染物具有致癌性,它所能引发的癌症在该化学物进入人类环境前就已在人体中存在,该污染物进入环境后可能增加这种危害的强度和频率。通过致癌风险评价,人们期待评价由于该污染物暴露所增加癌症发生频率和患癌人数。

(一)健康风险评价内容与方法

健康风险评价是由多步骤有机组织起来的系统科学方法,2010年WHO推荐的环境化学物风险评价基本过程包括危害鉴定、剂量-反应关系评价和暴露评价三部分。

1. 危害鉴定 危害鉴定(hazard identification)是健康风险评价的第一步骤,属于定性评价。确定在一定接触条件下,所评价化学物是否会产生健康危害及其特征。危害鉴定依据流行病学调查资料和毒理学研究资料。前者直接反映人群暴露所产生的有害影响特征,不需要进行种属间外推,为最有说服力的证据。

流行病学研究的要求:①选择恰当对照组与暴露组;②考虑和排除混杂因素和其他各种偏倚;③有害效应具有特异性;④观察人群应足够大,观察时间应超过潜伏期。

由于流行病学研究本身的一些局限性,危险评价过程中实际应用会受到一定限制。

2. 剂量-反应关系的评定 剂量-反应关系评定(dose-response assessment)作为健康风险评价的核心内容,定量评价环境化学物暴露与健康不良效应之间的关系是确认健康风险评价的关键。通常通过人群研究或动物实验结果,确定适合于人的剂量-反应曲线,由此评估某种暴露剂量下人群暴露风险的基准值。剂量-反应评定有阈化学物,一般采用NOAEL法或BMD法,推导出参考剂量或可接受的日摄入量,而无阈化学物的评定关键是通过一些数学模型外推低剂量范围内的剂量-反应关系,推算出终生暴露于单位剂量化学物质所造成的超额风险。美国EPA"致癌物风险评价指南"推荐使用线性外推法进行剂量-反应评定,常用致癌强度系数(carcinogenic potency factor,CPF)来估算致癌物风险。化学物常用剂量-反应关系评价指标见表7-4。

表7-4　化学物常用评价指标指南

终点类型	指标	英文	定义
非致癌效应(包括动物致癌物但未观察到人类致癌效应)	每日可耐受摄入量/[mg/(kg·d)]	tolerable daily intake (TDI)	某物质经空气、食物、土壤或饮水的每日、每周、每月摄入终生无可观察到健康风险的估计剂量
	暂定每周耐受摄入量/[mg/(kg·w)]	provisional tolerable weekly intake (PTWI)	
	暂定每月耐受摄入量/[mg/(kg·m)]	provisional tolerable monthly intake (PTMI)	
	每日容许摄入量/[mg/(kg·d)]	acceptable daily intake (ADI)	某物质经空气、食物、土壤或饮水摄入24h内无可观察到健康风险的估计剂量
	急性参考剂量/[mg/(kg·d)]	acute reference dose (ARfD)	
人类潜在致癌物	经口致癌强度系数([mg/(kg·d)]$^{-1}$)	carcinogenic potency factor (CPF)	化学物经口或经气道终生摄入发生癌症的概率
	经呼吸道致癌强度系数([μg/m^3]$^{-1}$)		
	经水致癌强度系数([μg/L]$^{-1}$)		
确定人类致癌物	基准剂量/[mg/(kg·d)]	benchmark doses (BMD)	依据动物试验剂量-反应关系的结果,用一定的统计学模型求得的受试物引起一定比例(定量资料为10%,定性资料为5%)动物出现阳性反应剂量的95%可信限区间下限值

3. 暴露评价　人群的暴露评价(exposure assessment)也是健康风险评价中的关键步骤。可以测量或估计化学物暴露的强度、频率和持续时间,预测人群对化学物质的暴露水平(剂量)。

4. 风险特征分析　风险特征分析(risk characterization)是风险评定的最后一步。综合暴露评价和剂量-反应关系评定结果,分析判断人群发生某种健康风险的可能性大小,阐述其可信程度或不确定性,最终提供给健康风险管制人员,作为健康管理决策的依据。

(二)健康风险评价的应用

健康风险评价已成为许多国家环保及卫生部门管理决策的组成部分。在保护环境及人群健康,制订卫生标准及进行卫生监督,确定防治对策等方面都起着十分重要的作用。现行的健康风险评价,主要应用在以下几个方面。

1. 预测预报 环境因素暴露条件下,暴露人群终生发病或死亡的概率。

2. 健康风险进行比较评价 新化学物的筛选,并从公共卫生、经济、社会、政治等方面进行论证,为促进健康、环境管理决策提供科学依据。

3. 环境有害因素卫生标准的研制 提出环境中有害因素可接受浓度,研制有关法规、管理条例,为卫生监督工作提供重要依据。

同世界许多国家一样。我国开展了大量健康风险评价研究,如化学物质、电离辐射、突发污染事故(化学物质泄漏,火灾)等。由于目前制订健康风险评价原则和方法学没有取得一致,现行环境健康风险评价体系仍有待完善。

(金永堂)

第三节 突发公共卫生事件

主要内容
1. 突发公共卫生事件定义、分类和分级。
2. 突发公共卫生事件的特点。
3. 突发公共卫生事件相关因素及防护措施。

········ 重要知识点 ········

1. 明确突发公共卫生事件定义,严格分级与防控措施。
2. 明确各类突发公共卫生特点及采取的相应措施。
3. 认识群防群控、联防联控实质与意义。

【案例 7-3】

2019 年年末,新型冠状病毒肺炎(COVID-19)疫情开始流行。截至 2020 年 2 月 11 日,中国内地共报告 72 314 例病例,其中确诊病例 44 672 例(61.8%),疑似病例 16 186 例(22.4%),临床诊断病例 10 567 例(14.6%),无症状感染者 889 例(1.2%)。在确诊病例中,大多数年龄在 30~79 岁(86.6%),死亡 1 023 例,粗病死率为 2.3%。个案调查结果提示,从 2019 年 12 月至 2020 年 2 月 11 日,全国 31 个省的 1 386 个县区受到了影响。流行曲线显示在 1 月 23—26 日达到峰值,并且观察到发病数下降趋势。截至 2 月 11 日,共有 1 716 名医务工作者感染,其中 5 人死亡,粗病死率为 0.3%。新型冠状病毒肺炎主要特点:①疫情发展速度快,呈暴发流行。②以通过飞沫呼吸道传播为主,人可传染人;③人群普遍易感,且无性别差异;④临床以轻症和普通肺炎为主,在死亡病例中,大多为 60 岁以上的患者且患有基础性疾病,如高血压、心血管疾病和糖尿病等。

新型冠状病毒肺炎成为继 2003 年严重急性呼吸综合征(SARS)和 2009 年甲型 H1N1

流感之后,21 世纪中国第三场大规模的传染病疫情。在党中央和国务院的坚强领导下,中国发挥体制机制优势,调动全国各地的医疗卫生资源,全力支持武汉和湖北抗击新型冠状病毒肺炎的阻击战。同时,全国各地纷纷启动一级公共卫生突发事件应急响应,动员全社会力量群防群治、联防联控。采取勤消毒、戴口罩、勤洗手及保持社交距离,从控制传染源、阻断传播途径、保护易感人群入手,早报告、早发现、早诊断、早隔离、早治疗,全面阻击新型冠状病毒肺炎的流行,迅速及时开展了一场新型冠状病毒肺炎疫情防控的人民战争。

案例提示:突发公共卫生事件,特别是暴发传染病,如何从关键处着手,如传染源、传播途径和易感人群;早报告、早发现、早诊断、早隔离、早治疗;群防群治、联防联控。

2002 年 11 月暴发 SARS,使我国深刻认识到突发性公共卫生事件造成危害的广泛性与严重性、应急处理的必要性和重要性。因此,早在 2003 年 5 月 9 日,我国及时制定与公布了《突发公共卫生事件应急条例》(简称《应急条例》),为我国突发公共卫生事件的应急处理,奠定了法律基础和基本遵循。2019 年 12 月新型冠状病毒肺炎(COVID-19)暴发流行时,按照《应急条例》,我国政府和人民众志成城,采取联防联控与群防群治策略,高效、快速、及时控制了疫情、减少了危害、保障了公众身体健康与生命安全、维护了社会的正常秩序。充分体现了《应急条例》的重大预防医学科学意义。

一、突发公共卫生事件的定义

依据我国颁布的《突发公共卫生事件应急条例》,突发公共卫生事件是指突然发生,造成或者可能造成社会公众健康严重损害的重大传染病疫情、群体性不明原因疾病、重大食物和职业中毒以及其他严重影响公众健康的事件。广义上指自然或 / 和人为因素严重影响人群健康的突发事件。具体说来,突发公共卫生事件主要是指在人群中突然发生的直接影响到公众健康的重大公共卫生事件,如重大传染病暴发和流行、危险品的大量泄漏、严重的食物中毒和职业中毒、重大恐怖袭击事件、严重环境污染事件及原因不明的群体疾病或中毒事件等。

二、突发公共卫生事件的分类

根据《突发公共卫生事件应急条例》,突发公共卫生事件分为四类。

1. 重大传染病疫情　指在一个局部地区传染病暴发,短期内突然发生多例同一种传染病或一个地区某种传染病流行,发病率显著超过该病历年的一般发病率水平。包括鼠疫肺炭疽和霍乱的暴发、动物间鼠疫、布氏菌病和炭疽等流行、乙丙类传染病暴发或多例死亡、罕见或已消灭的传染病、新传染病的疑似病例。

2. 群体性不明原因疾病　通常是指 2 周内,某个相对集中的区域内同时或者相继出现 3 例及以上临床表现相同,县级及以上医院不能诊断或解释病因,发生重症病例或死亡病例的疾病。

3. 重大食物中毒和职业中毒　超过 30 人中毒或出现 1 例以上死亡的饮用水和食物中毒,短期内 3 人以上或 1 例以上死亡的职业中毒。

4. 其他严重影响公众健康的事件　医源性感染暴发,药品或免疫接种导致群体性反应或死亡事件,水、环境、食品污染和核辐射、有毒有害化学性物质丢失、泄漏等严重威胁或危害公众健康的事件。卫生行政部门临时确认的其他重大公共卫生事件。

三、突发公共卫生事件的分级

根据突发公共卫生事件所致人员伤亡和健康损害的情况,分为四级。

(一)特别重大事件(Ⅰ级)

1. 一次事件导致大量人员伤亡,事件发生地省级人民政府或有关部门请求国家在医疗卫生救援工作上给予支持的突发公共事件。

2. 人员伤亡特别严重的跨省(区、市)突发公共卫生事件。

3. 国务院及有关部门确认的其他需要开展医疗卫生救援的特别重大突发公共事件。

(二)重大事件(Ⅱ级)

1. 一次事件出现重大人员伤亡,且死亡和危重病例超过 5 人的突发公共事件。

2. 严重人员伤亡的跨市(地)的突发公共事件。

3. 省级人民政府及其有关部门确认的其他需要开展医疗卫生救援的重大突发公共卫生事件。

(三)较大事件(Ⅲ级)

1. 一次事件出现较大人员伤亡,死亡和危重病例超过 3 人的突发公共卫生事件。

2. 市(地)级人民政府及其有关部门确认的其他需要开展医疗卫生救援的较大突发公共事件。

(四)一般事件(Ⅳ级)

1. 一次事件出现人员伤亡,死亡和危重病例超过 1 人的突发公共卫生事件。

2. 县级人民政府及其有关部门确认的其他需要开展医疗卫生救援的一般突发公共事件。

四、突发公共卫生事件的特点

1. 突发性　突发公共卫生事件多为突然发生、迅速发展,很少有预兆、难以预测与防备,留给人们思考并做出应对的余地较小,人们必须在极短的时间内做出分析和判断、采取应对措施,如 SARS 和 COVID-19 的暴发流行都充分体现了这一点。

2. 严重性　突发公共卫生事件往往病情严重,甚至难以诊断、没有特效治疗药物,给治疗带来很多困难,常常导致大量伤亡、严重影响居民的身心健康,如 1976 年美国军团病暴发流行早期、2003 年突发的 SARS 和 2019 年暴发的 COVID-19。

3. 群体性　突发公共卫生事件并非仅仅影响少数几个人的健康,而是如"多米诺骨牌"效应般,影响到社会众多人群,而且受害者之间都存在着一种已知的或者尚未查明的致病原因。如 20 世纪 50 年代,某市内两口饮水井被附近农药仓库三氧化二砷地表径流污染,造成饮用该井水居民多人中毒甚至死亡,就连前来奔丧的死者亲友,饮用该井水同样出现了中毒情况。

4. **传播快** 突发公共卫生事件的传播速度很快。致病因素可以通过各种传播途径在可能的范围内迅速扩散,造成更多人受害。例如2019年年底国内发现COVID-19,迅速扩散至我国全境。世界多地发现其流行时,已经迅速扩散至全世界,处置不力的地方尤其严重,形成了重大突发公共卫生事件。

5. **多样性** 自然灾害次生的突发事件往往可能是几种类型突发事件同时发生,如水灾后可能暴发传染病、食物中毒,地震后可能暴发传染病、化学物品泄漏、食物中毒等。所以,灾后应立即开展预防措施,防止突发公共卫生事件,防患于未然。因此,灾后公共卫生的任务非常繁重而艰巨。

6. **复杂性** 突发公共卫生事件发生和应急处理,涉及社会诸多方面。需要采取联防联控与群防群治策略。不仅应由卫生与健康部门积极应对,而且需要有关部门通力协作,如公安部门、生产部门、交通部门、城建部门、环保部门等。由上级政府统一指挥,统一调配,合理妥善处置。

7. **确定性** 突发公共卫生事件的发生都是有原因的。当然有些是已知的,更多的是有待查明原因的。专业人员通过深入细致的调查研究是可以确证的,由此可见,突发公共卫生事件最终是可以预防和控制的。

五、突发公共卫生事件的主要有害因素

与洪涝、地震、火山爆发、台风等自然灾害一样,突发公共卫生事件也是由人类生态系统中的生物或理化因素诸多有害因素引起的。有害因素以及各自的影响因素是复杂多样的。突发公共卫生事件的危害因素与危害途径,有的是比较清楚,而有的则需要调查研究来确认,后者防控面临更大的挑战。

(一) 化学性有害因素

它是造成重大环境污染、职业中毒、甚至食物中毒等突发事件的主要原因。从污染源进入环境的有害化学因素(一次污染物),可通过各种渠道直接进入人体产生危害。有些化学性有害因素在环境中经过物理、化学或生物学作用发生了转变(二次污染物),往往危害更大。如饮水受到硝酸盐污染,水中微生物可以将硝酸盐还原成亚硝酸盐,严重时就会引起食用者亚硝酸盐中毒。故二次污染物造成的危害,也应引起注意。

(二) 物理性有害因素

最常见的物理因素是热浪酷暑、核泄漏甚或核战争等。大多数突发公共卫生事件的原因是已知的,只要掌握了它们的特性、来源、传播途径、影响因素、受害症状等情况是可以采取措施予以控制和预防的。另有一些暂时原因不明的突发事件,也可以根据症状、传播途径等情况,通过深入调查和研究、现场与实验室相结合,也是可以查明的。

(三) 生物性有害因素

主要有以下几类。

1. **病原微生物** 包括致病的细菌、病毒、真菌、螺旋体等。如霍乱弧菌、沙门杆菌、葡萄球菌、军团杆菌、SARS、COVID-19、钩端螺旋体等。这类病原微生物可以分别通过空气或飞沫、水或食物等途径进入人体,引起传染病的暴发流行或食物中毒。

2. 微生物产生的毒素　主要是由于食物在加工过程中受到污染,或者由于食物没有妥善贮藏而造成细菌大量繁殖,其代谢产生的毒素污染了食物,引起食物中毒,例如葡萄球菌毒素、肉毒杆菌毒素等。

3. 病原生物　例如疟原虫引起疟疾,各种寄生虫引起寄生虫病等。

4. 病媒生物　如苍蝇、蚊子、蟑螂、虱子、跳蚤、老鼠、某些野生动物等,身上都能携带多种病原微生物,从而传播传染病,危害人体健康。

六、突发公共卫生事件的现场处理原则

突发公共卫生事件都是紧急情况,急需现场处置。尽快使受害者脱离险境,而且急需控制危险因素,避免健康人群受到伤害。现场处理原则主要有以下几个方面。

1. 及时上报,按照《应急条例》的要求,逐项上报。尽快协调好各方力量,及时落实应急措施。

2. 及时抢救受害者,救护人员应穿戴各自防护设备。尽快让受害者脱离事发现场,送往医院救治。必要时采取隔离措施以免病原体进一步扩散。

3. 保护高危险人群,对疑似受害者、密切接触者以及高危险人群,采取相应的医学隔离、观察措施。

4. 查明事故原因是有效治疗与防控的关键。应从以下几方面着手查明事发原因:①临床检查、化验和诊断:根据受害者的症状进行初步判断,选择需要检查的项目,如 X 线检查、CT、B 超、心电图等物理方法;或通过对血、尿、便样品化验生化指标、毒物指标、免疫指标以及病原微生物指标等。②流行病学调查:受害者是主要调查对象,必要时还应调查其他有关人群,如受害者亲属、疑似患者、无症状感染者、密切接触者等。对于原因不明的突发事件,调查的范围应扩大。流调对查明突发事件的原因,密切接触者和传播途径是至关重要。对切断传播途径和保护高危险人群等有效防控措施是必需的。③现场环境调查与检测的信息非常重要、非常宝贵,旨在查明原因以及印证原因。必要时应该封锁现场,使采集样品既有代表性又有准确性,以确保环境调查与检测高效、顺利进行。④现场环境复原试验,如现场已经发生变动,应进行现场环境复原试验,进行调查和测试。环境改变使得影响人群健康的因素更加复杂,致使突发事件的原因也会出现新的情况。

5. 现场事发后,急需对其进行清理,甚至消毒,以防扩散传播。需要多方面密切配合,协同解决。现场清理的重点:①控制污染源,职业中毒、饮水中毒等突发事件,必须及时找出污染源并采取相应措施。②切断传播途径,有害因素污染环境介质,使之形成传播途径,如果污染扩散范围较广或者污染很严重,应对该地区采取封锁措施(如封城),禁止任何交通工具、人员出入。无论是物理污染、化学污染或生物污染,都适用。③保护高危险人群,可能受到影响的人群中,有的是易感人群(遗传高危),有的是生活居住在突发事件地区的人群(环境高危)。他们受到有害因素伤害的可能性都比一般人群要大,必须采取预防措施加以保护。同时,应及时向他们传授相关卫生知识,使他们采取一些自我保护措施,如讲究卫生、勤洗手、保持社交距离等。突发公共卫生事件现场处理是非常紧急的工作,务必做到及时、准确、有效。

七、突发公共卫生事件的临床救治原则及防护措施

（一）传染病的救治

鉴于传染病对人群和社会危害较大，因此，在感染性疾病尚未明确之前，应按传染病进行救治。救治原则是隔离患者，病原治疗，一般治疗与病情观察，对症治疗。

（二）非传染性疾病的救治

1. 食物中毒　①全面停止食用可疑中毒食品；②采集患者用药前的血液、尿液、吐泻物等标本，以备送检；③积极救治患者，加速体内毒物清除，进行对症治疗甚或特殊治疗。

2. 职业中毒　①快速脱离现场：患者应迅速离开中毒现场，或至风向上风侧的空气新鲜场所救治，避免移动，注意保暖，必要时给予吸氧。密切观察 24~72h。根据患者病情，医护人员应迅速将病员分类处理，以保证医务人员顺利抢救。②阻止毒物吸收：除立即脱去毒物污染的衣物外，眼睛要优先彻底冲洗，用流动的清水及时反复清洗皮肤、毛发 3 次以上或 15min，尤其对经皮肤吸收中毒或化学性烧伤的毒物要充分冲洗。必要时选择适当中和剂中和处理。③对症治疗：首先要保持呼吸道通畅，密切观察患者意识状态及其他生命体征变化，对异常者立即处理。维护各脏器功能，采取支持治疗措施维持电解质、酸碱平衡等。

（三）防护原则

处置突发公共卫生事件早期，结合疾病临床特点、流行病学特征以及实验室检测结果，首先应判断传染性，尤其是人与人间有无传染性、确定受害人群范围和危害程度等，对事件发生、发展的可能原因进行判断，以便尽快采取相应的防护措施。对于原因尚难判断的事件，应根据现场危害水平，决定防护等级。如危害因素相关方面不详，应参照类似事件最严要求进行防护。防护服应为衣裤连体，不仅具有高效的液体阻隔（防化学物）性能，而且过滤效率高、防静电性能好等。一旦病原学明确，则应按相应防护品级别进行防护。

（四）防护服的分类与防护要点

1. 防护服　一般来讲，由上衣、裤、帽等组成，按防护性能分四级：①A 级防护，能对周围环境中气体与液体提供最完善防护。②B 级防护，适用于环境中对皮肤危害不严重的有毒气体（或蒸汽）或其他物质的防护。③C 级防护，即用于低浓度污染环境或现场支持作业区域的防护。④D 级防护，即用于现场支持性作业人员防护。

2. 传染病现场和患者救治的应急处置防护　①穿防护服，应符合中国《医用一次性防护服技术要求》（GB 19082—2009）要求，并满足穿着舒适、对颗粒物有一定隔离效率，还有防水性、阻燃性、透湿量、抗静电性等要求；②配备口罩，达到 N95 标准；③戴防护眼镜，采取必要的保护眼睛的措施。适合于现场调查处理人员、实验室工作人员、医院传染科医护人员等，必要时这些人员还需戴双层橡胶手套、穿防护鞋靴。

3. 放射性疾病的应急处置防护　多数情况下使用一次性医用防护服即可。根据放射性污染源的种类和污染浓度，对此类防护服，要求帽子、上衣和裤子连体，且袖口和裤脚口应采用弹性收口。如现场存在气割等产生的有害光线时，现场工作人员应配备相应功能的防护眼镜或面盾。

4. 化学物泄漏或中毒的应急处置防护　根据毒源类型和环境状况，选用适当的防护装

备。化学物泄漏和中毒事件现场,分成热区、温区或冷区。不同区域的防护措施有所不同,一个区域内使用的防护服不适合在另一区域内使用。对生命及健康可能有即刻危险的环境,即在 30min 内可对人体产生不可修复或不可逆转损害的区域,以及参加事故中心地带救援的人员,均需按 A 级即窒息性或刺激性气态毒物等,或者 B 级即非挥发性有毒固体或液体防护要求,进行防护。

八、突发公共卫生事件预防工作的关键

(一)政府重视

预防工作的效果在短期内不如临床抢救工作明显,不大引起人们的重视。政府重视,落实措施是搞好突发事件预防工作的关键。如救活了某个 COVID-19 暴发流行地区的患者,大家深感抢救工作的重要。但如果加强了室内外环境消毒管理,杀灭了病毒,使得更多的地区没有出现新型冠状病毒肺炎的流行,这样保护了更多人群。况且预防工作涉及的方面很多,其中最重要的要依靠政府来协调。

(二)加强应急处理突发事件的组织工作

1. 培养高质量的应急处理专业队伍　无论地方或军队,我国建立了相当规模的疾控队伍及相关的全科医生队伍。这是"预防为主"方针指引下建立的专业队伍。面对 COVID-19 疫情暴发流行,应急队伍深入第一线,凭着丰富的现场工作经验,吃苦耐劳、认真负责、又一次经受住了考验。充分证明他们是我国应对突发公共卫生事件的生力军。因此,要加强对他们的培养,不断提高其专业水平,使他们干好日常公共卫生工作的同时,进一步提高对突发公共卫生事件的应急能力,做到"平战结合",一旦有突发事件召唤,做到召之即来、来之能战、战之能胜。多部门协调配合,出色完成保护人民健康的责任。

2. 提高识别突发公共卫生事件的能力　这是整个预防工作的中心、最重要的一环。突发事件发生后,首先就要识别并确认事件,判断该事件的性质,准确识别事件的前提下,才能对症下药,有的放矢,才能达到应有的预防效果。否则就会徒劳无功,而且延误预防措施,造成事件的危害更加蔓延扩大,造成大量的人力、物力和财力浪费。突发公共卫生事件的识别,主要包括识别事件的性质,有害因素的种类、来源和理化生物学特性、传播途径、产生的危害、主要临床症状等。准确掌握,明确目标,为行之有效的预防措施奠定基础。主要应采取以下几项措施。

(1)建立专家库:除了专业队伍建设,基于不同性质的突发事件,可能涉及广泛的专业类别,故应聘请既有丰富专业实践经验又有先进专业理论的预防医学及相关专业专家,参加突发公共卫生事件的判断与识别工作。

(2)加强信息积累与储存:不断积累有关突发事件的信息,尤其是既往突发事件的处理经验,极有参考借鉴价值。例如我国 2003 年暴发 SARS 的过程中,所积累的联防联控、群防群治经验,为 2019 年年底 COVID-19 疫情暴发以来的抗疫工作起到了决定性作用,并且为抗疫斗争取得重要战略成果奠定了基础。

(3)重视科学研究:基于已知原因的突发事件(病因、机制、快速诊断、有效治疗措施、传染源与传播途径、易感人群、预防控制措施甚或疫苗等),应继续深入研究,提高突发公共卫

生事件应急处置与防控的专业水平。同时,应不断探索新科术、新方法、新手段,结合现代信息科学,提高对突发公共卫生事件早期识别判断能力。为有效防控、战胜疫情,提供科学保障。

(4)提高检验技术和加强物质保障:除了依靠专业判断以外,对可疑物品进行检验确认和证实。实验室人员、技术、设备、试验条件等要"平战结合"匹配且相对稳定。为应急突发事件而常备不懈,有备无患。

(5)加强定期检查检测、及时清除隐患:对季节和气候对传染病发生发展的影响、气象条件与大气污染的关系、职业中毒与安全管理的关系、卫生状况与食物中毒的关系等,定期进行必要的日常检测评价,以便尽可能早发现隐患,以减轻或避免突发事件。

(6)组织发动群众开展公共卫生知识宣传:积极开展爱国卫生运动,提高他们的健康素养、加强自我保健。如 COVID-19 暴发流行期间,对人们宣传居家隔离、保持社交距离、勤洗手、戴口罩等与疫情传播相关知识,成为防控 COVID-19 的关键。可见,群众宣讲工作非常重要。

总之,从我国防控 SARS 和 COVID-19 疫情来看,突发公共卫生事件也是可防可控的。只要依靠科学,扎扎实实做好各项预防工作,不仅可减少突发公共卫生事件的发生率,而且对已经发生的突发事件也能及时有效地予以控制,使突发事件的危害降低到最低限度。

(金永堂)

第四节 疾病风险评估

主要内容
1. 风险评估的定义。
2. 常用疾病风险评估。

······ 重要知识点 ······

1. 风险评估的定义:分析建立危险因素与健康状态之间的量化关系,预测个人在未来一定时间内发生某种特定疾病(或因为某种特定疾病死亡)可能性。

2. 常用疾病风险评估:疾病风险评估指对特定疾病患病风险的评估,常用的是心血管疾病的风险评估、哈佛癌症风险指数等。

【案例 7-4】

男,56 岁。长期吸烟饮酒,曾去当地社区诊所健康检查,测体重 90kg,身高 1.72m,腰围 100cm,血压 150/95mmHg,血糖波动在 7.0~8.8mmol/L,血脂 6.2mmol/L。

案例提示:根据上述案例情况,请对患者进行缺血性心血管病 10 年风险评估。

一、风险评估的定义

健康风险评估(health risk appraisal,HRA)是通过收集个人的健康信息,分析建立危险因素与健康状态之间的量化关系,预测个人在未来一定时间内发生某种特定疾病或因为某种特定疾病死亡的可能性,即对个人的健康状况及未来患病或死亡危险性的量化预测评估。其中危险因素包括生活方式,环境、遗传和医疗卫生服务等。

疾病风险评估(disease specific health assessment)是健康风险评估中最常见的评估方式,是指针对特定疾病患病风险的评估,在于估计特定时间中特定疾病发生的可能性,而不在于做出明确的诊断。主要特点为:①注重评估客观临床指标对未来特定疾病发生危险性。②将流行病研究成果作为其评估的主要依据和科学基础。③运用严谨的统计学方法和手段确定评估模型。

疾病风险评估的方法直接源于流行病学的研究成果,其中前瞻性队列研究和对以往流行病研究成果的综合分析(包括生存分析法、寿命表分析法等)及循证医学(包括 Meta 分析、合成分析法)是最主要的方法。

二、常用疾病风险评估

(一)主要类型

风险评估与健康管理措施有着密切的联系,通过疾病风险评估可以进行人群分类,对处于状况进行分层,实施不同的健康管理策略,实现有效的全人群健康管理。

风险评估的主要类型包括:①非传染性疾病的风险评估:包括心血管病、脑血管病、糖尿病、高血压及其他各系统疾病的风险评估。②传染性疾病的风险评估:包括突发公共卫生事件、急慢性传染病的风险评估。③肿瘤的风险评估:包括肺癌、结肠癌、胃癌,肝癌、乳腺癌等风险评估。

(二)全科医学中常用的疾病风险评估

疾病风险评估指对特定疾病患病风险的评估。主要有以下四个步骤:第一,选择要预测的疾病(病种);第二,发现并确定与该疾病发生有关的危险因素;第三,应用统计学相关的预测方法建立疾病风险预测模型;第四,验证评估模型的正确性和准确性。全科医学实践中常用的疾病风险评估包括心血管风险水平分层评估、心血管疾病风险评估及肺癌风险评估。

1. 心血管风险水平分层评估

(1) 高血压危险分层:根据《中国高血压防治指南》,当血压超过 140/90mmHg 时,对高血压患者进行心血管疾病危险度分层,将高血压患者分为低危、中危、高危和极高危,分别表示发生心脑血管病事件的概率为 <15%,15%~19%,20%~30% 和 >30%,量化估计预后。具体分层标准根据血压升高水平(1、2、3 级)、其他心血管病危险因素、靶器官损害以及并发症情况(表 7-5)。

表 7-5 血压升高患者心血管风险水平分层

其他危险因素和病史	收缩压 130~139mmHg 和/或舒张压 85~89mmHg	收缩压 140~159mmHg 和/或舒张压 90~99mmHg	收缩压 160~179mmHg 和/或舒张压 100~109mmHg	收缩压 180mmHg 和/或舒张压 ≥110mmHg
无	/	低危	中危	高危
1~2 个其他危险因素	低危	中危	中/高危	很高危
3 个其他危险因素,靶器官损害,CKD3 期,无并发症的糖尿病	中/高危	高危	高危	很高危
有症状的 CVD,CKD 分期 4 期,或有并发症的糖尿病	高/很高危	很高危	很高危	很高危

注:1. 其他心血管危险因素 男性 >55 岁,女性 >65 岁;吸烟;血胆固醇≥5.2mol/L(200mg/dl)或 LDL-C≥3.4mmol/L(130mg/dl)或 HDL-C<1.0mmol/L(40mg/dl);糖耐量受损(2h 血糖 7.8~11.0mmol/L)和/或空腹血糖异常(6.1~6.9mmol/L);糖尿病;早发心血管疾病家族史(一级亲属发病年龄 <50 岁);腹型肥胖(男性腰围≥90cm,女性腰围≥85cm)或肥胖(BMI≥28kg/m²);高同型半胱氨酸血症(≥15μmol/L)。

2. 靶器官损害 左心室肥厚(心电图或超声心电图);颈动脉超声 IMT≥0.9mm 或动脉粥样斑块,颈-股动脉脉搏波速度≥12m/s,踝/臂血压指数 <0.9;估算的肾小球滤过率降低[eGFR 30~59ml/(min·1.73m²)]或血清肌酐轻度升高[男性 115~133μmol/L(1.3~1.5mg/dl),女性 107~124μmol/L(1.2~1.4mg/dl)];微量白蛋白尿 30~300mg/24h 或白蛋白/肌酐比≥30mg/g(3.5mg/mmol)。

3. 并发症 心脏疾病(心绞痛、心肌梗死、冠状动脉血运重建术后、心力衰竭、心房颤动);脑血管疾病(脑出血、缺血性脑卒中、短暂性脑缺血发作);肾脏疾病[糖尿病肾病,血肌酐升高(男性≥133μmol/L、女性≥124μmol/L),蛋白尿≥300mg/24h];血管疾病(主动脉夹层、外周血管病);重度高血压性视网膜病变(出血或渗出、视神经乳头水肿);糖尿病(空腹血糖≥7.0mmol/L,餐后血糖≥11.1mmol/L,已治疗但未控制,糖化血红蛋白(HbA1c)≥6.5%)。

(2) 血脂异常危险分层:LDL-C 或 TC 水平对个体或群体 ASCVD 发病危险具有独立的预测作用。全面评价 ASCVD 总体危险是防治血脂异常的必要前提。根据个体 ASCVD 危险分层判断血脂异常干预的目标水平。血脂异常危险分层以及目标值见表 7-6。

表 7-6 血脂异常危险分层以及目标值

危险分层	疾病或危险因素	LDL-C
极高危	ASCVD 患者	<1.8mmol/L
	高血压 +2 项及以上危险因素 [a]	
高危	LDL-C≥4.9mmol/L 或 TC≥7.2mmol/L	<2.6mmol/L
	糖尿病患者,1.8mmol/L≤LDL<4.9mmol/L 或 3.1mmol/L≤TC<7.2mmol/L	
	且年龄≥40 岁	
中危	无高血压,2 项及以上危险因素 [a]	<3.4mmol/L
	高血压 +1 项危险因素 [a]	
低危	无高血压,0~1 项危险因素 [a]	<3.4mmol/L
	高血压,无危险因素 [a]	

注:ASCVD,动脉粥样硬化性心血管疾病,包括急性冠脉综合征(ACS)、稳定性冠心病、血运重建术后、缺血性心肌病、缺血性脑卒中、短暂性脑缺血发作、外周动脉粥样硬化病等。

[a] 危险因素包括吸烟,年龄(男性 >45 岁、女性 >55 岁),HDL-C<1.0mmol/L(40mg/dl)。

2. 心血管疾病风险评估

(1) 心血管疾病的风险评估模型：心血管疾病风险评估是对个人的未来患病的危险性的量化评估，用于描述和估计个体未来发生某种特定因子导致疾病的可能性。即在建立在多因素数理分析基础上，采用统计学概率理论的方法得出患心血管疾病危险性与危险因素之间的关系模型，常用 Cox 回归模型进行风险预测计算。

国内外研究表明，心血管疾病是造成世界范围内致残和过早死亡的主要原因。其中急性心血管事件（缺血性心脏病）和脑血管事件（卒中）通常为突然发生，后果严重，因此评估心血管疾病的风险有重要意义。

心血管疾病总体风险是指根据多个心血管疾病危险因素的水平和组合来评估个体在未来一段时间内发生心血管疾病的概率，可分为短期风险和长期风险，其中短期风险一般指 5~10 年风险，长期风险一般指 15~30 年以上或终生风险。

1) 国外常用心血管疾病风险评估模型：目前国内外研究团队已经构建了多种心血管疾病风险评估模型。国外得到极大认可的模型包括 Framingham 风险评估模型、汇总队列心血管疾病风险评估公式（pooled cohort equations，PCE）、美国 Reynolds 风险积分系统、欧洲系统性冠状动脉风险（SCORE）评估模型、WHO 心血管疾病风险评估模型袖珍风险评估模型、英国 Q- 风险指数（QRISK/QRISK2）和 WHO/ISH 发布的《心血管疾病预防指南》等。最为经典的是 Fraingham 心脏研究建立的冠心病风险预测模型，该模型被用于预测不同危险水平的个体在一定时间内（如 10 年）发生冠心病危险的概率，其风险预测方程采用多变量 logistic 回归模型，纳入年龄、胆固醇、低密度脂蛋白、高密度脂蛋白、收缩压、舒张压、糖尿病、吸烟等危险因素，通过 Cox 回归模型进行风险预测计算。其他模型如 WHO 预测 10 年心血管事件风险模型中纳入的年龄、性别、种族、胆固醇、高密度脂蛋白、收缩压、吸烟、糖尿病因素；与之相比，PCE 还纳入了是否降压治疗等，SCORE 纳入了胆固醇 / 高密度脂蛋白比值等。

2) 国内常用心血管疾病风险评估模型：我国在 20 世纪 80 年代进行了冠心病风险预测模型的初步研究，1992 年北京心肺血管研究所以建立的"中国 11 省市队列研究人群"为基础，应用 Cox 比例风险模型进行危险因素与发病危险的多因素分析，将冠心病和缺血性脑卒中作为预测指标，年龄、血压、TC、HDL-C、吸烟和血糖 6 个危险因素为主要参数，分别建立男女两性冠心病和缺血性脑卒中发病危险的预测模型，并利用该模型计算不同危险水平（上述 6 个危险因素不同组合）的个体未来 10 年冠心病和缺血性脑卒中发病的绝对危险。结果显示，缺血性心血管疾病发病的绝对危险随着危险因素个数的增加而增加，不同危险因素之间有协同作用，不同的危险因素组合对缺血性心血管疾病发病危险的作用强度有所差别。2016 年我国学者根据中国动脉粥样硬化性心血管疾病风险预测研究提出了适合我国国情的心血管疾病 10 年风险和终生风险评估的 China-PAR（prediction for ASCVD risk in China）模型和适合国人的风险分层标准，以 Cox 比例风险模型为基础，不同性别的不仅纳入国外模型中的年龄、吸烟、血压、血脂情况，还纳入了腰围、ASCVD 家族史以及地区区域等因素，提高了对中国人心血管疾病风险事件的预测。

3) 心血管疾病危险预测模型的建立：心血管疾病危险预测模型的建立主要步骤包括个人信息收集、危险度计算、预测结果，归纳分析（表 7-7）。

表 7-7 心血管疾病危险预测模型的建立步骤

步骤	具体内容
个人信息收集	包括问卷调查、体格检查、实验室检查。问卷的组成主要包括以下内容。 (1) 一般情况调查:年龄、性别、文化程度职业、经济收入、婚姻状况等 (2) 现在健康状况、既往史家族史调查 (3) 生活习惯调查:主要包括吸烟状况、身体活动状况、饮食习惯及营养调查、饮酒状况等 (4) 其他危险因素,如精神压力等。 体格检查及实验室检查主要包括身高、体重、腰围、血压、血脂、血糖等
危险度计算	采用数理统计方法,计算危险度。 (1) 绝对风险度:绝对危险评估基于队列研究构建,估计未来若干年内患某种疾病的可能性,用以估计多个危险因素对疾病的效应。如 5 年患病的绝对风险为 10%,表示 5 年内将发生被评估疾病的概率为 10% (2) 相对风险度:相对风险是具有某一危险因素的个体与不具有这种危险因素的个体相比,发生某种疾病的概率之比
预测结果归纳分析	预测个人在一定时间内发生心血管病,急性事件可能性及概率并进行分析,包括疾病风险评估结果、危险因素状况、可改善的危险因素等

统计方法:心血管疾病危险预测模型就是以是否发病或死亡作为因变量,以危险因素为自变量,通过 logistic 回归和 Cox 回归建立回归方程,预测个体在未来某时间(5 年或 10 年)心血管疾病发病或死亡的可能性(即绝对危险度),由于方程的结果反映了个体主要危险因素的综合发病或死亡危险度,也被称为综合心血管病危险(total risk)。绝对危险度是以人群的平均危险因素水平和平均发病率对 Cox 生存函数进行调整,如 10 年发病危险概率(P)的计算公式为

$$P=1-S_0(t)^{txp(f.x.m)}$$
$$F(X.M)=\beta_1(X_1-M_1)+\cdots+\beta_p(X_p-M_p)$$

其中 $\beta_1 \sim \beta_p$ 为各危险因素不同分层的偏回归系数,$X_1 \sim X_p$ 为每个人各危险因素的水平,$M_1 \sim M_p$ 为本人群各危险因素的平均水平。$S_0(t)$ 为在 t 时间(本开发研究为 3 年)的平均发病函数,即危险因素平均水平时的发病函数。

不同模型中各危险因素相对危险度差别的比较采用 Z 检验方法,检验公式为

$$Z=(b[F]-B[O])/SE$$
$$其中 SE=(SE[F]^2+SE[O]^2)^{1/2}$$

其中 b[F]/、SE[F]、B[O]、SE[O]分别为不同模型的偏回归系数及其标准误,因为危险度(RR)=e^B($\beta=$In RR),故根据 β 计算的 E 统计量即可检验某危险因素在不同模型的差异。

(2) 心血管疾病风险评估流程:心血管疾病总体风险评估分为心血管疾病 10 年风险和终生风险评估两个部分,风险评估流程见图 7-1。首先,对 20 岁及以上没有心血管病的个体,进行心血管疾病 10 年风险评估,并进行 10 年风险分层。如果心血管病 10 年风险≥10.0%,视为心血管病高危,10 年风险为 5.0%~9.9% 视为中危,<5.0% 为低危。

(3) 心血管疾病风险评估工具:国内 China-PAR 研究利用 10 年风险评估模型和终生风

```
        ┌──────────────────┐
        │   20岁及以上       │
        │ 无心血管疾病居民   │
        └──────────────────┘
                │
        ┌──────────────────┐
        │ 心血管疾病10年风险评估 │
        └──────────────────┘
```

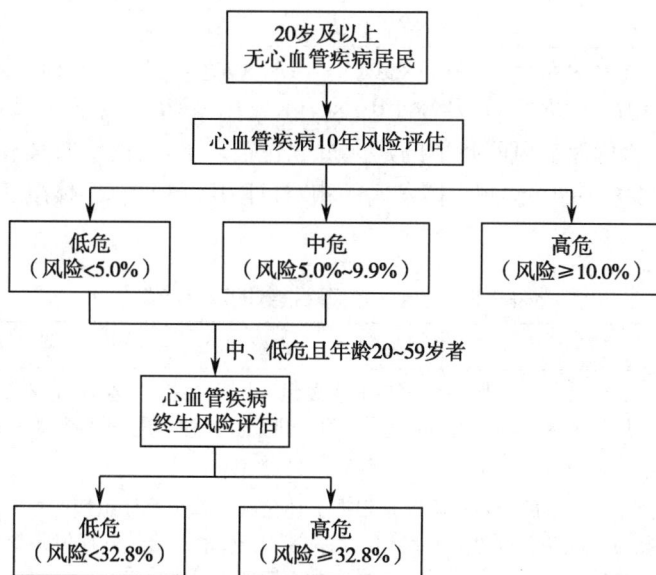

图 7-1　心血管疾病风险评估流程

险评估模型,充分考虑实用性和可及性,分别开发了网站评估工具和"心脑血管风险"手机 App 评估工具。可通过输入个体的健康资料,包括性别、年龄、现居住地(城市或农村)、地域(北方或南方,以长江为界)、腰围、总胆固醇、高密度脂蛋白、当前血压水平、是否服用降压药、是否患有糖尿病、现在是否吸烟、是否有心血管病家族史,可以方便、快捷地计算出个体的心血管病 10 年风险和终生风险,并获悉个体所处的风险分层情况。根据风险分层,个体将获得针对性的生活方式和管理治疗建议。

3. 哈佛癌症风险指数　20 世纪 90 年代初,美国亚利桑那州立大学开发了癌症危险度评价工具,随后许多医学研究机构,包括哈佛大学、梅奥医院、密西根大学等,进一步开发了用于多种恶性肿瘤(如肺癌、大肠癌、胃癌、乳腺癌)、糖尿病等发病风险的评估模型。欧洲、亚洲其他国家及我国,亦分别开发了适合本国人群的疾病风险评估工具,并基于互联网技术的快速普及,进一步完善评估方法。

(1) 建立计算模型:模型采用的数学计算公式为哈佛癌症风险指数(Harvard cancer risk index)工作小组提出的计算公式。公式中,RR 为被预测个体患某一疾病与其同性别年龄组一般人群比较的相对风险;RR_i 指个体中存在的危险因素的相对危险度;P_n 为其同性别年龄组人群中暴露于某一危险因素者的比例;RR_C 为由专家小组对某一危险因素(包括不同分层)的相对危险度达成共识的赋值(见表 7-10)。通过运用暴露人群的危险度与相对危险度的共识赋值建立的统计模型(见下公式)计算出个体患病的相对风险后,可与其同性别年龄组一般人群比较,参照哈佛癌症风险指数工作小组制订的标准,表达为低于一般人群或高于一般人群等 5 个等级。若乘以其同性别年龄组一般人群某病的发病率,即可算出个体患病的绝对风险值。

哈佛癌症风险指数是哈佛癌症风险工作小组提出的,是基于生活方式及常规体检资料的癌症风险评估模型。其公式如下:

$$RR=\frac{RR_{i1} \times RR_{i2} \times \cdots \times RR_{in}}{\left[P_1 \times RR_{C1} + (1-P_1) \times 1.0 \right] \times \left[P_1 \times RR_{C2} + (1-P_2) \times 1.0 \right] \times \left[P_1 \times RR_{C1} + (1-P_1) \times 1.0 \right] \times \cdots \times \left[P_n \times RR_{Cn} + (1-P_n) \times 1.0 \right]}$$

（2）具体步骤：哈佛癌症风险指数的建立过程包括以下步骤：①收集癌症的主要危险因素及相对危险度相关资料；②预测个体发病的相对危险度；③计算个体患病绝对风险值。（表7-8）

表 7-8　哈佛癌症风险指数的建立步骤

步骤	主要内容
选取资料	通过查阅文献确立所评估癌症的主要危险因素及相对危险度选取资料时，尽可能选用基于评估地区人群、大样本的重大项目研究。如评估地区资料缺失或不充分，则由专家小组成员参考其他地区相关研究资料，讨论决定
预测个体发病的相对危险度	预测个体发病的相对危险度是根据上述公式计算出个体患病的相对风险。用个体患病的相对风险与其同性别年龄组一般人群比较，根据哈佛癌症风险指数工作小组制定的从显著低于一般人群到显著高于一般人群 7 个等级标准
个体患病绝对风险值	计算个体患病的绝对风险是相对风险乘以同性别年龄组一般人群某病的发病率，即可算出个体患病的绝对风险值

（3）肺癌风险预测：肺癌是世界范围内引起死亡的最常见的恶性肿瘤。在我国，肺癌是城市居民的头号癌症杀手，在农村其发病率也在迅速上升。我国学者依据近 20 年来我国肺癌的流行病学资料，运用哈佛癌症风险指数建立了肺癌发病风险评估方法，纳入的肺癌发病危险因素均为目前已经经过大量流行病学研究、证据比较确实的因素，其中主要是吸烟、病史和生活方式问卷获得的因素，包括职业接触、生活环境、既往肺病史及蔬菜水果摄入情况等。

具体步骤为：①依据近 20 年来我国肺癌流行病学的资料，我国肺癌发病危险因素及相对危险度（RR_c）；②同性别年龄组人群中各危险因素的暴露比例（P）；③该个体存在的危险因素的相对危险度（RR），经过统计并给予赋值。哈佛癌症风险指数计算公式所需的相应值见表 7-9。

表 7-9　被预测个体与同性别年龄组一般人群患者风险比较

相对风险	风险水平	相对风险	风险水平
<0	极显著低于一般人群	1.1~	高于一般人群
0~	显著低于一般人群	2.0~	显著高于一般人群
0.5~	低于一般人群	5.0~	极显著高于一般人群
0.9~	相当于一般人群		

【案例 7-4 分析】

1. 结合案例 7-4　患者男，56 岁，长期吸烟饮酒，曾去当地社区诊所健康检查，测体重

90kg,身高1.72m,腰围100cm,血压150/95mmHg,血糖波动在7.0~8.8mmol/L,血脂6.2mmol/L。

2. 根据缺血性心血管病10年风险评估表评估。

第一步:将年龄、血压、血脂、糖尿病、体重指数、吸烟代入上表,得出年龄4分、血压2分、血脂1分、糖尿病1分、体重指数2分、吸烟2分。

第二步:各危险因素对应的数值相加,得总分12分。

第三步:将12分对应查出绝对危险度为16.8%,并与同年龄平均危险度查表得平均危险度3.6%,该案例(男性)10年缺血性心血管病的风险是同年龄同性别平均危险的4.66倍。

【案例7-5】

男,46岁。每天吸卷烟16支,吸烟20年,无职业性粉尘接触史,生活在北京,无糖尿病,每日蔬菜水果摄入超过400g。

案例提示:根据以上男子的个体情况及生活方式,请计算该男子未来肺癌的发病风险,其中表7-10为该男性计算哈佛癌症风险指数所需的相应值,请计算时参照使用。

表7-10　该男性计算哈佛癌症风险指数所需的相应值

危险因素	RR_1	RR_C	相应危险因素人群暴露率 /%	危险因素	RR_1	RR_C	相应危险因素人群暴露率 /%
吸烟				空气城市污染(大城市生活)	1.3	1.3	0.14
已戒烟	1.0	2.0	0.01	肺癌家族史	1.0	1.6	0.12
吸烟指数 <100	1.0	1.8	0.07	既往病史			
吸烟指数 ≤199	1.0	2.6	0.11	肺结核史	1.0	2.6	0.04
吸烟指数 ≤299	1.0	4.2	0.14	慢性支气管炎史	1.0	2.4	0.04
吸烟指数 ≤399	5.8	5.8	0.16	肺炎病史	1.0	2.0	0.06
吸烟指数 ≥400	1.0	8.0	0.12	蔬菜水果摄入 <400g/d	1.0	1.4	0.56
吸烟斗或旱烟	1.0	4.6	0.05				

注:RR_i指个体中存在的危险因素的相对危险度;RR_C为由专家小组对这一危险因素的相对危险度达成共识的赋值。

$$RR = \frac{RR_{i1} \times RR_{i2} \times \cdots \times RR_{in}}{[P_1 \times RR_{C1}+(1-P_1) \times 1.0] \times [P_1 \times RR_{C2}+(1-P_2) \times 1.0] \times [P_1 \times RR_{C1}+(1-P_1) \times 1.0] \times \cdots \times [P_n \times RR_{Cn}+(1-P_n) \times 1.0]}$$

$$= \frac{5.8 \times 1.3}{\begin{array}{c}[0.014 \times 2.0+(1-0.014)][0.07 \times 1.8+(1-0.07)][0.11 \times 2.6+(1-0.11)] \\ [0.14 \times 4.2+(1-0.14)][0.16 \times 5.8+(1-0.16)][0.12 \times 8.0+(1-0.12)] \\ [0.05 \times 4.6+(1-0.05)][0.14 \times 1.3+(1-0.14)][0.12 \times 1.6+(1-0.12)] \\ [0.04 \times 2.6+(1-0.04)][0.04 \times 2.4+(1-0.04)][0.06 \times 2.0+(1-0.06)]\end{array}}$$

$$=7.54/11.3976$$

$$=0.66$$

以上案例表示该男性肺癌发病风险为其同性别同年龄组一般人群的 0.66 倍,根据表 7-10 哈佛癌症风险指数工作小组制订的风险评估标准,该男性肺癌发病风险低于一般人群。据统计我国男性该年龄组一般人群肺癌发病率为 32/10 万,其今后 5 年肺癌发病的绝对危险为 $5 \times 0.66 \times 32/10^5 = 105.6/10^5$。但由于肺癌发病风险随年龄而增加,风险值应该用年龄段的增长率校正。由于该年龄段每年肺癌发病率增加 10%,因此,该男性 5 年肺癌发病的绝对风险为 $105.6/10^5 \times (1+10\%)^5 = 0.170\%$,表中吸烟是可改变的危险因素。若该男性戒烟,则其肺癌的相对风险可降到一般人群的 $0.66 \times 2.0/5.8 = 0.22$ 倍,今后 5 年内肺癌发病风险可降为 0.057%,即降低约 2/3。

以上按照哈佛癌症风险指数中使用的计算公式,建立了一种可通过病史及生活方式问卷资料评估个体肺癌发病风险的评估模型,该模型可用于评估中国人个体肺癌发病风险,提示个体不同危险因素对其肺癌发病风险的影响。

【案例 7-5 分析】

该男性肺癌发病风险为其同性别同年龄组一般人群的 0.66 倍,按表 7-10 哈佛癌症风险指数工作小组制订的标准,该男性肺癌发病风险低于一般人群。

(朱文华)

第八章

全科医学与健康管理

　　随着社会的前进和发展，人们对健康的认识也不断丰富和完善。21 世纪医学模式发生了根本转变，由生物 - 医学模式转变到生物 - 心理 - 社会 - 医学模式。健康不单单是指机体处于没有疾病的状态，而是指一个人在身体、精神和社会等方面都处于良好状态。世界卫生组织提出健康不仅是躯体没有疾病，还要具备心理健康、社会适应良好和有道德。因此医学科研活动和医疗卫生服务除了对个体生物方面进行治疗，还需重视社会、心理因素对个体健康和疾病的综合作用和影响。随着医疗水平进步和人民对健康的关注程度日益增加，健康管理要求我们以现代健康理念，现代医学模式，应用现代监测方法，对人群健康进行干预，提高和改善人们的生命质量和健康水平。在本章节中，我们将学习如何针对个人建立健康管理目标，设计规范的管理内容和流程，并将全科医学有机融合，积极参与健康维护和疾病控制过程，有效实行健康管理，更好地完成"健康中国 2030"规划纲要对我国群众健康提出时代的新要求。

第一节　健康管理概述

主要内容
1. 健康管理背景及定义。
2. 健康管理服务现状。
3. 健康管理服务的内容和流程。
4. 健康管理建设目标。

········ **重要知识点** ··

1. 掌握健康管理概念与理论体系。
2. 掌握管理服务的内容和流程。
3. 了解健康管理建设目标。

··

一、健康管理背景及定义

健康管理于 20 世纪 80 年代初在美国兴起,起源于美国的商业保险行业。随着健康管理在美国医疗保险行业和医疗行业的发展,其思维方式、实践模式及相关国家政策、法案使美国的健康管理在近半个世纪的发展中保持着世界领先水平。英国、德国、法国等国家也开始模仿和实施健康管理,健康管理在西方国家得到了迅猛发展。亚洲健康管理的发展总体滞后于美国及欧洲其他国家,相对而言,日本健康管理的发展位于各亚洲国家的前列。

在我国,健康管理作为一项新兴朝阳产业,犹如雨后春笋蓬勃发展。2001 年,国内首家健康管理公司注册。2005 年 10 月 25 日,劳动和社会保障部正式对外发布第 4 批 11 种新职业,健康管理师是其中之一。同年,中国医师协会成立医师健康管理与医师健康保险专业委员会。2006 年,中华预防医学会成立健康风险评估与控制专业委员会。2007 年,中华医学会成立健康管理学分会。同年,《中华健康管理学杂志》创刊,四川大学华西健康管理中心成立。2007 年 4 月,劳动和社会保障部、卫生部颁布的《健康管理师国家职业标准(试行)》开始实施。2009 年,我国启动的"新医改"方案中,将重大疾病防控、慢性病管理以及逐步建立居民健康档案等列入基本公共卫生服务中,这加快了大众对健康管理服务的需求。

(一) 健康管理学科概念

1. 健康管理　健康管理是以现代健康理念(生物、心理和社会适应能力)和现代医学模式(生物 - 心理 - 社会 - 医学模式)以及中医治未病思想为指导,通过应用现代医学和管理学的理论、技术、方法和手段,对个体或群体的健康进行全面监测、分析、评估,提供健康咨询和指导以及对健康危险因素进行干预的全过程。在我国,健康管理服务由具有执业资格的健康管理师来提供,其目的是延长人们寿命,提高和改善人们的生命质量和健康水平,以最小的投入获取最大的健康效益。

2. 健康管理学 健康管理学是研究人的健康与影响健康的高危因素,以及健康管理相关理论、方法和技术的新兴医学学科,涵盖了健康保护、健康促进、健康服务质量及标准评估、行为科学和社会科学等多种范畴,是对健康管理服务的实践和总结,是健康医学的重要组成部分。

（二）健康管理学科的理论体系

1. 健康管理多学科融合理论 健康管理学的学科基础、专业分支、学科职业特点、学科评价指标体系、学科内涵和实践以及学科建设、人才培养等均融入了现代医学、管理科学、生物信息学和统计学等多学科的精华。

2. 健康管理适宜技术创新体系 将基础、预防、临床、康复、中医等相关技术方法与实践经验优化集成,形成健康检测、评估、干预、跟踪适宜技术体系,体现了学科技术与方法学的集成创新。

（三）健康管理学科专业分支与职业技能体系

1. 健康管理学科专业分支包括健康养生保健学、健康风险评估学、健康管理适宜技术学、膳食营养保健学、运动科学、情绪与心理学、健康教育与健康促进学、慢性病管理学、健康管理大数据科学、互联网信息学、健康管理保险应用学等。

2. 健康管理职业技能体系包括健康管理咨询师、健康管理主检医师、健康管理师、健康管理医师、健康管理技师、健康管理护师等,由具有健康管理学专业知识的人员负责,共同为个体和群体提供个性化、专业化的健康干预计划,定期进行再次评估—重新制订计划—再次干预,形成具有连续性、循环性、全程性的闭合服务模式。

（四）健康管理的必要性和可行性

1. 健康管理的必要性 随着社会老龄化的日益加剧、疾病谱与死因谱的改变,我国70%的人处于亚健康状态,15%的人处于疾病状态,其中慢性病死亡人数占总死亡人数的86.6%,未来10年将有8 000万中国人死于慢性病,慢性病已经成为中国国民健康头号杀手,严重危害人们的健康,极大地增加国家的经济负担,这一灾难性的负担将超过金融危机。因此,要想改善这种状况,必须从健康危险因素的预防开始,实施健康管理的系统工程,开展健康促进,指导并引领人们真正有效地把握健康。同时,随着社会经济的发展和人们生活水平的提高,越来越多的人认识到健康的重要性,国民健康意识及健康需求不断增长,健康管理理念顺应了这一增长趋势。

2. 健康管理的可行性 疾病特别是慢性非传染性疾病的发生、发展过程较长,往往需要几年到十几年,甚至几十年的时间。同时,这类慢性病的危险因素大多属于可控性因素,以心脑血管疾病为例,在众多相关危险因素中,除了年龄、性别、家族史等危险因素不可干预,绝大多数的危险因素如吸烟、缺乏运动、不健康膳食、血压异常、血脂异常、血糖异常等是可干预的。健康管理通过全方面监测、评估和管理个体或群体可能发生疾病的危险因素,提供个性化、科学性的健康指导和干预措施,提高其自我管理意识及健康水平,阻断、延缓某些疾病的发生及发展,减少医疗费用的产生。

二、健康管理服务现状

健康管理学作为医学新学科、医学创新体系、新兴健康产业与健康服务新业态,在中国经历了近二十年的发展,无论是学术理论研究还是服务实践历程均取得了宝贵的成果与经验。2013 年 9 月国务院印发《关于促进健康服务业发展的若干意见》,明确了我国健康服务业发展的指导思想、基本原则、发展目标和主要任务,以及一系列配套的政策措施。随着习近平总书记在 2016 年"全国健康与卫生大会"上的重要讲话、"健康中国 2030"规划纲要等一系列政策文件的出台,在政府主导和支持下,在全社会的共同努力下,健康管理作为一门新兴学科正面临着难得的发展机遇和广阔的发展前景。

(一)健康管理学在中国蓬勃发展

1. 学术组织与学科活动广泛兴起　自 2005 年以来,全国性的健康管理学术组织相继成立,并带动了各省市相关组织的成立。在健康管理各位专家和学者的共同努力下,形成《健康管理概念与学科体系的中国专家初步共识》并于 2016 年出版《中华健康管理学》,标志着中国特色健康管理创新理论体系的初步形成。截至目前,全国有 30 个省、市、自治区成立了健康管理学术组织,对推动各地健康管理学科发展起到了强有力的作用。同时,随着健康管理学术理论研究不断深入,全国性学术会议规模不断扩大,学术交流活动丰富多彩,健康管理学相关论文不论是数量还是质量均不断提高和提升,推动我国健康管理的大发展。

2. 逐步形成健康管理专家共识　在理论研究与实践探索的基础上,涌现出一批社会影响力很大的专家和技术骨干,成为健康管理学科带头人。健康管理相关的专家共识、指南、规章制度、主要服务内容等陆续颁布,促进了健康管理的规范化发展,维护和促进了国民健康。

3. 健康管理队伍不断壮大　健康管理理念在全国范围内获得广泛认可,全国高等院校纷纷成立健康管理系和健康管理研究院所,推动和促进健康管理理论研究和实践创新以及人才培养。伴随着健康管理广泛而深入的发展,目前已有 109 所高校开展了"健康服务与管理"四年制本科学历教育,不少单位成立了健康管理硕士点和博士点,对于健康管理师的培养已步入正轨。

4. 健康管理机构进一步规范　随着政府相关部门对健康管理服务的领导和支持,健康管理(体检)科在大医院的广泛建立,全国健康管理(体检)机构已达上万家,并呈现出逐年增长的趋势。2018 年,医院健康管理(体检)科首次进入"2017 年度中国医院专科声誉和综合排行榜",健康管理学科进入医院专科排名,极大地推进和鼓舞健康管理科的建设和发展,提升了健康管理科室在医院和社会的地位。健康管理(体检)机构在全国呈现规模化发展,紧紧围绕"防大病、管慢病、促健康"的主要服务内容,推动健康管理(体检)机构从单纯体检服务向健康管理服务转变。

5. 健康管理相关产业迅速发展　健康管理适宜技术与产品不断进入市场,推动了健康管理学科创新发展和健康管理适宜技术的推广应用,促进了健康管理服务的能力升级和行业进步,为健康管理服务提供重要支撑和储备力量。

（二）健康管理学面临的机遇

1. 医学模式发生转变　21 世纪医学模式发生了根本转变,从传统生物医学模式转向生物 - 心理 - 社会医学模式。疾病在过去被认为仅仅是躯体发生生理改变的一种表现,新的医学模式则认为疾病的发生及发展是受到各种因素变化后的影响,除了生物因素,社会环境因素、个人心理因素也是重要因素。医学目的从单一关注治疗疾病、对高科技医疗技术过度依赖,向关注疾病预防、维护和促进国民健康水平转变,为健康管理服务的发展提供了重要的理论指导和学术支持。

2. 国家政策支持　自 2010 年以来,国家政府众多关于医疗卫生的文件均多次提及健康管理,肯定健康管理的作用,在很大程度上支持并促进了健康管理的发展,充分肯定健康管理的作用,并对如何实施健康管理提出了明确要求和希望。随着健康管理理念在全国范围内的普遍流传和广泛认可,健康管理的研究方向和管理内容也不局限于单纯的健康体检与检后连续性服务,在政府相关部门的领导与支持下开始向功能社区、城市社区推广应用,成为维护和促进国民健康,节省国家医疗卫生支出的重要手段。2016 年中共中央国务院印发《"健康中国 2030"规划纲要》指出推进健康中国建设是全面建成小康社会、基本实现社会主义现代化的重要基础,是全面提升中华民族健康素质、实现人民健康与经济社会协调发展的国家战略。2019 年印发的《国务院关于实施健康中国行动的意见》提出需加快推动以治病为中心向以人民健康为中心的转变,动员全社会落实以预防为主的方针,实施健康中国行动,提高全民健康水平。这些文件的颁布,进一步吹响了以提高人民健康为核心、全方位全周期保障人民健康的战斗号角,为健康管理大发展提供了政策支撑。以大卫生观、大健康观为指导,坚持预防为主,努力实现医学目的和医学服务模式转变的新局面将逐渐涌现,开启了健康中国建设的新纪元。伴随着国家"十四五"进入高质量发展新阶段,健康中国建设深入广泛发展,我国健康管理将进入新的发展阶段。发展健康管理,发挥健康管理服务在防治慢性病、提高国民健康水平中的作用,是历史赋予我们的时代重任。

3. 健康需求持续增长　近年来随着经济的不断发展,人口结构改变和人口老龄化趋势明显加快,疾病谱和死亡谱正在转变,心血管疾病、糖尿病、高脂血症等慢性非传染性疾病已成为威胁人们健康的主要疾病。人民健康需求持续增长和慢性病高发态势,必将推动和促进健康管理服务的快速发展。必须重视慢性病的防治,构建预防、治疗、康复一体化的健康管理服务体系。2016 年 8 月 26 日,中共中央总书记习近平主持政治局会议,审议"健康中国 2030"的规划纲要。健康中国的核心是提高全民健康素质和生活质量,实现全民健康管理,而健康管理的核心就是慢性病预防管理。《中国防治慢性病中长期规划(2017—2025 年)》指出慢性病管理的主要指标是到 2025 年,心脑血管疾病死亡率下降 15%,总体癌症 5 年生存率提高 10%,70 岁以下人群慢性呼吸系统疾病死亡率下降 15%。健康管理服务的兴起不但可以满足人民群众日益增长的差异化、多样化的医疗健康需求,还能提高人民健康素养及慢性病管理能力,满足人民群众对美好生活的向往,改善健康供给不平衡不充分的现状,谱写健康中国的新篇章。

4. 科研与技术快速进步　习近平总书记指出:"纵观人类发展史,人类同疾病较量最有力的武器就是科学技术,人类战胜大灾大疫离不开科学发展和技术创新。"随着我国

"十二五"医学科技规划的全面实施与健康管理重点项目的开展,将集成和引进吸收、再创新一大批健康服务的关键技术、通用技术和公益技术,为健康服务业发展提供了厚实强劲的储备与动力。科研与技术快速进步,进一步满足人民群众日益增长的健康需求,为全面推进健康中国建设提供动能和支撑。

(三) 健康管理学面临的挑战

1. 健康管理标准与规范尚未统一　健康管理学理论研究滞后,学科建设缺乏标准和规范;慢性病防治健康管理的标准与规范缺失,慢性病健康管理并未广泛开展;特殊群体如儿童、青少年、孕妇及老年人群的健康管理未建立健全。

2. 健康管理(体检)机构能力不足　已建立的健康管理(体检)机构,学术团队不健全,大多数仍停留在单纯体检服务,能够开展健康管理服务的单位较少,不利于体检后的健康评估、个性化健康管理方案制订、健康干预等闭环式全程连续性健康管理。

3. 健康管理人员数量不足、专业性不强　我国健康管理学科建设尚处于起步阶段,课程设置及考核缺乏标准化、规范化的统一模式,健康管理学科的教学质量无法保证,难以成批培养真正懂得健康管理理念和内涵的专业型人才。当前,健康管理人员的供给无法满足人民对健康的强烈追求和各级政府为建设健康中国对健康管理服务提出的期望与要求。

三、健康管理服务的内容和流程

健康管理服务是指从事健康管理的专业人员运用健康管理相关理论、技术和资源,为健康人群、慢性病早期以及疾病康复期人群提供维护和促进其健康的一系列活动,按服务属性可把健康管理服务分为医学服务和非医学服务。健康管理医学服务主要包括健康教育与咨询、健康体检与评估、慢性病风险筛查与干预、慢性病康复与管理、中医养生保健、心理咨询、健康监测与医学物联网等服务。健康管理非医学服务主要包括养生保健、运动健身、生活美容与按摩、营养指导、健康旅游、养老与健康照护等服务。

健康管理服务的内容主要包括帮助患者认识自身的健康状况、树立正确的健康理念和建立健康行为三部分,建立健康行为是健康管理中最重要的内容,其最终目的是以最少的投入获得最大的健康效应。

1. 认识健康状况　在健康管理理念下采用现代医学和管理学方法,对个体或群体的健康进行监测、分析、评估,并及时反馈给服务对象,最终目的是促使其能全面、正确地认识自身的健康状态,有利于后续分析健康风险因素及制订健康干预方案。

2. 树立健康理念　根据服务对象的健康状况,提供健康咨询与健康教育,提高基础医学知识储备量、树立正确健康理念,有针对性地改变服务对象对疾病与健康的认识,变被动的健康干预为主动建立健康的生活方式。

3. 建立健康行为　建立健康行为是健康管理最重要的内容,也是对健康影响最大的因素。有效的健康管理是指在正确健康理念的基础上,在健康管理专业人员的健康指导下,帮助服务对象建立健康行为,改变不良的生活方式和习惯,建立正确的生活方式,减少危害健康的风险因素,最大程度维护和促进健康。

健康管理服务的具体流程可细分为以下四个基本步骤:健康信息采集及档案建立、健康体检、健康风险评估和健康干预。

(一) 健康信息采集及档案建立

1. 健康信息的收集　健康信息主要来源于医疗卫生机构的医疗服务记录,包括医院信息系统、门诊病历、健康体检资料等,需收集的健康信息包括服务对象的一般情况、目前健康状况、疾病家族史、职业特点、生活方式、心理状态、体格检查和实验室检查。全面收集服务对象的健康信息、找出危险因素、建立个人健康档案,对后续的健康风险评估起到了至关重要的作用。当需要解决某些专门问题时,上述记录往往不能提供完整的信息,因此,需要通过专题调查来获取健康信息。这种专题调查的方法包括调查问卷法、访谈法、实地观察法等,其中最常用的是调查问卷法。

(1) 调查问卷法:问卷是指为了调查和统计用的一种问题表格,是常用的一种收集资料工具。健康问卷又称健康危险因素调查问卷,主要用途是收集个体健康危险因素的信息并进行评价、收集群体相关信息以确定健康影响因素、了解服务对象的需求等。问卷一般由标题、填写说明、指导语、调查项目和结语构成,语言表述规范、精练、明确,问卷结构合理,调查项目完整,说明详细易懂,避免抽象式、诱导性、敏感性提问。

(2) 访谈法:访谈法是以谈话为主要形式来了解某人、某事、某种行为或态度的调查方法。即访问者通过入户、信件或现代通信工具直接与调查对象进行口头交谈,从而获得信息的方式,这种形式可以是访问者单独访问调查对象,也可以对多个调查对象进行集体访谈。

(3) 实地观察法:实地观察法是健康管理专业人员到现场对服务对象进行直接观察、检查、测量或计数而取得资料的一种方式。观察者通常是通过单方面观察来获取临床资料,如在全身体格检查中,观察者的视、听、触、叩、嗅等,对被观察者进行影像学检查、实验室检查、器械检查等;生长发育调查中,观察者直接对儿童进行身高、体重等的测量等。本方法取得的资料较为真实可靠,但所需人力、物力、财力较多。在实际调查中,访谈法与实地观察法常结合使用,互相补充。

2. 健康信息的管理　随着人口健康信息化建设全面快速推进和新技术快速发展与应用,全国各级各类医疗卫生计生服务机构采集产生的电子健康档案、电子病历、全员人口信息等人口健康信息的数据量越来越大,人口健康信息互联共享的范围也越来越广,利用人口健康信息服务于群众健康的需求也越来越大。为推进人口健康信息资源的规范利用和有效保护,2014 年 5 月,国家卫生计生委制定了《人口健康信息管理办法 (试行)》,在保证人口健康信息安全和保护个人隐私的前提下,促进人口健康信息互联互通和共享利用,推动人口健康信息化和卫生计生事业科学发展。

3. 健康档案的建立及管理　健康档案是记录每个人从出生到死亡的所有生命体征及健康信息的变化,以及自身所从事过的与健康相关的一切行为与事件的档案。具体内容主要包括个人的生活习惯、既往病史、诊治情况、家族病史、现病史、历次体检结果及疾病的发生、发展、治疗和转归情况等。健康档案的建立需遵循自愿与引导相结合的方式,以保护服务对象的隐私为主,首次建档可在服务对象首次接受周期性健康体检或就诊时,后期复诊或随访时,接诊医生可通过阅读健康档案熟悉其基本情况、既往病史、家族史等,并填写本次接诊记录、更新健康档案相关内容,不断完善服务对象健康档案中的健康信息。医疗机构需配备必需的档案设施设备,并指定专人负责健康档案管理工作。我国的新医改方案中提出,要逐步在全国建立统一的健康档案,并实施规范管理。电子健康档案作为健康管理体系的核心内容,可使健康档案变得更加方便实用。

(二)健康体检

2009年卫生部颁布的《健康体检管理暂行规定》提出,健康体检是指通过医学手段和方法对受检者进行身体检查,了解受检者健康状况,早期发现疾病线索和健康隐患的诊疗行为。健康体检是采集受检者健康信息的主要途径,是发现疾病、预防疾病、延缓疾病进展和自我保健的重要措施,也是健康管理的基础和前提。

1. 健康体检对象 根据体检人群的特点,健康体检主要分为预防保健性体检、社会性体检、鉴定性体检三大类。预防保健性体检是最主要的一类,这类体检绝大部分是单位组织安排,是以早发现、早诊断、早治疗疾病为目的的健康体检,绝大部分是健康人或亚健康人。社会性体检主要针对求职、就业、从事食品、托幼、酒店服务等工作的从业人员的体格检查。鉴定性体检是因工伤、职业病或交通事故进行致残程度等伤害的医学鉴定或某些有争议的体检结果进行进一步的检查或确认。

2. 健康体检内容 健康体检内容包括一般性检查,包括发育、营养、身高、体重、体重指数、腰臀围比等;物理检查,包括内科、外科、耳鼻咽喉科、眼科、口腔科、妇科等;化验检查,包括血液检查、尿液检查、大便常规检查等;影像检查,包括彩色多普勒超声检查、X线检查、磁共振检查、内镜检查等;电生理检查,包括心电图、动态心电图、脑电图、肌电图等;其他检查,包括健康需求调查问卷、病理检查等。在制订健康体检计划时,需针对不同个体的具体情况制订个性化的体检计划。

3. 肿瘤早期筛查 据国家癌症中心统计,我国肺癌发病人数和死亡人数已连续10年位居恶性肿瘤之首。男性发病第1位为肺癌,每年新发病例约52.1万,其次为胃癌、肝癌、结直肠癌和食管癌。女性发病第1位的为乳腺癌,每年新发病例约27.9万,其次为肺癌、结直肠癌、甲状腺癌和胃癌。世界卫生组织指出,1/3的癌症是完全可以预防的,1/3的癌症可以通过早期发现得到根治,1/3的癌症可以运用现有的医疗措施延长生命。体检虽然无法预防癌症,但可以在一定程度上预防患者死于癌症。因为通过体检可以发现早期癌症的蛛丝马迹,可以及时采取干预措施,提高治疗效果,甚至让患者获得治愈癌症的机会。常见肿瘤的筛查项目见表8-1。

表8-1 常见肿瘤的筛查项目

肿瘤名称	筛查项目
肺癌	NSE、CYFRA211、CEA、SCC、胸部低剂量CT
乳腺癌	CA-153、CA-125、CEA、乳腺钼靶、乳腺彩超
宫颈癌	SCC、CEA、宫颈超薄细胞学检测(TCT)、HPV
结直肠癌	CEA、CA-199、CA242、肛检、大便潜血、结肠镜、气钡双重造影
胃癌	CA-724、CEA、胃镜、气钡双重造影、幽门螺杆菌检查、胃蛋白酶原及胃泌素测定
前列腺癌	PSA、fPSA、前列腺触诊、前列腺超声

(1) 肺癌高危人群:年龄≥40 岁且具有以下任一危险因素者建议完善低剂量螺旋 CT 检查,若检出肺内结节,根据结节的不同特征(纯磨玻璃结节、多发非实性结节、孤立性部分实性结节、实性结节等)进行个性化跟踪随访处理。

1) 吸烟指数(吸烟指数 = 每天吸烟支数 × 吸烟年数)≥400,或曾经≥400 且戒烟时间<15 年。

2) 有环境或高危职业暴露史(如石棉、铍、铀、氡等接触者)。

3) 合并 COPD、弥漫性肺纤维化或既往有肺结核病史者。

4) 有恶性肿瘤或肺癌家族史者(尤其是一级亲属)。

5) 被动吸烟、烹饪油烟以及空气污染等因素。

(2) 胃癌高危人群:符合下列第 1 条和第 2~6 条中任一条者建议完善呼气试验和胃镜检查。如呼气试验阴性、胃镜检查无萎缩,建议每 5 年复查呼气试验;呼气试验阳性、胃镜检查无萎缩,建议根除幽门螺杆菌治疗,每 3 年复查胃镜;呼气试验阳性、胃镜检查提示萎缩,建议根除幽门螺杆菌治疗,每 2 年复查胃镜;呼气试验阴性、胃镜检查提示萎缩,建议每年复查胃镜。

1) 年龄 40 岁以上,男女不限。

2) 胃癌高发地区人群。

3) 幽门螺杆菌感染者。

4) 有慢性萎缩性胃炎、胃溃疡、胃息肉等胃癌前疾病。

5) 一级亲属有胃癌患者。

6) 胃癌其他高危因素(高盐、腌制饮食、吸烟、重度饮酒等)。

(3) 结直肠癌高危人群:符合以下任何一项者建议完善粪便隐血、粪便 DNA 分子检查、结肠镜检查。如无明显异常者,建议每 5~10 年复查;结直肠腺瘤 / 息肉、早期结直肠癌或进展期结直肠癌者,建议转至专科进一步治疗。

1) 一级亲属有结直肠癌史。

2) 本人有癌症史(任何恶性肿瘤病史)。

3) 本人有肠道息肉史。

4) 同时具有以下两项及两项以上者:①慢性便秘(近 2 年便秘,每年持续 2 个月以上);②慢性腹泻(近 2 年腹泻累计持续超过 3 个月,每次发作持续时间在 1 周以上);③黏液血便;④不良生活事件史(发生在近 20 年内,造成较大精神创伤或痛苦);⑤慢性阑尾炎或阑尾切除史;⑥慢性胆道疾病史或胆囊切除史。

(4) 肝癌高危人群:符合以下任何一项,且年龄 >40 岁的男性人群风险更大,建议至少每隔 6 个月进行 1 次肝脏超声和血清甲胎蛋白检查。

1) 乙型肝炎病毒(HBV)和 / 或丙型肝炎病毒(HCV)感染。

2) 过度饮酒。

3) 非酒精性脂肪性肝炎。

4) 长期食用被黄曲霉毒素污染的食物。

5) 各种原因引起的肝硬化。

6）肝癌家族史。

（5）食管癌高危人群：符合第 1 条和第 2~6 条中任一条者，建议行内镜检查。如内镜检查病理提示低级别上皮内瘤变（轻、中度异型增生），病变直径大于 1cm 或合并多重食管癌危险因素者，建议每年进行 1 次内镜随访；其余患者可 2~3 年进行 1 次内镜随访。

1）年龄 >40 岁。

2）来自食管癌高发区。

3）上消化道症状。

4）食管癌家族史。

5）食管癌的癌前疾病。

6）食管癌的其他高危因素（吸烟、重度饮酒、头颈部或呼吸道鳞癌等）。

（6）甲状腺癌高危人群：符合以下任何一项者，建议每年进行 1 次颈部超声检查（包括甲状腺、颈部、锁骨上）。

1）童年期头颈部放射线照射史或放射性尘埃接触史。

2）全身放射治疗史。

3）分化型甲状腺癌、甲状腺髓样癌或多发性内分泌腺瘤病 2 型、家族性多发性息肉病、某些甲状腺癌综合征（多发性错构瘤综合征、Carney 综合征、沃纳综合征）等的既往史或家族史。

（7）乳腺癌高危人群：符合以下任何一项者，建议推荐起始年龄 40 岁或更早，每年完善 1 次乳腺 X 线检查、每 6~12 个月完善 1 次乳腺超声检查、每 6~12 个月完善 1 次乳腺体检、必要时每年完善 1 次乳腺增强 MRI。

1）乳腺癌家族史。

2）自身携带有乳腺癌致病性遗传突变。

3）乳腺导管或小叶不典型增生或小叶原位癌。

4）既往接受过胸部放疗。

（8）宫颈癌高危人群：符合以下任何一项者，建议 <25 岁，无须筛查；25~29 岁，每 3 年完善 1 次细胞学筛查；30~64 岁，每 5 年完善 1 次 HPV 联合细胞学筛查；≥65 岁，65 岁之前筛查有足够良好结果者，无须筛查；子宫切除术后者，无须筛查。

1）持续的高危型人乳头瘤病毒（HPV）感染。

2）不良性行为。

3）月经及分娩因素。

4）性传播疾病。

5）吸烟。

6）长期服用口服避孕药。

7）免疫缺陷与抑制。

8）其他病毒感染。

4. 常见肿瘤标志物意义

（1）甲胎蛋白（AFP）：AFP 是诊断原发性肝癌的重要指标，可以用于肝脏肿瘤的鉴别诊断和治疗后随访,联合使用 AFP 和肝脏 B 超,可以发现早期肝癌。可能出现假阳性升高的情况:乙型肝炎和丙型肝炎引起的肝硬化患者、妇女妊娠 3 个月后(分娩后 3 周恢复正常)。

(2) 癌胚抗原(CEA):CEA 是较广谱的肿瘤标记物,与消化道恶性肿瘤和肺癌等密切相关。可能出现假阳性升高的情况:部分良性疾病直肠息肉、结肠炎、肝硬化、肝炎、肺气肿。

(3) 糖类抗原 125(CA125):血清 CA125 和中晚期卵巢癌密切相关,是广谱性肿瘤标记物。可能出现假阳性升高的情况:妇科良性疾病,如子宫内膜异位症、子宫肌瘤、子宫腺肌病、盆腔炎、卵巢囊肿及月经期等;胰腺炎、肝炎、肝硬化等。

(4) 糖类抗原 19-9(CA19-9):胰腺癌、胆囊癌等恶性肿瘤的辅助诊断指标。可能出现假阳性升高的情况:急性胰腺炎、胆囊炎、胆汁淤积性胆管炎、肝炎、肝硬化等。

(5) 糖类抗原 724(CA724):是目前诊断消化道肿瘤的最佳肿瘤标志物之一,对胃癌具有较高的特异性,与 CA19-9 及 CEA 联合可以监测 70% 以上的胃癌。

(6) 前列腺特异性抗原(PSA):是前列腺癌的特异性标志物,推荐 50 岁以上男性每年采用 PSA 和直肠指检相结合的方法进行一次前列腺癌筛查。可能出现假阳性升高的情况:前列腺炎、前列腺增生。

(7) 非小细胞肺癌相关抗原(CYFRA 211):CYFRA211 是非小细胞肺癌最有价值的血清肿瘤标志物,尤其对鳞状细胞癌患者的早期诊断、疗效观察、预后监测有重要意义,也可用于监测横纹肌浸润性膀胱癌的病程和复发。

(8) 神经元特异性烯醇化酶(NSE):与其他多种肿瘤相关,是监测小细胞肺癌的首选标志物。

(9) 鳞状细胞癌抗原(SCC):应用于鳞状上皮源性肿瘤,包括肺、宫颈、食管、头颈等。可能出现假阳性升高的情况:肾衰竭、标本被皮肤或唾液污染、脚气和皮癣等皮肤疾病。

5. 健康体检后续服务　健康体检后,由健康管理专业人员为受检者提供后续服务,具体包括体检报告解读、健康教育、健康问题跟踪随访、就医服务指导和服务、疾病自我管理指导等服务。

(1) 体检报告解读:健康体检报告的解读,是指医生或健康管理师通过适当的方式(面对面或电话等)对受检者的体检结果进行综合分析。通过全面系统的讲解,使受检者了解自己身体的基本状况,可能影响身体健康状况的危险因素及健康危险因素的防控措施。对于诊断明确的疾病,需要指导受检者至专科就诊,并帮助其预约和联系。对于甲状腺结节、乳腺结节、肺结节等尚未达到疾病诊断,但需定期监测随访的健康问题,告知其随访时间、频次及检查项目。解读体检报告时注意尽量使用通俗易懂的语言,对个体和群体提出的各种问题进行解答,避免抽象化、专业性词汇,并对这些问题进行原因分析和具体的干预措施讲解,务必确保受检者能够充分理解存在的健康问题。

(2) 健康教育:健康教育侧重于通过传播、教育、干预等手段,帮助个体和群体改变不健康行为、建立健康行为。通过有计划、有组织、有系统的社会教育活动,使人们自觉采纳有益于健康的行为和生活方式,消除或减轻影响健康的危险因素,预防疾病,促进健康,提高生活质量。健康教育是健康管理的工具,健康管理是实现健康教育效果评价的有效途径。在对个体进行健康教育时,要应用健康教育中常用的人际传播和行为干预策略,健康教育的理论和技能是实现有效个体健康管理的基础。在群体健康管理中,健康管理师除了要做个体化的健康管理外,还面临着社区、企事业单位、学校等以人群为基础的群体健康干预。健康教育是群体健康管理工作的重要工具、方法和策略。健康教育计划设计、实施和评价的基本步骤与健康管理的信息收集—健康风险评估—教育干预—效果评价基本一致。

(3) 健康问题跟踪随访:对于体检的异常结果,提醒受检者做到生活方式干预及定期随访复查。比如血压、血糖的监测,甲状腺结节、肺小结节和乳腺肿块的跟踪随访,明确复查的时间、频次和注意事项,做到及时提醒受检者进行复查,强调定期复查的重要性和必要性,并关注复查结果,如有重大阳性改变需及时告知受检者。

(4) 就医指导和服务:对于诊断明确的疾病,指导受检者到对应的专科进一步诊治,提供相关科室的专家门诊信息,预约挂号方式或帮助其预约挂号、联系住院等。值得注意的是,仍需关注转诊后的受检者情况,做到全程服务。如存在冠脉造影指征或冠脉介入指征的受检者,在转诊至心内科后,全科医生需关注受检者后续的心血管疾病代谢评估、血管健康监测评估结果,并结合具体情况对其进行低危、中危、高危分层随访管理。

(5) 疾病自我管理指导:疾病自我管理的前提是受检者拥有正确的健康理念和良好的医从性,通过让受检者接受健康教育,提高受检者的医学基础知识,改变其存在的错误健康理念,促使每个人积极发挥自身的主观能动性,在医生的帮助下达到促进和维护健康的目的。对于常见疾病如高血压、糖尿病、高脂血症、高尿酸血症、围绝经期综合征等慢性病,需对起病原因、临床表现、诊断标准、治疗方法给予指导,尤其是饮食、运动等生活方式的调整和心理调节,指导其进行自我监测如血压、血糖等重要慢性病的相关指标,及需要定期复查的重点项目。

(三) 健康风险评估

健康风险评估是一种用于描述或估计某一个体或群体未来发生某种特定疾病,或因某种特定疾病导致健康损害甚至死亡可能性的方法或工具。通过健康风险评估的方法和量化工具,评估受检者当前的身体状况及未来患某病和 / 或死亡的概率,帮助个体综合认识其健康状况及存在的危险因素,为制订健康指导方案和个性化干预措施提供指导,改变不良的生活行为方式、降低危险因素,延长生命长度、提高生命质量。持续监测、评估、修正受检者的健康风险评估,真正做到对疾病尤其是慢性病、生活方式相关疾病和代谢性疾病的早期发现及干预,是预防疾病发生、控制疾病发展的有效手段。

1. 健康风险评估的基本原理与技术

(1) 个体化信息采集:个体化信息采集是进行健康风险评估的基础,以问卷表方式搜集个人生活方式及健康危险因素相关信息,完成风险评估分析。问卷可由个人自行填报或由知情的亲属、医护人员等协助提供信息。不论利用何种方式获得问卷,都需要保证问卷的真实性和可靠性,同时还要保证个体的隐私性。问卷内容一般由以下五个方面构成:生理、生化数据,如身高、体重、血压、血脂等;生活方式数据,如吸烟、膳食与运动习惯等;个人或家族健康史;其他危险因素,如精神压力;态度和知识方面的信息。

(2) 风险计算:风险计算是针对个人,由于某一种或几种特定原因造成的死亡或患病风险给予定量的预测或评价。常见的健康风险评估以死亡为结果,现已扩展到以疾病为基础的危险性评价。因为后者能更有效地使个人理解危险因素的作用,并能更有效地实施控制措施和减少费用。健康风险评估在疾病风险危险性评价及预测方面一般应用相对危险度和绝对危险度,后期发展起来的主要是采用数理统计、流行病学和病因学研究方法,对多种健康危险因素的疾病危险性评价和预测,建立患病或死亡危险性与各个健康危险因素之间关系的模型,得出某种疾病发病或死亡的危险性,对疾病的风险评估更加准确。

2. 健康风险评估的应用　健康风险评估按照应用领域可分为以下五方面。

(1) 临床评估:主要对个人疾病状态、疾病进展和预后进行评估,包括体检、门诊、入院、治疗等。

(2) 健康与疾病风险评估:主要对个人健康状况、健康改变和可能患有某种疾病的风险进行评估。

(3) 健康过程与结果评估:主要对已患某疾病的相关并发症及其预后进行评估。

(4) 生活方式及行为健康评估:评估个体体力活动、膳食结构和心理状态,主要目的是识别不健康的行为方式,提出改善建议。

(5) 公共卫生监测与人群健康评估:从群体角度进行健康危害和风险评估。确定不同人群的危险程度,将危险程度最高的人群列为重点防治对象,对可控危险因素加强干预和健康教育。

(四) 健康干预

人的健康状况受到生物因素、心理因素和社会环境因素等诸多因素的综合影响,从健康状态逐步转向疾病的过程及疾病进一步进展的过程均受到上述因素的影响。在众多影响健康状况的危险因素中,除了年龄、性别、家族史等因素不可干预,绝大多数的危险因素如吸烟、饮酒、不健康的膳食结构、久坐缺乏运动等都是可以干预和控制的。通过健康干预,有效防控健康危险因素,降低疾病风险,控制疾病进展,延缓并发症的出现,从而预防和控制疾病、减少医疗费用和降低健康损伤。

健康干预是有计划地、个性化地干预和管理健康,主要针对影响健康状况的不良行为生活方式等危险因素,由全科医生或健康管理师进行个体指导,设定个体目标,为个体提供健康咨询与指导,并动态追踪效果。需要强调的是,健康干预计划不是一成不变的,即在健康干预措施实施后,仍需定期评估受检者健康干预后的状态,并根据实际情况进行调整,以保证健康干预计划的顺利开展。

制订健康干预计划、实施健康干预计划、评估健康干预计划是三个连续性阶段,不断往复,最终形成一个闭合环。具体步骤可分为健康问题分析、健康危险因素分析、确定干预计划、评价干预效果。

1. 健康问题分析　健康问题分析的目的在于客观评估目标人群健康与疾病方面的主要问题,找出与健康问题相关的社会环境因素,包括人口、经济、文化、卫生服务、政策、生产、生活等。在健康问题分析阶段常用流行病学和统计学方法,采用能直接反映健康状况的指标,如出生率、死亡率、生育率、发病率、患病率、伤残率等。

2. 健康危险因素分析　健康危险因素是指能使疾病或死亡危险性增加的因素,或者是能使健康不良后果发生概率增加的因素。影响健康的危险因素分为环境因素、遗传因素、行为和生活方式因素、卫生服务因素四大类。分析各类危险因素在疾病发生及进展过程中的重要性,进而确定优先干预的健康危险因素,重点是对可控性健康危险因素进行分析,包括健康问题是否与不良生活行为方式有关及干预可变性。

3. 确定干预计划　以减少健康危险因素、有效预防控制疾病的发生和发展为总目标,针对个体或群体主要健康问题、对健康的认识水平、行为生活方式、用药情况和经济状况等,为其提供不同层次的个性化健康与疾病管理服务、提供健康指导意见和制订随访跟踪计划。具体根据受检者的健康状况、健康目标和需求,结合实际的医疗资源,利用现代信息技术平台,对未患有慢性非传染性疾病者,提供健康教育、生活方式改善咨询等服务,对已患有慢性非传染性疾病者,可针对特定疾病或危险因素提供专项服务。健康干预计划的设计需要坚持以下原则。

(1) 目标原则:健康干预方案的设计应坚持以目标为导向,要有明确的总目标和可行的具体目标,使计划有明确的方向,设计活动需紧紧围绕目标开展,以保证计划目标的实现。

(2) 整体性原则:在制订健康干预方案时,不仅要全面理解和考虑健康干预的项目自身,还需要考虑项目与卫生发展规划的协调一致。

(3) 前瞻性原则:在制定健康干预方案时,要考虑未来发展的趋势和要求,方案的设计应体现一定的先进性,考虑人群需要、资源、环境条件的长远变化。

(4) 动态原则:在制订方健康干预方案时,应尽可能预计到方案实施过程中可能遇到的变化,预先制订应变对策,能在实施过程中根据实施情况进行调整,以确保计划的顺利实施。在方案的实施阶段,也要不断追踪方案的进程,根据目标个体或人群的变化情况作出相应调整。

(5) 从实际出发原则:在方案的设计过程中,要借鉴其他项目的经验与教训,开展调查研究,了解目标人群或个体的主要健康问题、对健康的认识水平、行为生活方式、用药情况和经济状况等。

(6) 参与性原则:健康干预方案涉及的各类人群、机构都应参与计划制订,如目标人群、合作伙伴、投资者、社区卫生工作者等。

4. 评价干预效果　健康管理是一个长期且连续的过程,实施健康管理和个性化干预措施后,需及时衡量健康干预计划设计的合理性及可行性。个体的健康状态和疾病风险可以通过健康风险评估得到确认,对于健康管理中出现的问题,也可通过健康风险评估再次寻找危险因素,从而进一步完善和修正健康干预计划。确定干预计划的先进性与合理性、确保干预计划的顺利实施,有利于促进健康管理更加有效、深入地开展,达到预期目标。

四、健康管理建设目标

党中央国务院和各级政府高度重视健康管理的建设与发展,习近平总书记指出,"丰富爱国卫生工作内涵,创新方式方法,推动从环境卫生治理向全面社会健康管理转变,解决好人民健康的全局性、长期性问题""要推动将健康融入所有政策,把全生命周期健康管理贯穿城市规划、建设、管理全过程各环节"。为我国健康管理的长远发展指出现阶段的发展方向,同时对健康管理提出更新更高的要求,赋予健康管理专业人员更深远的历史重任。

（一）加强健康管理学科建设

在我国，自 2007 年发展至今，健康管理学作为一门新兴的、综合性医学学科，已经走过了十余年。鉴于学科创建时间不长，体系相对不够完善，教育与人才培养尚处于较低水平，优秀的健康管理人才必然具备两大素质，即扎实的专业理论基础和过硬的健康管理技能。课程体系是人才培养的核心内容，中国的健康管理以习近平新时代中国特色社会主义思想为指导，围绕"健康中国"建设目标和人民日益增长的健康需求，需抓住健康管理学科建设的新机遇，加强健康管理学科建设，注重学历教育为主、职业培训为支撑，探索国际合作联合培养模式，引进国外课程教学体系、教学理念和教材，推动健康管理人才培养，促进健康管理体系的建设，创立现代健康管理学科建设创新体系，推动中国"防大病、管慢病、促健康"学科体系的发展，以防治慢性病为突破口，逐步构建预防、治疗、康复一体化的健康管理服务体系，满足社会群体对"治未病"和"早发现、早评估、早干预"等健康管理内容的极大需求。

（二）创新人才培养机制

现阶段整个健康管理行业的发展还是以健康体检为主，健康管理教育培训和体检后服务管理有待逐步开展。人才是学科建设的根本，应加强健康管理高层次领军人才及多学科融合创新复合型人才的交叉培养。修订和完善健康管理创新人才的教育培养计划，创新实践教学模式，积极探索不同学科的交叉培养机制，突出个性发展，强调分类培养，建立"基础研究型"人才与"复合应用型"人才的分类培养模式。注重对健康管理人才的培养，提升对社会的服务能力，开展健康管理继续教育，组织主检医生、体检和健康管理质控人员的培训等，建立成熟完善的教育培训体系。

（三）构建健康管理团队

相较于专科医生，全科医生更加注重于将人作为一个整体，目标是为国民提供从生到死覆盖全生命周期的医疗健康保障服务。我国基层卫生服务体系中的全科医生，不仅是一名优秀的临床医生，同样是一名合格的"健康管理师"，在社区健康管理中从事建档、体检、评估、干预、随访、教育等多项重要工作，合理有效配置医疗资源，是医疗资源的沟通者，也是健康知识的传播者，更是整个国家初级卫生保健服务的主体。以全科医生为主导的健康管理特色团队，能够肩负起为国民提供全方位、全周期、连续性、综合性健康管理的重任。

（四）多学科交叉运行

健康管理学是医学与管理学等多学科交叉融合的学科，健康管理学关联学科对健康管理学的发展起到了至关重要的作用。应开展广泛的学术交流，加快与全科医学等学科的优势互补，推动创新性发展，实现合作共赢，树立"大学科、大合作、大项目"观念，由传统的树状结构学科管理模式向网状发展的学科管理体制转变，鼓励跨学科共同培养复合型人才，促进原创性科学成果的产生，培育健康管理学科新的增长点。

（五）利用高科技医疗技术

现代信息技术高速发展，物联网、互联网、大数据、云计算、人工智能开始进入各行各业，数字健康已经广泛兴起。需将现代化信息技术与健康管理相融合，促进健康管理由被动的干预模式向及早预警和及早主动干预的现代医学模式转变，高效利用智慧医疗等高科技医疗技术，创新驱动发展，实现医院、个体与医疗设备的整合，推进全新的现代医疗模式发展，将医学物联网和现有的互联网相结合,早发现、早预警、早干预健康危险因素,降低疾病发病风险,维护并促进全民健康。

(陈丽英)

第二节　全科医学与健康管理

1. 全科医学融入健康管理的内涵与价值。
2. 全科医学融入健康管理的机遇与挑战。
3. 全科医学融入健康管理的对策建议。
4. 全科医生的健康管理实践。

········· 重要知识点 ···

1. 掌握全科医学与健康管理融合的内涵与价值。
2. 了解全科医学融入健康管理的机遇与挑战。
3. 以全科医生为主导的健康管理服务体系和实践方式。

···

一、全科医学融入健康管理的内涵与价值

(一) 全科医学与健康管理融合的内涵

1969 年,美国家庭医疗委员会成立,一门新兴的医学学科——全科医学诞生了。20 世纪 80 年代末,全科医学开始被引入中国,并在短期内得到快速的发展,1993 年 11 月中华医学会全科医学分会的成立,标志着我国全科医学学科正式建立。2012 年,全科医学正式被列入我国临床医学二级学科目录。全科医学与多个学科均有交叉,整合了临床医学、预防医学、康复医学和人文社会科学等相关内容,其服务对象是患者及其所在的家庭、社区,真正做到从整体出发,全面考虑患者的生理、心理、社会需求并加以解决。在中国,家庭医生是全科医生的代名词,是接受过全科医学专业规范化培训的全科医学卫生服务的提供者,具有全面的专业知识、扎实的实践操作技能、较强的人文关怀意识和一定的管理能力,能为个人、家庭和社区提供优质、方便、经济有效、一体化的基础性医疗保健服务,参与全人群及全生命周期健康维护。

全科医学的主旨强调以"人"为中心,以"家庭"为单位,以"预防"为导向,不仅治已病者,更关注未病者。一个优秀的全科医生不仅是一名合格的临床医生,同时也是健康教育者、健康守门人、管理者和组织协调者,具备熟练的业务技能、强烈的人文情感和执着的科研精神。在"生理—心理—社会"新的医学模式指导下,通过风险评估、疾病监测、疾病诊治和干预指导等方式向个人及其家庭提供具有综合性、连续性的健康维护与促进,最终目标是促进

全民健康,以最小的投入获取最大的健康效果。

健康管理是以现代健康概念(生理、心理和社会适应能力)和新的医学模式(生理 - 心理 - 社会)以及中医治未病为指导,通过采用现代医学和现代管理学的理论、技术、方法和手段,对个人或群体整体健康状况及其影响健康的危险因素进行全面管理的过程,提供连续性的健康服务,属于一、二、三级预防并举的措施,主要应用于慢性病、生活方式相关疾病和代谢性疾病的管理。健康管理以"健康"为中心,以"预防"为宗旨,其最终目的是调动个人及群体的积极性,有效减少健康危险因素。

因此,全科医学与健康管理有相同的最终目标,即维护全人类全过程、全方位的整体健康,消除潜在的危险因素,延长寿命,提高生活质量和生命质量,通过个性化的服务调动个体及群体的主动性,使之积极参与健康维护和疾病控制过程,从而达到良好的服务效果。需加强全科医学与健康管理的强强联合,有效实行以全科医生为主导的健康管理,指导并引领人民更好地拥有健康。

(二)全科医学在健康管理中的价值

1. 完善慢性病管理与防治 我国从 1999 年进入老龄化社会,2021 年 5 月 11 日第七次全国人口普查结果公布,我国 60 岁及以上老年人口已有 2.64 亿人,占总人口 18.7%。预计到 2050 年前后,老年人口数将达到峰值 4.83 亿,占总人口的 34.1%。从衡量老龄化社会负担指标(老年抚养比)来看,从 2000 年至今,老年抚养比快速增长,至 2020 年已上升至 16.9%。中国老年人口发展趋势及抚养比预测见图 8-1、图 8-2。有统计分析老年人中,患 1 种慢性病的比例是 91.7%,患 2 种及以上慢性病的比例是 76.5%,患 3 种及以上慢性病的比例是 65%,患 5 种及以上慢性病的比例是 20%。因此,健康中国建设的重中之重是做好慢性病防控工作。那么,究竟由谁来承担这项重要的工作呢? 全科医生是当仁不让的。在我国,健康管理服务是全科医生为人民提供基本医疗保健服务的重要内容,要想改善这种状况,必须从健康危险因素的预防开始。全科医生是医疗资源的联系者也是健康知识传递者,更是整个国家初级卫生保健服务的主体提供者,具备全面的临床知识、丰富的临床经验,处

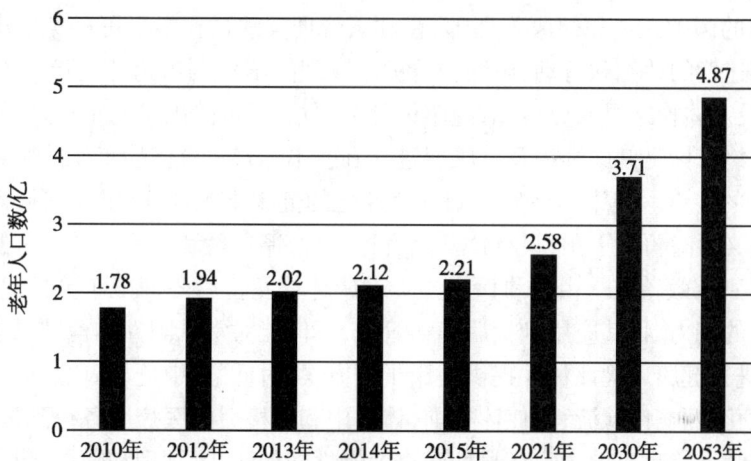

图 8-1 中国老年人口发展趋势

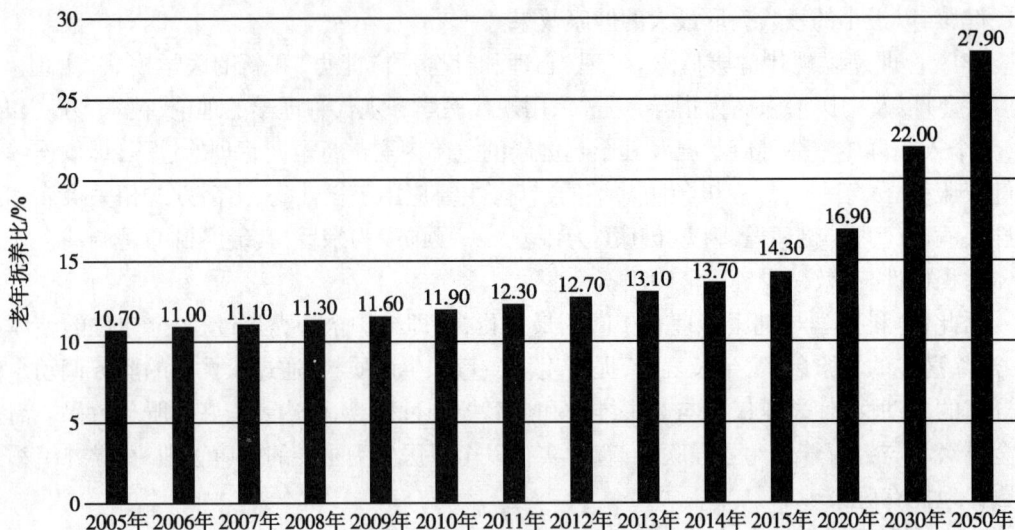

图 8-2　中国老年人口抚养比预测

理常见疾病的基本技能,能有效实现慢性病预防与管理相结合,为患者提供综合性服务,为个人、家庭和社区提供优质、便捷、经济、有效、一体化的基础医疗卫生保健服务,实现防治结合,对生命、健康与疾病进行全过程、全方位负责式管理,尤其是在一、二级预防和健康教育过程中。相比于专科医生,全科医生可以做到全方位顾及个体的健康需求,不仅仅局限于看病治病,健康风险评估和疾病预防、慢性病防控等健康管理的相关内容也是全科医生的日常工作。以健康管理学科建设为基础,积极融合全科医学的学科特色与优势,加强全科医学与健康管理学融合,以防治慢性病为突破口,为慢性病患者提供全面、连续、主动的管理和指导,改善不良的生活行为方式、降低疾病风险、提高健康素养,达到促进个体健康、延缓疾病进程、减少并发症、降低伤残率、延长寿命、提高生活质量并降低医药费用的目的。

　　2. 主导健康体检及检后咨询　　目前,有许多的健康管理中心没有配备具有健康管理专业知识和资质的医护人员和健康管理师,在健康管理实践过程中不可避免地出现一些与健康管理理念相违背的认知和行动,虽然打着健康管理的旗号,实际上从事单一的健康体检工作,并没有涉及对体检结果的分析、对健康风险的评估、对危险因素的干预及后续健康管理。健康体检的最终目标是健康维护及健康促进,因此,不能将一次体检工作的结束当作是本次健康管理服务的终点。健康体检后需制订个性化的健康干预计划,定期进行再次评估—再次制订计划—必要时再次干预,只有这样具有连续性、循环性和全程性的闭合服务模式才能使健康管理得到有效落实。由全科医生主导健康体检及检后咨询工作更具优势,全科医生拥有连续服务的能力,将其应用到检后随访管理,不但能对常见阳性体检结果进行正确的解读,同时也能进行健康风险评估并提供健康干预方案,对低危、中危、高危人群进行分级连续管理。通过简化、顺畅体检流程,使体检前、体检中和体检后的医疗服务得到进一步优化,实施程序化的连续性管理有助于疾病早期筛查及慢性病的防治、管理和随访,形成具有全科特色的健康体检管理及检后咨询模式。对于阳性体检结果者,全科医生可根据体检者的具体情况,给予进一步的检查及治疗。如果这些问题全科医生自己能解决,可与全科门诊、全科病房进行无缝对接;而对于需要专科处理的问题,全科医生对症处理后可及时转诊至专科医生处进一步诊治,使健康管理工作更加规范、有效地执行。

3. 强化全人全程服务　在现代生物医学模式和信息技术高速发展的背景下,健康管理将发展为个性化、全程性、全方位的健康事务管理服务,将科学的健康生活方式传递给社会大众,变被动的健康教育为主动的健康干预。一个优秀的全科医生往往具备专业的知识、丰富的经验、高尚的品德、卓越的管理能力、严谨的科学态度。就服务对象而言,不分年龄、性别、种族、社会文化背景、经济情况和疾病类型;就服务内容而言,包括医疗、预防、康复和健康促进;就服务层次而言,包含生理、心理和社会适应等方面;就服务范围而言,涵盖个体、家庭、社区和社会。除了疾病诊疗,全科医生同样重视对个体的健康评估、健康教育和健康干预等工作,从社会、心理、生物多个角度对每个人进行全方位、全过程的健康保障服务。通过全面了解个体的家庭、社区、社会背景,完整掌握个体全部健康相关信息,提供具有个体性、整体性、连续性的医疗卫生服务,建立彼此信任的医患关系,利用全科理念及医学人文关怀精神对个体的个人史、现病史、既往史等进行全面询问,全方位、全过程参与健康管理过程,向个体提供健康教育、药物治疗、心理治疗、预防保健服务,充分起到健康守门人预防及阻止疾病发生发展的作用。以贯穿全程的人性化、个体性服务为特点,以促进个体生理、心理、社会健康为中心,旨在预防疾病发生、延缓疾病发展。全科医生可以提供健康管理学所包含的疾病风险评估、分析和预防指导等服务,及包含涉及全生命周期各年龄段的常见急慢性病的诊疗、慢性病的长期管理和指导、疾病后的康复、医学人文关怀等临床医学服务内容及部分公共卫生服务内容。

二、全科医学融入健康管理的机遇与挑战

(一)全科医学与健康管理融合的机遇

2011年,国务院印发《国务院关于建立全科医生制度的指导意见》,旨在深入贯彻医药卫生体制改革精神,文件将全科医生定位为综合程度较高的医学人才,主要在基层承担预防保健、常见病及多发病的诊疗和转诊、患者康复和慢性病管理、健康管理等一体化服务。从国家政策层面对全科医生提出更新更高的要求,慢性病、常见病、多发病的健康管理将成为全科医生的重要工作,对全科医生综合服务能力赋予更深刻的历史重任。2016年国务院医改办等七部委联合印发的《关于推进家庭医生签约服务的指导意见》和2018年国家卫生健康委下发的《关于规范家庭医生签约服务管理的指导意见》都指出,全科医生要为人民提供基本医疗、公共卫生和约定的健康管理服务。在这些政策的支持下,全科医学和健康管理更加密不可分,两者相互促进、共同发展,全科医生参与健康管理体系及学科建设,根据不同个体的健康状况,建立健康档案,完善健康评估,进行个性化、科学性的健康指导和干预措施,定期再次评估、必要时再次进行健康干预,形成良性循环。在全科医生的参与下,健康管理体系将更加完善。《"健康中国2030"规划纲要》和《国务院关于实施健康的中国行动意见》等一系列文件颁布,吹响了以促进人民健康为核心,全方面全过程保障人民健康的战斗号角。伴随着国家"十四五"进入高质量、高速度发展的新阶段,党中央国务院和各级政府更

加重视并支持健康管理,"健康中国"上升为国家战略,大健康产业将进一步推动国家经济发展。中国的健康管理是以习近平新时代中国特色社会主义思想为指导,围绕"健康中国"建设目标和人民日益增长的健康需求,需抓住健康管理学科建设的新机遇,积极发挥全科医生在健康管理中的优势与作用,探索具有中国特色的全科医学与健康管理的融合模式,进一步构建集预防、治疗、康复、保健一体化的全科医学健康管理服务体系,真正发挥全科医生的健康守门人作用,提供全方位、全周期的健康卫生服务,全面助力健康中国的建设。

(二) 全科医学与健康管理融合的挑战

1. 专业人才不足　1969 年,美国家庭医疗委员会成立,诞生了全科医学,20 世纪 80 年代末,全科医学开始被引入中国,并在短期内得到快速的发展,同时社区卫生服务也得到蓬勃发展。但是整体而言,在我国,全科医生社会地位不高,总体医疗业务能力偏弱,学科体系建设尚在初级阶段,高素质专业人才储备不足且大多数的社区全科医生不懂健康管理,不能在社区开展有效的慢性病健康管理服务,短期内无法满足新兴的健康管理学科的发展要求和速度,在一定程度上限制了健康管理的成效和健康中国的建设。

2. 健康管理理念不强　部分全科医生的健康管理理念不强、认识不足,早发现、早评估、早干预的观念不够,预防危险因素的意识有待加强,尚不能满足现代医学模式下对健康服务的需要。作为首诊医生和医疗保健体系的"守门人",全科医生不仅需要掌握绝大部分常见病、多发病及慢性病的诊断标准、治疗方式、转诊要求,同时还要全面了解本地区居民包含生理、心理和社会适应等多方面健康状况,拓展健康管理理念,做到重心下移、预防前移,根据最低成本及最高效果原则,积极开展临床预防。

3. 健康管理技术不熟练　长期以来,我国健康管理行业的服务内容整体上以"健康体检"为主,无论是综合医院还是各种健康服务机构,在实践过程中存在将"健康体检"等同于"健康管理"的错误认知。随着国家相关政策的出台及健康管理理念的进一步拓展,上述情况有所好转,但仍有部分全科医生对与健康管理相关的医疗科学技术如疾病风险评估技术、健康风险因素干预技术、健康风险评估后连续服务技术运用能力及强度不够,对与健康管理相关的其他交叉医疗学科如功能医学、康复医学、心理学掌握不足,打着"健康管理"的旗号,实际做着单纯的"健康体检"。

4. 互联网技术及人工智能技术利用有限　在"互联网+"时代以及人工智能时代的大环境背景下,健康管理学科各项疾病筛查和慢性病管理的适宜技术得到了进一步发展,各种大数据管理平台层出不穷,通过机器学习,创建了一系列慢性病筛查和管理模型。部分全科医生对新兴的互联网技术及人工智能技术运用有限,没有充分利用好这一数据平台,使得互联网技术与后续的随访、复查、监测环节脱节,没有将临床诊疗工作和网络技术进行协同,不利于早期发现、预警并干预健康风险。

三、全科医学融入健康管理的对策建议

自 2010 年以来,国家政府发布的众多关于医疗卫生文件中,均多次提到健康管理,肯定健康管理的作用,2018 年国家卫生健康委印发《关于进一步加强健康体检机构管理促进健

康体检行业规范有序发展的通知》,进一步促进健康管理行业更加规范有序的发展。全科医学贯穿全程的人性化、连续性的服务特点与健康管理的全程化服务基本一致,由全科医生主导健康管理体系及工程建设,制订个性化的健康干预计划,定期再次评估并修正干预计划,有利于形成良性、闭合性的循环过程。为进一步促进全科医学与健康管理的高效融合,在具体实施过程中的主要策略有以下几项。

(一) 完善健康管理的学科建设和人才培养

必须重视健康管理学历教育体系,为社会培养专业的、有水平的复合型人才,可以从师资队伍、科学研究两个方面展开,全面整合国内外健康管理资源。首先,要通过人才引进、人才在职培训相结合的方式,形成多层级多元化的人才梯队。其次,要注重科学研究,大力开展科研学术交流,提高健康管理学科的影响力,积极学习国外先进的健康管理理念及较有成效的健康管理规范体系,不断探寻适合我国国情的健康管理模式。以大卫生观、大健康观为指导,坚持预防为主,努力实现医学目的和医学服务模式转变的新局面,将全科医学团队与健康管理团队建设为复合型学科团队,进行一体化管理和建设,培养具有健康管理理念、以人为中心、以预防为导向、以公共健康为目标的复合型人才。系统化培训全科医生的健康管理学理论知识、管理范围、基本流程、常用方式、技术手段和服务流程已经刻不容缓,需参考国外高校成熟的健康管理教学模式,建立适合我国全科医生的健康管理培训课程,促使全科医生深刻体会健康管理内涵,全面掌握健康风险评估技术、健康危险因素干预技术、体检后连续追踪服务技术、慢性病干预技术、心理管理技术、科学研究技术等健康管理相关技术。

(二) 构建以全科医生为主导的健康管理服务体系

作为居民健康的"守门人",做好健康管理是全科医生的重要使命,不仅治已病者,更关注未病者。全科医学是面对个体及家庭、社区,整合临床医学、预防医学、康复医学和人文社会科学相关内容为一体的综合性医学专业学科,全科医生是专业知识全面、实践技能扎实、组织协调能力良好的全方位复合型人才。健康管理是对个人及人群的健康危险因素进行全面管理的过程,是一、二、三级预防并举的措施,这与全科医学的主旨不谋而合。构建以全科医生为主导的健康管理服务体系,打造以全科医生为主导、满足健康管理和全科医学临床需求的医生队伍,旨在为居民提供集预防、保健、医疗、康复、健康教育及计划生育技术指导六位于一体的社区医疗卫生服务。现阶段,我国正大力发展全科医学,社区全科医生作为我国居民健康的主要守护者,其健康管理能力还有待进一步提高,需促使基层社区医院完成从治疗到预防的转变,健全家庭医生制度,落实双向转诊制度,形成社区首诊、双向转诊、急慢分治、上下联动的服务模式,对高危和慢性病人群做到早筛查、早评估、早干预,降低疾病的发生率,减少健康危害。

各级健康管理(体检)机构也需要学习全科医学理念,创建全科医学与健康管理融合发展的新模式,使得全科医学学科和健康管理学科齐头并进,相互促进,为健康中国建设贡献力量。近年来,随着人们健康意识的不断增强,来医院进行健康体检的人群数量逐年增长,大大增加了健康体检的工作量。为进一步提高健康体检的管理质量,真正落实早发现、早评估、早干预的健康体检目的,国内多家医院进行了这方面探索。广西某医院在提供健康管理服务时结合全科医学理念和模式,通过加强对负责体检和保健相关医护人员的培训,提高其沟通能力、健康管理能力和应变能力。详细掌握体检者的全面信息,为其制订针对性的健康管理方案,通过加强健康教育和提供"一对一"的检后咨询服务,提高体检者的自我保健意识。广东省某医院基于全科医学"全人照顾"和"持续照顾"的理念,建立了一个有效、全新的医疗服务模式,由体检中心、全科门诊和慢性病综合门诊组成家庭医学科,包含专门从事健康体检和健康管理的全科医生和护理人员,共享医院的优质资源,强调团队服务,必要时组织会诊,进行病例讨论。浙江省某医院在全科医学科接管健康管理中心前,健康体检根据排班由各个专科派医生进行,报告出自专科医生。全科医学科接管后,健康体检的内外科检查全部由全科医生负责并提供具体的体检报告、承担体检后的咨询工作,为需要改变生活方式或行为习惯的体检者开具健康处方,有重大阳性发现的患者大部分可在全科咨询门诊得到帮助,真正落实健康管理的连续性和全程性。

(三)树立以预防为中心的服务理念

健康管理学是一门集生命科学、管理科学和信息科学于一体的综合学科。不同于传统的预防医学和临床医学,健康管理突出"治未病"的理念,更侧重于强调未雨绸缪,在身体还处于健康状态时就积极去"管理健康"。全科医生需充分认识健康管理是提供个性化健康事务管理服务的过程,是建立在现代生物医学和信息化管理技术的模式上,从生物、心理和社会多角度对个体进行全方面、全过程的健康保障服务,将科学的健康生活方式传递给健康的需求者,变被动的健康管理为主动的健康干预。做好疾病危险因素的早期筛查和干预,转变以"治病"为中心的医学服务观念为以"预防"为中心的医学服务观念,需要做到以下延伸和转变。

1. 在已有的三级预防基础上向"治未病"延伸　预防工作的关口前移,而不是有了危险因素再预防。

2. 从干预疾病向干预健康延伸　由只做个体或家庭健康调查登记和疾病筛查向进行健康风险管理转变,稳步提高人民健康素质和生活质量,促进全民健康。

3. 从关注器官医学向功能医学延伸　功能医学是以科学为基础的保健医学,属预防医学领域。其应用是以人的基因、环境、饮食、生活形态、心灵等共同组合成的独特体质作为治疗的指标,而非只是治疗疾病的症状。

4. 重视高科技的同时更重视人文关怀　在健康管理中,不仅需要关注个体已有的疾病表现,同时需要关注隐藏疾病之后深层次的社会心理因素。"互联网+"、人工智能技术、大健康数据平台等高科技不能全面替代健康管理服务过程中所有的工作,全科医生或健康管理师只能加以利用,不可以完全依赖。

(四)培养全科医生健康管理相关理论与技能

现阶段,国家整体政策要求医疗重心前移,预防先行,健康管理学应运而生并蓬勃发展。2019年修订版《住院医师规范化培训内容与标准》中全科培训细则提出在全科医生培养过程中要加强健康管理能力的培养。当前,仍有部分全科医生对健康管理概念和相关技术掌握不够,应该转变观念,积极学习健康管理相关理论及技能,加强对全科医生的人才培养,提升能力素质,实施全方位、全周期保障人民健康的健康服务。

1. 拓展健康管理相关理念

(1) 提高专业人员的职业素质：全科医生背负着促进人民健康的重要使命与责任，为实现健康中国的战略目标，必须进一步提高职业素养，成为有道德品质、人文精神、管理能力、专业技能的医生，并注意培养自身的优秀品质，在健康管理过程中充分应用团队协作精神及严谨的科学态度，为实施全方位全生命周期的健康服务、保障人民健康贡献自己的力量，提供具有优质性、综合性、连续性、可及性的医疗服务，让健康的人维持健康，亚健康的人转向健康，疾病状态的人恢复健康。通过健康评估、个性化健康管理方案制订、健康咨询、健康指导、行为干预等方式，早期识别疾病并尽可能地消除潜在的危险因素，预防疾病发生、控制疾病进展。其最终目的是守护个体和家庭的健康，减少并发症、延长寿命、提高生活质量，有效利用最少资源以达到最大的健康效果，开启健康中国建设的新纪元。

(2) 落实"早发现、早评估、早治疗"的健康干预理念：健康管理是对个体或群体的健康危险因素进行全面检测、分析、评估的过程。通过健康风险评估和疾病预测，进行健康教育与健康干预，其侧重点在于治未病，包括未病先防和既病防变两方面，包含健康评价、疾病预测、疾病预防、健康教育、健康干预和康复保健等内容。全科医生需要充分认识健康管理是一种建立在现代管理技术模式和现代医学模式之上，为个体或群体提供的个性化健康服务。从社会、心理、生物全方位为每个服务对象提供健康保障，变被动的疾病诊疗为主动的健康管理，将科学的健康生活方式传导给健康的需求者，从而获取最大的健康效益。因此，全科医生必须在医疗卫生服务过程中强化自己的角色，培养"早发现、早评估、早治疗"的健康干预理念，以"生物-心理-社会"医学模式为导向，重视"个人-家庭-社区"全方位全过程预防，在原有三级预防的基础上深入发展，做到重心下移、预防前移。健康干预理念的核心主动预防、提前预防，最终目的是维护并促进健康。通过健康干预和管理，促进全科医学和健康管理优势互补，真正为防治疾病、消除健康危险因素、提升人民健康水平提供重要的支持性力量，促进"防大病，管慢病，促健康"内涵的全面落实。

2. 掌握健康管理相关技术

(1) 健康风险评估技术：健康风险评估是指用于描述或估计某一个体或群体未来发生某种特定疾病，或因某种特定疾病导致健康损害甚至死亡的可能性的方法或工具。这种分析过程的目的在于估算特定事件发生的可能性，而不是做出明确的诊断。收集个体的健康信息，进行综合的数据分析处理，对受检者的健康状况进行评估，同时对疾病发生或死亡的危险性用数学模型进行量化并进行预测，提供评估、预测和指导报告，包括简单的个体健康风险分级方法、患病危险性评估及复杂的群体健康风险评估模型，以达到改变不良生活方式、减少或消除危险因素的目的，对于延长生命、提高生命质量和改善人群健康水平具有重要意义。健康风险评估技术是健康管理的重要内容，是健康干预技术的重要参考，是后续进行健康随访和健康复评的重要依据。常用的风险评估相关技术有：各种心脑血管疾病、糖尿病、恶性肿瘤等慢性病风险评估技术；焦虑、抑郁等心理疾病评估技术；疲劳、乏力以及营养失衡等亚健康状态风险评估技术等。全科医生应掌握统计学、数学模型、现代信息技术等手段，及流行病学方法,运用各种疾病调查方法和风险评估技术,为早发现、早评估、早治疗和随访复评提供依据。

(2) 健康危险因素干预技术:健康管理主要就是针对健康危险因素进行评估和分析,提供健康指导意见、制订健康管理计划和后续随访跟踪计划。人的健康状况受生物遗传因素、心理因素和社会环境等诸多因素的综合影响,健康向疾病转化的过程及疾病进一步进展的过程也同样受到上述因素的影响,是多种健康危险因素共同作用的结果。健康危险因素往往表现为多样化,并且相互影响、相互作用,正确评估哪些危险因素是引发疾病的主要因素,对后期有效干预危险因素和疾病预防控制起到至关重要的作用。在众多健康危险因素当中,很多危险因素是可以干预和控制的,这种可干预性是进行健康干预的基础。健康危险因素干预是健康管理活动中体现成效的重要一环,主要针对影响个体及群体生命健康的危险因素进行处置和干预。全科医生应学会运用饮食营养干预技术、运动处方技术、不良生活习惯纠正技术(包括戒烟戒酒干预技术等),从各种可能危害健康的源头进行干预,最大程度维护健康,控制各种慢性病的发生、发展及预后。

(3) 健康体检后连续服务技术:健康体检是以维护生命健康为目的的身体检查。卫生部2009 年颁发的《健康体检管理暂行规定》提出,健康体检是指通过医学手段和方法对受检者进行身体检查,了解受检者健康状况,早期发现疾病线索和健康隐患的诊疗行为。健康体检是采集受检者健康信息的主要手段;是早期发现疾病、预防疾病、延缓疾病进展和自我保健的重要措施;也是健康管理的基础和前提。针对不同人群,制订健康体检计划应有所不同,体检目的和体检用途不同,健康体检计划也不同。全科医生不能将一次体检工作的结束当作是本次健康管理的终点,健康体检后,还要为受检者提供后续服务,定期进行再次健康评估,必要时再次干预,只有这样具有连续性、循环性、全程性的服务模式才能真正实现健康维护及健康促进的目的,使健康管理工作更加规范、有效地执行。

全科医生作为健康"守门人"必须具备和掌握的卫生服务技能具体包括体检报告解读、健康教育、健康问题跟踪随访等方面的信息服务。

1) 体检报告解读:全科医生需要在全面了解受检者健康情况及健康风险评估后,为个体解读健康体检报告、提供不同层次的健康咨询服务。健康问题分析的目的在于客观评估受检人群健康与疾病方面的主要问题,找出与健康问题可能相关的社会环境因素,包括人口、经济、文化、卫生服务、政策、生产、生活等。通过合适的方式如面对面或电话等,对受检者的体检结果进行综合分析和详细讲解,尽量使用通俗易懂的语言,解答个体和群体针对体检结果提出的问题,使受检者了解自己身体的基本状况,明确身体存在哪些问题和发生这些问题可能的危险因素,并指导后续的健康干预方案和随访管理计划。

2) 健康教育:健康教育是以传播、教育、干预为手段,以帮助个体和群体改变不健康行为、建立健康行为为目标,以促进健康为目的所进行的系列活动及其过程的总称。健康教育是健康管理的重要工具,侧重于通过知识和技术传播,消除影响健康的危险因素,预防疾病,促进健康。全科医生需要根据受检者的具体健康状况,有针对性的改变服务对象对疾病与健康的认识,为受检者提供健康咨询、交流与健康教育等手段,帮助其树立正确的健康理念,提高医学知识水平和遵医依从性,鼓励其建立健康的生活方式和习惯。

　　3）健康问题跟踪随访：健康到疾病的逐步演变过程具有可干预性，尤其是慢性病、生活方式相关疾病和代谢性疾病。全科医生需要有效运用科学的健康指导方案和个性化干预措施，通过健康风险评估，明确个体或群体的主要健康问题及危险因素，并确定危险因素的属性，进而为个体制订健康指导方案和个性化干预措施，尽可能地为患者提供经济、有效的综合干预及连续性管理。对于体检发现异常结果者，全科医生需要引导受检者至专科医生处进一步处理和治疗，提供相关科室的专家门诊信息，帮助其预约挂号、联系住院。对于体检发现的其他问题，全科医生需要提醒受检者定期复查，比如血压、血糖、血脂的监测，肺小结节、乳腺肿块、甲状腺结节的跟踪随访，强调定期复查的重要性，告知被检者复查的具体时间和注意事项，并进行追踪随访。

　　（4）心理管理技术：人的健康状况受生物遗传因素、心理因素和社会环境等诸多因素的影响，现代健康观念认为健康是身体、心理和社会适应的良好状态。随着现代社会节奏的加快，人群普遍承受一定的心理压力，心理疾病频发，许多疾病的发生多由于心理的负面情绪压抑而引起，心理健康管理是健康管理中不可缺少的内容。除了了解受检者目前健康状况、疾病家族史、生活方式、体格检查和实验室检查，全科医生需要掌握心理体检技术及心理管理技术，通过个性化的心理测评，进行心理状态测试、分析及评估，并根据结果针对性地对心理健康风险进行有效干预。

　　（5）康复指导能力："六位一体"包括预防、医疗、保健、康复、健康教育及计划生育指导，其中前5个项目均与康复指导密切相关。康复指导能力的培养需要医学、体育学和心理学等相关知识，康复指导能力是一种以交叉学科知识为基础的综合能力，康复指导能力的培养需要开设相关课程并进行对应的能力训练。全科医生康复指导能力的培养应注重运动解剖学、运动生理学、运动心理学等知识的获得和运用。

　　（6）科学研究技术：对健康危险因素及慢性病发生、发展和干预的规律进行研究，有助于早期识别和预防疾病。全科医生需要对疾病的危险因素进行科学研究，不断开拓健康管理的新理论，研究新领域，攻克技术新难关，推进健康管理模式从被动干预转向主动的早发现、早干预，促进健康管理方法、技术等的研究和开发，不断提高健康管理技术和质量。

（五）基于大数据背景，创建精准化、智能化健康管理服务新模式

　　健康管理是采集服务对象的各项健康指标，然后对其进行整理、分析和评估，提出健康干预计划。在现代信息技术高速发展的背景下，各种数据管理平台层出不穷，健康管理所涉及的各项疾病筛查和慢性病管理技术得到了长远发展，智慧医疗的融入为全科医学和健康管理的发展注入了新力量。全科医生开展健康管理服务要紧跟科学技术发展潮流，在保护个体隐私的情况下，充分利用"互联网＋"模式、大数据平台、人工智能及物联网等先进技术，将其与健康管理融合，真正实现医院、个体与医疗设备相整合，开启智能化医疗服务模式新时代。在精准医疗-数字健康管理的基础上形成智慧健康管理体系，对个体和群体健康风险进行建模、评估、预测和干预，建立精准化、智能化的全科医学-健康管理服务新模式，对健康危险因素及疾病做到早发现、早预警、早干预，减低发病风险，落实主动健康管理，为受检者提供具有全生命周期的精确、准时、共享、个性化的健康服务，促进健康管理新方法、新技术的研究和开发。

四、全科医生的健康管理实践

【案例 8-1】

男,32 岁。"反复头晕 1 年"。

患者 1 年前因头晕就诊,测血压 160/100mmHg,予降压治疗(具体不详)后症状缓解,自病以来不规律服用降压药。2 个月前无明显诱因出现夜间心悸,伴后脑胀痛,测血压 170/104mmHg,予以"氨氯地平阿托伐他汀片 5/10mg,每日一次,比索洛尔 2.5mg,每日一次"治疗。

查体:体温(口腔)36.5℃,脉搏 84 次/min,血压 162/107mmHg,呼吸 19 次/min,身高 161cm,体重 83.3kg,BMI 32.14kg/m²,腹围 98cm。神清,精神可,腹型肥胖,无满月脸,无水牛背,无毛发稀疏,无皮肤紫纹,皮肤巩膜无黄染,双肺呼吸音清,未闻及干湿啰音,心律齐,未闻及病理性杂音,腹软,无压痛及反跳痛,墨菲征阴性,肾区叩击痛阴性。四肢肌力 V 级,病理征未引出。双下肢无水肿,足背动脉搏动正常。

既往史:脂肪肝 8 年,发现肝功能异常 6 年,不规律服用护肝药。

家族史:父亲已故,死因不详;母亲有高血压。

个人史:吸烟 11 年,20 支/d;社交饮酒。

案例提示:通过学习高血压健康管理规范,结合案例 8-1,在全科医学和健康管理融合的模式下,应如何进行高血压的并发症筛查与管理、心血管危险分层、疾病风险评估、健康干预与效果评价?

【案例 8-1 分析】

1. 患者病情 年轻男性,1 年前发现血压升高,不规律服用降压药,未监测血压,且存在高血压病家族史。

2. 查体 未见阳性体征,BMI 32.14kg/m²,腰围 98cm,腹型肥胖。

3. 进一步检查

(1) 血常规:白细胞计数 $9.0×10^9$/L,红细胞计数 $4.64×10^{12}$/L,血红蛋白 153g/L,血小板计数 $260×10^9$/L,中性粒百分数 58.6%。

(2) 尿液分析:尿蛋白(+),白细胞 18.5/μl,上皮细胞 9.2/μl。

(3) 生化检查:葡萄糖 8.01mmol/L,谷丙转氨酶 117U/L,谷草转氨酶 66U/L,谷氨酰转肽酶 72U/L,甘油三酯 2.24mmol/L,总胆固醇 5.90mmol/L,超敏 C 反应蛋白 6.0mg/L,低密度脂蛋白 3.68mmol/L;糖化血红蛋白 7.70%。

(4) 心电图:未见明显异常。

(5) 肝胆胰脾超声:脂肪肝;胆、胰、脾及双肾超声未见明显异常;双侧颈部淋巴结超声未见明显肿大;心脏超声:轻度三尖瓣、二尖瓣、肺动脉瓣反流;双侧颈动脉超声:双侧颈动脉内膜毛糙增厚伴多发斑块形成。

(6) 动态血压监测：夜间血压增高，昼夜节律减弱（夜间收缩压下降率 5.6%），晨峰血压升高（148/80mmHg），清晨血压（6：00—10：00 的血压）未升高（131/82mmHg）。

依据以上结果，患者被诊断的疾病分别是肥胖、高血压、2 型糖尿病、高脂血症、脂肪肝、肝功能异常、颈动脉内膜毛糙增厚伴斑块形成。

由全科医生对患者的健康危险因素进行健康干预，具体管理流程如下，即健康状况的信息采集、健康状况的评价和预测以及健康促进、行为干预、咨询指导。

（一）信息采集

全科医生对患者进行信息收集，主要包括基本信息、风险评估和功能评估，其中风险评估又包含了健康行为、膳食营养、心肺适能、焦虑及抑郁等。

1. 健康行为调查　从饮水量、水果量、蔬菜量、畜禽鱼蛋奶量、饭量、食盐量、吸烟、饮酒、运动以及睡眠共 10 个方面进行分析，问卷总分为 100 分。风险等级可分为：生活方式不良（<60 分）、一般（60~79 分）、良好（>79 分）。该患者最终评估结果：68 分，生活方式一般。

2. 膳食营养调查　从全谷类、蔬菜、水果、优质蛋白、奶制品、加工肉制品、脂肪、添加糖、盐、酒精的摄入进行调查，问卷总分为 100 分。风险等级可分为：膳食营养有风险（<60 分）、膳食营养风险可疑（60~75 分）、膳食营养无风险（>75 分）。该患者最终评估结果：58 分，膳食营养存在风险。

3. 心肺适能评估　根据患者性别、年龄、体力活动评估结果、体脂率等信息，得出相应心肺适能评估结果，风险等级可因性别不同而有所区分。该患者最终评估结果：28 分，心肺适能较差。

4. 焦虑及抑郁评估　分别采用 GAD-7 焦虑量表和 PHQ-9 抑郁量表评估患者焦虑和抑郁状态，及有关症状、严重程度。焦虑风险等级可分为：有焦虑症（0~4 分）、可能有轻微焦虑症（5~9 分）、可能有中度焦虑症（10~13 分）、可能有中重度焦虑症（14~18 分）、可能有重度焦虑症（19~21 分）。抑郁风险等级可分为：有抑郁症（0~4 分）、可能有轻微抑郁症（5~9 分）、可能有中度抑郁症（10~14 分）、可能有中重度抑郁症（15~19 分）、可能有重度抑郁症（20~27 分）。该患者最终评估结果：3 分，无焦虑状态；2 分，无抑郁状态。

（二）风险评估

对于高血压的诊治，全科医生除了依据血压水平，还需要对患者进行心血管危险分层，这有利于确定启动降压的治疗时机，优化治疗方案，确立更合适的血压控制目标。依据《高血压基层诊疗指南（2019 年）》指南中提到的心血管危险分层规范及临床路径，患者最高血压为 170/104mmHg，合并的其他危险因素有吸烟、血脂异常、糖尿病、心血管病家族史、腹型肥胖，该患者心血管危险分层属于很高危。

（三）诊疗方案及干预计划

全科医生结合患者的临床表现及辅助检查结果，明确诊断，并依据疾病指南规范流程，综合患者自身情况，为其制订个性化诊疗方案，包括疾病诊疗意见、下一次复查时间以及理想目标，具体内容见表 8-2。

表 8-2　健康问题诊疗方案

肥胖	本次专家诊疗意见	1. 定期监测体重、腰围 2. 建议低脂肪饮食,多吃新鲜蔬菜喝水果,坚持锻炼		
	复查时间	3 个月后	理想目标	BMI 18.5~23.9kg/m²
高血压	本次专家诊疗意见	1. 定期监测血压,尤其是服药前血压;遵医嘱规律服药 2. 建议戒烟酒,多吃新鲜蔬菜和水果,多饮水,坚持锻炼		
	复查时间	3 个月后	理想目标	血压 120/80mmHg
2 型糖尿病	本次专家诊疗意见	1. 定期监测血糖,遵医嘱规律服药 2. 建议戒烟酒,多吃新鲜蔬菜和水果,多饮水,坚持锻炼		
	复查时间	3 个月后	理想目标	空腹血糖 4.30~5.90mmol/L
高脂血症、脂肪肝	本次专家诊疗意见	1. 定期复查血脂、腹部 B 超 2. 建议减重,戒烟酒,注意避免高脂肪食物,多饮水,坚持锻炼		
	复查时间	3 个月后	理想目标	好转
肝功能异常	本次专家诊疗意见	1. 定期复查肝功能 2. 建议戒酒,注意劳逸结合		
	复查时间	3 个月后	理想目标	好转
颈动脉内膜毛糙增厚伴斑块形成	本次专家诊疗意见	1. 定期复查颈动脉超声,控制血压于正常水平 2. 建议戒烟酒,坚持锻炼,多吃蔬菜和水果,多饮水		
	复查时间	3 个月后	理想目标	好转

1. 营养干预　该患者的 BMI 为 32.14kg/m²,属于肥胖,营养干预会先从减重为入点并结合糖尿病饮食要点。减重的饮食调整原则是在控制总能量的基础上进行平衡膳食,即建议在原有能量摄入的基础上减少 300~500kcal(1kcal≈4.186kJ),并且严格控制食用油和脂肪的摄入,适量控制精白米面和肉类,保证蔬菜水果和牛奶的摄入充足。糖尿病饮食三大要点分别是定时定量、细嚼慢咽以及注意进餐顺序。该患者一天摄入量估计约为 2 200kcal,设定初期建议每日总能量为 1 900kcal(原有摄入量的基础上减去 300kcal)。其中早餐占比 25%,午餐占比 35%,晚餐占比 30%,加餐占比 10%;三大营养素占比分别是碳水化合物占比 55%,蛋白质占比 15%,脂肪占比 30%;三餐种类的推荐分别是早餐 4~5 种,中餐 5~6 种,晚餐 4~5 种,加餐 1~2 种。具体营养计划见表 8-3。

表 8-3　营养计划

餐次	推荐进食时间	食物	备注
早餐	上午 7:00—8:00	小笼包	5 个
		水煮蛋	2 个(2 个蛋白 +1 个蛋黄)
		豆浆	220ml
加餐	上午 10:00	苹果	1 个中等大小(约 159g)
		核桃	3 颗

续表

餐次	推荐进食时间	食物	备注
午餐	中午 12:00	蒸红薯	2 个 (1 个中等大小约 150g)
		煮玉米	1 根半 (1 根中等大小约 132g)
		香菇炒油菜	200g
		水煮虾	150g
		水煮西蓝花	200g
晚餐	下午 6:00	糙米饭	150g
		芹菜炒香干	150g
		番茄炒鸡蛋	100g
		清蒸鲈鱼	150g

一日食盐:5g 以内(约一个啤酒瓶盖)

一日植物油:25g

2. 运动干预　该患者的心肺适能评估结果为较差和体力活动缺乏,在设计运动计划时需要遵从从轻到中强度的循序渐进原则。体力活动的强度范围可以由储备摄氧量、储备心率、摄氧量、心率或代谢当量的百分比表示,而代谢当量(METs)是一种有效、便捷、标准的描述多种体力活动强度的方法。其中低强度体力活动为 2.0~2.9METs,中等强度体力活动为 3~5.9METs,较大强度及以上体力活动≥6METs。一个完整的运动过程包括:10~15min 的热身活动、45~65min 的有氧运动和 / 或 10~20min 的抗阻运动、5~10min 的整理恢复。有氧运动推荐的活动项目有快速健步走、走跑结合、快跑以及游泳,方案共计 4 种,以供其选择。具体运动计划见表 8-4。

表 8-4　运动计划

热身运动	可选择原地跑、后踢腿等,时间为 10~15min			
有氧运动	心率		合适有效心率范围:113~132 次 /min 最大心率不要超过:188 次 /min	
	正式运动	方案一	快速健步走(6.4km/h)至少 45min	任选其中一项方案进行,可分 2~3 次完成
		方案二	走跑相结合至少 45min	
		方案三	快跑(平地 95~100m/min)至少 65min	
		方案四	游泳至少 45min	
抗阻运动	类型		靠墙静蹲(股四头肌)、仰卧挺髋(臀部肌群)	
	强度		靠墙静蹲每组力竭,做 3 组 仰卧挺髋每组 10~15 次,做 3 组 每周 2d(同一肌群训练至少间隔 48h)	
整理恢复	四肢进行韧带拉伸伴深呼吸,恢复至平静状态,时间为 5~10min			
基本运动量	每日至少步行 10 000 步			
基本注意事项	运动前后注意监测血压,运动中注意监测心率变化,如若出现明显头晕、头痛、心动过速或、胸闷等不适,及时停止并注意休息			
运动处方有效期	本运动处方需定期重新评估并调整			

3. 效果评价 全科医生采用科学可行的方法,对健康干预方案的计划、措施、方法、效果进行系统的评估,将客观实际情况与预期目标进行比较,为方案的完善提供依据,是方案取得预期效果的关键措施。

(1) 体重情况比较:通过医学减重,确保患者每个月的减重基数是在 1.2~2.0kg 范围内,即每月减掉原有体重的 5% 左右,减重速度为缓慢阶梯式,1 年的减重效果由最初的 83.3kg 到 63kg,共计减了 20.3kg。

(2) 临床指标情况比较:从药物治疗联合生活方式干预方案开始执行后,空腹血糖、血脂、肝功能指标开始走向逐渐好转的趋势,具体内容见图 8-3~ 图 8-9。空腹血糖是在干预 4 个月后,指标在正常范围内;总胆固醇、低密度脂蛋白、甘油三酯分别是在干预 6 个月、2 个月、4 个月后,指标在正常范围内;谷丙转氨酶、谷氨酰转肽酶、谷草转氨酶分别是在干预 9 个月、4 个月、5 个月后,指标在正常范围内;颈动脉斑块的大小也在 1 年的干预后,从 2.72cm × 0.39cm 变成 0.80cm × 0.25cm。

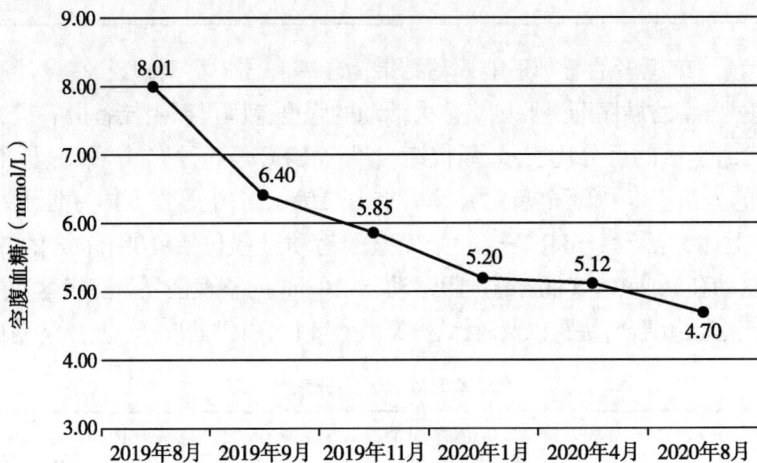

图 8-3 空腹血糖变化趋势图

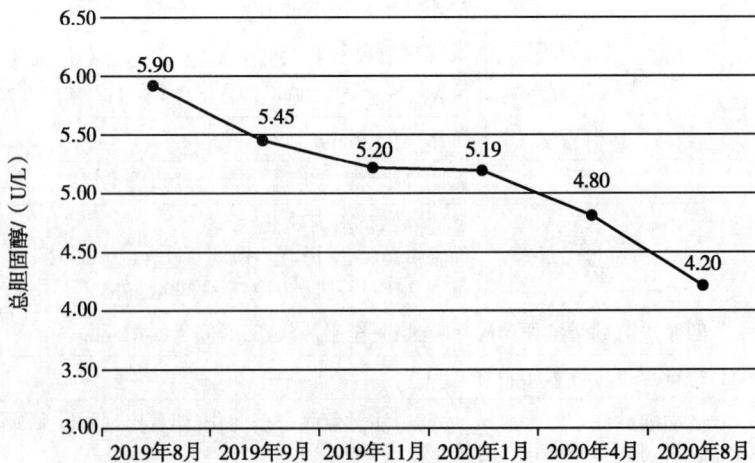

图 8-4 总胆固醇变化趋势图

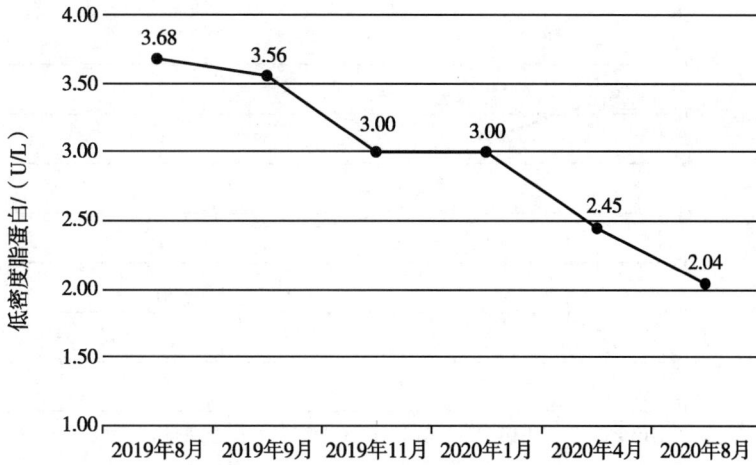

图 8-5　低密度脂蛋白变化趋势图

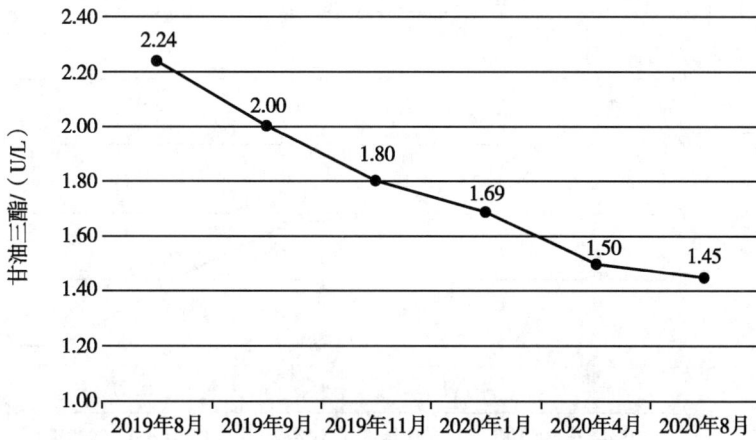

图 8-6　甘油三酯变化趋势图

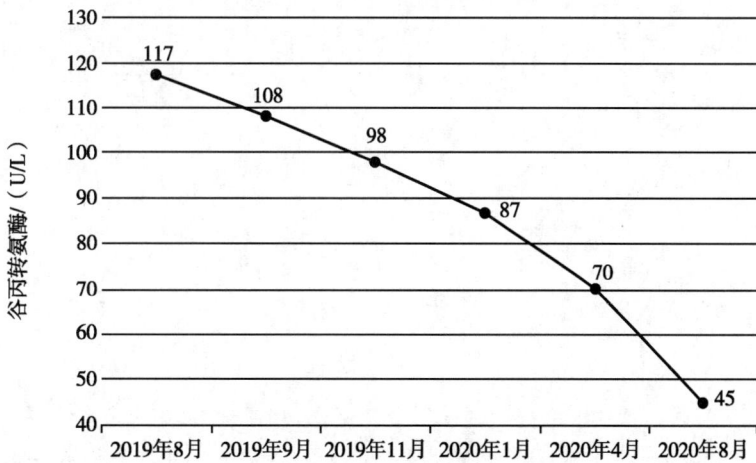

图 8-7　谷丙转氨酶变化趋势图

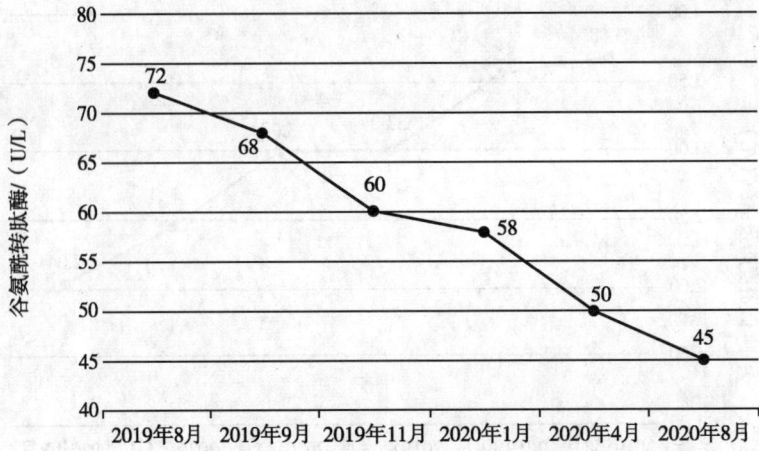

图 8-8 谷氨酰转肽酶变化趋势图

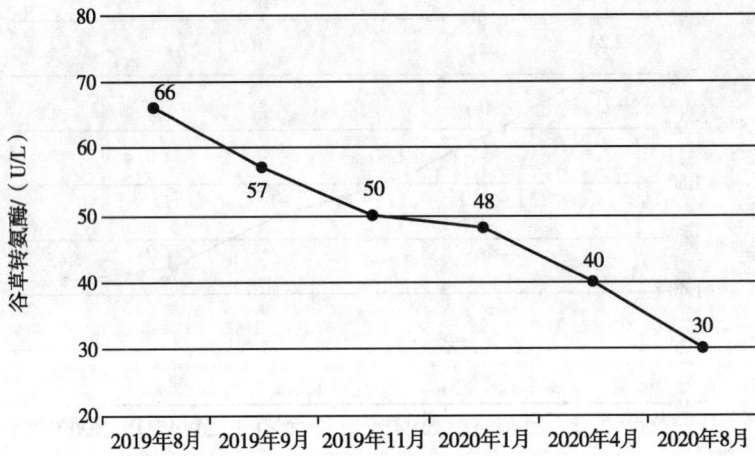

图 8-9 谷草转氨酶变化趋势图

（陈丽英）